基礎日本語学
Basics of Japanese Linguistics

第2版

衣畑智秀 編

ひつじ書房

まえがき

　これだけは読んでおきたいと思える1冊を目指して本書を編みました。現在、日本語学の諸分野は細分化が進んでいます。そのためか、分野それぞれの入門書や教科書は出されても日本語学全般を見渡せるような教科書はなかなかありません。**日本語学の諸分野について基礎事項を中心にしっかり学べる**、この点が本書のまず第一の特色と言えます。日本語学全般を学べると言っても、各分野が全く独立していれば、1冊の本とする意義も薄いかもしれません。本書では**章をまたいで相互参照**できるようにし、各分野の繋がりが分かるように工夫しました。どの章から読み始めても、行きつ戻りつしながら理解できるものと思います。また、**特に重要な語句は太字**で示し、索引として巻末に載せました。これも各章の繋がりを知る手がかりになるとともに、重要な概念をピンポイントで学ぶためにも役立てられるでしょう。本書は、基礎的な事項の解説を目的とするとはいえ、個々の章には執筆者の個性も現れます。ときには難しい内容もあるかもしれませんが、じっくり取り組むことで、高度な内容まで学べるものと思います。さらに知識を確かなものにしたい読者には、**各章末に読書案内**をつけました。本文各所に配されている囲み記事や、さらに参考文献まで読み込めば、専門家の一歩手前というところまで行けるでしょう。本書を手にした読者がさらに学びを深め、いつの日か日本語学の世界でお会いできれば、執筆者の1人としてこれに過ぎる喜びはありません。

2019年1月

編者

第2版にあたって

　『基礎日本語学』が出て4年で改訂を行うことになりました。第2版での大きな改訂は、「13章　現代日本語の文字・表記」を加えたことです。4年前に出版された初版にはさまざまな反響がありましたが、文字・表記に関する独立した章がほしいという要望や意見をしばしば頂戴しました。歴史的な側面については「8章　文体差と文体史」で一部カバーされていたものの、特に現代日本語についてのまとまった記述がなかったため、今回の改訂では、すでにある文字・表記の記述にも言及しつつ、独立した1章としました。

　このほかの1章から12章については、内容は大きく変わっていません。わかりにくかった語句の訂正や誤字等については、全般的に改めました。比較的大きな文章の改訂があった点としては、「3章　現代日本語の文法」で囲み記事を新たに2つ加えたことや、「9章　言葉の変異と諸方言」の1節から6節の構成を組み直した（本版1節から4節に当たります）ことなどがありますが、その差異の詳細は控えたいと思います。

　今回の改訂で本書は、初版「まえがき」に書いたような特徴、すなわち「日本語学全般を見渡せる教科書」により即したものとなったと思います。それによって、みなさんの興味ある分野が見つかることを祈っています。

2023年2月

編者

1 現代日本語の音声と音韻

2　音韻の歴史変化

3 現代日本語の文法

4 文法の歴史変化

5 現代日本語の語彙

6 語と語彙の歴史的変化

7 文章論と談話分析

8 文体差と文体史

9 言葉の変異と諸方言

12 日本語学史

13 現代日本語の文字・表記

1

現代日本語の音声と音韻

▶1. 音声の研究

1.1 音声学

　「言語」あるいは「言葉」と聞くと、私たちは文字で書かれた言葉、すなわち書き言葉を思い浮かべてしまいがちである。しかし、文字を全く知らない未就学児が日本語を使って会話をしている様子を目にすれば、文字は言語の必須の要素でないことがわかる。

　言語の本来の姿は話し言葉である。ごく一部の言語が文字で書かれ始めたのはたかだか約5000年前であり、これは5万年とも10万年とも言われる言語の歴史全体から見れば最近の出来事にすぎない。それまですべての言語は、そしてそれからもほとんどの言語は、文字に書かれることはなかった。現在、世界には5000から6000もの言語が用いられていると言われるが、文字で書かれる言語はその半数にも及ばない。文字を持たない言語は依然として多数派なのである。

　話し言葉では、人々は音を媒体としてコミュニケーションを行う。話し言葉で用いられる音を**音声**と言う。言語の本来の姿が話し言葉であるならば、言語の研究は音声の研究無しでは成立しない。音声を研究する学問分野は**音声学**と呼ばれる。

1.2 調音音声学、音響音声学、聴覚音声学

　音声学はさらに、調音音声学、音響音声学、聴覚音声学の3つに分かれる。これらがどのようなものかを理解するために、話し手が言葉を発し、それが

聞き手に理解されるまでの過程を見ることにしよう (Denes & Pinson 1993)。

　話し手は言葉を発する前に、自分の言いたい内容を頭の中でまとめるが、このとき話し手は脳の中で適切な語を適切な順番で並べて文を作っている。たとえば「トマトは野菜だ。」と言おうとしているときには、「トマト」「は」「野菜」「だ」という4語がこの順番に並ぶ文が脳の中に出来上がる。それぞれの語は概略的に /tomato/ と /wa/ と /jasai/ と /da/ と表記できる音の単位の連鎖からなる。この脳の中に存在する文は直接見ることも聞くこともできない。

　「トマトは野菜だ。」という文を聞き手に理解させるためには、これを音声として発しなければならない。この目的のために、話し手の脳は神経を通じて、唇や舌、顎などの人体の諸器官（音声器官という）に適切に動くように指令を送り、それに従って音声器官が動き始める。たとえば、この文の最初の子音を生成するために、舌が歯茎に接触し、次の母音に備えて上唇と下唇が接近する。この段階の音の姿は、音声器官の動きとして直接観察可能である。この段階の音の研究が**調音音声学**である。

　音声器官が動くことにより空気は振動し始める。空気の振動は、話し手と聞き手を隔てる空間を伝播する。この段階の音の姿は、空気の振動あるいはそれによる気圧の変化として観察可能である。この段階の音の研究を**音響音声学**と呼ぶ。

　伝播してきた空気の振動は聞き手に届き、聞き手の鼓膜を振動させ、聞き手は音を知覚する。この段階の音の姿は、直接観察することは困難であるが、音を聞いた時の聞き手の反応を観察することによって推定することができる。この段階の音の研究を**聴覚音声学**と呼ぶ。

　知覚された音は神経を伝わって脳に送られ、文として解読される。ここで話し手が「トマトは野菜だ。」と発話したことが聞き手に理解される。

　音声の研究に対していかなるアプローチをとろうとも調音音声学の知識は欠かせない。本章の記述は調音音声学に基礎を置く。

1.3　音声学と音韻論

　言語音を扱う分野には音声学のほかに**音韻論**がある。音声学は言語学と並び立つ独立の学問領域であるが、音韻論は言語学の下位分野である。両者は

音声を対象とする点で共通するが、以下の相違点がある。

　音声学では、英語や日本語など個別言語の枠組みから離れて、音の特徴を調音・音響・聴覚面から詳細に検討し記述する。ここで重要な点は、個々の音が個別言語において持つ機能は考慮されないことである。音声学では、「明日」の「シ」の音と、「芦田」の「シ」の音は異なると言う。実際に両者は物理的に異なっているのだが、音声学の訓練を受けていない人は直ちに賛同できないだろう。両者が同じ音だと思えるのは、日本語の枠にとどまっているからである。あなたの発音した「明日」と「芦田」を、日本語を知らない英語話者に書き取らせてみれば、彼らは問題の音の違いを聞き取り、それぞれの「シ」に異なるスペルを与えるだろう。

　一方、音韻論では、音声学で得られた知見を利用しつつ、個別言語における音の機能に基づいて音の特徴を記述する。たとえば、「明日」の「シ」と「芦田」の「シ」は異なるという音声学の知見を踏まえたうえで、日本語では両者は同じ音として働くことを記述する。

　音韻論が重視する個別言語における音の機能のうち代表的なものは、語の意味を区別する機能すなわち**弁別機能**である。たとえば英語の rice「米」と lice「虱（しらみ）」における語頭の音の違いは弁別機能を持つが、日本語においては弁別的ではない。したがって両者は、英語音韻論では異なる音の単位とみなされるが、日本語音韻論では同じ音の単位であるとみなされる。このようにして認められる音の単位を**音素**というが、音韻論のもっとも基本的な課題は、音素を認定し、その変種や配列の仕方、体系などを明らかにすることにある。

　日本語学で用いられる**音韻**という用語は多くの場合音素と同義であるが、音韻と音素が区別されて用いられた場合は、前者はアクセントなどの超分節素（本章8.1節参照）をも含む概念を、後者はそれを除いた概念を表すようである。

▶2. 音声器官

2.1　音声器官の名称

　音声の生成に利用される人体の諸器官を音声器官と言う。日常語で「唇」、「舌」、「ノド（喉・咽）」、「鼻」、「口」などと呼ばれている器官は音声器官である。

しかし人体の器官を表す日常語はあいまいである。内科医が「ノドが真っ赤ですね。」と言った時の「ノド」と、カラオケで夜通し歌った友人が「ノドが痛い。」と言った時の「ノド」は異なる器官である。魚の骨が「ノド」に刺さったことを医者に電話で伝えようとしても、骨の刺さった場所を日常語で正確に伝えるのは簡単ではない。言語音を調音音声学的に記述するためには、音声器官を細かく区分する必要があるが、そのためには明確に定義された専門用語が不可欠となる。

　音声は気流の起こし、発声、調音という3つの過程を経て生成される。それぞれに関わる音声器官を順番に見てみよう（図1）。

2.2　気流の起こしと音声器官

　音声を生成するためには、エネルギー源として空気の流れを作り出さなければならない。この過程が**気流の起こし**である。通常、気流は肺臓によってつくられるが、肺臓が関与しない音声も存在する。肺臓によって気流が起こされる仕組みを**肺臓気流機構**と呼ぶ。日本語を含め圧倒的多数の言語は肺臓気流機構によって生成される音声のみを持つ。一方、肺臓以外によって気流を起こす仕組みは非肺臓気流機構と言い、軟口蓋気流機構と喉頭気流機構があるが本章では扱わない。肺臓気流機構では、気流は横隔膜と肋骨の動きによって肺臓の容積を変化させることによって作り出されるが、その気流は気管を通過し、気管の一番上に位置する喉頭に入る。

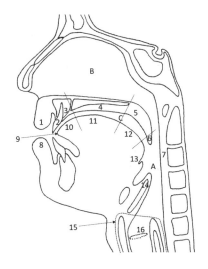

1上唇、2上歯、3歯茎、4硬口蓋、5軟口蓋、6口蓋垂、7咽頭壁、8下唇、9舌尖、10舌端、11前舌、12後舌、13舌根、14喉頭蓋、15喉頭、16声帯、A咽頭、B鼻腔、C口腔

図1　音声器官

2.3　発声と音声器官

15**喉頭**は甲状軟骨、輪状軟骨、そして左右1対の披裂軟骨の3種類の軟骨からなる組織である。2つの輪状軟骨の間にある左右1対の靭帯と筋肉からなる組織を16**声帯**と言い、声帯の間の空間を**声門**という。

喉頭は発声において重要な役割を演じる。**発声**とは声の生成と調整のことである。肺臓によって作り出された気流は声門を通過することになり、声門の状態によって様々な影響を受ける。発声には様々な種類が区別されるが、重要なのは有声と無声の区別である。

有声とは声帯が振動している状態のことである。声門がかなり狭まっている状態で、声門の上の気圧が下の気圧より高い状態が保たれるなどの条件が満たされると、気流が声門を通過する際に、声帯は閉鎖と開放を周期的に繰り返す。この周期的な振動によって生成される音が**声**であり、声を音源とする音声は**有声音**と呼ばれる。一方、声帯が振動していない状態を無声といい、声帯が振動せずに生成される音声は**無声音**と呼ばれる。[ito]「糸」の語中の子音は無声音、[ido]「井戸」の語中の子音は有声音である。

2.4　調音と音声器官

喉頭より上の音声器官は**調音**に関わる。調音とは音声を生成するために気流の通路 (声道) の形を制御することである。このことから、喉頭より上に位置する音声器官を特に**調音器官**と呼ぶ。調音器官を唇側から口の奥の方に向かって見ていこう。

上の方に位置する器官から見ていくと、まず1**上唇**があり、その後ろに門歯があるが、音声学では2**上歯**あるいは単に歯と呼ばれる。下顎の歯は音声学ではほぼ問題にされないので、音声学で単に「歯」と言ったら、上顎の歯、特にその門歯を指す。上歯の後ろに3**歯茎**が続く。「歯」と同じ理由で、音声学で「歯茎」と言った場合、上歯の後ろ側に位置する部位のみを指す。　この歯茎の後方には、口の中と鼻の中を隔てる壁である**口蓋**がある。口蓋は、頭骨の一部が通っているため硬く可動性のない前部と、骨が通っておらず柔らかく可動性のある後部とに分かれる。前者を4**硬口蓋**、後者を5**軟口蓋**と呼ぶ。軟口蓋の後半の特によく上下動する部分を取り立てて**口蓋帆**と呼ぶことがあ

る。口蓋帆が下がると気流の鼻腔へ通路が確保され、上がると閉ざされる。口蓋の終端から垂れ下がっている小さな肉片を6**口蓋垂**という。口を大きく開けた状態で鏡を見ると、口蓋垂の後方に壁が見えるが、この部分は7**咽頭壁**と呼ばれる。

　唇側に戻り、下に位置する調音器官を口の奥に向かって見ていこう。まず8**下唇**がある。下唇の後ろには門歯があるが、その後ろに**舌**がある。舌はさらに細かい部位に区分されるが、その区分は、舌と向かい合った音声器官を基準にしてなされる。まず、音声を発していない状態（発話の準備状態）を想定し、その状態で歯茎に向かい合う舌の部分を10**舌端**、硬口蓋に向かい合う部分を11**前舌**、軟口蓋に向かい合う部分を12**後舌**、咽頭壁に向かい合う部分を13**舌根**と呼ぶ。「前舌」は舌の前方ではなく、むしろ中央部を指す用語であることに注意が必要である。舌の先端部分は可動性に富み、それにより様々な音を区別することができるので、舌の一番端の一点を9**舌尖**と呼び、舌端と区別する。14**喉頭蓋**は、食物が気管に入らないように蓋をする器官であるが、この器官を調音に用いる言語も存在する。

2.5　声道

　肺臓によって起こされた気流は、喉頭から唇あるいは鼻孔までの通路を通って外界に放たれる。この喉頭より上の気流の通路は、F字型の管のような形状をしているが、この管全体は**声道**と名付けられている。声道はさらに咽頭、鼻腔、口腔に分けられる。**咽頭**あるいは**咽頭腔**は、喉頭側から見て分岐以前の管、すなわち喉頭から口蓋垂までの空間であり、**鼻腔**は声道の分岐管のうち鼻孔側の管、すなわち口蓋垂から鼻孔までの空間であり、**口腔**は声道の分岐管のうち唇側の管、すなわち口蓋垂から唇までの空間である。

▶3.　音声記号

3.1　国際音声記号—IPA

　言語音を表記するための記号として様々なものがこれまで提案されてきた。国際的に最も広く普及している体系は、国際音声学会が定めた**国際音声記号**、

略称**IPA**である。IPAは1888年に初めて発表されたが、何度かの改訂を経て現在に至る。最新版は2015年版である(図2)。IPAは角括弧([ ])に入れて表す決まりがある。この表記法を**音声表記**という。

IPAはどの言語の音声も同じ基準で表記することを目的としている。IPAは1つの音は1つの記号で表される原則があり、また音と記号との間に1対1の関係が成立するように作られている。たとえば、英語の正書法では、1つの子音を2字で表したり(ship「船」の語頭子音)、2つの子音を1字で表したり (six「六」の語末子音)するが、IPAではこのようなことはない(それぞれ、[ʃɪp]「船」、[sɪks]「六」のように表記される)。「日本」を表す語は、英語、ドイツ語、フランス語、スペイン語の正書法でそれぞれJapan、Japan、Japon、Japónのように表記されるが、これらの表記における最初の文字"J"は異なる音を表している。IPAでは、同じ文字が異なる音を表すことはなく、問題の音はそれぞれ [dʒ]、[j]、[ʒ]、[x] と表記される。

3.2 精密表記と簡略表記

音声記号を用いて音声を表記する際には、それをできるだけ忠実に表そうとすることもできるし、詳細は省略して必要な特徴だけ表そうとすることもできる。前者の表記法を**精密音声表記**、後者を**簡略音声表記**という。

ある言語の音声を記述するためには、可能な限り精密に音声を観察する必要があり、その観察結果を書き留めるためには精密音声表記の仕方を身に付けている必要がある。しかしながら、どれだけ表記を精密にしようと、実際の音声を記号で完全に表現することは不可能である。音声は切れ目のない連続体であり、それを離散的な記号で表現しようとする試みにはそもそも限界がある。この問題は本章6.5節でもう一度触れる。

▶4. 音の分類

4.1 母音と子音

音声の最も基本的な分類は母音と子音の区別である。母音と子音をまとめて**分節音**あるいは単音という。

国際音声記号（2015年改訂）

子音（肺臓気流） © 2015 IPA

	両唇音	唇歯音	歯音	歯茎音	後部歯茎音	そり舌音	硬口蓋音	軟口蓋音	口蓋垂音	咽頭音	声門音
破裂音	p b			t d		ʈ ɖ	c ɟ	k g	q ɢ		ʔ
鼻音	m	ɱ		n		ɳ	ɲ	ŋ	ɴ		
ふるえ音	ʙ			r					R		
はじき音		ⱱ		ɾ		ɽ					
摩擦音	ɸ β	f v	θ ð	s z	ʃ ʒ	ʂ ʐ	ç ʝ	x ɣ	χ ʁ	ħ ʕ	h ɦ
側面摩擦音				ɬ ɮ							
接近音		ʋ		ɹ		ɻ	j	ɰ			
側面接近音				l		ɭ	ʎ	ʟ			

セルの中の右側は有声音、左側は無声音である。網掛けは調音が不可能とみなされる調音を表す。

子音（肺臓気流以外）

吸着音	有声入破音	放出音	
ʘ 両唇	ɓ 両唇	' 例:	
ǀ 歯	ɗ 歯/歯茎	p' 両唇	
ǃ （後部）歯茎	ʄ 硬口蓋	t' 歯/歯茎	
ǂ 硬口蓋歯茎	ɠ 軟口蓋	k' 軟口蓋	
ǁ 歯茎側面	ʛ 口蓋垂	s' 歯茎摩擦	

その他の記号

ʍ 無声両唇軟口蓋摩擦音　　ɕ ʑ 歯茎硬口蓋摩擦音

w 有声両唇軟口蓋接近音　　ɺ 有声歯茎側面はじき音

ɥ 有声両唇硬口蓋接近音　　ɧ 同時の ʃ と x

ʜ 無声喉頭蓋摩擦音

ʢ 有声喉頭蓋摩擦音　　破擦音と二重調音は、必要があれば2つの記号をくくり線で結合して表すことがある　　t͜s k͡p

ʡ 喉頭蓋破裂音

母音

	前舌	中舌	後舌
狭	i y	ɨ ʉ	ɯ u
	ɪ ʏ		ʊ
半狭	e ø	ɘ ɵ	ɤ o
		ə	
半広	ɛ œ	ɜ ɞ	ʌ ɔ
	æ	ɐ	
広	a ɶ		ɑ ɒ

記号が2つ並んでいる場合、右側のものが円唇母音を表す。

超分節素

ˈ 第1ストレス		ˌfoʊnəˈtɪʃən	
ˌ 第2ストレス			
ː 長い		eː	
ˑ 半長の		eˑ	
˘ 超短の		ĕ	
ǀ 小（フット）グループ			
‖ 大（イントネーション）グループ			
. 音節境界		ˈæk.ɪ.ækt	
‿ 繋ぎ（切れ目がない）			

声調（トーン）と語アクセント

平板		屈曲	
e̋ or ꜛ 超高	ě or ↗ 上昇		
é ˥ 高	ê ↘ 下降		
ē ˧ 中	e᷄ ↗ 高上昇		
è ˨ 低	e᷅ ↘ 低上昇		
ȅ ˩ 超低	e᷈ ↗ 上昇下降		
↓ ダウンステップ	↗ 全体的な上昇		
↑ アップステップ	↘ 全体的な下降		

補助記号　下に伸びた記号の上に付けてもよい補助記号もある。例: ŋ̊

̥ 無声の	n̥ d̥	̤ 息もれ声の	b̤ a̤	̪ 歯音の	t̪ d̪
̬ 有声の	s̬ t̬	̰ きしみ声の	b̰ a̰	̺ 舌尖の	t̺ d̺
ʰ 帯気音化した	tʰ dʰ	̼ 舌唇の	t̼ d̼	̻ 舌端の	t̻ d̻
̹ より丸めの強い	ɔ̹	ʷ 唇音化した	tʷ dʷ	̃ 鼻音化した	ẽ
̜ より丸めの弱い	ɔ̜	ʲ 硬口蓋化した	tʲ dʲ	ⁿ 鼻腔開放	dⁿ
̟ 前寄りの	u̟	ˠ 軟口蓋化した	tˠ dˠ	ˡ 側面開放	dˡ
̠ 後寄りの	e̠	ˤ 咽頭化した	tˤ dˤ	̚ 開放が聞こえない	d̚
̈ 中舌寄りの	ë	̃ 軟口蓋化したあるいは咽頭化した			
̽ 中央寄りの	e̽	̝ より狭い	e̝（ ɹ̝ ＝ 有声歯茎摩擦音）		
̩ 成節的な	n̩	̞ より広い	e̞（ β̞ ＝ 有声両唇接近音）		
̯ 非成節的な	e̯	̘ 舌根が前方に出された	e̘		
˞ r音色	ɚ a˞	̙ 舌根が後方に引かれた	e̙		

IPA Chart, http://www.internationalphoneticassociation.org/content/ipa-chart, available under a Creative Commons Attribution-Sharealike 3.0 Unported License.
Copyright © 2015 International Phonetic Association.

図2　国際音声記号（IPA）

母音と子音の区別を純粋に音声学的基準のみによって区別するのは実は極めて困難であり、個別言語における音の働きを考慮しなければ、両者を区別することができないのが普通である。一般音声学的には、子音と母音の区別は声道内の顕著な狭めの有無に基づいてなされる。すなわち、調音時の声道に気流を阻害する顕著な狭めがない分節音が**母音**であり、調音時の声道のどこかに顕著な狭めがあるのが**子音**である。

4.2　子音の分類—調音位置

　子音は発声、調音位置、調音方法の3つの観点から分類される。**調音位置**とは、子音の調音に必要な狭めの声道における位置のことである。IPAで認められている基本的な調音位置は11種類である。調音位置の名称は (主として固定されて動かない上の) 調音器官の名称によって与えられるが、そり舌音のみ例外で、調音時の舌の形状による。

　両唇音は下唇と上唇とで調音される。[paɾi]「パリ」、[bara]「薔薇」、[muko]「婿」、[ɸɯne]「船」の最初の子音がこれにあたる。**唇歯音**は下唇と上歯で調音される。英語の *fix* [fɪks]「固定する」、*van* [væn]「バン」の最初の子音がこれにあたる。**歯音**は舌尖あるいは舌端と上歯の裏とで調音される。英語 *thank* [θæŋk]「感謝する」、*that* [ðæt]「あれ」の最初の子音がこれにあたる。**歯茎音**は舌端と歯茎とで調音される。[tane]「種」、[derɯ]「出る」、[neko]「猫」、[sora]「空」の最初の子音がこれにあたる。**そり舌音**は舌尖と歯茎の後部とで調音される。**後部歯茎音**は舌端と歯茎の後部とで調音される。英語の *ship* [ʃɪp]「船」の最初の子音がこれにあたる。**硬口蓋音**は前舌と硬口蓋とで調音される。[jama]「山」、[çakɯ]「百」の最初の子音がこれにあたる。**軟口蓋音**は後舌と軟口蓋とで調音される。[kame]「亀」、[goma]「胡麻」の最初の子音がこれにあたる。**口蓋垂音**は、後舌と口蓋垂 (および軟口蓋の縁) とで調音される。フランス語の *roue* [ʁu]「車輪」、ドイツ語の *Rost* [ʀɔst]「錆」などの最初の子音がこれにあたる。**咽頭音**は舌根と咽頭壁とで調音される。**声門音**は左右の声帯で調音される。[hoka]「他」の最初の子音がこれにあたる。

　IPAの体系では基本的な調音位置としての地位が与えられていないが、日本語の音声を記述するのに重要なものに、歯茎硬口蓋音がある。これは舌端

と歯茎および硬口蓋とで狭めを形成する調音であり、[ɕima]「島」、[ɕako]「車庫」の最初の子音がこれにあたる。

4.3　子音の分類—調音方法

調音方法とは、原則的には調音位置における狭めの分類であり、IPAでは破裂音、鼻音、ふるえ音、はじき音、摩擦音、側面摩擦音、接近音、側面接近音の8つの調音方法が認められている。

破裂音は、調音位置で声道が完全に閉鎖され、かつ軟口蓋 (口蓋帆) が挙上することによって鼻腔への気流の通路が遮断される調音である。声道内の閉鎖は開放されることもあるし、開放されないこともある。閉鎖の開放は必須ではないことから破裂音は**閉鎖音**とも呼ばれる。次に示す鼻音 (破裂鼻音) との相違点を明確にして、破裂口音と呼ばれることもある。[take]「竹」の子音がこれに当たる。

鼻音は、口腔内の調音位置で完全な閉鎖が形成される点は破裂音と同じであるが、それと同時に軟口蓋 (口蓋帆) が下がり、気流が鼻腔を通過する調音である。上の破裂音 (破裂口音) との相違点を明確にして、破裂鼻音と呼ばれることもある。[nomʲi]「蚤」の子音がこれに当たる。

ふるえ音は、口腔内の調音位置で閉鎖が形成される点は破裂音と同じであるが、閉鎖が瞬間的であること、そしてそれが2回以上繰り返される点が異なる調音である。いわゆるべらんめえ調で言った日本語のラ行子音、ロシア語のрусский [ruskʲij]「ロシア人」の語頭子音などがこれにあたる。

はじき音は、口腔内の調音位置で閉鎖が形成され、その閉鎖が瞬間的である点はふるえ音と同じであるが、閉鎖が1回だけである点が異なる調音であ

◼︎◼︎ 狭めと関係しない調音方法

　IPAにおける調音方法には、①調音位置における狭めの強さとその時間変化、②調音位置における気流の通路 (中線的か側面的か) に加えて、③口蓋帆の位置 (気流が鼻腔に抜けるか否か) という調音位置における狭めには直接関係しないものも含まれる。①に関しては、破裂、ふるえ、はじき、摩擦、接近の5つがある。②が関わるのは摩擦と接近にのみであり、③が関わるのは原則として破裂にのみである。

る。[arare]「霰」の子音がこれに当たる。

　摩擦音は、調音器官が別の調音器官に近づくことで、その間に狭い気流の通路が形成され、そこを通る気流に持続的な乱流が生じる調音である。気流の通路は声道の中央に確保される (中線的である)。より正確に中線的摩擦音と呼ばれることがある。[haɕi]「橋」の子音がこれに当たる。

　側面摩擦音は、調音位置において狭い気流の通路が形成され、気流に持続的な乱流が生じる点は摩擦音と同様であるが、気流の通路が脇に確保され中央には閉鎖が形成される (側面的である) 点が異なる調音である。

　接近音は、調音器官が別の調音器官に近づくが、乱流が生ずるほどには声道が狭められていない調音である。気流の通路は声道の中央に確保される (中線的である)。より正確に、中線的接近音と呼ばれることがある。[jajɯ]「揶揄」の子音、英語の right [ɹaɪt]「右」の語頭子音などがこれに当たる。

　側面接近音は、調音器官が別の調音器官に近づくが、乱流が生ずるほどには声道が狭められていない調音である点は接近音 (＝中線的接近音) と同様であるが、呼気の通路が脇に確保され中央には閉鎖が形成される (側面的である) 点が異なる調音である。英語の light [laɪt]「灯り」の語頭の子音などがこれに当たる。

4.4　子音のその他の特徴

　IPAの体系では調音方法に含まれないが、これに似た概念に破擦がある。これは破裂音の閉鎖の開放の仕方に関わる。破裂音では、調音位置で声道が完全に閉鎖されるが、この閉鎖を開放する際に、2つの調音器官が離れるのに時間がかかると、調音位置において狭い気流の通路が一定時間形成されることになり、そこを通過する気流に乱流が生じる。その結果、破裂の直後に同じ調音位置の摩擦音が聞こえることになる。これを破擦化と言い、破擦化した破裂音を**破擦音**という。[t͡sɯme]「爪」、[t͡ɕirɯ]「散る」の最初の子音がこれにあたる。破擦音は破裂音の記号の後に摩擦音の記号を並べることによって表す。より正確には2つの記号を補助記号 [͡] でつなぐが、省略されることが多い。

　分節音を阻害音と共鳴音の2種に分類することがある。この分類は、声道における狭めの強さに関わるので、調音方法と密接に関係する。声帯が振動

するためには、声門より下の気圧 (声門下圧) が、声門より上の気圧 (声門上圧) と比べて高くなっている必要があるが、声道が強く狭められると、声門上圧が高まるために、高い声門下圧を保つのが相対的に困難となる。声道における狭めが、気流の流れを、自発的な声帯振動を妨げるほど妨害するものを**阻害音**、そうでないものを**共鳴音**という。調音方法との関わりで言えば、破裂音、破擦音、摩擦音は阻害音であり、母音、接近音、鼻音、ふるえ音、はじき音は共鳴音である。鼻音は口腔内に完全な閉鎖があるので口腔内の気流の流れは破裂音と同じく強く妨害されるが、一方で口蓋帆が下降しているため、気流は鼻腔に流れることができるので、声道全体における妨害は弱くむしろ接近音のそれに近い。

IPA の表では、阻害音には無声音と有声音の記号がそれぞれ用意されているが、共鳴音には有声音の記号しか用意されていない。このことからもわかるように共鳴音は通常有声音である。一方、阻害音には双方があり得るが、無声音の方が普通である。有声阻害音を欠く言語は存在するが、無声阻害音を欠き有声阻害音を持つ言語は存在しない。

4.5　IPA の母音の分類

母音は定義上、声道内に顕著な狭めを伴わずに生成される分節音であるので、子音のように狭めの位置 (調音位置) や作り方 (調音方法) によって記述することができない。そこでIPAでは、母音を3つの観点、「舌の最高点の前後位置」「舌の最高点の上下位置」「唇の丸めの有無」から記述する。

IPA における母音の分類は、20世紀初頭のイギリスの音声学者 D. Jones が人工的に定めた**基本母音**に基づいている。基本母音は調音的基準と聴覚的基準の双方を用いて定義される。まず、舌の最高点を、摩擦が生じない範囲で、最も上かつ前に移動させて、その位置で唇を丸めずに生成される母音を基本母音№ 1 [i] と定義する。同じように、舌の最高点を、摩擦が生じない範囲で、最も下かつ後に移動させて、その位置で唇を丸めずに生成される母音を基本母音№ 5 [ɑ] と定義する。

このように調音的に2つの基準点を定義したあと、残りの母音を「聴覚的等距離性」(auditory equidistance) という聴覚的基準を併用して定義する。基本母音

No.1［i］と基本母音No.5［ɑ］の間の距離を、聴覚印象に基づいて垂直方向に4等分する。そして、舌を最大限に前方に位置させた状態で、舌の最高点の高さが2番目の母音を基本母音No.2［e］、3番目の母音を基本母音No.3［ɛ］、4番目の母音をNo.4［a］として定義する (すべて唇の丸め無し)。同じく、舌を最大限に後方に位置させた状態で、舌の最高点の高さが1番目の母音を基本母音No.6［u］、2番目の母音を基本母音No.7［o］、3番目の母音を基本母音No.8［ɔ］と定義する (すべて唇の丸めあり)。

　以上のように定義されたNo.1〜8の母音を第1次基本母音という。第1次基本母音の唇の丸めを逆転させた母音を第2次基本母音 (No.9–16) という。

　舌の最高点の前後位置に関して、それが前方にあるものを**前舌母音**、後方にあるものを**後舌母音**といい、その中間にあるものを**中舌母音**という。舌の上下位置に関して、舌の最高点が最も高いものから順番に、**狭母音**、**半狭母音**、**半広母音**、**広母音**という。唇の丸めに関しては、丸めを伴わない母音を**非円唇母音**、唇の丸めを伴う母音を**円唇母音**という。

　IPAの母音は、基準となる母音を人為的に定めたものであり、実際に存在する言語における母音ではないということに注意が必要である。個々の言語の母音は、この基準となる母音と比較し、差異を論じることによって記述する。たとえば「日本語のエは［e］より開いている」など。

4.6　短母音と長母音

　持続時間の短い母音を短母音、長い母音を**長母音**という。IPAでは母音の長さを表すための記号として、［ː］(長)、［ˑ］(半長)、［˘］(超短) が用意されており、それぞれ［eː］［eˑ］［ĕ］のように表す。短母音には何も付与しない。日本語では短母音と長母音の違いが語の意味の区別に関与する (［koꞔi］「腰」対［koːꞔi］「格子」)。

　母音の調音の際に声道の形状が徐々に変化し、したがって時間軸に沿って音色が変化する母音があるが、そのような母音を**単母音**から区別して**二重母音**という。英語のbye［baɪ］「さようなら」、bay［beɪ］「海浜」、boy［bɔɪ］「少年」などの母音は二重母音である。二重母音は母音記号を連ねて［ai］のように表記するが、二重母音を構成する2つの要素はどちらかが強く発音され、ど

ちらかが弱く発音されるので、弱いほうの要素を明示するため、「非成節的 (non-syllabic)」であることを表す補助記号 [̯] を付与して [ai̯] のように表せる（[kai̯]「貝」）。[ai̯] のような強弱タイプを**下降二重母音**、[i̯a] のような弱強タイプを**上昇二重母音**という。

　二重母音と表面的に類似するものに、2つの単母音の連続すなわち**母音連続** (連母音、hiatus) がある。両者を音声学の観点のみから区別するのは必ずしも容易ではないが、二重母音では調音器官の移動が連続的であり、始端から終端までにはっきりとした切れ目がないのに対して、母音連続では調音器官の移動が急激であり、切れ目が相対的にはっきりしているという違いを認めることができる。音韻論的には、二重母音は1つの母音であり、2つの要素は同一の音節に属する一方、母音連続は2つの母音であり、それぞれ独立の音節を形成する。母音連続も母音記号を連ねて [ai] のように表記するが、母音連続であることを明示するために、音節境界を表す記号 [.] を母音記号間に入れ、[a.i] のように表記できる（[ke.i.to]「毛糸」）。

▶5.　音素分析

5.1　音素と異音

　1.3節で触れたように、英単語 rice [ɹaɪs]「米」と lice [laɪs]「虱」の語頭の子音すなわち [ɹ] と [l] は、語の意味の区別をする機能を持つ。すなわち弁別的である。音韻論では、物理的に異なる2つの分節音 [A] と [B] が語の意味の区別をもたらす場合、それぞれの分節音は異なる**音素**に属するという。またこの時、[A] と [B] は**対立**するという。

　一方、[A] と [B] が語の意味の区別に関わらない場合、それらは同一の音素に属するとみなされる。同一の音素に属する分節音は**異音**と呼ばれる。音素はスラッシュ (/ /) に入れて示される。これを**音素表記**という。異音は角括弧 ([ ]) に入れて示される。日本語では、[kaɹai] と言っても [kalai̯] と言っても意味は変わらず、「辛い」であるので、[ɹ] と [l] とは対立せず、同一の音素に属する。この音素を /r/ と表記すると、音素 /r/ は少なくとも2つの異音 [ɹ] と [l] を持つということになる。一方、英語では [ɹ] は音素 /r/ の異音で

あり [l] は音素/l/の異音となる。

5.2　ミニマルペア

　ある言語における音素を認定していく作業を**音素分析**というが、その際ミニマルペアという概念が重要な役割を演じる。**ミニマルペア**とは、たとえばrice [ɹaɪs]「米」と lice [laɪs]「虱」のように、1つの分節音を除いて同一の構造を持ち、かつ異なる意味を有する2語のことである。ミニマルペアは、それにおいて異なっている分節音（たとえば [ɹ] と [l]）がそれぞれ異なる音素に属することを保証する。

　ミニマルペアとは、本来は語の2つ組を表すものだが、本章では、 *rice* [ɹaɪr]「米」、*lice* [laɪs]「虱」、*mice* [maɪs]「鼠（複数）」のような3つ組、あるいはそれ以上の組もミニマルペアと呼ぶことにする。

5.3　相補分布

　音素分析においては、ミニマルペアと並んで相補分布という概念が重要になる。2つの異なる単音 [A] と [B] が、「[A] が起こる環境では [B] が起こらず、[B] が起こる環境では [A] は起こらない」という関係にあるとき、両者は**相補分布**をなすという。相補分布は任意の2音が同一の音素である、すなわち異音であることを推論づける概念である。

　たとえば、英語には [l] と、それが軟口蓋化した（調音の際に後舌が軟口蓋に向かって盛り上がる）[ɫ]（[ɬ] とも表記される）とが現れる。[l] は母音の前に現れるが（light [laɪt]「灯り」）、子音の前および語末には決して現れない。一方、[ɫ] は子音の前および語末に現れるが（milk [mɪɫk]「牛乳」、tell [tɛɫ]「言う」）、母音の前には決して現れない。この時 [l] と [ɫ] は相補分布するといい、両者は同一の音素/l/の異音であると推論される。

　相補分布する異音は**条件異音**と言い、そうでない異音、すなわち**自由異音**と区別される。日本語では、語中のバ行音が破裂音で現れる場合と（[kaba]「カバ」）、摩擦音で現れる場合があるが（[kaβa]「カバ」）、この [b] と [β] は全く同じ環境に現れる異音なので自由異音である。

　条件異音とは、本来は同じ音が、環境に従って姿を変えたものと考えられ

るので、異音と異音の間には音声的な類似性が認められるはずである。したがって、たとえ相補分布していたとしても、音声的類似性のない単音は同じ音素に属する異音とはみなすことはできない。英語の [h] と [ŋ] は、[l] と [ɣ] と同じ形で相補分布するが、音声的類似性を欠いているので異音ではない。

▶6. 現代日本語の母音・子音

6.1 母音音素とその異音

　現代共通日本語 (以下、「日本語」) には、(1) のような最初の母音のみが異なる5つ組のミニマルペアが存在するので、5つの母音音素を認定することができる。表記は簡略表記である。補助記号 [ʲ] は硬口蓋化 (子音の調音の際に前舌が硬口蓋に向かって盛り上がること) を表す。

（1）　[akʲi]「秋」　　　[ikʲi]「息」　　　[ɯkʲi]「雨季」

　　　[ekʲi]「駅」　　　[okʲi]「隠岐」

　それぞれの音素を /a//i//u//e//o/ と表記することにする。5つの母音音素は環境によって様々な異音として実現されるが、単独で発話した場合の特徴はおよそ以下の通りである。

　/a/ は IPA の [ɑ] より前寄りであり、[a] より後ろ寄りである。「前寄り」を表す補助記号 [₊] を [ɑ] に付与して [ɑ̟] のように精密表記できる。慣習的には [a] と簡略表記されることが多いので、本章もこれに従う。

　/i/ は IPA の [i] よりわずかに広めである。[i] と簡略表記できる。

　/u/ は IPA の [u] あるいは [ɯ] よりも中舌寄りであり、唇の丸めは、全くないわけではないが、非常に弱い。したがって、[u] に「前寄り」の補助記号 [₊] と「唇の丸めがより弱い」ことを表す補助記号 [̜] を付与して、[u̟̜] のように精密表記できるだろう。円唇性が弱い事実を強調して、非円唇母音の [ɯ] を用いた簡略表記が日本語学では広く行われているので、本章もこれを採用するが、唇の丸めが全くないわけではないことに注意する必要がある。

　/e/ は IPA の [e] より広いが [ɛ] より狭い。「より広い」ことを表す補助記号 [̞] を用いて [e̞] のように精密表記できる。本章では [e] と簡略表記する。

　/o/ は IPA の [o] より広いが [ɔ] より狭い。唇の丸めのある母音であるが、

IPA の円唇母音より円唇化の程度は低い。「より広い」ことを表す補助記号と「唇の丸めがより弱い」ことを表す補助記号を付与して、[o̞]のように精密表記できる。本章では [o] と簡略表記する。

6.2　母音の無声化

　母音は通常有声音であるが、母音の調音の際に声帯が振動しなくなることがある。これを**母音の無声化**という。無声化は補助記号 [◌̥] で表す。日本語では母音の無声化は語の意味の区別には関わらず、有声の母音と無声化した母音は異音の関係にある。

　日本語では、無声子音に挟まれた狭母音（[i]、[ɯ]）はほぼ規則的に無声化する（[t͡ɕi̥kasa]「近さ」、[t͡sɯ̥kʲi]「月」、[ɕi̥ta]「下」、[sɯ̥kʲi]「好き」、[ɕi̥to]「人」、[kʲi̥ta]「北」、[kɯ̥sa]「草」）。ただし、無声子音と無声の長子音（すなわち促音）とに挟まれた狭母音の場合、無声化の頻度は低くなる（[t͡sɯtta]「釣った」、[ɕikkakɯ]「失格」、[ɕikkakɯ]「引っ掻く」、[kippɯ]「切符」、[kɯssakɯ]「掘削」）。

　無声子音とポーズ（pause）に挟まれた狭母音も頻繁に無声化する（[kʲi̥ɸɯ]「寄付」、[kat͡ɕi̥]「価値」、[kasɯ̥]「粕」、[maɕi̥]「麻痺」）。その際、アクセント型の影響で、当該の狭母音が低く発音されるときは無声化しやすく、高く発音されるときには無声化しづらい傾向がある。たとえば [haɕi̥]「箸」と [haɕi]「橋」では語末の狭母音が低く発音される前者の方が無声化しやすい。[kakʲi̥]「牡蠣」と

[kak'i]「柿」も同様である。

　狭母音以外の母音も、頻度は下がるが無声化することがある（[kạkato]「踵」、[hạka]「墓」）。

6.3　長母音・二重母音

　(2) のミニマルペアが示すように、日本語では短母音 [a、i、ɯ、e、o] と長母音 [aː、iː、ɯː、eː、oː] が対立する。

（2）　[baba]「馬場」対 [baːba]「ばあば」　　[ɕi]「死」対 [ɕiː]「恣意」
　　　　[sɯ]「酢」対 [sɯː]「数」　　[ɕike]「時化」対 [ɕikeː]「死刑」
　　　　[koɕi]「腰」対 [koːɕi]「格子」

　また日本語には、[ai]（[tai]「鯛」、[ɯmai]「旨い」）、[oi]（[koi]「鯉」、[ɕiroi]「白い」）、[ɯi]（[kɯi]「杭」、[jasɯi]「安い」）等の下降二重母音が存在すると言われる（これに加えて [ae] [aɯ] を認める立場もある）。これらが母音連続ではなく二重母音であることを示す決定的な証拠は常に提出できるとは限らないが、アクセント核の分布 (8.2節) がその証拠の1つとされる。また東京方言を含む多くの方言で、[ɯmeː]「旨い (うめー)」、[ɕireː]「白い (しれー)」、[jaɕiː]「安い (やしー)」のような (長い) 単母音を伴う異形態が現れることが、問題の母音内部に音節境界がない (すなわち二重母音である) 証拠とされる。

　ただし普通の発話では二重母音として現れる母音が、丁寧な発話では母音連続として現れることがあることも指摘される。さらに、意味的な切れ目 (典型的には複合語内部の形態素境界) がありそれが話者に意識されていると、二重母音になりにくい。[ɕi.bai]「芝居」には二重母音 [ai] が現れやすいが、[ɕi.ba.i.nɯ]「柴犬」には母音連続 [a.i] が現れやすい。

6.4　子音音素

　日本語の子音音素にはどのようなものがあるかを示すためには、未知の言語を分析していくのと同じように、たくさんの語を対象に音素分析を行っていく必要がある。たとえば、(3) のミニマルペアによって、[b] [k] [g] [s] [h] [m] [n] が対立し、それぞれ異なる音素に属することを示すことができる。

（3）　[ba]「場」　　[ka]「蚊」　　[ga]「蛾」　　[sa]「差」

　　　　　[ha]「葉」　　　[ma]「間」　　　[na]「名」

また (4) によって [t] [d] [h] [m] [n] [w] [j] が対立することが、(5) によって [t] [s] [w] [r] が対立することが、(6) によって [d] [z] [n] [w] [r] [j] が対立することが、(7) によって [p] [b] [m] が対立することが示される。

（4）　[takɯ]「炊く」　　　[dakɯ]「抱く」　　　[hakɯ]「履く」
　　　　[makɯ]「巻く」　　　[nakɯ]「泣く」　　　[wakɯ]「沸く」
　　　　[jakɯ]「焼く」

（5）　[kata]「型」　　　[kasa]「嵩」　　　[kawa]「川」　　　[kara]「空」

（6）　[ada]「仇」　　　[aza]「痣」　　　[ana]「穴」
　　　　[awa]「泡」　　　[ara]「粗」　　　[aja]「綾」

（7）　[sempai̠]「先輩」　　　[sembai̠]「専売」　　　[semmai̠]「洗米」

　このようにして、少なくとも 14 の音素 (/p、b、t、d、k、g、s、z、h、m、n、w、r、j/) を認定することができる。本来であれば、相補分布するか否かを含め、様々な環境における異音の姿を詳細に検討してゆき、子音音素を確立してゆく必要があるが、本章では紙面の都合上それができない。そこで本章では仮名を手掛かりにして、14 の子音音素の異音を検討してゆくことにする。

　特に断りがない限り、以降の議論では分析の対象を和語と漢語に限定する。

6.5　子音音素の異音

　表1は、日本語の和語・漢語における子音と短母音の組み合わせを、仮名の体系を基準として音素表記し、かつそれぞれの音素の主要な異音を表した

表1 日本語のモーラの音素表記とその主要な異音（撥音と促音を除く）

		非口蓋化（NP）系列				口蓋化（P）系列		
		直音				拗音		
1	マ行音	マ /ma/ [ma]	メ /me/ [me]	モ /mo/ [mo]	ム /mu/ [mɯ]	ミ /mi/ [mʲi]	ミャ /mja/ [mʲa]	ミョ /mjo/ [mʲo]	ミュ /mju/ [mʲɯ]
2	パ行音	パ /pa/ [pa]	ペ /pe/ [pe]	ポ /po/ [po]	プ /pu/ [pɯ]	ピ /pi/ [pʲi]	ピャ /pja/ [pʲa]	ピョ /pjo/ [pʲo]	ピュ /pju/ [pʲɯ]
3	バ行音	バ /ba/ [ba ~βa]	ベ /be/ [be ~βe]	ボ /bo/ [bo ~βo]	ブ /bu/ [bɯ ~βɯ]	ビ /bi/ [bʲi ~βʲi]	ビャ /bja/ [bʲa ~βʲa]	ビョ /bjo/ [bʲo ~βʲo]	ビュ /bju/ [bʲɯ ~βʲɯ]
4	ナ行音	ナ /na/ [na]	ネ /ne/ [ne]	ノ /no/ [no]	ヌ /nu/ [nɯ]	ニ /ni/ [nʲi]	ニャ /nja/ [nʲa]	ニョ /njo/ [nʲo]	ニュ /nju/ [nʲɯ]
5	ラ行音	ラ /ra/ [ra]	レ /re/ [re]	ロ /ro/ [ro]	ル /ru/ [rɯ]	リ /ri/ [rʲi]	リャ /rja/ [rʲa]	リョ /rjo/ [rʲo]	リュ /rju/ [rʲɯ]
6	カ行音	カ /ka/ [ka]	ケ /ke/ [ke]	コ /ko/ [ko]	ク /ku/ [kɯ]	キ /ki/ [kʲi]	キャ /kja/ [kʲa]	キョ /kjo/ [kʲo]	キュ /kju/ [kʲɯ]
7	ガ行音	ガ /ga/ [ga ~ɣa ~ŋa]	ゲ /ge/ [ge ~ɣe ~ŋe]	ゴ /go/ [go ~ɣo ~ŋo]	グ /gu/ [gɯ ~ɣɯ ~ŋɯ]	ギ /gi/ [gʲi ~ɣʲi ~ŋʲi]	ギャ /gja/ [gʲa ~ɣʲa ~ŋʲa]	ギョ /gjo/ [gʲo ~ɣʲo ~ŋʲo]	ギュ /gju/ [gʲɯ ~ɣʲɯ ~ŋʲɯ]
8	ワ行	ワ /wa/ [wa]							
9	ヤ行音	ヤ /ja/ [ja]		ヨ /jo/ [jo]	ユ /ju/ [jɯ]				
10	サ行音	サ /sa/ [sa]	セ /se/ [se]	ソ /so/ [so]	ス /su/ [sɯ]	シ /si/ [ɕi]	シャ /sja/ [ɕa]	ショ /sjo/ [ɕo]	シュ /sju/ [ɕɯ]
11	ザ行音	ザ /za/ [dza ~za]	ゼ /ze/ [dze ~ze]	ゾ /zo/ [dzo ~zo]	ズ /zu/ [dzɯ ~zɯ]	ジ /zi/ [dʑi ~ʑi]	ジャ /zja/ [dʑa ~ʑa]	ジョ /zjo/ [dʑo ~ʑo]	ジュ /zju/ [dʑɯ ~ʑɯ]
12	タ行音	タ /ta/ [ta]	テ /te/ [te]	ト /to/ [to]	ツ /tu/ [tsɯ]	チ /ti/ [tɕi]	チャ /tja/ [tɕa]	チョ /tjo/ [tɕo]	チュ /tju/ [tɕɯ]
13	ダ行音	ダ /da/ [da]	デ /de/ [de]	ド /do/ [do]	ヅ /zu/ [dzɯ ~zɯ]	ヂ /zi/ [dʑi ʑi]	ヂャ /zja/ [dʑa ʑa]	ヂョ /zjo/ [dʑo ʑo]	ヂュ /zju/ [dʑɯ ʑɯ]
14	ハ行音	ハ /ha/ [ha]	ヘ /he/ [he]	ホ /ho/ [ho]	フ /hu/ [ɸɯ]	ヒ /hi/ [çi]	ヒャ /hja/ [ça]	ヒョ /hjo/ [ço]	ヒュ /hju/ [çɯ]

ものである。仮名は原則的に1字が1モーラ (7.2節参照) に対応するので、表1はモーラ毎の表記ということとなる。ただし撥音と促音は除いてある。

　表の最後の3列は、仮名では小文字の「ャ、ュ、ョ」を伴って書かれる拗音と呼ばれる系列である。7.3.1節に詳述するように拗音は、音韻論では子音音素と /j/ と母音音素の組み合わせとして分析できる。一方、音声学的に言えば、拗音は硬口蓋化した子音、あるいはそれに類似した調音で生成される子音を持つモーラである。**硬口蓋化**とは子音の調音の際に前舌が硬口蓋に向かって盛り上がる調音のことである。冒頭が拗音である /kjaku/「客」と冒頭が直音である /kaku/「格」とを比較すると、拗音では著しい口蓋化が生じていることがわかる。

　表では、拗音系列にいわゆるイ段音を加えた系列をP系列と呼び、それ以外をNP系列と呼んでいる。この分類は、イ段音は直音であるにも関わらず、拗音と同様に、硬口蓋化あるいはそれに類する調音が行われる事実に基づく。

　直音を持つ5語、「蚊」「句」「毛」「子」「木」の調音を観察してみよう。いずれも後舌と軟口蓋で完全な閉鎖が行われ、声帯が振動しない子音を伴うが、詳細に観察すると、「木」の時は、前舌が硬口蓋に向かって盛り上がっている、つまり硬口蓋化していることがわかる。(それに加えて、調音位置も他と比べて前に寄っている。)「木」における硬口蓋化に注目して問題の5語を簡略表記すると (8) のようになる。

（8）　[ka]「蚊」　　[kɯ]「句」　　[ke]「毛」　　[ko]「子」　　[kʲi]「木」

「木」における子音と、拗音を持つ「客」「急」「今日」における最初の子音を比べてみると、いずれも前舌が硬口蓋に向かって盛り上がっており、互いによく似ていることがわかる。これらもまた [kʲ] を語頭に持つ語であると言うことができる (9)。

（9）　[kʲa]「客」　　[kʲɯ:]「急」　　[kʲo:]「今日」

　このようにイ段音の直音と拗音の子音はよく似ている。表1ではその事実を強調して、それらの子音 (P系列) に同じ記号を与えている。表中の1〜7はP系列で硬口蓋化が行われるものである。表中の10〜14はP系列で単純な硬口蓋化が起こるのではなく、調音位置が歯茎と硬口蓋になったり、硬口蓋になったりして、調音位置の著しい移動が生じるものである。

以下、音素とその主要な異音を、マ行音から順に解説する。

○**マ行** /m/：NP系列には [m]（[mame]「豆」）が、P系列にはそれが硬口蓋化した [mʲ]（[mʲino]「蓑」、[mʲaku]「脈」）が現れる。

○**パ行** /p/：NP系列には [p]（[happa]「葉っぱ」、[sampo]「散歩」）が、P系列にはそれが硬口蓋化した [pʲ]（[ampʲi]「安否」、[happʲoː]「発表」）が現れる。

○**バ行** /b/：NP系列には [b]（[baɕo]「場所」）が、P系列にはそれが硬口蓋化した [bʲ]（[kabʲi]「黴」、[bʲoːkʲi]「病気」）が現れる。母音間では完全な閉鎖が行われず、摩擦音の [β、βʲ] が現れ得る（[saβa]「鯖」、[joβʲi]「予備」）。この母音間の摩擦化は、有声の破擦音および、調音位置を両唇あるいは軟口蓋とする有声の破

■ 再び簡略音声表記と精密表記の問題について

　表1に採用した表記は、イ段音を除く直音系列（NP系列）では、あたかも全く同じ子音が現れるという印象を与えるがそうではない。語頭の子音を [k] とみなした「蚊」「句」「毛」「子」の子音も詳細に観察してみると、後続する母音に影響を受けて、それぞれに異なることがわかる。たとえば「毛」の子音は、「木」ほどではないが、前舌が硬口蓋に近づいているし、「蚊」「句」「子」の場合よりも調音位置がやや前に寄っている。また、「子」の子音は唇を丸めて調音される点で他と異なっている。「子」を**円唇化**（えんしんか）の補助記号 [ʷ] を用いて [kʷo] のように精密表記することもできる。

　子音の調音に影響を与えるのは後続音だけではない。たとえば「烏賊」（いか）と「垢」（あか）における子音の調音位置は、前者の方が後者より前に寄っているが、これは先行する前舌母音の影響である。これを [ika̟]「烏賊」と [aka]「垢」のように表記し分けることも可能である。語頭と母音間でも異なり得る。「傘」と「坂」のカ行子音を比較すると、個人差はあるが、前者は弱い帯気音化が生じ得るのに対して、後者は帯気音化しないのが普通である。**帯気音化**（たいきおんか）とは、閉鎖の開放から声帯振動の開始までの時間に、声門摩擦音 [h] に似た雑音（気音）が生じる調音である。帯気音化は補助記号 [ʰ] で表せるので、[kʰasa]「傘」、[saka]「坂」のように表記することもできる。

　以上のように、分節音はそれが置かれた環境によって様々に異なる。表記の精密さを最大限に求める立場をとるならば、たとえばカ行子音に [k] と [kʲ] しか与えないことは不正確と思われるだろう。しかし3.2節で述べたように、精密音声表記には限界があり、何らかの点で簡略化を行うことは不可避である。どのような簡略化を行うかは表記の目的に依存する。

裂音に観察される。

○**カ行** /k/：NP系列には [k]（[kame]「亀」）が現れる。P系列では前舌が硬口蓋に向かって盛り上がるだけでなく、調音位置が硬口蓋寄りなる。この点を強調してP系列の子音を硬口蓋音の [c] とする人もいるが、典型的な [c] とは異なり、前舌の前部が硬口蓋に接触していない。本章ではこれを [kʲ] と表記する（[kʲine]「杵」、[kʲakɯ]「客」）。

○**ガ行** /g/：NP系列には [g]（[goma]「胡麻」）が、P系列にはそれが硬口蓋化した [gʲ]（[gʲimɯ]「義務」、[gʲakɯ]「逆」）が現れる。母音間では完全な閉鎖が行われず、摩擦音の [ɣ、ɣʲ] が現れ得る（[keɣa]「怪我」、[kaɣʲi]「鍵」）。また高齢層を中心に、語中では鼻音の [ŋ、ŋʲ] が現れ得る（[keŋa]「怪我」、[kaŋʲi]「鍵」）。[ŋ、ŋʲ] はガ行鼻音あるいは**鼻濁音**（びだくおん）と呼ばれ、規範的な発音とみなされてきたが、その使用が急速に衰えている。カ行音と同様に、調音位置が硬口蓋寄りになることを強調し、P系列の子音を [ɟ] とする人もいる。

○**ナ行** /n/：NP系列には [n]（[namʲi]「波」）が、P系列にはそれが硬口蓋化した [nʲ]（[nʲici]「西」、[nʲuːci]「入試」）が現れる。P系列の子音を [ɲ] とする人もいるが、P系列のナ行音は舌端が歯茎と接触しているので、前舌と硬口蓋とで閉鎖が形成される [ɲ] とは異なる。

○**ラ行** /r/：環境によって様々に実現され、また個人差も大きいが、概略的に以下のように言える。母音間では舌尖と歯茎でごく短時間の閉鎖を作るはじき音であり、[ɾ] がそれに近い。NP系列には [ɾ]（[soɾa]「空」）が、P系列には [ɾʲ]（[kʲiɾʲi]「霧」、[ɕiɾʲoː]「資料」）が現れる。非母音間では閉鎖の時間が母音間より長くなり破裂音に類似する。個人によっては側面接近音 [l] が用いられる。また個人あるいはスタイルによって震え音 [r] が用いられたり、接近音 [ɹ] が用いられたりする。本章では簡略表記として [ɾ、ɾʲ] を用いる。

○**ワ行** /w/：二重調音の接近音であり、狭めは下唇と上唇、および後舌と軟口蓋に形成される。有声両唇軟口蓋接近音 [w] が最も近い（[wata]「綿」）。IPAの [w] では唇が顕著に丸められかつ前に出るのに対して、日本語のワ行子音における円唇化はわずかである。したがって、有声軟口蓋接近音 [ɰ] に近いとも言えるが、唇の丸めが全くないわけではない。外来語やオノマトペ等の周辺的語彙を除けば [a] としか結合しない。助詞の「を」を [wo] と

■ ラ行子音の様々な異音

　語頭では閉鎖の時間が母音間より長くなる。「楽（らく）」と「粗く（あらく）」を発音してみて、これらの語に含まれるラ行子音を比べてみると、閉鎖時間が「楽」のほうが「粗く」より長いことがわかる。語頭のラ行子音は「1回の瞬間的な閉鎖」と定義されるはじき音というよりむしろ破裂音に近い。とはいえ「楽」と「抱く」における語頭のラ行音とダ行音を比較してみれば、閉鎖時間は語頭ダ行音の閉鎖時間の方が長く、ダ行音こそが典型的な破裂音（[dakɯ]「抱く」）とみなすべきものであることが分かる。この閉鎖時間の連続体、あるいは、はじき音から閉鎖音への調音方法の連続体を、IPAの記号体系で表現するのは難しい。語頭ラ行音と語頭ダ行音には閉鎖時間だけでなく調音位置にも違いがある。ラ行音は舌尖と歯茎で閉鎖を形成するのに対して、ダ行音は舌端と歯および歯茎で閉鎖を形成する。この点を考慮して、語頭ラ行音を破裂音 [d] に舌尖での調音を意味する補助記号 [̺] を付与して表記したり（[d̺akɯ]「楽」）、そり舌音 [ɖ] に前寄りを意味する補助記号を付与して表記したりする（[ɖ̟akɯ]「楽」）方法も考えられるが、いずれにせよ閉鎖時間の短いことが表現できないという問題が残る。閉鎖時間の長いラ行音は語頭だけでなく、鼻音（撥音）の後にも表れる（[bɯnd̺akɯ]「文楽」）。

発音することがあるが、これは綴字発音の一種であろう。

○**ヤ行** /j/：[j]（[jama]「山」）が現れる。周辺的語彙を除けば [a、ɯ、o] としか結合しない。

○**サ行** /s/：NP系列では [s] としてよいだろう（[saka]「坂」）。P系列では、他と比較して調音位置が顕著に後ろに移動する。この子音は、舌端と、歯茎および硬口蓋とで狭めを形成する無声歯茎硬口蓋摩擦音 [ɕ] が最も近い（[ɕakai]「社会」、[ɕima]「島」）。[ɕ] はたとえば中国語や朝鮮語などの東アジアの言語に系統関係を超えて広く観察され、決して珍しい音ではないが、記号 [ɕ] はIPAの子音の表には載っておらず、表外の「その他の記号」のところに載っている。この記号の周辺的な取り扱いを反映してか、問題の子音を表すために [ɕ] ではなく、舌端と歯茎の後部で狭めを作る無声後部歯茎摩擦音の記号 [ʃ] を用いる慣習もある（[ʃakai]「社会」）。個人によっては、サ行音に [θ] や [ɬ] が用いられることもある。

○**ザ行** /z/：NP系列では破擦音の [d͡z] あるいは摩擦音の [z] が現れる（[d͡zakɯro]「柘榴」、[aza]「痣」）。P系列では破擦音の [d͡ʑ] あるいは摩擦音の [ʑ]

が現れる（[d͡zama]「邪魔」、[d͡zimeŋ]「地面」、[hazi]「恥」）。摩擦音 [z、z̩] は母音間に、破擦音 [d͡z、d͡z̩] はそれ以外に現れる強い傾向がある。そのため両者は条件異音の関係にあると論じられることもあるが、実際には発話速度やスタイル等に依存するものであり、厳密な意味での条件異音ではない。サ行音の表記おける [ɕ] と [ʃ] の関係と同様に、[d͡z̩、z̩] の代わりに [d͡ʒ、ʒ] を用いる慣習もある。

○**タ行** /t/：NP系列では [t] であるが（[tako]「蛸」、[oto]「音」）、[ɯ] の前では破擦化して [t͡s] が現れる（[t͡sɯma]「妻」）。P系列では破擦音の [t͡ɕ] が現れる（[t͡ɕizɯ]「地図」、[ot͡ɕa]「お茶」）。[t͡s] は、[tot͡saɴ]「父つぁん」、[got͡so:]「御馳走」などごく少数の（俗語的な）和語において、[a] および [o] の前に現れ得るが、周辺的である。

○**ダ行** /d/：NP系列では [d] であるが（[dasɯ]「出す」、[ɯde]「腕」）、[ɯ] の前では破擦化して [d͡z] が現れる。[d͡z] は摩擦化して [z] となることもある（[t͡sɯzɯkɯ]「続く」）。P系列では破擦音の [d͡z] が現れるが、摩擦化して [z] となることもある（[hanazi]「鼻血」）。仮名でヅ、ヂ、ヂャ、ヂュ、ヂョと書かれるダ行音は、同じく仮名でズ、ジ、ジャ、ジュ、ジョと書かれるザ行音と全く同じ音声である。

○**ハ行** /h/：ハ行子音の調音時の声道の形状は後続母音に著しい影響を受ける。基本的には、[a]、[e]、[o] の前で [h] が現れる（[hane]「羽」、[heta]「下手」、[hone]「骨」）。この子音の調音位置は声門であり、口腔の形状は後続母音調音時のそれと同じになる。[ɯ] の前では [ɸ] が（[ɸɯda]「札」）、P系列では [ç] が（[çidaɾʲi]「左」、[çakɯ]「百」）現れる。[h、ɸ、ç] は厳密な意味での条件異音ではなく、[ɸ] の代わりに [h] が現れることもあるし（[hɯda]「札」）、[ç] の代わりに [hʲ] が現れることもある（[hʲidaɾʲi]「左」、[hʲakɯ]「百」）。[h] の代わりに [x] や [χ] が現れることもある（[xane]「羽」[χane]「羽」）。[h] は母音間で頻繁に有声化する（[haɦa]「母」、[goɦaɴ]「ご飯」）。

▶7. 音節・モーラ

7.1 音節

音節 (syllable) とは、隣り合う分節音が強く結びついた単位である。たとえば、[hana]「花」は [ha.na] という2つの音節 ([.] は音節境界) から構成され、[katana]「刀」は [ka.ta.na] という3つの音節から構成される。

音節は音韻論の観点からのほうが規定しやすく、音声学的に規定するのは簡単ではない。音声学的に音節を定義する方法として聞こえによるものが提案されている。**聞こえ** (sonority) とは分節音の主観的な音の大きさのことであり、遠くに届く分節音ほど聞こえが大きい。聞こえの度合いすなわち聞こえ度に従って分節音を序列化すると、およそ (10) のようになる。聞こえ度は母音が最も高く、破裂音が最も低い。

(10) 母音 > 接近音 > 鼻音 > 摩擦音 > 破裂音

音節とは、聞こえの大きい分節音 (通常は母音) が、その前後に聞こえの小さい単音を従えた単位と定義できる。英語の1音節語 plant [plænt]「植物」を例に取ると、この音節は聞こえ度の低い破裂音 [p] から聞こえ度の高い側面接近音 [l] へと聞こえ度を上げてゆき、聞こえ度が最も高い母音 [æ] を頂点として、その後は鼻音 [n]、破裂音 [t] と徐々に聞こえ度を落としてゆく構造を持つ。ただし個別言語における音節を検討すると、聞こえ度の序列に反する構造を持つものが観察され得る。

母音は最も聞こえ度が高いので、語が母音を含む場合、その母音は音節の中心、すなわち**音節核**を担い、隣接する子音を従え、音節を形成することになる。同一の音節内で音節核に先行する子音を**頭子音** (onset)、音節核に後続する子音を**尾子音** (coda) という。言語によっては聞こえ度の高い子音が音節核となることがある。たとえば英語の rhythm「リズム」は [ɹɪ.ðm] のように、鼻音が第2音節の核を担い、先行する聞こえ度のより低い摩擦音を従える。このような子音は**成節的** (syllabic) であると言われる。

母音で終わる音節を**開音節**、子音で終わる音節を**閉音節**という。子音を C、母音を V で表すと、英語、日本語の単語の音節構造はたとえば (11) のように表記することができる。

言語によっては複雑な音節構造が許容される。英語では strength [stɹeŋkθ]「力」のように CCCVCCC という構造を持つ 1 音節語がある。ロシア語は複雑な音節構造を持つ言語として知られており、взгляд [vzglʲat]「視線」のように頭子音を 4 つ従える音節（CCCCVC）や、душегубств [du.ʃi.gupstf]「人殺し（複数属格）」の第 3 音節のように尾子音を 4 つ従える音節（CVCCCC）も存在する（英語およびロシア語では、摩擦音はたとえ隣接する分節音より聞こえ度が高くても音節核を形成できない）。

沖縄県宮古島市の大神島で用いられる日本語と同系の言語は成節子音に富み、[ks:]「乳」、[kf:]「作る」、[ps:]「日」のように摩擦音が核を担い破裂音を従える音節が存在する（Pellard 2010）。

(11)　開音節　V　　*I* [aɪ]「我」　　　　　　[e]「絵」、[o:]「王」
　　　　　　CV　　*toe* [toʊ]「つま先」　　[ha]「歯」、[kai̯]「貝」
　　　閉音節　VC　　*it* [ɪt]「それ」　　　　[ɯɴ]「運」
　　　　　　CVC　*book* [bʊk]「本」　　　[keŋ]「券」

日本語は、分節音の配列の規則、すなわち**音素配列論** (phonotactics) に強い制約があり、複雑な音節構造は許容されない。音節核を担えるのは母音のみである。長母音も二重母音も、短母音と同じように 1 つの音節の核を担う（[ko:.ci]「講師」、[kai̯.gi]「会議」、いずれも CV.CV）。尾子音は最大で 1 であり、この位置を占められる音は促音 (7.3.3 節) と撥音 (7.3.4 節) のみである（[kap.pa]「河童」、[kʲiɴ.ko]「金庫」、いずれも CVC.CV）。言い換えれば、促音と撥音は独立の音節を形成できない。頭子音は拗音 (7.3.1 節) を子音連続とみなす立場では最大 2 である（CCV）。たとえば、[kʲak.kaɴ]「客観」の第 1 音節は CCVC となり、日本語に存在しうる最も複雑な構造を持つ。

7.2　モーラ

モーラも音節と同様に隣り合う分節音が強く結びついた単位であるが、音節より小さい単位であり、両者には「1 つの音節は必ず 1 つ以上のモーラを含む」という階層関係が認められる。たとえば [kaɴ]「缶」の音節数は 1 だが、モーラ数は 2 であり、[ka] と [ɴ] とに分かれる。

日本語の母語話者にとって、日本語にモーラという単位が存在することは、直感的にも理解しやすい。日本語の母語話者は「日産」という語の長さは、「トヨタ」や「日野」より長く、「メルセデス」より短いと感じるはずである。さらに「日産」は「ダイハツ」や「三菱」と同じ長さを持っていると感じるはずである。ここでの長さは音節数に基づいて計測されてはいない。[nis.saɴ]「日産」は2音節、[dai̯.ha.tsɯ]「ダイハツ」は3音節、[mʲi.tsɯ.bʲi.ɕi]「三菱」は4音節である。これらの語が同じ長さと言った時、その長さはモーラに基づいて計測されている。

　モーラは、短母音 (V) のみあるいは子音と短母音だけ (CV) からなる音節1つ分の長さを基準とした時間的単位であると定義できる。ここでの「長さ」は話し手・聞き手にとって同じ長さと感じられる心理的な長さであり、音声の物理的長さとは必ずしも一致しない。モーラは、同じ長さを持つ単位と意識されることから、**等時性**の単位であると言われる。

　俳句や川柳は5-7-5というリズムを持つとされるが、このリズムもモーラに基づいて形作られている。また日本語の仮名1文字は、原則として1モーラに対応している。これらの例は、モーラという単位が日本語に確かに存在しており、それが母語話者に明確に意識されるという事実を示している。

　問題の「日産」は、「ダイハツ」「三菱」と同じく4モーラ語である。モーラ境界を"|"で表すと、[ni|s|sa|ɴ]「日産」、[da|i|ha|tsɯ]「ダイハツ」、[mʲi|tsɯ|bʲi|ɕi]「三菱」となる。この例からも明らかなように、撥音と促音はそれだけで1モーラを形成する。長母音や二重母音は2つの部分に分けられ前半・後半ともに独立したモーラを形成する。

　1モーラからなる音節を**軽音節**、2モーラ以上からなる音節を**重音節**という。

7.3　日本語学に特有のモーラの分類

　日本語学に特有のモーラの分類に、拗音・直音、濁音・清音、自立モーラ・特殊モーラの分類がある。特殊モーラは促音、撥音、長母音・二重母音の第2要素からなる。以下、拗音・直音 (7.3.1節)、濁音・清音 (7.3.2節)、促音 (7.3.3節)、撥音 (7.3.4節)、自立モーラ・特殊モーラ (7.3.5節) の順に見てゆこう。

7.3.1 拗音・直音

拗音とは、文字の上では「キャ、キュ、キョ」のように、大文字の後に小文字の「ャ、ュ、ョ」が書かれるモーラである。拗音ではないモーラは (特殊モーラを除き)、**直音**と呼ばれる。拗音を音声学的に定義するのは容易ではない。音韻論では拗音を、子音音素1つとそれに後続する/j/からなる子音連続を冒頭に持つモーラと分析するのが一般的である。たとえば [kʲakɯ]「客」は/kjaku/、[ɕaka]「釈迦」は/sjaka/と分析される。

拗音を特徴づける子音連続は、音声的には調音位置を硬口蓋周辺とする子音として実現される。具体的には、硬口蓋化子音 ([pʲ] [bʲ] [mʲ] [kʲ] [gʲ] など)、硬口蓋音 ([ç])、歯茎硬口蓋音 ([ɕ] [ʑ] [t͡ɕ] [d͡ʑ] など) のいずれかである。有声硬口蓋接近音 [j] のみを子音に持つモーラは (たとえば/ja/ [ja]「矢」、/ju/ [jɯ]「湯」、/jo/ [jo]「世」) は拗音ではなく直音である。

拗音と呼ばれるモーラの母音には制限があり、外来語などを除けば/a//u//o/のいずれかに限られる。この制限は音素/j/のみを持つモーラにおける母音との制限と一致する。したがって拗音と直音の対立は、/a//u//o/を伴うモーラにのみ観察される (たとえば/sjaka/ [ɕaka]「釈迦」対/saka/ [saka]「坂 (苗字)」、/sjuri/ [ɕɯɾʲi]「首里」対/suri/ [sɯɾʲi]「スリ」、/sjori/ [ɕoɾʲi]「処理」対/sori/ [soɾʲi]「橇」など)。

調音位置を硬口蓋周辺とする子音 (硬口蓋化子音、硬口蓋音、歯茎硬口蓋音) は、外来語等を除くと、/e/の前に現れることはないが、/i/の前には現れる ([kʲi]「木」[çi]「火」、[ɕi]「詞」、[t͡ɕi]「血」、[mʲi]「身」など)。このようなモーラは拗音ではなく、直音とみなされ、/ki/「木」、/hi/「火」、/si/「詞」、/ti/「血」、/mi/「身」と音素分析される。

7.3.2 濁音・清音

濁音とは、仮名の上では「バ」のように濁点"゛"を伴う文字が表すモーラである。一方、「ハ」など濁点を伴わない文字が表すモーラは**清音**、「パ」などの半濁点"゜"を伴う文字が表すモーラは**半濁音**と呼ばれる。

濁音とはどのような音声的特徴を持つモーラなのであろうか。濁点の付けられる文字は (特殊モーラを表す文字を除けば) ハ行、タ行、サ行、カ行の文字であり、それらが表すモーラの子音音素 (/h//t//s//k/) はすべて阻害音である。それ

に対して濁点の付けられない文字は、(母音のみのア行を除くと) マ行、ワ行、ナ行、ラ行、ヤ行の文字であり、それらが表すモーラの子音音素 (/m//w//n//r/) はすべて共鳴音である。阻害音 (/h//t//s//k/) を伴うハ行、タ行、サ行、カ行の文字に濁点の付いたバ行、ダ行、ザ行、ガ行の文字は、/b//d//z//g/ を伴うモーラを表す。前者の子音音素は無声音であり、後者の子音音素は有声音である。ここから濁点とは、阻害音を持つモーラについて、その子音が有声であることを表す記号であることがわかる。

　まとめると、濁音とは有声の阻害音 /b//d//z//g/ を持つモーラのことであり、清音とは共鳴子音 /m//w//n//r/ あるいは無声阻害音 /h//t//s//k/ (ただし /p/ を除く) を伴うモーラである定義することができる。

　無声阻害音である /p/ を伴うモーラは例外であり、上の定義では清音に含まれてしまうが、一般的には濁音でも清音でもない半濁音とみなされる。/p/ を伴うモーラ、すなわちパ行音は、唯一半濁点を伴って表記されるものであるため、この名称がある。

　濁点が付けられる文字について、濁点無しの文字と有りの文字とがそれぞれ表すモーラの子音を対比してみると、ハ行・バ行のペアを唯一の例外として、調音位置と調音方法が一致していることがわかる (12)。

(12)　ハ行　/h/ (無声声門摩擦音)　　　　バ行　/b/ (有声両唇破裂音)

　　　タ行　/t/ (無声歯茎破裂音)　　　　ダ行　/d/ (有声歯茎破裂音)

　　　サ行　/s/ (無声歯茎摩擦音)　　　　ザ行　/z/ (有声歯茎摩擦音)

　　　カ行　/k/ (無声軟口蓋破裂音)　　　ガ行　/g/ (有声軟口蓋破裂音)

阻害音に関する限り、濁音・清音の本質的な違いは、子音の有声・無声の違いに求められるので、ハ行子音が [h] であるならば、バ行子音は [ɦ] のはずだが、そうなっていない。同じようにバ行子音が [b] であるならばハ行子音は [p] のはずだが、そうなっていない。

　これは「ハ」と「バ」の対という、文字だけの問題ではない。2つの語根が結合して新たな語が生じる過程は複合と言うが、日本語の複合では、後部要素の冒頭の子音が有声化する**連濁**と呼ばれる現象が観察される。/umi/「海」と /kame/「亀」が結合すると /umigame/「海亀」となるが、このとき /k/ と /g/ は連濁においてペアをなす。一方、/kusa/「草」と /hana/ が結合すると

/kusabana/「草花」となり、/h/ は /b/ とペアをなす。このように、/h/ と /b/ とを清濁のペアとみなす根拠は共時的な言語現象 (子音の交替) にも求めることができる。

この不均衡な体系が観察される理由は、日本語のハ行子音が元来は [p] であり、この [p] は通時的な音変化の結果、特定の環境に置かれたものを除いて、[h] となったことにある (たとえば*pana「花」> hana) (2章3節参照)。

7.3.3　促音

促音とは、仮名の上では小文字の「ッ」によって表されるモーラである。音声学的には阻害音の長子音の前部要素と定義できる。固有の調音位置および調音方法を持たず、原則として無声である。摩擦音の場合は継続時間のより長い摩擦音の前半部分 ([baɕɕi]「抜歯」) として、破裂音・破擦音の場合は、継続時間のより長い閉鎖区間の前半部分 ([katta]「買った」、[mat͡ɕa]「抹茶」) として実現される。原則として語頭、語末に立つことはない。

促音はそれ自体で音節を形成することができず、異論はあるが、後続音ではなく先行音 (母音) とともに音節を形成する ([baɕ.ɕi]「抜歯」)。

日本語学では、促音を独立の音素とみなし /Q/ と表記することが広く行われている (/baQsi/「抜歯」、/kaQta/「買った」)。

7.3.4　撥音

撥音とは、仮名の上では「ン」によって表されるモーラである。音声学的には音節末の鼻音と定義できる。この場合の「鼻音」とは、鼻母音も含む広義の鼻音であり、口蓋帆が下降し鼻腔へ気流が流れる調音方法を伴う分節音という意味である。

撥音は固有の調音位置を持たない。後続音が完全な閉鎖を伴うものであるならば、撥音の調音位置は後続音に同化する (両唇音の前で [dempa]「電波」、[sampʲi]「賛否」、[nʲimmu]「任務」；歯茎音の前で [gunte]「軍手」、[kondo]「今度」、[kanna]「鉋」；軟口蓋音の前で [saŋka]「参加」、[keŋgʲi]「嫌疑」)。

後続音が完全な閉鎖を伴わないもの (母音、接近音、摩擦音) の場合は、意識した発音でない限り、鼻母音が現れる ([keẽekʲi]「権益」)。その調音位置は、およそ

先行母音と後続音の双方に影響を受ける。

　後続音がない場合、[ŋ] あるいは [ɴ] で閉鎖が行われる鼻音になることが多く、前舌母音が先行する場合は [ŋ]（[çiŋ]「品」、[heŋ]「変」）、それ以外は [ɴ] になる傾向がある（[ɸɯɴ]「糞」、[hoɴ]「本」、[haɴ]「班」）。

　日本語学では、撥音を独立の音素とみなし /N/ と表記することが広く行われている（/deNpa/「電波」、/guNte/「軍手」、/saNka/「参加」、/hoN/「本」、/keNeki/「権益」）。

7.3.5　特殊モーラと自立モーラ

　特殊モーラの定義は研究者ごとに異なるが、その外延はおよそ一致している。すなわち、促音、撥音、長母音・二重母音の第2要素である。本章では、特殊モーラを、1モーラの長さを持ちながら音節として独立できないモーラと定義する。反対に、音節として独立できるモーラは**自立モーラ**と呼ぶ。

　促音と撥音を独立の音素とみなし /Q/、/N/ と表記する枠組みがあると述べたが、この枠組みでは長母音の第2要素も同様に音素（「引き音素」などと呼ばれる）とみなされ、/H/ あるいは /R/ と表記される（/siNgaQkoH/「神学校」）。二重母音の第2要素も同様に音素とみなされることがあり、その場合 /J/ などと表記される。特殊モーラは**モーラ音素**と呼ばれることもある。

▶8.　アクセント

8.1　「箸」と「橋」の違い

　ある2つの語が異なっているというとき、[aka]「赤」と [asa]「朝」のように分節音が異なっている場合もあるが、たとえ分節音が同一であっても、なお意味が異なる語があり得る。後者の場合、[kɯmo]「雲」と [kɯmo]「蜘蛛」のように、音は全く同一で意味が異なる語すなわち同音異義語の可能性もあるが、そうではない場合、両者の違いは分節音を超えた音声特徴、すなわち**超分節素**に求められる。[haɕi]「箸」と [haɕi]「橋」がその一例である。超分節素あるいは韻律特徴とは、複数の分節音からなる単位（音節、語、句など）に与えられる音声特徴のことであり、声の高さ、強さ、知覚上のリズムなどによって実現される。[haɕi]「箸」と [haɕi]「橋」の場合、両者を区別する超分節素

は、声の高さすなわち**ピッチ** (pitch) である。前者では第1音節の方が第2音節より高い「高・低」のピッチパタンをとるが、後者は「低・高」のパタンをとる。日本語学ではこれをアクセントと呼んでいる。

8.2　日本語のアクセント体系

　日本語は弁別的なピッチアクセントを持つ。語ごとに定まったピッチのパタンのことを**アクセント型**と呼ぶことにする。日本語のアクセント型を記述するためには、「高」から「低」へのピッチ変化 (これを「下がり目」と呼ぶ) に注目する必要がある。たとえば「掃く」と「履く」はアクセント型が異なる。語のピッチを、高いピッチで発音されるモーラに上線を引いて表すと、ハ̄ク「掃く」、ハ̄ク「履く」のようになる。前者はハからクにかけて下がり目があるのに対して、後者には下がり目がない。ア̄ツイ「熱い」とア̄ツイ「厚い」も同様で、ツからイにかけての下がり目の有り無しで区別される。

　日本語学では、下がり目として実現される音韻論的要素を**アクセント核**と呼び、「高」から「低」への変化において「高」が与えられるモーラにアクセント核があると表現する。たとえば、ハ̄ク「掃く」であればハに、ア̄ツイ「熱い」であればツにアクセント核があると表現する。一方、ハ̄ク「履く」やア̄ツイ「厚い」にはアクセント核がない。アクセント核を持つ語は**有核語**、持たない語は**無核語**と言う。また有核語の持つアクセント型を**起伏式**、無核語の持つアクセント型を**平板式**と言う。

　日本語の動詞と形容詞のアクセント型は、起伏式か平板式かのいずれかであり、起伏式の語における核の位置は、終止・連体形の場合、後ろから2番目のモーラ (ただしそれが特殊モーラである場合は後ろから3番目のモーラ) となる。それに対して名詞では核の位置も語ごとに異なる。ナ̄ミダ「涙」とノミ̄ヤ「飲み屋」では、前者は第1モーラに後者は第2モーラに核がある。

　核が語末モーラにある語も存在する。ハナ̄「鼻」とハナ̄「花」では、両者とも第1モーラより第2モーラが相対的に高い。単独で発話されたこの2語には、下がり目は観察されないので、両者とも平板式のアクセント型を持つように一見思われるが、これらの語の後ろに別の要素を後続させると、両者はアクセント型が異なることが明らかになる。たとえば助詞の「が」をつけて発話し

■ アクセントの類型

アクセントという用語が導入されたが、もう少し一般的な観点からこの現象を見てみよう。アクセントとは、広義では、語ごとに定まっているピッチやストレスのことである。前述のようにピッチとは音の高さのことである。ストレスとは、特定の部分を他より強く発音することによってもたらされる際立ちのことである。ピッチが音の高さという単一の特徴によって定義できるのに対して、ストレスはそうではなく、通常はいくつかの特徴の組み合わせによって定義され、またその組み合わせは言語ごとに異なり得る。概して、音の大きさ、高さ、長さ、母音の質の組み合わせにおいて、その程度が大きいと知覚されたとき、ストレスがあると言われる。ピッチに基づくアクセントは**ピッチアクセント**（あるいは高さアクセント）と呼ばれる。日本語のアクセントはピッチアクセントの一種である。一方、英語、ドイツ語、スペイン語、ロシア語などは、ストレスに基づく**ストレスアクセント**（強さアクセント）を持つ。

どの語においてもアクセントが同じであるものを**固定アクセント**という。フィンランド語やポーランド語は固定アクセントを持つ言語であるが、前者は第1音節に、後者は次末音節にストレスが置かれる。それに対して、語によってアクセントが異なるものを**自由アクセント**という。英語、ロシア語、日本語のアクセントは自由アクセントである。固定アクセントの言語では、アクセントが語の意味の区別をすることはないが、自由アクセントの言語では語の意味の区別をする機能、すなわち弁別機能を有する。日本語のアクセントは弁別的なピッチアクセントである。

中国語にみられるような**声調**（トーン）もまた、語ごとに定まったピッチである。中国語（普通話）では、4種類のピッチパタン（高く平らな「第一声」、上昇する「第二声」、低く抑える「第三声」、急激に下降する「第四声」）が音節を単位として与えられ、語の意味を区別する働きを持つ。声調は広義のピッチアクセントに含まれるが、一般的な枠組みでは、声調とピッチアクセントという用語は別の概念を指すものとして区別される。声調と（狭義の）ピッチアクセントを区別するもっとも一般的な方法は、ピッチパタンが与えられる単位が音節であるもの（中国語など）を声調とし、それが語であるもの（日本語など）をピッチアクセントと定義するものであろう。アクセントと声調の区別に関する別の有力な理論に早田（1999）によるものがある。

てみると、ハ̅ナガ「鼻が」とハナガ「花が」のように、前者では助詞が高く付き、後者では助詞が低く付く。助詞「から」でも同様に、ハ̅ナカラ「鼻から」とハナ̅カラ「花から」のようになる。言い換えれば「花」は語末モーラから助詞にかけて下がり目が観察される。したがって、「花」は語末モーラに核を持

つ起伏式の語であり、「鼻」は核のない平板式の語である。

　起伏式は核の位置によって下位分類できる。語頭モーラに核のある型は<ruby>頭<rt>あたま</rt></ruby><ruby>高<rt>だか</rt></ruby><ruby>型<rt>がた</rt></ruby>、語頭でも語末でもないモーラに核のある型は<ruby>中<rt>なか</rt></ruby><ruby>高<rt>だか</rt></ruby><ruby>型<rt>がた</rt></ruby>、語末モーラに核のある語を<ruby>尾<rt>お</rt></ruby><ruby>高<rt>だか</rt></ruby><ruby>型<rt>がた</rt></ruby>という。平板式は**平板型**の１つしかない。なお、アサガオ「朝顔」とミソシル「味噌汁」は核の位置が異なり、したがってアクセント型が異なるが、双方とも中高型と呼ばれる。

　尾高型の語には（「次」などのごく少数の語を除いて）、それに助詞「の」がつくと核が消失するという現象が観察される（ウマガ「馬が」、ウマノ「馬の」）。したがって平板型の「鼻」（ハナ）と尾高型の「花」（ハナ）は、助詞「の」がつく環境では区別がなくなる（ハナノ「鼻の」＝「花の」）。１モーラ語にも平板式と起伏式の対立があり、たとえば「葉」と「歯」はアクセント型のみで対立する（ハガ「葉が」、ハガ「歯が」）。起伏式の「歯」の核の位置は、語頭とも言えるし、語末とも言えるので、これだけでは頭高型なのか尾高型なのか判断できない。しかし、起伏式の１モーラ語では、それに助詞「の」をつけてもその核は消去されないので（ハノ「歯の」）、頭高型である。１モーラ語には、平板型と頭高型のみが存在し、尾高型は存在しない。

　以上のように日本語のアクセント型は、1) アクセント核があるか否か、2) あるとしたらどこにあるかという２つの観点から記述できる。核は、２モーラ語であれば第１モーラか第２モーラのいずれかに、３モーラの語であれば第１モーラか第２モーラか第３モーラのいずれかに置かれるので、語のモーラ数をnとするとn通りの核の配置が理論上可能ということになる。これに平板型を加えると、日本語にはn+1のアクセント型があるということになる（2拍名詞の方言間の異なりについては2章7.3節）。

　ある語がどのアクセント型を持つのかを示すためには、その語における核の有無と位置のみを表記できればよいので、文字の上に線を引くやり方は経済的でない。さらにこの方法は、「鼻」と「花」のアクセント型を区別するために、ハナガ「鼻が」とハナガ「花が」のように、助詞付きの形をも例示しなければならない。そこで一般的には、核の有無と位置を記号「`'`」によって表記するという方法がとられる。この記号は日本語学独自のものであり、IPAで「閉鎖の開放が聞こえない」ことを表す補助記号「`˺`」とは異なる。表2に示

表2　日本語（共通語）におけるアクセント型の分布

	平板式	起伏式			
	平板型	頭高型	中高型		尾高型
1モーラ	エ「柄」 ヒ「日」 ハ「葉」	エ＇「絵」 ヒ＇「火」 ハ＇「歯」			
2モーラ	ハシ「端」 アメ「飴」 サケ「酒」	ハ＇シ「箸」 ア＇メ「雨」 オ＇ケ「桶」			ハシ＇「橋」 マメ＇「豆」 イケ＇「池」
3モーラ	マツリ「祭」 サカナ「魚」 コドモ「子供」	ナ＇ミダ「涙」 モ＇ミジ「紅葉」 ミ＇ドリ「緑」	イト＇コ「従兄弟」 タマ＇ゴ「卵」 アミ＇ド「網戸」		カタナ＇「刀」 コトバ＇「言葉」 タカラ＇「宝」
4モーラ	トモダチ「友達」 カマボコ「蒲鉾」	カ＇マキリ「蟷螂」 ア＇サバン「朝晩」	オニ＇ギリ「お握り」 アサ＇ガオ「朝顔」	ミソシ＇ル「味噌汁」 バケモ＇ノ「化け物」	イモート＇「妹」 オトート＇「弟」

すように、この記号は、ガ＇マキリ「蟷螂」、オニ＇ギリ「お握り」、ミソシ＇ル「味噌汁」、イモート＇「妹」のように、核のあるモーラの右肩に付与される。最近では「＇」の代わりに「]」を用いることも多い（オニ[ギリ「お握り」）。

　アクセント核は原則として特殊モーラに来られないという分布上の制限がある。すでに触れたように起伏式の動詞は終止・連体形で後ろから2番目のモーラに核が置かれるが（ハシ＇ル「走る」）、それが特殊モーラの場合、核が1つ前のモーラに移る（ハ＇イル「入る」）。この事実は**外来語アクセント規則**（窪薗1999）でも確認できる。外来語にアクセント核が置かれる場合、その核は、少数の例外を除いて、語末から3番目のモーラに置かれる（13）。

（13）　スト＇レス　クリス＇マス　アルバ＇イト　コンク＇ール

しかし後ろから4番目のモーラに核が置かれる外来語も存在する（14）。これらはすべて、後ろから3番目のモーラが特殊モーラである。

（14）　サ＇イパン　ワシ＇ントン　ケンタ＇ッキー　スウェ＇ーデン

　この分布の制限は音節という概念を用いて説明される。そこでは外来語のアクセント核は「後ろから3番目のモーラを含む音節」に置かれるとされる。

▶9. イントネーション

9.1 イントネーション

ピッチアクセントや声調は、特定の語や音節と結びついたピッチ特徴であり、語の意味の区別に関与しうる。一方、同じくピッチに基づいた言語現象だが、語より大きな単位に結びつき、語の意味には関わらないものがある。それがイントネーションである。最近の日常語では、日本語のアクセントをイントネーションと呼ぶことがあるが、言語学では両者は明確に区別される。

イントネーションは、句や文あるいは発話におけるピッチ変化の言語的な使用と定義できる。より広義にはピッチだけでなくすべての超分節素が含まれるが、本章ではピッチに限定する。たとえば「雨は止んだ？」（質問）と「雨は止んだ。」（答え）において、両者の区別は、発話末モーラにピッチ上昇があるか（質問）、ないか（答え）によってなされる。質問と答えとを区別するピッチ上昇の有無は、「飴？」「飴。」「雨？」「雨。」を比較して明らかなように、「飴」と「雨」の意味の区別に関わらない。この発話末のピッチ上昇のようなピッチ変化の使用がイントネーションの一例である。

9.2 イントネーションの機能

イントネーションの機能は様々である。最も広く知られているものは、質問と答えのような発話意図の伝達であろう。誰が何と言おうと酒を飲むのだと強く主張する「飲むの！」という発話では、発話末モーラが高くなるが、これも強い主張という意図を伝達するイントネーションである。

フォーカス（焦点）の表示も主要な機能の1つである。「具志堅が勝った。」という文は、ペドロ・フローレスではなく具志堅用高が勝ったという意味で発話する場合と、負けたのではなく勝ったという意味で発話する場合とでピッチパタンが異なる。前者では「勝った」におけるピッチのピークが著しく低くなるのに対して、後者はそれが「具志堅が」におけるピークと同程度ないしそれ以上に高くなる。

統語構造の違いによってもイントネーションは異なり得るので、イントネーションには統語構造の違いを表示する機能があるということができる。たと

えば「お洒落なお父さんのスーツ」では、「お洒落な」が「お父さん」を修飾するか、「スーツ」を修飾するか (3章3.3節) でピッチパタンが異なる。

　発話の継続・終了を表す機能もある。発話が終了するときに発話末のピッチが低下する現象 (final lowering) は日本語を含めあらゆる言語に観察される。また、発話が終わらずまだ継続していることを示すために、日本語では、句末モーラのピッチが高められたり、上昇下降調が用いられたりする。

　なお、話し手の感情や精神状態 (喜び、怒り、悲しみなど) が、発話のピッチによって伝達されることがあるが、このような非言語的なピッチの変動は、イントネーションには含めないのが普通である。

9.3　音調句と句末音調

　概して、日本語のイントネーションは、音調句形成と句末音調によって記述できる。発話はイントネーションによっていくつかの部分に分割することができるが、この過程が音調句形成 (prosodic phrasing) であり、分割された部分を**音調句** (prosodic phrase) と呼ぶ。音調句の境界を示す働きをするピッチパタンは**句音調**と呼ばれる。日本語では、句頭のピッチ上昇によって音調句境界が示される。

　音調句形成はフォーカスや統語構造とよく相関する。前述の「お洒落なお父さんのスーツ」では、「お洒落な」が「お父さん」を修飾する場合は (15a)、「スーツ」を修飾する場合は (15b) のような音調句構造を取ることが多い (郡 1997; 窪薗 1999)。(音調句境界を“｜”で、それを特徴づけるピッチ上昇を“「”で表す。)

(15)　a.　　｜オ「シャ」レナ　　オ「ト」ーサンノ　　ス「ーツ｜

　　　b.　　｜オ「シャ」レナ｜　　｜オ「ト」ーサンノ　　ス「ーツ｜

図3は、(15) の発話の基本周波数 (F0) 曲線を表したものである。左が (15a)、右が (15b) に対応する。F0はピッチを決定づける主要な物理量であり、これが高いほどピッチが高いと知覚される。矢印で示したように (15b) では、発話の冒頭だけでなく、「オトーサン」の冒頭でも顕著なピッチ上昇が生じており、このピッチ上昇により「オシャレナ」と「オトーサン」の間の音調句境界が示されている。

　句末音調とは、音調句末 (最終モーラないし音節) に局所的に生じるピッチ変化

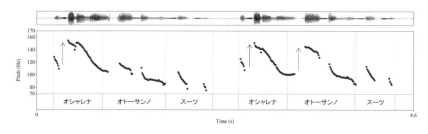

図3 「お洒落なお父さんのスーツ」の基本周波数（F0）曲線

のことである。質問の意図をもって発せられた発話の末尾に生じるピッチ上昇がその典型例である。どのような句末音調がいくつ存在するかに関して定説はないが、郡 (1997) は、疑問型上昇調、強調型上昇調、上昇下降調、平調、顕著な下降調を認めている。句末音調は、発話意図や発話の継続・終了の表示などに主として用いられるが、フォーカスや統語構造の表示にも用いられ得る。

読書案内

斎藤純男 (2006)『日本語音声学入門』三省堂
本章を執筆するにあたってはこの本を参考にしたところが大きい。国際音声記号 (IPA) の体系を学びたい人の必読書である。日本語の音声を中心にあらゆる言語の音声が解説されている。より詳しく音声記号について学びたい人は、世界で用いられている、あるいは用いられていた様々な音声記号を網羅的に解説したプラム・ラデュサー（2003）に当たられたい。

松森晶子・新田哲夫・木部暢子・中井幸比古 (2012)『日本語アクセント入門』三省堂
アクセントの研究法を解説した本。共通語だけでなく様々な方言が取り扱われており、日本語諸方言のアクセント研究がどのようなものか網羅的に知ることができる。

川原繁人 (2015)『音とことばのふしぎな世界—メイドの声から英語の達人まで』岩波書店／川原繁人 (2017)『「あ」は「い」より大きい!?—音象徴で学ぶ音声学入門』ひつじ書房
ポケモンのキャラクターなどの卑近な事例から始めて最先端の音声研究へ誘うこれまでになかった音声学の入門書。

北原保雄監修・上野善道編 (2003)『朝倉講座日本語3 音声・音韻』朝倉書店
アクセント・イントネーションを含めた日本語の音声学・音韻論、日本語の音韻史、音声の物理・生理など、日本語の音声研究を包括的に解説する入門書。なお、日本語に関する記述を中心としつつも、より一般音声学的立場から類似のテーマを扱ったものとして田窪他（2004）も有用である。

2

音韻の歴史変化

▶1. はじめに

　本章では、音韻の歴史変化を扱う。特に、日本語史上における音韻の歴史変化に関するトピックのうち、上代特殊仮名遣 (2節)、ハ行子音の歴史変化 (3節)、ア行・ヤ行・ワ行の歴史変化 (4節)、サ行・ザ行・タ行・ダ行の歴史変化 (5節) の4つを中心にして取り上げることとする。また、6節では「頭音法則」をキーワードに、それに関係する歴史変化について取り上げる。最後の7節では、アクセントの歴史変化について、その研究の資料と方法論を中心に述べる。必ずしも日本語の音韻の歴史変化を網羅的に記述することはできないが、各節においては、推定される各時代の音声実質や当該の歴史変化の根拠と推定方法をなるべく明示的に示すことで、その欠を補う。なお、音声学・音韻論の用語は1章のものに従う。

▶2. 上代特殊仮名遣

　まとまった文献資料が得られる最古の時代は、奈良時代 (8世紀) である。712年編纂の『古事記』をはじめ、『日本書紀』(720年)、『万葉集』(8世紀後半以降) が主要な資料として知られる。これらの文献で歌謡や訓注に用いられている**万葉仮名**(8章3.1.3節)、中でも**音仮名**と呼ばれるものが、音声・音韻の研究にとっては重要な資料となる。

2.1　上代特殊仮名遣とは

　現代語の「恋（**歴史的仮名遣**（12章3.2.1節）で「コヒ」)」に対応する単語は、奈良時代の万葉仮名表記で「古比」「故非」「孤悲」など様々に表され、表記が一様ではない。このように、現代語で同じ音であり、かつ、同じ仮名で表記されるものに対して、奈良時代には、種々の仮名があてられている。たとえば、現代語の表記で「コ」とされるものに対応する奈良時代の仮名のうち、音仮名には以下のようなものがある。

（1）　a.　古、故、高、庫、姑、狐、枯、固、顧
　　　 b.　己、許、巨、居、去、虚、忌、挙、拠

　重要であるのは、たとえば「恋」の「コ」に用いられる仮名がすべて（1a）に分類され、（1b）の仮名が「恋」の「コ」に用いられることがない一方、「腰」の「コ」に用いられる仮名はすべて（1b）に分類され、（1a）の仮名が「腰」の「コ」に用いられることがないということである。つまり、現代の表記では「コ」としか書き表せないものに、判然とした2種類の仮名の遣い分けが認められるのである。この2種類の仮名の遣い分けは、現代のキ・ギ・ヒ・ビ・ミ・ケ・ゲ・ヘ・ベ・メ・コ・ゴ・ソ・ゾ・ト・ド・ノ（・モ）・ヨ・ロの仮名に対応するものに認められる。奈良時代の万葉仮名文献一般に見られるこの仮名の遣い分け現象を、**上代特殊仮名遣**と呼ぶ。なお、「モ」の遣い分けは『古事記』のみに認められるものである。

　上代特殊仮名遣は、動詞の活用（4章2.1節）とも深く関わる。たとえば、四段動詞「咲く」の連用形「サキ」の「キ」と、上二段動詞「起く」の未然・連用形「オキ」の「キ」とでは、それぞれに用いられる仮名に判然とした遣い分けが認められる。一方で、同じ上二段動詞の「起く」「尽く」の未然・連用形「オキ」「ツキ」それぞれの「キ」に用いられる仮名は、同じグループに属する。また、「咲く」など四段動詞の已然形と命令形は平安時代以降同じ形（「咲け」）になるが、奈良時代には已然形「咲け」の「ケ」と命令形「咲け」の「ケ」とで、それぞれに用いられる仮名が混同することはなく、遣い分けが認められる。伝統的に、後代の「キ・ヒ・ミ」（及びその濁音）に対応するもののうち、奈良時代に四段動詞連用形に現れるものを**甲類**、上二段動詞連用形に現れるものを**乙類**と呼ぶ。同じく後代の「ケ・ヘ・メ」（及びその濁音）に対応するもののうち、

四段動詞命令形に現れるものを甲類、已然形に現れるものを乙類と呼ぶ。

2.2　上代特殊仮名遣の意味するもの

　上代特殊仮名遣が、純粋な「仮名遣い」で、甲類と乙類とにまったく音声的な違いがなかったとすれば、「キ」「ヒ」「ミ」など全20音節の甲乙各グループに属する複数の仮名が、後代の歴史的仮名遣のような形で判然と遣い分けられていた、ということになる。しかし、甲乙両グループに属する漢字がそれぞれ複数あることを考慮すれば、甲乙両音節がまったくの同音であり、どの単語にどの仮名を用いるかを、純粋な仮名遣いの約束として記憶していたとは考え難い。上代特殊仮名遣は、奈良時代の中央方言（奈良時代語）における音声・音韻上の違いに基づく遣い分けであったとするのが、一般的である。

　上代特殊仮名遣が奈良時代語における音声・音韻上の違いに基づく遣い分けであったことは、万葉仮名として用いられる漢字の中国語原音（**中古音**）からも示唆される。たとえばイ段甲類、つまり、「キ・ギ・ヒ・ビ・ミ」の甲類を表す万葉仮名としての漢字は、その中古音はよく似ていて、相互に関連付けることができる（橋本1950、有坂1955：3部2篇）。同様のことが、イ段乙類、エ段甲類、エ段乙類、オ段甲類、オ段乙類にも言える。上代特殊仮名遣が、奈良時代語における音声・音韻上の違いに基づく遣い分けであったということは、ほぼ間違いないだろう。問題は、甲乙2種の音節の音声的な実質と、その音韻論的な解釈である。

　伝統的には、甲乙2種の音節の音韻的な違いは主母音の違いであるとされる。つまり、キ甲とキ乙とは、互いに同じ頭子音k–を持ち、それに続く母音のみが異なる、とされる。このように考えると、現代日本語の/i//e//o/に対応する母音音素がそれぞれ2つあったということになり、合計8つの母音音素が奈良時代語にあったということになる（大野1976など）。

　橋本による上代特殊仮名遣の（再）発見以来、奈良時代語には母音音素が8つあったとする説が支配的であった。しかし、服部四郎は、イ段・エ段の場合について、甲類音節と乙類音節とで主母音は同じで、甲乙の違いは頭子音にあると主張した（服部1959）。さらに1970年代に入ると、奈良時代語の母音体系に関しての議論が盛んになる。

服部の主張は、甲類音節の頭子音は**硬口蓋化**（1章6.5節）しており（[kji]＝現代標準語の「キ」と同様の発音）、乙類音節の頭子音は硬口蓋化していない（[kɣi]）というもので、子音の硬口蓋化の有無こそが、甲乙両音節の音韻的対立の本質であるとする（服部1976など）。これは、前舌母音i、eの前に子音が立って音節を形成するとき、その子音がt d n s zなどであるよりk g p b mなどである場合に区別されやすいのは、子音の硬口蓋化と非硬口蓋化であるという音声学的な理由によるものである。

　ほぼ同様の主張が松本（1975）によってもなされるが、服部と松本とでは、オ段甲乙の区別に関する見解が異なる。松本は、オ段甲乙音節が（ほぼ）相補的な分布を成すとし、オ段甲乙音節の母音は同一音素の異音だと考える。一方で服部は、オ段甲乙音節は音韻的に対立し、オ段甲乙音節の母音はそれぞれ別音素とみなすべきだと言う。松本の見解に従えば奈良時代語の母音音素は現代標準語と変わらず5つであったということになる一方、服部の見解に従えば6つであったということになる。

　その後、森（1981）は、基本的には8母音説と同じく甲乙両類の別は、音節主母音にあるとするものの、万葉仮名として使われる漢字の原音から、エ段乙類音節の母音は、オ段乙類母音とイ段甲類母音からなる**二重母音**と分析すべきだと主張する。森は、結論として奈良時代語の母音音素は7つであったとする。また、早田輝洋は、服部と同じく6母音説をとるが、その音韻論的立場は服部と大きく異なる（早田2017: 3、4、5章）。松本と同じ5母音説でも、例えばコ甲を /kwo/、コ乙を /ko/ と解釈する立場もある（Frellesvig 2011: Part Iの2.1）。

　5母音説から8母音説まで揃った奈良時代語の母音音素に関する議論であるが、なお議論の途上にあり、研究者間で意見が一致していない。

2.3　上代特殊仮名遣の終焉

　奈良時代の末期になると上代特殊仮名遣には違例が目立つようになる。遅くまで残った「コ」の遣い分けについても、『西大寺本金光明最勝王経』（820年頃）や『新撰字鏡』（900年頃）を最後に見られなくなる。

　上代特殊仮名遣の終焉は、甲乙両音節の音韻的差異が失われたことを意味する。2.2節にあげた奈良時代語の母音体系についての諸説のうち、たとえば

有坂秀世は、奈良時代日本語の研究に取り組み、数々の重要な発見をしている。中でも、有坂の法則（あるいは有坂・池上の法則）と呼ばれる、奈良時代語に見られる音節結合規則——より一般的に言えば同一形態素内の母音の共起に関する傾向——は、日本語に母音調和があったことを思わせるものとして注目された。その法則とは、以下のものである（有坂1932による。なお、池上1932も参照）。

第一則、甲類のオ列音と乙類のオ列音とは同一結合単位内に共存することが無い。

第二則、ウ列音と乙類のオ列音とは、同一結合単位内に共存することが少ない。就中ウ列音とオ列音とから成る二音節の結合単位に於て、そのオ列音は乙類のものではあり得ない。

第三則、ア列音と乙類のオ列音とは、同一結合単位内に共存することが少ない。

近年発表された古代日本語における母音調和に関する仮説としては、松本（1975）、木田（2012）、服部（1978–79）、早田（2017）、ホイットマン（2016）などの説があるが、どれも決定的ではない。日本語に母音調和があったのかは、未だ謎に包まれているのである。

8母音説に従うならば、イ段・エ段・オ段それぞれの甲乙音節に含まれる2種の母音が合流し、5母音体系に変化したということになる。一方で、5母音説に従うならば、母音の数は変わらないが、「キ・ヒ・ミ」など甲乙の違いがあったイ段とエ段の子音について口蓋化の有無による対立がなくなる、ということになる。奈良時代語の母音体系に関する諸説については、各説に従った場合に想定される変化が、音韻の歴史変化として妥当であるか否か、という観点からも検討されるべきだろう。

▶3. ハ行子音の歴史変化

3.1　古代日本語のハ行子音

ハ行音を表すのに使われている万葉仮名としての漢字を見ると、中古音で両唇破裂音p/bあるいは唇歯摩擦音fを頭子音として持つものばかりであり、声門摩擦音hを頭子音に持つ字がハ行音を表すために用いられることはない。このような奈良時代語における万葉仮名の在り方からすると、古代日本語の

ハ行子音は両唇音であったと考えられる。

　また、ハ行子音が古くは両唇音であったことは、以下に示す**連濁**現象における音素交替からも示唆される。

（2）　a.　「鎌」ka̱ma ⇔「大鎌」oo+ga̱ma
　　　　b.　「玉」ta̱ma ⇔「赤玉」aka+da̱ma
　　　　c.　「花」ha̱na ⇔「草花」kusa+ba̱na

（2a）ではkがgに、（2b）ではtがdにそれぞれ交替している。ともに連濁によって、語頭の無声子音が対応する有声子音に交替していると考えられる。一方、（2c）では、hがbに交替をしている。両者は、有声性のみならず、調音点・調音法までも異なる（詳細は1章7.3.2節）。（2）に示した連濁現象における不均衡性・不規則性は、歴史変化によってもたらされたものと考えられる。仮に（2c）における「花」が、かつては*pana（*は推定形を示す）であったと考えれば、pがその対応する有声音bに交替することになり、（2a–c）全体の均衡が保たれる。このように共時的な交替現象などにおける体系・構造の不均衡性・不規則性から、一時代前の状態を推定する方法を**内的再建法**と呼ぶ。

　ハ行子音が古く両唇音であったことは、東北・山陰・南九州・琉球の諸方言においてハ行子音に［p］や［ɸ］が対応することなどからも推定されることであり、ハ行子音が最も古くは両唇破裂音pであったということはほぼ疑いがない。ハ行子音は、破裂音pから両唇摩擦音ɸを経て、さらなる歴史変化を経験し、現在のように声門摩擦音［h］（ハ・ヘ・ホ）、硬口蓋摩擦音［ç］（ヒ）、両唇摩擦音［ɸ］（フ）という分布となったと考えられる（3.2節）。

　さて、橋本（1950）以来、奈良時代にはすでにハ行子音が［ɸ］であったとする考えが支配的であるが、必ずしもそうとは言いきれない。橋本が、奈良時代にハ行子音が［ɸ］となっていたとする根拠は、円仁『在唐記』（858年）に見られる、以下の記述にある。

（3）　pa（梵字）　唇音、以本郷波字音呼之、下字亦然、皆加唇音

　橋本は、この記述を、本郷、つまり、日本における「波（＝ハ）」字は、梵語（サンスクリット）のpaという音と同じ「唇音」ではあるが、さらに「唇音」を加えなければpaにはならない、と解釈する。当時の日本における「波（＝ハ）」字が摩擦音［ɸ］であり、破裂音［p］ではなかったからこそ、「唇音」を加える必

要があったのだという解釈である。しかし、(3) の『在唐記』の記述には様々な解釈があり得る (服部1955)。奈良時代語におけるハ行子音の音価については、未だ議論の余地があると言える。

3.2 語頭ハ行子音の歴史変化

奈良時代に [p] あるいは [ɸ] だったと考えられるハ行子音だが、その今日に至るまでの歴史変化は語頭と語中 (・語末) で異なる。

語頭のハ行子音は、鎌倉・室町時代まで両唇摩擦音 [ɸ] であったと考えられる。弘治5 (1492) 年の朝鮮板『伊路波』では当時誕生したばかりのハングルによって日本語の「**いろは**」に音注が付されている。そこでは、日本語のハ行子音に対して、当時の朝鮮語のhを表す文字ではなく、両唇摩擦音もしくは両唇の接近音を表すとされる文字が使われている。さらに後代の『日葡辞書』(1603-04年頃) に代表される**キリシタン資料**では、ハ行子音をfで綴っている。『後奈良院御撰何曽』(1516年) にある「母には二度あひたれども父には一度もあはず　くちびる」という謎々も、当時のハ行子音が唇音性を有していたことを示唆している。

中央方言 (上方語) において語頭ハ行子音の唇音性が失われたのは、江戸時代に入ってからだと考えられる。『蜆縮涼鼓集』(1695年) の凡例末には「新撰音韻之図」という所謂五十音図が掲げてある。そこでは従来マ行音とともに「唇音」とされてきたハ行音が、ア行音の隣に移されており、その音の名は「変喉」とされている。このことは、江戸時代の上方語においてハ行子音がすでに唇音性を失っていたことを示唆する。17世紀後半に流入した中国語音を反映する黄檗系の漢字音 (**黄檗唐音**) で、f–やhua–という中国語原音を持つ字の読みとして「フワン (方)」「フワ (法)」のように、「フ」の仮名をあてるのも、「ハ」の仮名ではすでに中国語原音における唇音性を写せなくなっていたためと考えられる。

「叱る」を「ヒカル」というなど (『片言』1650年)、ハ行音がサ行音やカ行音と交替する現象が見られるのも、ハ行音の唇音性が失われていたためだと考えられる。「ヒ」⇔「シ」という交替現象からすると、この時代の上方語では、「ヒ」の子音は硬口蓋摩擦音 [ç] であったとも考えられる (坂梨 1987: 53)。なお、

リチャード・コックスの日記 (1615–22年) に、東日本の地名をローマ字で写したものが見られ、そこでは「Hakoney」(箱根) や「Hamamach」(浜松) のように語頭のハ行子音をhで写す表記が見られる。この事実をして、東日本の方言で語頭ハ行子音の唇音性消失が上方語よりも早くはじまったことを示唆するものだとする指摘もある (福島1953)。

3.3　語中ハ行子音の歴史変化—ハ行転呼

　語中 (及び語末) のハ行音節の子音、つまり、母音間におけるハ行子音は、語頭のそれとは異なる歴史変化を被る。

　その変化の兆候は10世紀中頃の資料にうかがわれ、「カホ」(顔) を「カヲ」、「アハレ」(哀れ) を「アワレ」と、元々ハ行音であったところをワ行の仮名で表記するものが現れるようになる。また、その逆に、「ユヱ」(故) を「ユヘ」、「コトワリ」(理) を「コトハリ」と、元々ワ行音であったところをハ行の仮名で表

■ ハ行転呼の音声学的理由付けと古代日本語の清濁の対立

　ハ行転呼は、一般には母音間の無声両唇摩擦音 [ɸ] が、両隣の母音に同化して有声化し ([β])、さらに弱化して、[w] (ワ行子音) となった変化と考えられている。しかし、早田輝洋は、母音間のハ行子音はそもそも [β] で実現していたのであって、だからこそ、わずかに摩擦が緩むだけで [w] に転じ得たとした (早田 2017：8章)。さらに、古代における清濁の対立は、一般に考えられているような有声性による対立ではなく、鼻音性 (前鼻音) の有無によるものだったと推定し、清音の子音は語頭で無声、語中 (母音間) では有声で実現していたとする。高山倫明も、その一連の研究において早田説を支持し、早田説の上に立って、種々の論を重ねている (高山2012)。確かに、早田が述べるように、語中の清子音が有声で実現していたとするならば、ハ行転呼も、またカ行音が絡む種々の音便現象 (6.3節) も、音声学的に無理なく説明できる。また、濁音が古来より鼻音性を持っていたからこそ、「呼ぶ」などバ行四段動詞において撥音便が生じたとも考えられる。高山が指摘するように、清濁の対立が鼻音性の有無によるもので、また、語中の清子音が有声音で実現する方言が東北地方に存在することからも、早田・高山の想定に無理がないことが分かる。ただ、かつては、中央方言に於いても、語中の清音が有声で実現していたとするならば、歴史的な変化の結果として、現在のように語頭・語中に限らず清音は無声音となったということになる。その点については説明が必要になるだろう。

記する例も現れる。これは、この時期すでに語中においてハ行音とワ行音とが発音上の区別を失っていたことを示唆するものである。結果として、語中のハ行音は原則すべてワ行音に合流する。この変化を**ハ行転呼**という。ハ行転呼の結果、語中ハ行の子音は、ワ行子音の接近音 [w] になったものと考えられる。ただ、その音価をある程度具体的に把握できる資料は、16世紀のキリシタン資料を待たねばならない。

ハ行転呼は語中のハ行子音すべてに起こった非常に規則的な変化であったようで、結果として当時のハ行子音 [ɸ]（あるいは [p]）は基本的に語頭にしか現れないこととなった。現代語においても、「母」などの幾つかの例外や複合語、擬音・擬態語の場合を除けば母音間に /h/ が現れる和語はない。一方で、現代語では /p/ は、外来語や擬態語・擬音語にその分布が限られている。

▶4.　ア行・ヤ行・ワ行の歴史変化

現代語では、ヤ行には「ヤ」[ja]「ユ」[jɯ]「ヨ」[jo] しかない。ワ行には表記上「ワ」と「ヲ」があるが、「ヲ」はア行の「オ」と音声的に区別されず、[o] と発音される。一方、歴史的仮名遣としては、ワ行イ段「ヰ」と同エ段「ヱ」とが存在し、ア行の「イ」「エ」とそれぞれ区別されている。「ヲ」と「オ」の区別も含め、歴史的仮名遣において「ヰ」と「イ」、「ヱ」と「エ」の区別があることは、それらの音節がかつて音韻的に区別されたことを示唆している。

奈良時代の万葉仮名文献においても「ヲ」「オ」、「ヰ」「イ」、「ヱ」「エ」に対応する仮名の遣い分けが見られる。漢字の原音からすると、それぞれ [wo] と [o]、[wi] と [i]、[we] と [e] のような差異であったと考えられる。さらに、万葉仮名文献では、[je] と [e]（と [we]）、つまり、ヤ行の「エ」とア行の「エ」（とワ行「ヱ」）も書き分けられている。ア行下二段動詞の「得」の未然・連用形の「エ」には、「衣・依・愛」などのグループの仮名が用いられる一方、ヤ行下二段動詞「絶ゆ」の未然・連用形「タエ」の「エ」には、「延・曳・叡」などのグループの仮名が用いられ、混同することはない。

さて、歴史的仮名遣にさえ反映されていないア行の「エ」とヤ行の「エ」の区別であるが、その区別は10世紀前半までは保たれていたようである。10世

紀中ごろには成立していたとされる「**あめつち**」は、所謂手習歌で、すべての仮名文字を重複しないように一度ずつ使って作られた歌である。「あめ（天）つち（土）ほし（星）そら（空）…」と単語を連ねる詞の中には、ワ行の「エ」のほかに、現代の「エ」に対応するものが二度現れる。

（4）　あめ（天）つち（地）ほし（星）そら（空）やま（山）かは（川）みね（峰）たに（谷）
　　　　くも（雲）きり（霧）むろ（室）こけ（苔）ひと（人）いぬ（犬）うへ（上）すゑ（末）
　　　　ゆわ（硫黄）さる（猿）おふせよ（生ふせよ）え（衣）のえ（江）を（榎の枝）なれ
　　　　ゐて（馴れ居て）

しかし、源為憲『口遊』(970年)にある「**たゐに**」の歌や、『**金光明最勝王経音義**』(1079年)に文献上はじめて現れる「いろは歌」では、「エ」は一度しか現れない（「たゐに」の歌では「お」に相当する仮名が書写段階で脱落したと考えられている）。

（5）　大為爾伊天　　奈従武和礼遠曽　支美女須土　　安佐利（於）比由久
　　　　たゐにいて　　なつむわれをそ　きみめすと　　あさり（お）ひゆく
　　　　也末之呂乃　　宇知恵倍留古良　毛波保世与　　衣不弥加計奴
　　　　やましろの　　うちゑへるこら　もはほせよ　　えふねかけぬ
　　　　（田井に出で　菜摘む我をぞ　君召すと　　求り追ひ行く
　　　　山城の　　うち酔へる子等　藻葉干せよ　　え舟繋けぬ）

（6）　いろはにほへと　ちりぬるを　わかよたれそ　つねならむ
　　　　うゐのおくやま　けふこえて　あさきゆめみし　ゑひもせす
　　　　（色は匂へど　散りぬるを　我が世誰ぞ　常ならむ
　　　　有為の奥山　今日超えて　浅き夢見じ　酔ひもせず）

　　以上の事実は、10世紀中ごろに、ア行の「エ」とヤ行の「エ」の区別がなくなっていったことを示唆するものと考えられる。さらに、13–14世紀ごろになると、ワ行の「エ」（ハ行転呼で「へ」が「エ」(we)に合流したものも含む）もこれらに合流した。

　　橋本(1950)以来、ア行の「エ」とヤ行の「エ」が合流した後、その音価は[je]となったと考えられている。また、ワ行「エ」が「エ」に合流した後も、その音価は[je]であったとされる。キリシタン資料(16–17世紀)で、語中・語頭に限らず現代日本語の「エ」に対応する部分に原則yeという綴りがあてられていることは橋本の推定を支持する。その他、室町時代の中国資料の漢字

表記 (大友1963) からも、当時の「エ」は [je] と発音されていたと推定されている。また、ア行の「オ」とワ行の「ヲ」の合流は、「ヱ」と「エ」の合流よりも早く、11世紀末には完了していたようである。合流した後の音価は [wo] であったとされる。「エ」の場合と同様、キリシタン資料における表記がこの推定を支持する。

（7）『日葡辞書』における「オ」の表記

　　　　voto（音）　　votoco（男）

　また、「ヱ」と「エ」の合流とほぼ同時期 (13世紀頃) には、「ヰ (wi)」（ハ行転呼によって生じたものも含む）と「イ (i)」の合流も起こった。合流後の音価は [i] であったとされる。なお、心連『悉曇口伝』(12世紀ごろ) にある記述を「オ」と「ヲ」、「ヱ」と「エ」の合流後の音価を示すものと解釈する立場もある。

　[je] が [e]、[wo] が [o] になった時期ははっきりしない。謡曲の伝統的発音法を説く『謳曲英華抄』(1771年) において、『和字正濫鈔』(1695年) の記述を引用してまで、ことさらに「エ」や「オ」の発音は [je] [wo] が正しいと説いてあるのは、18世紀半ばの上方語において「エ」「オ」が [je] [wo] と発音されていなかったことを示唆すると言われる。また、「エ (ヱ)」については、雨

■ 外国語資料と音韻の歴史変化

　万葉仮名はともかくとして、日本語に特化した平仮名や片仮名といった仮名文字は、たとえば「は」が [ɸa] と発音されたのか [ha] と発音されたのかを、「は」という文字自体が示すことはあり得ない。そういう意味で、キリシタン資料や朝鮮資料といった外国語資料 (12章5節) は、往時の日本語の具体的な音声を知ることができる貴重かつ重要なものである。しかし、外国語資料における表記の扱いには十分な注意が必要である。たとえば、江戸末期に成立したサミュエル・ブラウンの『口語日本語－日英会話と談話文』(1863年) では、日本語のウ段音のうち、ス・ツ・ズ (ヅ) を、sz, tsz, dz と綴っており、母音字を用いていない。これは、歯擦音を頭子音に持つこれらの音節主母音が、他のウ段音における母音と音響的に異なることを、英語話者が聞き取り、そのように表記したことの表れであろう。一方、ジェームズ・ヘボン『和英語林集成』の再版 (1872年) では、ス・ツ・ズ (ヅ) を含めたすべてのウ段音を、母音字 u を用いて綴っている。当然、これは2つの資料の間でス・ツ・ズ (ヅ) の音声が変わったのではなく、語学書という書物の性質を背景にした表記法の変化によるものである (高山2016)。

森芳洲『全一道人』(1729年頃) で朝鮮語の ye・yey (転写は Yale 式) を写すのに「エ」を用いていることにも注意したい (京都大學文學部國語學國文學研究室編1964)。

▶5.　サ行・ザ行・タ行・ダ行の歴史変化

5.1　サ行・ザ行の歴史変化

　奈良時代・平安時代におけるサ・ザ行子音の音価については、未だ明らかでない部分が多い。有坂秀世の研究以来、奈良・平安時代におけるサ・ザ行子音の少なくとも一部は、破擦音 (ts、tɕ、dz、dʑ) であった可能性が指摘されている (有坂 1955：3部3篇)。ただ、奈良時代にサ行・ザ行を表す万葉仮名として使われた漢字は、その原音が破擦音のものと摩擦音のものとがどちらも使われている (= (8))。万葉仮名からだけでは、当時のサ行・ザ行の子音が破擦音であったか、それとも摩擦音であったかを決定づけることはできない。

（8）　a.　破擦音系統の字

　　　　　佐、志、酒、勢、祖、曽…

　　　b.　摩擦音系統の字

　　　　　娑、思、須、西、素、僧…

　後続の母音によって破擦音か摩擦音かが異なっていた、つまり、破擦音と摩擦音とが条件異音の関係にあったとする説もある。また、語頭と語中とで相補分布を成していたという見方もあるが、決定的ではない。

　ただ、平安時代の資料において、雀の鳴き声を表すのに「シウシウ」と表記されていることは、古くサ行子音が破擦音であったことを示唆する。現代語の表記では、雀の鳴き声を「チュンチュン」あるいは「チーチー」などタ行子音で表すことが一般的であるが、タ行で写す例は江戸時代以降にしか遡れず、それ以前の資料ではサ行の「シ」で写されている。

（9）　a.　嚼々　シウ＼／鳥鳴声　　啾々　シウ＼／雀声

　　　　　　　　　　　　　　　　（『色葉字類抄』(三巻本) 巻下　12世紀半ば）

　　　b.　スヽメノナクコエノシウ如何

　　　　　スヽメ如何　雀也　シウ＼／メキノ反　　　　（『名語記』1275年）

　一般に、実際の発音が変化をしても、表記にそれが反映されるのは遅れる

ことが多い。また、擬音語由来の語が音変化によってその音象徴の効果が失われても使われ続けることもある（「ひよこ」など）。13世紀の資料で雀の鳴き声に「シ」をあてているからと言って、その時代まで「シ」の子音が破擦音であったかは分からない。ただ、古くサ行「シ」の子音（およびおそらくサ行一般の子音）が破擦音であった時代があったことは疑いないだろう。

　サ行音が摩擦音となったのは、遅くとも室町時代頃と考えられていて、それは15世紀末の朝鮮板『伊路波』で、サ行音にsを表すハングルがあてられていることからも示唆される。ただ、ロドリゲス『日本大文典』(1604–08年) などにある記述をもとに、当時の日本語に破擦音のサ行子音が存在していたという指摘もある (丸山1981)。ちなみに、キリシタン資料 (16世紀後半から17世紀前半) では、「サ・ス・ソ」の子音はs、「シ・セ」の子音はxで綴られている。これは「シ・セ」の子音が、前舌母音/i//e/の前で硬口蓋化していたことをうかがわせるものである。

　「シ・セ」の子音の硬口蓋化が、どこまで遡れるものかは、必ずしも定かではないが、森 (1991：4章) は、奈良時代においてすでに「シ・セ」の子音が硬口蓋化していたと推定している。

　関東方言では、16世紀末には「セ」（および「ゼ」）の子音が非硬口蓋的な子音であったようで、ロドリゲス『日本大文典』に以下のような記述がある (訳は土井 (1955：613) による)。

(10)　○Xe (シェ) の音節はささやくようにSe (セ)、又はce (セ) に発音される。例へば、Xecai(世界) の代りにCecai (せかい) といひ、Saxeraruru (さしぇらるる) の代りにSaseraruru (させらるる) といふ。この発音をするので、'関東' (Quantô) のものは甚だ有名である。

　一方、中央方言 (上方語) において、「セ」の子音の硬口蓋性が失われたのは、遅くても江戸中期頃であると考えられる (三木・福永 1966)。泰山蔚『音韻断』(1799年) に「サ・セ・ソ」は「スア・スエ・スオ」と発音される旨の記述があり、「セ」の子音が「シ」以外のサ行子音と同質のものであったことが示唆される。「ゼ」の子音の硬口蓋性が失われたのも同時期であろう。なお、黄檗唐音 (17世紀末) において「説」の音を「シエツ」と写すのを、「セ」の子音の硬口蓋性が失われたことを示すものとする考えもある (奥村 1972)。

5.2 タ行・ダ行の歴史変化

　奈良時代語のタ行・ダ行の子音は、万葉仮名として使われる漢字の原音からして t, d であったと考えられる。平安時代語に関しては、その音声実質を示す有力な資料はほとんどないが、以下に示すように少なくとも 15 世紀頃までは、タ行子音は t で、ダ行子音は d であったと考えられる。平安時代においても t, d であったと考えるのが妥当であろう。

　朝鮮板『伊路波』(1492年) で、タ行子音に朝鮮語の t を表す子音字をあてている他、『鶴林玉露』(1248年) や『書史会要』(1376年) で日本語のタ行・ダ行を写すために使われている**音訳漢字** (その音を利用して外国語を表記するために用いられた漢字) も、推定音で破裂音 t, d を頭子音として持つものばかりである。

(11)　a.　『書史会要』においてタ行にあてられている音訳漢字 (大友1963)

　　　　タ：大、チ：啼・低、ツ：土・屠、テ：悌、ト：多・駄

　　　b.　朝鮮板『伊路波』のタ行

　　　　タ：다、チ：디、ツ：두、テ：데、ト：도

　16 世紀に入って、『日本国考略』「寄語略」(いわゆる「日本寄語」1523年) では、(12a) に見られるように、日本語の「チ」・「ツ」に破擦音系統の漢字「止」「子」をあてるようになる (「智」の頭子音も破擦音であった可能性がある)。一方で、この資料では、破裂音系統の字「的」「都」「禿」もあてられており、「チ」「ツ」の子音が破擦音化する途上を示す資料と捉えるのが一般的である。その後、「日本寄語」から多くの引用をしている『日本風土記』(1592年) では、「日本寄語」中で「チ」「ツ」にあてられていた破裂音字を破擦音字に改めている (12b)。どうやら、この頃に、「チ」「ツ」の子音は破裂音から破擦音へと変化し、その変化が完了したらしい (「的个」の「的」は、その点では例外となる)。

(12)　a.　「日本寄語」における「チ」「ツ」の表記

　　　　チ：骨止 (口)、禿智 (地)、的个 (近)

　　　　ツ：達子 (立)、骨都 (靴)、禿智 (地)

　　　b.　『日本風土記』における「チ」「ツ」の表記

　　　　チ：骨止 (口)、紫七 (地)、的个 (近)

　　　　ツ：達子 (立)、骨子 (靴)、紫七 (地)

　1603 年の『日葡辞書』でも、「タ」「テ」「ト」の子音を t で綴る一方、「チ」

「ツ」は、それぞれ chi, tçu と綴っており、やはり「チ」「ツ」の子音が破擦音であったことが示唆される。

(13) 『日葡辞書』のタ行の表記

タ：Ta（田）、テ：Te（手）、ト：To（戸）

チ：Chi（乳）、ツ：Tçuba（唾）

「チ」「ツ」に対応する濁音「ヂ」「ヅ」についても同様で、この頃、その頭子音は破擦音となっていたものと考えられる。キリシタン資料では、「ダ」「デ」「ド」を da、de、do と綴る一方で、「ヂ」を gi、「ヅ」を zzu（dzu）と綴っているし、『捷解新語』（17世紀）においても「ヂ」「ヅ」の子音に破擦音系の子音字をあてているのである。

5.3 四つ仮名の混同

「ヂ」「ヅ」の子音が破擦音化した結果、その音声実態はそれぞれ「ジ」「ズ」と似たものとなり、「ヂ」と「ジ」、「ヅ」と「ズ」の混同が生じる。日本語学習書として規範意識の強く働いたと思われる17世紀のキリシタン資料においてさえも、「ヂ」と「ジ」、「ヅ」と「ズ」を混同したと思われる例が散見され、ロドリゲスも『日本大文典』の中で以下のように述べている（訳は土井（1955：607–608）による）。

(14) ○'都'（Miyaco）の言葉遣が最もすぐれてゐて言葉も発音法もそれを真似するべきであるけれども、'都'（Miyaco）の人々も、ある種の音節を発音するのに少しの缺点を持ってゐることは免れない。

○Gi（ヂ）の代りに Ii（ジ）と発音し、又反対に Gi（ヂ）と言ふべきところを Ii（ジ）といふのが普通である。

○又 Zu（ズ）の音節の代わりに Dzu（ヅ）を発音し、又反対に Dzu（ヅ）の代わりに Zu（ズ）といふ（中略）立派に発音する人もいくらかあるであらうが一般にはこの通りである。

さらに後代になると、「ヂ」と「ジ」、「ヅ」と「ズ」は、それぞれ完全に合流してしまったようで、その書き分けは仮名遣いの問題として取り上げられることになる。「ヂ」「ジ」「ヅ」「ズ」の4つの仮名は一般に**四つ仮名**と呼ばれているが、すでに取り上げた『蜆縮涼鼓集』は、まさにこの四つ仮名について

扱ったものである。それは、この書の名が、「しじみ (蜆)」「ちぢみ (縮)」「すずみ (涼)」「つづみ (鼓)」という4つの単語を並べたものであることからも明らかである。

▶6. 頭音法則とその周辺

現代標準語の場合、特に和語 (固有語) に限って言えば、語頭にラ行音と濁音が現れる語は極めて少数である。このような傾向は、古く奈良時代から存在するものである。また、奈良時代語においては、ア行音 (母音単独音節) は原則として語頭にしか現れない。**頭音法則**とも呼ばれるこれらの傾向は、漢語の流入によって目立たなくなった。

以下では、頭音法則に関係する音韻の歴史変化について概観する。まず、濁音・ラ行音の歴史を概観した後、ア行音に関わる頭音法則が成り立たなくなることに関連して、音便と特殊拍 (長音・撥音・促音) および音節構造に関する歴史変化について述べる。

6.1 濁音の歴史変化

17世紀以前の中央方言において、濁音が単なる有声阻害音ではなく、**前鼻音**を有していたと考えられることは、キリシタン資料における以下のような記述からもうかがえる。

(15) ○D・Dz・Gの前のあらゆる母音は、常に半分の鼻音かソンソネーテかを伴ってゐるやうに発音される。即ち、鼻の中で作られて幾分か鼻音の性質を持ってゐる発音なのである。

(ロドリゲス『日本大文典』 訳は土井 (1955：637) による)

『捷解新語』などの朝鮮資料で、濁音を表す際、その前に鼻音字を添えているのも、この時代の中央方言で、濁音に前鼻音があったことを示唆している。

さて、奈良時代の万葉仮名資料においては、後世の濁音に対応する音節に対して、中古音で有声阻害音を頭子音として持つ濁音字と、鼻音を頭子音として持つ次濁音字とがあてられている (一部無声阻害音を頭子音とする清音字も用いられるが、ここでは考慮しない)。この事実から、奈良時代語の濁音が鼻音性を帯びて

いた、あるいは、前鼻音を有していたと言うことも出来そうである。しかし、万葉仮名としての漢字が日本で使われている時代は、中国語側において元々鼻音であった次濁音字の頭子音がその鼻音性を失う変化（**次濁音字の脱鼻音化**）が起こった時代と重なる。特に『日本書紀』を中心に用いられる**漢音**系（6章2.2節）とされる音仮名の場合、次濁音字の頭子音がすでに鼻音性を失っていた可能性も考慮に入れなければいけない。

つまり、奈良時代や平安時代の中央方言において、濁音が前鼻音を持っていたか否かについての明確な証拠はない。ましてや、それが弁別的なものであったかも分からない。そのため、室町時代頃に見られる濁音に付随する前鼻音を余剰的なもの、あるいは、二次的に発生したものとして捉える見方もある（木田1978、肥瓜2003）。

一方で、濁音が前鼻音を伴わなくなった時期もそれほどはっきりしないが、(15)で引用したロドリゲスの記述では、ザ行音(z)については前鼻音があったとする言及がないため、この時代にすでにザ行音では前鼻音がなかった、あるいは、弱かったとする見方もできる。

6.2　古代におけるラ行音

固有語においてラ行音が語頭に立たないというのは、しばしば日本語とアルタイ諸語とに共通する性質として母音調和等とともに取り上げられるところである。ただ、多くのアルタイ諸語はrとlといった複数の流音を持ち、そのうちのrのみが語頭に立たない（lは語頭に立つ）という場合もあるなど、単純に日本語のラ行子音をアルタイ諸語の流音と比較することはできない。また、ラ行子音の音配列上の特異な性質から、ラ行子音の成立を比較的新しいものとする説もあるが（釘貫1982）、これもまた慎重な考察を要する。

そもそも文献資料によって遡れる範囲に限ってみても、ラ行子音の精確な音価は必ずしも明らかではない。万葉仮名として使われている漢字の原音などから、とりあえずは [r] に近い音声であったとするのが一般的ではあるが、側面音 [l] やふるえ音 [r] であった可能性も排除できない（1章6.5節にあるように、現代標準語のラ行子音が必ずしも [r] ではないということもある）。早田 (2017: 2章) は、奈良時代語において受身接辞に –rar (e) – と –raj (e) – の両形式が見られることなど

を元に、古代におけるラ行子音を硬口蓋側面接近音*ʎと推定するが、はっきりとしたことは言えない。

いずれにしても、漢語の流入とともに語頭にラ行音を持つ語は急増する。なお、江戸時代後期に「ロシア」を「おろしゃ」と呼んだことをもって、日本語においては古代から現代に至るまで語頭にラ行音が立つことを嫌う傾向があるとする向きもあるが、おそらく「おろしゃ」は、語頭のふるえ音 [r] にしばしば伴う余剰的な前母音を捉えたものであったと考えられる。

6.3　音便の発生と音節構造の歴史変化

奈良時代においては、語中の母音連続が回避される傾向にあったようで、複合語が形成される際、その後部要素が母音で始まるなど、母音が連続する場合には、母音の脱落 (あるいは融合) が起こって、母音連続は回避されることが多い (下付き数字の1は甲類音節であることを表す)。

(16)　アハ + ウミ甲　→　アフミ甲「阿布瀰 (淡海)」(『日本書紀』歌謡31)

$apa + umi_1$　　　　$apumi_1$

　　　コ甲 + ウム　→　コ甲ム　「古武 (子産)」(『日本書紀』歌謡62, 63)

$ko_1 + umu$　　　　ko_1mu

この傾向は、一般に**母音連続の忌避**と呼ばれる。また、文献上に見られる範囲では、奈良時代語において許される音節構造は、母音単独 (V) あるいは子音 + 母音 (CV) の**開音節構造**のみであった。現代語のように (C)VC という**閉音節構造**が広く許されるようになったのは、撥音・促音が音韻的に確立した結果と考えられる。もちろん、撥音・促音が音韻的に確立した背景に、多量の漢語の流入があったことは否定できない。

撥音・促音の発生に密接に関係するのが**音便**である。音便は、古くは連濁や**連声** (「観」と「音」が続いたときに「かんのん」と発音されるような現象) も含めた発音の便のために起こったと見なされる現象を広く意味していたが、現在では以下のような動詞や形容詞の活用に関わるものを特に指して言う。

(17)　イ音便：カキテ→カイテ (書)、ニクキ→ニクイ (憎)

　　　ウ音便：タマヒテ→タマウテ (給)、ハヤク→ハヤウ (早)

　　　撥音便：サリヌ→サンヌ (去)、ヨミテ→ヨンデ (読)

促音便：タチテ→タッテ（立）、アリテ→アッテ（在）

　奈良時代語においては、「カキ」（掻）の音便形とされる「カイ」（櫂）くらいし
か例がなく（『万葉集』巻17の3993番歌にある「加伊」という表記）、音便がまとまって見
られるようになるのは、平安時代に入ってからである。最初期の例は訓点資
料中に見られるものである。

(18)　オイテ（拠）；マウテ（詣）；ツイテ（序）

（いずれも『西大寺本金光明最勝王経』（平安初期点）から）

　音便のうち、早くに表記上に反映されるのは、ほとんどがイ音便・ウ音便
である。撥音便・促音便が表記上に反映され、さらに撥音と促音がそれぞれ
独立の記号で表されるようになるのは、前者が11世紀半ば頃、後者が13世
紀頃とかなり遅れる。

　撥音・促音に独立の記号があてられるようになったタイミングと撥音・促
音が音韻的に確立したタイミングとは必ずしも一致するとは限らない。しか
し、少なくとも表記上において独立の記号があてられるようになった時期に
は、撥音・促音のそれぞれが音韻的に確立していたものと考えられる。

6.4　長音と拗音

　イ音便・ウ音便が生じた結果、語中に母音連続が現れることとなる。さら
に、ハ行転呼とそれに続くア行・ヤ行・ワ行音の歴史変化（3節・4節参照）に
よっても、語中の母音連続が多く生じた。

　このうち、auという母音連続とou、oo、euという母音連続は、現代の中央
方言では一様にオ段の**長音**となっているが、室町時代頃までは両者に音声的
な違いがあったようである。キリシタン資料におけるローマ字表記では、前
者auに由来する長音をŏで綴り、後者ou、oo、euに由来する長音をôで綴っ
て区別している。後代のオ段長音に対応する2つの長音のうち前者を**開音**、後
者を**合音**とし、両者をあわせて**開合**と呼ぶ。その音価は、従来、開音 [ɔ:]、
合音 [o:] と推定され、開口度の違いとするのが一般的である。しかし、円唇
性の有無による差であった可能性も否定はできない（豊島1984）。

　キリシタン資料では、その他にà、ūのようにしてア段・ウ段の長音を表し
ているが、イ段はxijte（強ひて）、エ段はqeixei（傾城）のように連母音表記であ

る。江戸時代ごろには、eiの連母音もエ段長音（[e:]）となる。当時の庶民の口頭語を写した式亭三馬『浮世風呂』（19世紀初頭）に「いせへ」（威勢）などの表記があるのも、その反映であろう。

　そもそも奈良時代においても、音声的には長音（長母音）が存在していたと考えられる。たとえば、地名表記における好字二字化に際して「紀伊」等の表記が見られることや、『新訳華厳経音義私記』（奈良時代末）にある「加安（蚊）」という表記は、少なくとも1音節語における母音が長く発音される場合があったことを示唆する。ただ、奈良時代において、長母音が短母音と対立するものであったかは分からない。また、仮にかつては母音の長短が弁別的でなかったとして、オ段の開合も含め、長音が生じた時期ははっきりと分からないのであり、母音の長短が弁別的となった時期も特定できていない。撥音や促音の場合と違って、表記の面からも、長母音が音韻的に確立した時期については、あまりはっきりしたことが言えない。

　さて、「けふ」（今日）が「きょう」となったのは、（kepu >）keɸu > ke（w）u > kjo: という音変化の結果である。ここで**拗音**が現れるようになることについては、この時代に単独母音音節のeがなく、今日の「エ」に対応するものはjeと発音されていたこととも関連して考えるべきことである。単純にeuが音変化の結果としてjo: となるとは考えられない。

　そもそも拗音とは、中国語において、ia、iuのように主母音の前に口蓋性のある**半母音**（あるいは**介音**）を持つものを示す用語であり、その対義語は**直音**である。ただ、日本側では、ua、ueのように主母音の前に円唇性のある半母音を持つものを含め、主母音の前に半母音を含む漢字音をすべて拗音と呼んでいる。特に区別する場合には、「キャ」「キュ」「キョ」のように写されるものを**開拗音**（ヤ行拗音）、「クヮ」のように写されるものを**合拗音**（ワ行拗音）と呼ぶ。

　開拗音・合拗音はともに、平安初期には漢語あるいは漢字音という1つの外来語音として認識されていたようである。開拗音は古く平安時代極初期点の聖語蔵本『央掘魔羅経』に「尓阿宇（壊）」のようにイ段の仮名に「ア」の仮名を付して表記される例があるという（春日1956）。また、平安初期点の『願経四分律』に「ニヤ（若）」など、イ段の仮名にヤ行の仮名を付す表記が見られる一方、『法華義疏』（1004年）では「シイヤク（跡）」という表記も見られ、あまり安

定はしないようである (奥村1972)。『枕草子』に見える「ズサ (従者)」という表記は拗音の直音化の反映とも見られることがあるが、そもそも当時のサ行・ザ行の子音の音価もはっきりしない故、拗音として表記されていないからと言って、現代の直音と同様の発音であったとは言い切れない。

　合拗音については、それが仮名で表記されるようになった10世紀半ば頃から、「クワイ (会)」のようにワ行の仮名を添えて表記されていた。ただ、合拗音の場合、それがほぼ漢語にしか現れないこともあり、学習音としての域を出ないものであったようである。特に「クヰ (貴)」「クヱ (華)」などは早々に「キ」「ケ」といった直音に合流した。一方、ア段の合拗音「クヮ」「グヮ」も、たとえば山陰諸方言で「菓子」などの第1音節が [kwa] と発音されるなど、現代でもそれを残す方言が幾つかある一方、中央方言では定着せず、江戸時代半ばには消えてしまったようである。15世紀頃の資料には、「下劣の者が観_{カン}音と云たり、正月二月_{ガチ ガチ}と云は、直音にかなうてよいぞ」という記述があり (『三体詩抄』)、江戸時代に入る前にすでに、庶民の間では合拗音が直音に合流していた可能性もあるとされる (新村1906)。一方で、『浮世風呂』で上方女が「関東人が観_{カン}音と発音する」ことを指摘しているのも忘れてはいけない。

　さて、和語に見られる (開) 拗音としては、先に挙げた「今日 (きょう)」の他に、「しょう (＜せう＜せむ)」や「しゃる (＜せらる)」などがあるが、それらは、使用頻度は高いが、語数としては決して多くない。それ故、拗音が音韻的に確立した背景に、多量の漢語の流入による漢字音の影響があった可能性は十分にある。ただ、拗音が音声的に安定し、音韻的に確立した時期については、確実なことを言える資料がない。たとえば、キリシタン資料における voxaru (おしゃる＜仰せらる) などの表記は拗音化が完了していることを示唆しているように見える。その一方で、同じキリシタン資料で、後の「キャ・キュ・キョ」「ギャ・ギュ・ギョ」に対応する音節が qia、qiu、qio あるいは guia、guiu、guio と綴られているのは、これらが未だ母音連続の域を出ていなかった可能性を示唆する。

▶7. アクセントの歴史的研究—資料と方法論

　一般にアクセントや声調といった超分節素 (1章8.1節) は、表記に反映されることはなく、その歴史変化を知るための資料が残されることはほとんどない。しかし、現代日本語京都・大阪方言につながる中央方言の場合、平安時代末期および院政期以降のアクセントの具体的な様相を知ることができる資料が残されている。また、日本語のアクセントには多様な地理的変異があり、諸方言アクセントの比較によって、文献以前の日本語のアクセント体系を再建しようとする試みもある。日本語アクセント史研究は、文献資料に基づく研究と方言調査に基づく研究とが、両々相俟って発展してきたと言える。

　ここで、平安時代以降から現代に至るまでの中央方言におけるアクセントの歴史変化について詳しく述べることはできない。そこで、本節では、アクセントの歴史的研究に用いられる資料と方法論について述べる。また、方言アクセントに基づく、日本語アクセントの歴史的研究についても触れる。

7.1　中央方言におけるアクセント資料

　『古事記』には、神名に「上」「去」などの注記が見られる。それらは、当時の中央方言のアクセントを何らかの形で表したものだと考えられるが、その解釈は定まっておらず、例が僅少であることもあって、資料として用いることは難しい。それでも、「上」「去」という注記が、中国語における「平声」「上声」「去声」「入声」の四声からとったものであることは明らかで、中国語の声調の観察が自国語におけるアクセントについても自覚されるようになったきっかけであったことをうかがわせる。

　中央方言におけるアクセントの具体的様相をうかがい知ることが出来る最も古い資料は、**声点資料**と呼ばれる一群の資料である。**声点**とは、漢字や仮名などに付される朱点・圏点・墨点のことである。

　金田一春彦の一連の研究によれば、声点の付される位置は同時代の資料では語によって基本的に一定であり、また、ある語に対して付されている声点のパターンと現代諸方言のアクセント型との間に規則的な対応が認められる。以上のようなことが根拠となって、声点は往時のアクセントを示すものであ

ると考えられるようになった (金田一1937、1944)。なお、声点は、中国における破音と呼ばれる記号に由来するものと考えられ、漢字の声調を示す音韻記号であった (石塚1995)。それが和語・和訓に付され、その音調の高低昇降、つまりアクセントを示す音声記号として用いられるようになったと思われる。

　各声点の名称は、『金光明最勝王経音義』(大東急記念文庫所蔵) にある図 (図1) に記されているものに従って、字の左下に付されるものを「平声点」、左上の点を「上声点」、右上の点を「去声点」、右下の点を「入声点」と呼ぶ。また、平声点よりもやや上に付されるものを「東声点 (もしくは平声軽点)」、入声点よりもやや上の点を「徳声点」と呼ぶ。それぞれの声点が示す音調は、様々な根拠にも

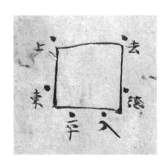

図1　声点の位置と名称

とづいて、平声点が「低」、上声点が「高」、去声点が「昇」、東声点が「降」と考えられている。入声点と徳声点は、音節末に-p、-t、-kの子音を持つことを表す点で、和語・和訓に付されることはほとんどないが、入声点は平声点と同じ「低」、徳声点は上声点と同じ「高」を示す点だと推定されている (金田一1951)。

　平安時代のアクセントを反映する声点資料として最もよく知られているのは、『類聚名義抄』の諸本であるが、完本は観智院本 (書写は鎌倉時代中期) のみである。『図書寮本類聚名義抄』(11世紀末頃) は、『岩崎本日本書紀』(平安時代中期)などの古写本日本書紀とならび、多くの声点資料で用いられていない東声点の使用が認められる貴重な資料である。その他、声点資料として最古の部類に入る『金光明最勝王経音義』などが知られる。

　鎌倉時代以降にも声点は用いられるが、鎌倉時代の中央方言のアクセントを推定するための代表的な資料は『四座講式』であろう。『四座講式』とは、真言宗の声明 (法会に用いる歌謡) の中の一曲であるが、その譜本では、声明の抑揚を示すための節博士と呼ばれる記号が使われており、節博士をもとに当時のアクセントを推定することができるとされている (金田一1964)。

　室町時代あるいは江戸時代初期の上方語のアクセントを反映する資料として知られるのが『補忘記』である (服部1942)。これもまた、真言声明に関わる

書物である。論義に用いる語句や経文の類を正しく発音させるために、漢語を含む約1000の語句に、種々の発音上の注記を加え、いろは順に並べている。『補忘記』でも、節博士が用いられているが、『四座講式』で用いられているものからするとかなり簡略なもので、「徴 (チ)」と呼ばれる斜線と、「角」と呼ばれる水平の線が、それぞれ「低」と「高」を示すものとして使われるのみである。また、『補忘記』とほぼ同時期もしくはやや後代のアクセント資料としては、平曲譜本が知られている (奥村 1981)。

7.2 アクセントの歴史変化とその原理

　分節音の歴史変化においては、たとえばハ行転呼の場合、母音間のハ行子音 (p もしくは φ) がワ行子音 (w) へと変化するように、特定の環境における特定の音素がその音価を変える。変化を被る単位は基本的に特定の環境にある特定の一音素あるいはその連続である。一方で、アクセント変化の単位は、基本的には語である。たとえば「ヤマ (山)」という語の中央方言におけるアクセントは、平安・鎌倉時代にヤマであり、室町・江戸時代に至ってヤマとなる (下線が「低」、上線が「高」を表す)。この変化は、原則として平安・鎌倉時代に「ヤマ (山)」と同じアクセントであった語のすべてが被る。

　さて、ここで例としてあげたヤマ＞ヤマという変化は、中央方言におけるアクセントの歴史変化として最も大きな変化の1つである。これと同様の原理で起こった変化としては、アタマ＞アタマ (頭) などがある。この変化は語

■ 奈良時代語のアクセント

　高山倫明は、その一連の研究において、『日本書紀』の歌謡および訓注に見られる音仮名の一部で、その漢字の原音声調が当時の日本語のアクセントを反映していることを指摘した (高山 1981 など)。この高山の発見は、一部の歌謡および訓注において音仮名の原音声調がそこに差された声点と規則的な対応をしているというものであったが、そのような傾向を示す歌謡・訓注が森 (1991) の『日本書紀』区分論における α 群と名付けられた一群に偏在していることから、その説得力を増した。高山の発見によって、従来ほとんど手がかりのなかった奈良時代語のアクセントが、平安時代語のそれと大きくは変わらないものだと言い得るに至った。

頭から「低」が連続した場合、その最後の「低」だけを残して、その前はすべて「高」になる変化ということができる。種々の根拠から、この変化は南北朝期に起こったものと考えられている (大野 1950)。また、『補忘記』記載の漢語には、その本来の声調 (四声) を示す声点と実際のアクセントを示す節博士の両方が付されているが、その声点と節博士との比較からも、上記の変化が起こったことが示唆されるという (桜井 1977：10章)。

7.3　アクセントの「類」と比較方法

　諸方言のアクセントを比べると、表1のような諸方言間の規則的な対応が認められる (○は拍を、▽は語に続く1拍の助詞 (たとえば「あめが」など) を表す)。

　表1に認められるアクセント対応から、2拍名詞は大きく5つのグループに分けられる (現代東京方言の3つの型については1章8.2節参照)。このように諸方言のアクセントの対応から分類された単語グループを**類**、**アクセント語類**、あるいは、その提唱者である金田一春彦の名をとって「金田一語類」などと呼ぶ。表1で言えば、2拍名詞には5つの「類」がある、ということになり、上から1類 (飴など)、2類 (石など)、3類 (足など) と番号で呼ばれることが多い。また、それぞれの類に属する語彙を**類別語彙**と言う。琉球列島を除く本土の諸方言におけるアクセントの対応からは、1拍名詞に3つ、2拍名詞に5つ、3拍名詞に6つあるいは7つの「類」が認められている (金田一1974)。

　さて、ある時代のある方言で同一のアクセントであったものは、原則としてその後の歴史においても同一の変化を被る。このことを前提にすれば、諸方言アクセントの規則的対応が意味するのは、諸方言の共通の祖先の言語 (**祖**

表1　2拍名詞における諸方言のアクセント対応

	現代京都方言	現代東京方言	現代大分方言	平安時代声点表記
飴、牛、枝…	○○▽	○○▽	○○▽	上上
石、歌、音…	○○▽	○○▽		上平
足、池、犬…			○○▽	平平
息、糸、海…	○○▽	○○▽	○○▽	平上
秋、汗、雨…	○○▽			平東 〜 平上

66

語）の段階において、少なくとも今認められている「類」に属する語は、それぞれが異なるアクセントで実現していたということである。

　このように、共通の祖語から分岐・成立したと考えられる方言・言語を比較することによって、祖語における言語形式（**祖形**）を推定・再建することができる。その際に前提とされる原理や方法論をまとめて**比較方法**と呼ぶ。比較方法によって再建される祖形は、必ずしも文献資料や現実の方言・言語に実証されるとは限らず、反証可能な仮説として提示されるものである。

■ 比較方法と琉球列島のことば

　たとえば、奈良時代語の「行く」という語には「イク」と「ユク」の２つの形があり、『時代別国語大辞典　上代編』では「イク」の説明として「ユクに比べて新しく、俗な形か」としている。しかし、奈良時代語で母音始まりの語は沖縄諸方言（ここでは首里語）で声門閉鎖音 [ʔ] で始まるという対応がある（服部1978–79 [＝服部2018: 380–382 注69]）。このことから、「イク」の方が古く、「ユク」が後代の形だと分かる。

現代語	行く	石	湯
首里語	ʔicuɴ	ʔiʃi	’juː
奈良時代	イク・ユク	イシ	ユ

　服部四郎は、琉球諸方言と本土日本語（主には奈良時代語）とを比較し、その共通の祖先である日本祖語の再建を試み、日本語の比較言語学的研究の礎を築いた。近年では、Pellardらが服部の研究を継承・発展させているが（ペラール2016など）、何よりも琉球諸方言をはじめとする諸方言の精確かつ早急な記述が求められている。

読書案内

橋本進吉（1980）『古代国語の音韻に就いて　他二篇』岩波書店
日本語の音韻の歴史変化に関する研究の基礎を築いたとも言える研究者による3編の論文を収録したものである。文庫本で手軽に読めるのが良い。すべて戦前の論考で、その後の研究によって修正されるべきところも多いが、音韻の歴史変化に関する研究の方法論を知るための必読の書と言える。

高山倫明・木部暢子・松森晶子・早田輝洋・前田広幸（2016）『シリーズ日本語史1　音韻史』岩波書店
音韻史の研究について、現段階での最先端を示した書と言える。本章執筆に際しても、参考にしたところが多い。誤写のメカニズムなど文献学を扱った2章と音韻史の概説である3章、アクセント史を詳しく扱った4章は、本章で扱えなかったところを補うものである。比較方法と言語類型論によるアプローチについて説いた5章は、琉球列島のことばについても扱っており、興味深い。

3

現代日本語の文法

▶1. 文法の諸領域

　「文法」とは文を作る法則を意味する。文を作る法則のうち、音声に関わるものは、1章で説明した。本章では、音声に関わるもの以外に、文を作る法則にどのようなものがあるかを概説する。

　「文法」から、音声・音韻に関する規則を独立させて論じたように、その残りをさらに諸領域に分けることが可能である。これは、一般的に、語の形式的側面を論じる**形態論**、文の形式的側面を論じる**統語論**、語や文の意味を論じる**意味論**、そして文が談話にどのような影響を受けるかを論じる**語用論**に分けることができる。非常に単純化して言うと、言語伝達は、語が集まって文になり、その文が談話で使われることによって行われる。この「語→文→談話」という流れを、さらに形式的側面、意味的側面から区切ったのが上の諸領域ということになる。図示すると、図1のようになろう。

　語や文は小さな単位を組み合わせてより大きな単位を作るという性質を持つ。この組み合わせ方の形式的側面を扱うのが形態論や統語論であり、よって、形式的側面の研究は、組み合わせによって形が決まるわけではない談話

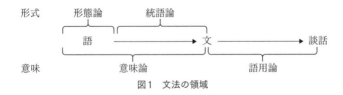

図1　文法の領域

研究には当てはまらない。他方、意味の研究は、組み合わせ方と無関係な談話の領域もその射程に入れることができる。ただし、意味の組み合わせ方を研究するのか（意味論）、より広い談話からの影響を研究するのか（語用論）で、意味の研究は分けられる。このように、文法研究を4つの領域に分けることには、それなりの根拠があると言える。

　以下、本章では、この4つの領域について、現代日本語を例に具体的に解説していく。これは、日本語を用いて文法研究への接近法を紹介することになる。また、4つの領域における日本語の特徴を見ることで、現代日本語に潜む文の法則（文法）を見ていくことにする。

▶2.　形態論

　形態論は、語の形式的側面を研究する分野である。では、語とは何だろうか。古文単語や英単語などを含め、辞書に記載されるような項目は、多く語であると言える。たとえば、「猫」「魚」「海」「泳ぐ」「疲れる」「青い」「かわいい」などは語である。しかし、文法研究ではこれら以外に、「魚釣り」「お魚」「魚屋」「お魚屋さん」「お魚屋さん直営居酒屋」も語である。最後の例などは、とても辞書には掲載されそうもないだろう。それでは語とは何か、実はそれ自体が形態論の大きなテーマであり、語がどのように形成されるかについて、2.1節で取り上げる。その上で、形式的特徴による語の分類、すなわち品詞の問題について2.2節で見る。

2.1　語形成

　上では「魚釣り」「お魚屋さん」を一つの語であるとした。「魚釣り」の場合、その構成要素である「魚」や「釣り」もそれぞれ語である。他方、「お魚屋さん」を構成している「お」「屋」「さん」は**接辞**と呼ばれ、独立して使われることがないが、それぞれに特有の意味を持っている。「お」は言葉の美化、「屋」は家、「さん」はある種の敬意を示すとでも言えよう。しかし、「魚」「釣り」「お」「屋」「さん」はそれ以上小さく分けると意味を持たない。このような意味を担う最小の単位のことを**形態素**と言う。つまり、「魚釣り」や「お魚屋さん」は形態素

が集まって、より大きな語を作っているのである。形態素が集まってより大きな語を作る方法には、大きく複合と接辞添加の2つがある。

複合とは、自立的な語が合わさってより大きな語を作ることである。先の例で言うと「魚」と「釣り」からできた「魚釣り」がそれに当たる。また、このようにしてできた**複合語**をさらに別の自立語と複合させることもできる（「魚釣り協会」）。このように語が複合した場合、それを示すいくつかの証拠があることが知られている。

まず1つには、アクセントのまとまりがある。自立語は、それ自体でアクセント核を持つが、その自立語同士が複合すると、一方のアクセント核のみが残るか、全体で1つの新しいアクセント核ができる。たとえば東京方言の核を持つ語を例に取ると（˺が核の位置、1章8.2節）、

（1）　a.　ク˺ロ＋タ˺イ →クロ˺ダイ（黒鯛）

　　　　b.　カ˺ラス＋カ˺レイ →カラスガ˺レイ（烏鰈）

　　　　c.　チョーセ˺ン＋サ˺ザエ →チョーセンサ˺ザエ（朝鮮栄螺）

のようになり、アクセントがまとまっていることが分かる。

次に、アクセントと同じ音声的な徴証としては、**連濁**（1章7.3.2節）がある。たとえば鰈を後部要素に持つ複合語は、

（2）　メイタガ˺レイ、ドロガ˺レイ、ウマガ˺レイ、アブラガ˺レイ、クロガ
　　　シラガ˺レイ、クロガ˺レイ、カラスガ˺レイ

のように生産的に連濁する。

そして、複合した要素の間には、助詞などの付属語が入らないことも知られている。たとえば次の「草を取る」と「草取り」（前者がクサ˺ヲト˺ル、後者がクサト˺リ）を比べてみよう（*は非文法的であることを表す）。

（3）　a.　草を取る、草さえ取る、草だけ取る、草も取る

　　　　b.　*草を取りする、*草さえ取りする、*草だけ取りする、*草も取りする

アクセントがまとまっている「草取り」ではその中に助詞を挿入することはできない。この他に、複合した語は、移動、省略、照応ができないという制約もある（3.1節参照）。

接辞添加（affixation）は、自立語に接辞を付けることによって、より大きな語を作る操作である。この場合、自立語は1つの形態素とは限らない。たとえ

■■ 接辞と助詞

　日本語で**助詞**と呼ばれるものも、直前の語と同じアクセント単位をなす（ソバﾞヤサン
ガ）。しかし、他の助詞が挿入される点で接辞とは異なる（蕎麦屋さんだけが）。また、
一般に接辞は特定のカテゴリに付く（（ia）では名詞のみ）が、助詞は様々なカテゴリに
付く。

i)　a.　魚さん、*魚にさん、*食べさん、*まずくさん

　　　b.　魚は、魚には、食べは（しない）、まずくは（ない）

　服部（1950）ではこのような違いを諸言語の現象の中に位置づけ、前者を「附属形
式」、後者を「附属語」と呼んだ。この名称から分かるように、後者のみが独立した「語」
になると見なされている。また、後者は接辞と類似しながら「語」であるため**接語**
（clitic）とも呼ばれる。

ば、自立語「魚」に接辞「屋」を添加して「魚屋」を作ることができるが、この
2つの形態素からなる自立語「魚屋」にさらに接辞添加を行い、「魚屋さん」を
作ることができる。

　接辞添加によって作られた語は、複合語と同じく全体で1つのアクセント
にまとまり（ソバﾞ＋ヤ→ソバﾞヤ）、助詞を挿入することもできない（*蕎麦だけ屋）。
よって語と認定される（ただし連濁はおきない）。

　以上は名詞接辞を例にして見てきたが、ここで動詞接辞についても見てお
きたい。日本語では、名詞よりも動詞の方が接辞が豊富であり、いわゆる派
生と屈折の違いも見られる。動詞接辞の中には、学校文法（12章4.3.4節）で「助
詞」（「ば」）や「助動詞」（「ない」「ます」「う」）に分類されるものもある。しかし、次
に見るように、これらは一つのアクセント単位をなし、助詞を挿入することも
できない。よって、動詞のみに付いてより大きな語を作る動詞接辞である。

（4）　a.　カカﾞナイ（*書かだけない）

　　　b.　カキマﾞス（*書きだけます）

　　　c.　カﾞク

　　　d.　カﾞケバ（*書けだけば）

　　　e.　カﾞケ

　　　f.　カコﾞー（*書こだけう）

さて、(4)を音素に分けて表記すると、語幹と接辞を以下のように取り出すことができる(4章2.1節も参照)。

（５）　kak（語幹）＋ {anai/imasu/u/eba/e/oo}　（接辞）

ここに並べた接辞には、2つの種類を認めることができる。まず1つは、u、eba、e、ooなどのように、それが付くとそこで語形成が終わるようなものである。これを**屈折接辞**と言う。たとえば、カケバの後に、別の接辞を付けて語を大きくすることはできない。これに対し、ana(i)、imas(u)はその後に接辞を付け、さらに語を大きくすることができる。このような接辞を**派生接辞**と言う。次の例は、使役の (s)ase、受身の (r)are、否定の (a)na が派生によってより大きな語（語幹）を作り、(r)eba（あるいは形容詞は kereba）が屈折により語形成を終わらせることを示している。

（６）　a.　カꜛケバ (kak-eba)

　　　　b.　カカセꜛレバ (kak-ase-reba)

　　　　c.　カカセラレꜛレバ (kak-ase-rare-reba)

　　　　d.　カカセラレꜛナケレバ (kak-ase-rare-na-kereba)

　屈折の後に現れる要素は、また別の語（助詞）として分析できる。たとえば、いわゆる助動詞の「だろう」は動詞以外の様々な要素に付き、動詞接辞とは異なることが明らかであろう。

（７）　a.　雨が<u>降る</u>だろう。（動詞）

■ 日本語の「助動詞」

　ここで挙げた「させ」「られ」「だろう」などは学校文法で**助動詞**と言われる。しかし、「させ」や「られ」などは接辞であり独立した語ではない。また、英語の「助動詞 (auxiliary)」は補助的な役割を指す「動詞」を意味するが、「だろう」「らしい」「ようだ」などは形態的に動詞とは言えない (2.2節を参照)。よって、学校文法で言う「助動詞」は接辞や助詞に分けることができよう。他方、「食べて {いる／みる／しまう／おく}」の「いる」「みる」「しまう」「おく」などは形態的に動詞であり、補助的な役割をしているため、「助動詞」と言えるかもしれない。しかし、補助的な役割をしている動詞という意味では「補助動詞」（敬語動詞に使われる、本動詞に対する「補助動詞」など）の方が適切な名称であり、「動詞を助ける」という意味が強い「助動詞」は使い勝手が悪いと言えよう。

b.　雨が降る<u>だけ</u>だろう。(助詞)

c.　雨が降るのは<u>午後</u>だろう。(名詞)

d.　雨は<u>激しい</u>だろう。(形容詞)

つまり、「だろう」は動詞としての語を形成するプロセスからは外れているのである。

　なお、日本語の名詞接辞については、派生のみで屈折を起こすものはないようである。たとえば、敬称「さん」が付いた後も、「お魚屋さん直営居酒屋」のように語形成を続けることができる。

2.2　品詞

　語の形態・統語的な区別のことを品詞と言う。学校文法では、動詞、形容詞、形容動詞、名詞、副詞、連体詞、接続詞、感動詞、助動詞、助詞が品詞として 区別されている (12章4.3.4節、cf. 橋本1948a) が、ここでは特に形態論に関係が深い、動詞、形容詞、形容動詞、名詞の区別について扱う。他の品詞は、形態よりも、文中における機能という統語的な基準によって区別され、また、限られた語が所属する**閉じたクラス**である。これに対し、ここで取り上げる動詞、形容詞、形容動詞、名詞には多くの語が所属し、造語や複合語も含めると、**開いたクラス**であると言える。

　さて、これらの形態的な区別を一部挙げると表1のようになる。これらは音素表記して語幹と接辞の区別を－(ハイフン)で、語幹に助詞が付いたものを＝で示している。(　)はなくても語幹のまま使える。このように、日本語では動詞、形容詞、形容動詞、名詞が形の上で区別される。

　以上のような形態的区別に加え、動詞、形容詞 (形容動詞)、名詞には、意味

表1　品詞の形態的差異

	文の終止	名詞修飾	接続
動詞	kak-u	kak-u	kak-i
形容詞	naga-i	naga-i	naga-ku
形容動詞	rippa（＝da）	rippa＝na	rippa＝de
名詞	sensee（＝da）	sensee＝no	sensee＝de

的な傾向が認められるのも事実である。たとえば、「書く」「壊す」「落とす」「走る」「泳ぐ」「踊る」「壊れる」「落ちる」といった動詞は、一般に一瞬の動作や変化を表し、「長い」「短い」「暗い」「美しい」「嬉しい」「寂しい」「痒い」といった形容詞は一定期間続く状態・性質を表す。しかし、この区別は絶対的なものではなく、動詞でも状態・性質を表すことができる。たとえば次のペアは、上のような意味的な観点から、一方を動詞、もう一方を形容詞 (形容動詞) と区別するのは難しいだろう。

（8）　a.　この電池は耐久性 {に優れる／が良い}。

　　　　b.　風神は雷神に容姿が {似通う／そっくりな} 点が多い。

　「これ」「太郎」「犬」「机」「パソコン」「大学」といった名詞は指示対象を持つという特徴がある。しかし、名詞は述語にも使われて性質を表すこともあり、必ずしも意味的な基準によって動詞・形容詞 (形容動詞) と明確に区別できない場合がある。

（9）　a.　うちの父は {長身だ／背が高い}。

　　　　b.　兄は吹奏楽団 {の一員だ／に所属する}。

　ただし、意味的な傾向が一切なければ、どのグループが「動詞」「形容詞」「名詞」なのかも (他の言語に照らして) 決めることができない。よって、意味的傾向の違いがあるのは間違いない。しかし、意味的な差異は品詞を十全に定義できるものではなく、品詞はあくまで形態 (あるいは統語) 的に定義されるもので

■ 「形容動詞」という名称について

　学校文法で「立派な」の類が形容動詞と呼ばれるのは、これらが元々動詞の「あり」を含んでいたためである (立派に＋ある＞立派なる＞立派な、cf. 橋本 1948b)。これに対し、現代共通語のこの語類は、表1からも分かるように、むしろ名詞に近く、「形容名詞」と呼ぶ立場もある (影山 1993：23–26)。また日本語教育や日本語学の教科書では、意味的な観点から形容詞の一種と見なし、「長い」を「イ形容詞」、「立派な」を「ナ形容詞」と呼び分けることが多い。本書で「形容動詞」と呼ぶのは、単に名称問題について議論を避けたいという便宜的な理由に過ぎない。ただし、この類を全く名詞と同じものだとする立場もある (時枝 1950) が、派生接辞 -sa の添加など、名詞と形態的な区別がないとは言えない。

ある。 そうすることで、品詞の方言・言語差（たとえば英語のlikeは動詞に対して日本語の「好き」は形容動詞）の議論も可能になる。

▶3. 統語論

　形態論が語の内部構造を扱うのに対して、語が集まってどのように文を作るかを研究するのが統語論である。ここでは、統語論のうちでも、統語操作が可能な句(3.1節)、文を作る際の語順(3.2節)について解説し、最後に統語と意味の関係(3.3節)について触れる。

3.1　語と句

　統語とは「語を統べる」という語構成になる。しかし、日本語学で言われる「語」が直接、文を構成するわけではない。語は一旦、句にまとめられ、それが文へとまとめ上げられる。たとえば次の例を見てみよう。

(10)　太郎はずいぶん古いリュックを背負っている。

　この中で、「ずいぶん古いリュック」は語ではない（なぜそう言えるかは読者に委ねる）。よって、語の形態的分類である名詞とは言えない。しかし、動詞の目的語となり、文中では名詞同様の役割をしている。これは、「ずいぶん古いリュック」が「リュック」の性質を受け継いで名詞のように機能しているからである。このように語ではないが、語の機能を受け継いで文を構成する単位を**句** (phrase) と言い、句の性質を決定する要素を句の**主要部**と言う。今の例で言えば、「ずいぶん古いリュック」は「リュック」を主要部とする名詞句である。同様に、「ずいぶん古い」は「古い」を主要部とする形容詞句であり、「ずいぶん古いリュックを背負う」は「背負う」を主要部とする動詞句である。

　句は大きくなれば、文に相当する単位にもなる。たとえば、(10)の全体は動詞「背負っている」を主要部とする動詞句と見なされることもあれば、時制「る」(非過去)を主要部とする時制句と見なされることもあるが、いずれの場合でも、文は最も大きな句に一致する。他方、1語に相当する小さな単位でも句となることができる。ただし、その場合でも当該の語に相当する単位が語の一部なのか句なのかを分ける基準が存在する。ここで、2.1節で見た「草を

取る」と「草取り」を再び比べてみよう。句の場合だと（11）のようにその要素の**移動**、**省略**、**照応**が可能になるが、語の一部ではいずれも適格ではない（影山1999：1.2節、郡司2002：2.2節、下付きのiは同一指標を表す）。

(11)　a.　太郎がt_i取っていたのは草$_i$だ。　　　　　　　　　　　　移動

　　　b.　太郎が草を取っていた。次郎も∅取っていた。　　　　省略

　　　c.　太郎が草$_i$を取って、次郎がそれ$_i$を集めた。　　　　照応

(12)　a.　*太郎がt_i取りしていたのは草$_i$だ。　　　　　　　　　移動

　　　b.　太郎が草取りしていた。*次郎も∅取りしてた。　　　省略

　　　c.　?太郎が草$_i$取りして、次郎がそれ$_i$を集めた。　　　照応

（12c）の「それ」も?で示すように、語の一部の「草」を指すのが難しい。これらは統語的な操作とされており（移動については11章3.4節も参照）、2.1節で見た音韻、形態的な基準に加えて、語を認定する統語的な基準と言うことができる。

3.2　語順

　語順は1960年代以降の言語類型論の話題の中心となってきた。ジョセフ・グリーンバーグは、30の言語サンプルから最も多い語順は英語のような主語—動詞—目的語（SVO）の語順であるとした（Greenberg 1966）。その後、サンプル数は拡大され、Tomlin (1986) では402のサンプルから日本語のような主語—目的語—動詞（SOV）の語順が最も多いとされている（表2）。いずれにしろ、表2が示すようにこの2つの語順が大勢であり、最も多いのがこのどちらかであることは動かないだろう。

　ところで、日本語はSOV語順とされるが、実際には様々な語順が用いられ

表2　語順のパターン

	比率	言語例
SOV	45%	日本語、トルコ語、ソマリ語
SVO	42%	英語、中国語、ルワンダ語
VSO	9%	聖書ヘブライ語、ウェールズ語
VOS	3%	マラガシ語、ツォツィル語
OVS	1%	ヒシュカリアナ語

る。「トムがジェリーを追いかける」の代わりに「ジェリーをトムが追いかける」と言っても構わないし、「追いかける、トムがジェリーを。」とも言える。では、どのようにして基本語順が決められるのだろうか。

　このうち、動詞を最後に置くことは比較的容易に決まる。主節では上のように様々な語順が用いられるが、従属節では動詞は最後にしか来られない。
(13)　a.　トムがジェリーを追いかけるのを見た。

　　　 b.　＊追いかけるトムがジェリーをのを見た。

　他方、主語と目的語の語順を決めるのは容易ではなく、どちらの語順が現れやすいかについての統計的な研究もある（宮島1964）が、たとえば、助詞を省略した次のような文を考えたとき、特別な文脈なしでは、最初を目的語、次を主語と解釈するのは難しいのではなかろうか。
(14)　a.　トム、ジェリー、追いかけている。（→トムが主語）

　　　 b.　ジェリー、トム、追いかけている。（→ジェリーが主語）
だとすると、やはり主語が先行するSOV語順が基本と言えよう。

　さて、語順は、主語、目的語、動詞だけではなく、次のような要素間にもある。まず、修飾語と被修飾語の語順では、次のように被修飾語が後になる。
(15)　a.　赤いマフラー、豪勢な食事、疾走する自転車、理科の先生

　　　　　　　　　　　　　　　　　　　　　　　　名詞修飾

　　　 b.　早く走る、ゆっくり話す、ピカピカ光る、ザーザー降る

　　　　　　　　　　　　　　　　　　　　　　　　動詞修飾

　　　 c.　とても嬉しい、天より高い、太陽くらい眩しい　　形容詞修飾
また、自立語と付属語の語順では付属語が後に置かれる。
(16)　a.　先生の、先生へ、先生から、先生は、先生だけ　　名詞＋助詞
　　　 b.　読むから、読むけど、読むか、読むよ、読むさ　　動詞＋助詞
　　　 c.　書いてみる、書いておく、書いてくれる　　　動詞＋補助動詞

　これら3つの語順は一見ばらばらに決まっていそうだが、実は**主要部後置**という原則から説明することができる。主要部とは、前節で見たように、句全体の性質を決める要素である。前節で見たように、主語と目的語と動詞は、動詞が主要部の動詞句を作る。また、修飾語と被修飾語も全体が被修飾語の性質を受け継ぎ、(15a) は名詞句、(15b) は動詞句、(15c) は形容詞句とな

る。よって被修飾語が主要部である。最後に、自立語と付属語の組み合わせは、一見自立語に意味の比重があるように見えるが、文の中での機能は付属語が決めている。たとえば (16) では、他の名詞への修飾となるか、動詞の表す意味の＜起点＞となるか、文の中の話題となるかは「の」「から」「は」といった助詞が決めている。よって、文法的な意味での主要部は付属語である。このように日本語の語順は主要部後置という原則に基づいて決まっている (なお、主要部前置型の言語との比較について角田 (2009：2章) が詳しい)。

3.3 統語構造と意味

　同じ文字列が並んでいても、統語構造の違いによって異なる解釈 (以下「曖昧 (性)」と言う) が得られる場合がある。たとえば次の文を考えてみよう。

(17)　白い山の麓

　この文は「白い」が「山」を修飾するか「麓」を修飾するかで曖昧である。このような曖昧性を、一般に統語構造を示す際によく使われる**木構造**によって表すと、図2のようになる。(17-1) では「白い」が「山」と結びつき、山が白い (麓は白くなくてよい) ことを意味するのに対し、(17-2) では「白い」が「麓」と結びつき麓が白いことを意味する。ここでは便宜上、2つの要素が結びついた接点に主要部を示し、それが次の要素と結びつくことを表す (郡司 2002：3章)。このように統語構造は意味 (解釈) の影響を受ける (これらの構造のイントネーションへの影響については1章9.3節を参照)。

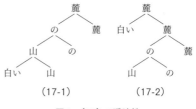

(17-1)　　　　(17-2)

図2　(17) の曖昧性

　もう1つ統語構造が意味とは無縁でないことを示す例を挙げる。次のような単純な文を考えてみよう。

(18)　a.　猫が鼠を追う。

　　　b.　猫が転ぶ。

　これらの木構造は概略図3のようになるが、これらの違いは「追う」と

(18-a)　　　　(18-b)

図3　(18) の木構造

「転ぶ」という動詞の意味による。つまり、前者は主語と目的語を要求するのに対し、後者は主語のみ要求する。このように個々の文の統語構造はそれを構成する語の意味にかなりの程度依存している。

　ところで (18) で言う「追う」と「転ぶ」の違いは、**他動詞** と **自動詞** の違いである。文の解釈が成り立つために、他動詞は主語と目的語を、自動詞は主語を必須とする。このようなある語の解釈のために要求される不可欠な要素をその語の **項** (argument) と言う。よって、他動詞は項を2つ取る2項述語、自動詞は項を1つ取る1項述語としても分類できる。これに対し、他動詞、自動詞にとって、主語、目的語以外は項ではない。たとえば、次の例を見てみよう。

(19)　a.　正門から教室まで猫が鼠を追いかけた。

　　　b.　昨日公園で猫が転んだ。

　(19a) の「正門から」「教室まで」、(19b) の「昨日」「公園で」は、「追う」「転ぶ」という動詞にとって必ずしも必要な要素ではない。たとえば誰かが突然「転んだ！」と叫んだら、我々は「何が？」とは思うが、真っ先に「いつ？」「どこで？」と思う人はいないだろう。これは、主語は「転ぶ」の項だが、時間や場所は項ではないからである。これら動詞にとって必須でないものは、動詞句の内容を補うために付加されていると言われる。付加された句という意味では **付加句** (adjunct) と呼ぶこともできよう。

　ここで、動詞の項もしくは付加句となる要素を示す助詞を拾い上げてみよう。項を示す助詞には「が」「を」「に」が挙げられるのに対し、付加句を示す助詞には「へ＜方向＞」「と＜共同者＞」「から＜起点＞」「まで＜限界点＞」「より＜比較の対象＞」「で＜場所＞＜手段＞」などが挙げられる。これらは学校文法で **格助詞** と言われてきたものだが、後者の助詞は括弧内に示したような **意味役割** をそれぞれ持つのに対し、前者の「が」「を」「に」については特定の意味があるのか疑わしい。たとえば次のような例を考えてみよう。

(20)　a.　母猫が子猫を育てる。

　　　b.　子猫が育つ。

　　　c.　子猫が母猫に育てられる。

　　　d.　母猫が子猫に餌を与える。

（20a）では「が」が＜動作者＞を表すのに対し、「を」が育てる＜対象＞を表していると言える。しかし、「子猫を育てる」ということは結局「子猫が育つ」ということであり、（20a）の「子猫」が＜対象＞だとしたら、（20b）の「子猫」も＜対象＞ではなかろうか。だとすると、（20b）の「が」は＜対象＞を示すということになる。無理に考えれば、（20b）の「子猫が」は育つ＜動作者＞と言えなくもないが、（20c）になるとそれも難しいだろう。（20c）では「に」が＜動作者＞を、「が」が＜対象＞を示している。では、「に」は＜動作者＞を表すかというと、普通は（20d）のように動作の＜相手＞を表す。結局、「が」「を」「に」には、これといった意味があるわけではなく、動詞の要求する項を埋めているだけということになる（cf. 黒田2005）。よって、「が」「を」「に」で示される名詞句は、（18）のように動詞の意味に沿って構造が作られる。他方、「へ」「と」「から」「まで」「より」「で」は動詞の意味によって要求される項ではなく、助詞（後置詞）の意味を反映して動詞句（たとえば「猫が鼠を追いかける」）を修飾する句を作っている（**後置詞句**と言われる）。よって、それらは動詞句全体に

係る (付加される) ような構造になる。

　最後に、この2種の助詞が構文的にも異なった振る舞いをすることを見ておこう。これらは主題 (〜は) や属格 (〜の) にされた場合、前者は省略されるのに対し、後者は省略されない。たとえば (19a) の「が」「を」「から」「まで」をそれぞれ主題にしてみよう。

(21)　a.　猫 {は／*がは} 正門から教室まで鼠を追いかけた。
　　　b.　鼠 {は／*をは} 正門から教室まで猫が追いかけた。
　　　c.　正門 {*は／からは} 教室まで猫が鼠を追いかけた。
　　　d.　教室 {*は／までは} 正門から猫が鼠を追いかけた。

　これは、「が」「を」自体に意味がなく省略しても支障がないのに対し、「から」「まで」には＜起点＞＜限界点＞などの意味があり、省略すると意味解釈に不都合が生じるからだと考えられる。

▶4.　意味論

　これまで形態素が集まって文に至るまでの形式的特徴について見てきた。これらの意味的側面について扱うのが意味論である。よって、意味論で対象にする「意味」は、日常的に用いる「意味」という言葉が指す範囲よりも遥かに狭い。人生の「意味」はもちろんのこと、文を越えた意味も意味論の射程ではない。とは言うものの、形態素の数だけを数えても、それらをこの数ページで扱うのは不可能である (し、「意味」がない)。そこで本節では、日本語の文法論においてよく取り上げられるものに絞って解説する。

4.1　動詞分類

　3.3節では、取る項の数によって自動詞と他動詞が分けられることを見た。しかし、項の数は同じでも、意味的な観点から自動詞がさらに2つに分かれることが知られている。1つは (22a) のような**意志的自動詞**であり、もう1つは (22b) のような**非意志的自動詞**である (前者を非能格自動詞、後者を非対格自動詞とも言う)。

(22)　a.　走る、歩く、泳ぐ、話す、叫ぶ、暴れる、踊る、泣く、笑う、働く

b.　　落ちる、割れる、開く、点く、詰まる、滑る、鳴る、溶ける

　しかし、形態・統語的な分類とは異なり、意味的な分類には恣意性が伴いがちである。「意味が違うから分類した」というのであれば、100ある動詞を100に分類することも可能である。(22)の動詞を意志的と非意志的に分けるのは直感的に分かりやすいが、なぜそう分けられるのかは目に見える構文的な振る舞いを根拠としなければならない。

　たとえば、意志的自動詞と非意志的自動詞は次のような違いがある (三上1972：2章4、影山1993：2章など)。まず、意志的自動詞は受身 (4.2節の間接受身) にすることができるが、非意志的自動詞はできない。

(23)　a.　前を走られる、前を歩かれる、先に話される、子供に暴れられる

　　　b.　??財布に落ちられる、??ガラスに割れられる、??窓に開かれる、
　　　　　??電気に点かれる、??足に滑られる

また、意志的自動詞は、非意志的自動詞に比べて助詞を脱落させにくい。

(24)　a.　??子供走ってる、??生徒泳いでる、??酔っ払い叫んでる、??花子泣
　　　　　いてる

　　　b.　財布落ちてる、窓開いてる、紙詰まってる、氷溶けてる

そして、非意志的自動詞はその項との複合語が見つかるのに対して、意志的自動詞には見つけにくい。

(25)　気落ち、地割れ、前開き、紙詰まり、地滑り、耳鳴り、雪解け

このような根拠があって初めて、2種類の自動詞を考える意味があると言えるし、またこの2種類が様々な文法現象を説明するときに役立つ可能性がある。

　もう1つよく知られた動詞の分類としては、アスペクトによる分類がある。**アスペクト**とは述語の持つ時間的展開のどのような局面を表すかを問題とする意味論的なカテゴリである。この観点からまず動詞は、局面の変化を持たない**状態動詞**と局面の変化を持つ**運動動詞**に分けることができる。日本語の場合、状態動詞は所属語彙が少なく、たとえば次のようなものがある。

(26)　ある、いる、(英語が) できる、思う、見える、値する、意味する

直感として、「ある」と言えばずっと「ある」わけであり、変化や動作が起こっているわけではない。これらの特徴としては、そのままの形で現在を表すこ

とができる。

(27)　机の上に本がある。

　これに対し、運動動詞は、(28a) のような**動作動詞**と (28b) のような**変化動詞**に分けることができる (用語は工藤 (2014) による)。

(28)　a.　曲げる、開ける、読む、耕す、走る、泳ぐ、泣く、鳴る、流れる

　　　b.　曲がる、開く、点く、死ぬ、落ちる、結婚する、起きる、治る

　たとえば、動作動詞の「読む」は、「読」む前、「読」んでいる最中、「読」んだ後の3つの局面を持ち、変化動詞の「曲がる」は「曲が」る前と「曲が」った後の2つの局面を持つ。これらは、状態動詞と異なり、そのままの形では現在を表しにくく、「いる」を付けて**状態形**にする必要がある (#は用い方が不適格)。

(29)　a.　今、本を {#読む／読んでいる}。

　　　b.　釘が {#曲がる／曲がっている}。

　さらに、動作動詞と変化動詞では、状態形の解釈に違いが生まれる。動作動詞ではその動作の最中を表すのに対し、変化動詞ではその変化が既に終了していることを表している。前者の解釈は**進行** (動作継続)、後者の解釈は**結果継続**と一般的に呼ばれる。

4.2　ヴォイス

　狭い意味でのヴォイスは、**能動態**と**受動態** (受身) の対立を指して用いられる。能動態では (30a) のように動作者が主語になるのに対し、受動態では (30b) のように被動作者 (対象) が主語になり、受動の接辞「られ」を伴う。

(30)　a.　トムがジェリーを追いかける。

　　　b.　ジェリーがトムに追いかけられる。

能動態と受動態を比べると、受動態に接辞を伴う有標の形式が使われる。また、しばしば受動態は能動態の目的語を主語にすることで派生されると分析される。だとすると、受動態は (30a) のような他動詞文からしか作られないことになる。たとえば自動詞文「トムが転ぶ」では目的語が存在しないからである。

　しかし、日本語では英語とは異なり、自動詞文からも受身を作ることができる。

(31) a. トムはジェリーに泣かれて困った。

b. 私は知らないおじさんに隣に座られて嫌だった。

このような自動詞文から作られる受身は、他動詞文から作られる受身が直接受身と呼ばれるのに対して**間接受身**と言われる。また、多くは主語が迷惑を蒙る意味を持つことから迷惑の受身 (cf. 三上1972：2章4) とも呼ばれる。

ただし、このような日本語に見られる2種類の受身文は、お互いに全く関係がないわけではなく、どちらにも「受影性」(affectivity) が関係しているとする議論もある (Kuroda 1992、益岡1987：3部2章)。間接受身の主語が心理的な影響を受けるのはこれまでの例からも知られるが、直接受身でも、主語に対する心理的・物理的な影響が必要であるとされる。

(32) a. あの町は日本軍に破壊された。

b. *あの町は日本軍に建設された。(益岡1987)

(32b) では「建設され」る前に「町」は存在せず、「日本軍が建設」した影響を受けられないため受身を作れないという。

以上のように、日本語の受身文では影響の受け手 (「受影者」) が主語に立つ。このように有標の形式が使われることで、文法関係 (主語や目的語など) の交替を起こすものとしては、他にも**使役**、**自発**、**可能**などがあり、これらもヴォイス交替の一種と考えることができる。

(33) a. ジェリーがスパイクにトムを追い払わせた。　　　　　　使役

b. 私には昔のことが思い出された。　　　　　　　　　　　自発

c. 私には小さな音が聞き分けられない。　　　　　　　　　可能

■■ 「に」受身と「によって」受身

（32b）は、動作主を「によって」にすると適格な文となる。Kuroda (1992) はこのような受身を「によって」受身と呼び、(32a) のような「に」受身とは意味論的に異なるとした (つまり「によって」受身には「受影性」がないとした)。またKuroda (1992) は、「によって」受身が西欧語の影響から成立したことを示唆したが、金水 (1991) では、次のようなオランダ語の直訳の例から「によって」受身が発生したことを論じている。

i) 一般ノ規則ト而シテ経験ガコレニ就テ巧者ナル語学者ニ由テ定メラレテアル『和蘭文典読法』

4.3 アスペクト・テンス・モダリティ

アスペクトは、4.1節で述べたように、時間展開の局面を問題にする意味論的カテゴリである。これに対し、**テンス**(時制)は、**発話時**と**話題時**との先行・後続関係を表す。たとえば、次の例はそれぞれ「昨日」「今」「明日」を話題にしており、それぞれ過去、現在、未来を表す。

(34) a. 昨日、富士山に登った。

b. 今、富士山に登っている。

c. 明日、富士山に登る。

日本語の場合、テンスを表す形態に、現在と未来の区別がない。動作動詞の場合、多く状態形が使われるが、「あ、登る、登る、登る」のように非状態形で現在に言及することも可能である。よって、現代日本語のテンスは、**過去**の形である「した」と**非過去**(=現在と未来)の形である「する」が対立していると言われる。

ところで、テンスは一見、発話時に対して「富士山に登る」という出来事の先行・後続を表しているように見える。しかし、次の例では、「富士山に登る」という出来事は発話時より前でも、テンスは現在(非過去)である。

(35) 富士山にはもう3回登っている。

(35)は概略「発話時において既に3回登ることを経験している」という意味であり、発話時を話題として、先行する出来事(この場合は動作)の効力・経験を表している。よって、テンスは現在であり、**出来事時**が先行しているのは、動詞で表す動作の局面が終わったというアスペクト的意味によると考えられる。このような効力や経験を表すアスペクト的意味は**パーフェクト**と呼ばれる。結果継続も、変化の局面が終わったという意味ではパーフェクトの一種だが、動作動詞の場合、同じ「している」という形でも進行とは大きく解釈が異なる。

モダリティはどのように命題が成り立つかを表す意味論的カテゴリである。**命題**は意味論における重要な概念で、真か偽かを判断できる対象を言う。たとえば、「博文は日本の総理大臣である」はある世界(たとえば1886年の現実世界における状況)が与えられれば、真または偽と判断できるため命題である。他方、「博文」や「ある」という単語はそれ自体では真や偽とは判断できないため命題ではない。どのように命題が成り立つか、という意味ではテンスもモダリ

ティの一種と見なすことができる。発話時以前の世界（状況）において命題が成り立つことを意味するからである。また、どのように、という意味で、モダリティは**必然性**や**可能性**を表す。たとえば、（36a）は1867年明治維新の段階で、まだ将来には様々な可能性が考えられるが、どの世界になっても「博文が総理大臣になる」が成り立つ（必然性）ことを表し、（36b）は、その中で「博文が総理大臣になる」世界がある（可能性がある）ことを表している。

(36) a.　博文が日本の総理大臣になるにちがいない。

　　　b.　博文が日本の総理大臣になるかもしれない。

　また、次の「しなければならない」「してもよい」も、それぞれ命題が成り立つ必然性、可能性を表しておりモダリティである。

(37) a.　博文が日本の総理大臣にならなければならない。

　　　b.　博文が日本の総理大臣になってもよい。

しかし、（36）と（37）では、何に基づいて必然性や可能性を判断しているのかに違いがある。（36）では話し手の予想に基づいているのに対し、（37）では法律や能力などの状況に基づいていると言えるだろう。このようにモダリティは何に基づいた判断かによって分類され、前者が**認識的モダリティ**、後者が**義務的モダリティ**と呼ばれる。

　このような、必然性／可能性、何に基づく判断か、という基準は、様相論

ここではモダリティは命題がどのように成り立つかを表す意味論的なカテゴリだと考えたが、日本語学の世界では、しばしばモダリティが「話し手の主観的な態度」「表現者の判断・表現の態度」を表すものとして規定される（たとえば益岡（1991）など）。その場合「モダリティ」として扱われるものには、以下で述べる「取り立て」「談話標識」「待遇表現」なども含まれることになるが、このような規定は日本語学独自のものであり、諸言語のモダリティ研究（たとえばPalmer（2001）など）を参照する場合には混乱の元となる可能性があるので、注意が必要である。

理学でも使われる概念だが、それだけでは日本語のモダリティ形式を説明できない。たとえば、次の「だろう」と「ようだ」にはどのような違いがあるだろうか。

(38)　a.　昨夜は雨が降った<u>ようだ</u>。

　　　b.　昨夜は雨が降った<u>だろう</u>。

どちらも話し手の信念から、現実の世界において命題が成立したことを予想している認識的モダリティであるように思える。しかし、これらは全く同じように使われるわけではない。たとえば、朝、道路に水溜りがあるのを見て想像する場合には、(38b) よりも (38a) が自然だろう。他方、寝る前に雷が鳴っているのを聞いてから寝た場合には、(38a) よりも (38b) が自然である。ここにあるのは、次のような出来事の連鎖の違いである（大鹿1995、田窪2001）。

(39)　a.　雨が降る→水溜りがある

　　　b.　雷が鳴る→雨が降る

このように既成の概念で捉えられない意味をどう説明するかに、日本語を分析する価値もあると言える。

4.4　取り立て

取り立てとは、意味的な観点から (40a) のように規定され、(40b) のような助詞がその機能を持つものとして挙げられる（沼田2000）。

(40)　a.　文中の種々の要素をとりたて、これに対する他者との関係を示す

b.　も、でも、さえ、すら、まで、だけ、のみ、ばかり、しか、こそ、
　　　　など、なんか、くらい、(対比の) は

　たとえば、(41a) で「さえ」は、他者 (たとえば「お米」) に加えて「おかず」まで
こぼしたこと (また「おかず」はこぼしにくいものであること) を意味する。この場合、
(41a) において取り立てられているのは「おかず」である。

(41)　a.　おかずさえこぼした。
　　　b.　愚痴さえこぼした。

これに対し、(41b) では、「さえ」は「愚痴」に付いているが、「愚痴」以外に
「こぼした」ものがあるわけではない。(41b) の自然な解釈は、たとえば「不
満な表情をした」ということに加えて「愚痴をこぼした」といったものだろう。
よって、意味的に取り立てられているのは、「愚痴をこぼす」という動詞句で
ある。このように取り立て助詞には、その取り立てる対象が表面的な助詞の
位置と異なることがあるので意味解釈に注意する必要がある。

　また、「名詞＋取り立て助詞」全体で数量に相当する表現になるので、他の
数量詞や**否定**などと、**スコープ** (作用域) の相互作用を起こす。たとえば次の文
の曖昧性が分かるだろうか。

(42)　おかずさえ3人の学生がこぼした。

「3人の学生」が広いスコープを取る解釈では、ある3人の学生について、「ご
はん」に加え「おかず」もこぼした、となる。一方、「おかずさえ」が広いス
コープを取ると、「ごはん」に加え「おかず」についても、こぼした学生が3人
いた (「ごはん」と「おかず」の両方をこぼした学生が1人もいなくてもよい)、となる。ただ
し、このような曖昧性は (41b) を使った次の文では生じない。

(43)　愚痴さえ3人の学生がこぼした。

　このような文の意味解釈を理解するには、それぞれの取り立て助詞の意味
と、そのスコープの、両方の概念が必要になる。

▶5.　語用論

　言葉の形式的側面を扱う形態論・統語論の解説では、「形態素→語→句→
文」と言葉の小さな単位から大きな単位へと話を進めた。意味の分野におい

ても、文の意味を扱う意味論から、文を越えた意味を扱う語用論へと話題を移そう。まず、文の解釈が文脈に依存することを見て、「文を越えた意味」とは何かを考えたあと (5.1節)、文の解釈を指定する談話標識 (5.2節)、様々な言語外的要因が絡む待遇表現 (5.3節) について見る。

5.1 文を越えた意味

　前節の最初に、意味論は文を越えた意味を扱わないと述べたが、日常で実際に使われるほとんどすべての文の解釈は、その文のみで完結することはない。たとえば簡単な例として、3.1節でも扱った**照応** (7章3.2節も参照) を挙げることができる。

(44)　太郎が草$_i$を刈っている。次郎がそれ$_i$を集めている。

(44) の2文目の解釈は1文目に依存しており、2文目だけでは真とも偽とも判断できない。1文目の情報があって初めて我々は「次郎が (太郎が刈った) 草を集めている」という命題を復元することができ、それが真か偽か判断できる。よって、照応を表す指示語「それ」は文を越えた意味を持ち、語用論で扱われる対象と言える。

　また、次のような、解釈に特定の視点を要求する**直示** (deixis) もその文だけで解釈が完結しない。

(45)　a.　これはペンだ。

　　　b.　昨日、カレーを食べた。

　　　c.　山田さんがゴボ天を召し上がっている。

(45a) の指示語「これ」は話し手の近辺にある物を指すが、具体な指示対象は、結局話し手が誰かに依存している。(45b) の「昨日」という時間の直示表現も発話の時点がいつか (いつの時点に視点を置くか) によって命題の真偽が変わりうる。たとえば、4月1日にカレーを食べた場合、4月2日の発話としては (45b) は真だが4月3日の発話としては偽である。(45c) の敬語も直示的な機能として、話し手が「山田さん」より目下であることを示すため、話し手が誰かによって文の適切性が変わる。山田さんより目下の者の発話なら適切だが、目上の者の発話なら不適切 (か皮肉) である。このような機能を持つため、敬語は**社会的直示**とも呼ばれる。これら直示の要求する視点の解釈は、発話現場の状況が

必須であり、文を越えた意味に依存していると言える。

　さらに、次のようなフォーカスや前提と言われるものも語用論で扱われる対象である。**フォーカス**（焦点）とは、基本的には、疑問文の答えとなる平叙文において、疑問詞に対応する部分を言う。たとえば、(46a) の疑問文に対する答えのフォーカスは (46b) のように主語の「部長が」である。よって、フォーカスはどのような疑問文に対する答えかという情報を含んでおり、文を越えた意味を表すと言える（フォーカスされた句を下付きのFで表す）。

(46)　a.　誰がゴボ天を注文したの？

　　　b.　［部長が］$_F$ ゴボ天を注文したよ。

　　　c.　部長は［ゴボ天を］$_F$ 注文したよ。

フォーカスが置かれると、後に続く語のピッチが抑えられ、相対的にフォーカスが置かれた句のピッチは明示的に発音される（1章9.2節）。このような音調では、(46b) は (46a) に対する適格な答えであるが、(46c) は (46a) に対する答えとしては不自然となる。

　(46a)(46b) は「誰かがゴボ天を注文した」を**前提**としている、と言われる。また、次のような文では「雨が降っていた」ことが前提とされている。

(47)　雨が止んでいる。

「止む」のような表現は、既に雨が降っていた文脈でしか適切に使えない。よって、その発話の状況を制約するという意味で文を越えた意味である。

　英語では冠詞の使い方が前提に関係している。the が冠された名詞句は、指示対象がすでに談話に登場したものしか指せず、存在前提があると言われる（あるいは定 (definite) であるとも言う）。日本語には冠詞はないが、主題 (7章3.3節) の「は」が同様の存在前提を持つ。

(48)　#昔々、あるところにおじいさんはいました。

「おじいさん」はここで初出の人物であり、「は」は使えない。

　最後に、**会話の含意** (Grice 1975) と言われる意味について見ておこう。たとえば友人からの誘いを断る場合には、直接的な表現ではなく間接的な表現を使うことがよくある。

(49)　A：スタバ行かない？

　　　B：4時間目があるんだ。

(49)では「4時間目がある」が会話の含意として「スタバに行かない」ことを表している。ただし、これはあくまでも含意であるため、Bは「でも今日は講義には出ないよ」のように取り消すことができる。この点で会話の含意は前提とは異なる。前提の場合(47)のあとに「#でも雨は降っていなかったよ」と前提を取り消そうとすると、不自然な談話になる。「雨が降っていた」ことが対話者に受け入れられている状況で、(47)は発話されているからである。このように、前提は既に受け入れられている情報、会話の含意は新たに推論される情報という点で異なるが、どちらもその文が発話される状況に依存しているという意味で、語用論で扱われる意味である。

5.2 談話標識

　哲学者ポール・グライス(Grice 1975)は、(49)のように取り消し可能な会話の含意の他に、言語形式に規約化された含意もあると考えた。(50)の諸例はどれも、ジョンが日本人でありかつジョンは勇敢であるときに、真であると判断されるが、(50b)ではその2文が理由関係にあり、(50c)では「日本人は勇敢ではない」という想定があることを、「だから」や「しかし」といった**接続詞**が表している。

(50)　a.　ジョンは日本人だ。彼は勇敢だ。

　　　　b.　ジョンは日本人だ。だから、彼は勇敢だ。

　　　　c.　ジョンは日本人だ。しかし、彼は勇敢だ。

このように接続詞は文と文の間に含意される関係を明示する役割を持っており、その点で、文を越えた意味を表していると言える(7章3.2節)。

　また、**終助詞**にも、談話における文の機能を示す役割を持つものがある。たとえば疑問の終助詞「か」にその答えを要求する機能があるとすれば、「か」は文と文の関係を示していると言える。また、次の例は「雨が降っている」場合に真であり、命題内容は変わらない。

(51)　a.　雨が降ってるよ。

　　　　b.　雨が降ってるね。

　　　　c.　雨が降ってるよね。

しかし、(51a)では話し手が聞き手に「雨が降っている」ことを知らせており、

　(50b) の「だから」や (50c) の「しかし」は、独立した文と文の関係を示すという意味で談話標識の一種である。また、(50b) の「だから」が談話標識なら、i) の接続助詞「から」も談話標識と言えよう。

i) ジョンは日本人だから、勇敢だ。

しかし、文と文の関係を示しても、ii) のような条件関係を示す接続助詞は談話標識とは言えない。**条件文**は前件だけで何事かを主張しているのではなく、前件が成立した場合の後件の真を主張しているため、前件と後件は i) の**理由文**のように独立的ではないのである (3.3節の囲み記事「従属節と統語構造」も参照)。

ii) もしジョンが日本人なら、勇敢だろう。

(51b) では「雨が降っている」のをお互いに見ながら確認しており、(51c) では不確かな知識を持つ話し手が聞き手に事実を確認している、といった違いがある。つまり、「よ」「ね」「よね」といった終助詞には、命題が談話の中でどのように用いられているかを示す役割があると言える (詳しくは益岡 (1991)：2部2章、金水・田窪 (1998) など)。

　終助詞と同様の機能が**間投詞** (感動詞) にも認められる。たとえば次のB1、B2、B3 は「話し手がアプリの使い方が分からない」という命題内容を持つ。間投詞の「えーっと」「さー」「あのー」は、話し手が何らかの内省を行った後、この文を発話したことを示している。よって、これらの間投詞は命題の提示のし方を示していると言える。

(52)　A：このアプリって何のためにあるの？

　　　B1：えーっと、分からないね。

　　　B2：さー、分からないね。

　　　B3：あのー、分からないね。

　ただし、話し手の内省を表すといっても、「えーっと」「さー」「あのー」の意味が同じだというわけではない。B3は、「あのー」と「分からないね。」の間にポーズがないと不自然である。「あのー」は既に伝える内容については分かっている場合に使われるからである。「えーっと」「さー」では、伝える内容自体 (アプリの使い方) について考えを巡らしているが、「さー」は最初から答え

が分からない場合にしか使いにくい。答えが分かる可能性がある場合には、(53)のように「えーっと」を使うのが自然である (定延・田窪1995、定延2005)。

(53)　B1'：えーっと、ウィルス対策のためですね。

　　　　B2'：#さー、ウィルス対策のためですね。

間投詞は談話の空白を埋める**フィラー** (filler) とも言われるが、単に空白を埋めるだけではなく、以上のように細かい使い分けが見られる。

　以上のように、談話標識には、文と文の関係を示すものや、話し手がどのように文 (命題) を提示しているかを示すものが見られる。

5.3　待遇表現

　5.1節では直示の1つとして敬語を挙げた。敬語は一般に、話し手から主語の人物への敬意を表す**尊敬語**、話し手から動作の受け手への敬意を表す**謙譲語**、話し手から聞き手への敬意を表す**丁寧語**に分けられる。

(54)　a.　先生もパーティーにいらっしゃいます。(尊敬＋丁寧)

　　　　b.　先輩方が先生をパーティーにお呼びしたそうです。(謙譲＋丁寧)

また以上の3つに加え、主語を下げるだけの**丁重語**と言葉を飾る**美化語** (「お酒」「お弁当」など) を敬語に加える考え方も、文化審議会の答申などで認められている (文化庁ウェブサイト内「敬語の方針」2007年)。

(55)　上司「明日の予定は？」

　　　　部下「明日は私用で福岡に参ります。」(丁重＋丁寧)

(55)の「参る」は、古典語では謙譲語であったが、出張先の福岡に敬意を払っているわけではなく、単に聞き手である上司に対して丁寧に述べていることを表しているに過ぎない。しかし、どのような文にも付くわけではなく、主語が1人称 (あるいはその身内) の文に制限される点で、丁寧語とも異なる (「雨が降って {#参る／ます}」)。

　一般に、敬語の敬意は目下から目上へと払われるが、しかし、特に丁寧語では、敬意の相手は目上とは限らない。たとえば次のように見知らぬ人に場所を尋ねる場合には、目上・目下に関係なく丁寧語を使うのが普通だろう。

(56)　すいません、821教室はどっちですか？

つまり敬語は社会的な上下関係だけではなく、話し手からの親疎によっても

使い分けられる。

　この他の、敬語使用の大きな要因になるものとしては内／外の関係があり、
身内（典型的には両親や兄）のことを他人に話す場合、尊敬語や謙譲語は用いない
（cf. 4章5節）。さらに、行為に対する評価も敬語使用に影響を与える。反敬語
（卑罵語）は普通、（57）のように目上の人物に対しては使いにくいが、（58）の
ように同年輩の相手に対しては、恩恵の受け方によって適格さが異なる。

（57）　#先生が黒板の字を間違ってやがる。

（58）　a.　何度も消しゴム拾わせやがって。気を付けろよ。

　　　　b.　#消しゴムを拾いやがってありがとう。

また、待遇表現としてしばしば取り上げられる2人称代名詞の使い分けも、単
純な上下関係以外に、話し手が聞き手とどのような人間関係を築きたいかと
いった要因も絡む。たとえば、大学の教員が学生を呼ぶ場合には、その教員
のパーソナリティによって次のどの例も見られるだろう。

（59）　{あなた、君、山田、山田さん、山田くん}、授業の復習はきちんとし
　　　　ておきなさい。

男か女かに関係なく「さん」もしくは「くん」などで統一することが個々の学
生の性に関する問題を避けることにもなるが、そのどちらで統一して呼ぶか
は、その教員に選択の余地がある。

　以上のように、待遇表現は、上下、親疎、内／外、恩恵の有無、話し手の

パーソナリティなど様々な言語外的な要因によって使い分けられる（詳細は菊地 (1997) 参照）。このように、語用論は、文はもちろん、言葉そのものの意味を越えた言語外的な意味を扱うという点で、幅広い領域を対象としていると言える。

読書案内

森山卓郎 (2000)『ここからはじまる日本語文法』ひつじ書房
日本語文法の入門書は多数出版されている。本書は、その中でも本文に多数の問題を配置し、「文法」を考える視点を多く提供してくれる点に特色がある。また、本章の読者にとっては、この本の章立てが他の本よりも接近しやすいだろう。7章の「複文構造」は本章ではほとんど扱えなかったので、この手の本を参考にしてほしい。

郡司隆男 (2002)『単語と文の構造』岩波書店
形態論、統語論について、より理論的に知りたい人にお薦めする。「理論的」とは言っても、豊富な日本語の実例をもとに理論を作り上げていくため、個々の概念がなぜ日本語（言語）を説明するために必要かが実感として分かりやすく書かれている。

定延利之 (2005)『ささやく恋人、りきむレポーター──口の中の文化』岩波書店
エッセイ風に読めるものも挙げておく。日本語のコミュニケーションを題材としているため領域としては語用論になるが、海外の語用論の入門とは違って、なるほど！と日本人ならば納得させられる現象が豊富に挙げられている。

4

文法の歴史変化

▶1. はじめに

　言語の歴史を見る方法として、各時代の共時的な体系を記述してその歴史とするという方法も考えられる。従来の日本語学の概説書における文法の歴史の説明は、この方法が採られることが少なくなかった。しかし、各時代の文法記述はどうしても限定的にならざるをえないし、ある時代の共時的に興味深い現象に、必ずしも興味深い歴史変化が起こるとは限らない。また、この方法では、実際に起こっている変化の過程が見えにくいというデメリットもある。そこで本章では、文法の歴史をトピックに分けて見ていく。日本語に起こった文法変化をバランスよく見渡すために、3章で分けた形態論、統語論、意味論、語用論の諸分野に基づいて、それぞれにいくつかのトピックを取り上げる。具体的には、形態論の事例として動詞の形態変化 (2節)、統語論の事例として格助詞「が」の歴史変化と係り結び (3節)、意味論の事例として、テンス、アスペクト、モダリティなどの述語の意味論的変化 (4節)、語用論の事例として敬語運用の変化 (5節) を見る。いずれの章においても、できるだけ具体的な変化過程を示すとともに、なぜ変化が起きる／起きたのかを含めて考察し、歴史変化が一方向的に起こるとする文法化の議論も紹介する (6節)。

▶2. 動詞の形態的変化

2.1 活用体系の変化

　高等学校で習う古典文法 (以下「学校文法」、12章4.3.4節) には、カ変、サ変、ナ

表1　学校文法における活用

種類	例語	語幹	未然形	連用形	終止形	連体形	已然形	命令形
四段	書く	か	か	き	く	く	け	け
上一段	見る	（み）	み	み	みる	みる	みれ	みよ
上二段	起く	お	き	き	く	くる	くれ	きよ
下一段	蹴る	（け）	け	け	ける	ける	けれ	けよ
下二段	捨つ	す	て	て	つ	つる	つれ	てよ

変、ラ変の4つの変格活用に加え、**四段、上一段、上二段、下一段、下二段**の5つの規則的な活用の種類があった。変格以外の活用を示すと表1のようになる。

　変格活用は、基本的に上の規則活用からの類推と解釈でき（たとえばナ変は四段と二段の混合パタン）、語の個別的な問題であるため、活用の体系的な変化からは除いて考えたい。

　上の5つの活用の種類が、口語文法では**五段**、上一段、下一段の3つになる。このうち四段から五段への変化は、意志・推量を表す「書かむ」が「書かう」を経て「書こう」になったためであり、特定の接辞の変化（–a(m)u>–oo）に過ぎない。むしろ、活用体系の大きな変化は、一・二段活用に起きており、それは終止形と連体形の合流と二段活用の一段化によって特徴づけられる。

　まず、**終止形と連体形の合流**は、表1から上二段、下二段活用にはっきり現れることが分かる。他の活用では終止形と連体形は元々同形だからである。この変化は、連体形が終止形の機能を兼ね備えることにより起こったが、奈良時代から連体形が文の終止に使われる（**連体形終止法**）ことはあった。
（1）　a.　ほととぎす何の心そ橘の玉貫く月し来鳴き**とよむる**（万葉3912）

　　　　b.　み空行く月の光にただ一目相見し人の夢にし**見ゆる**（万葉710）
しかし、これらの連体形終止法は、山田（1908）で感動を表す文（**喚体句**と言われる）の一種として捉えられる特殊な終止用法であり、山内（2003）によると『万葉集』に僅か20例ほどである。

　この連体形終止法は平安時代になると、より広く用いられるようになり（**連体形終止法の一般化**）、山内（2003）によると院政期の『今昔物語集』には357

の用例が見られる。

（２）　a.　猶僧ノ体ヲ見ルニ、貴ク見ユル。（今昔 11-28）

　　　　b.　窃ニ出ルト思ヒツルニ、人ノ見ケルヲ不知ズシテ。（今昔 14-37）

（３）　我が父の作りたる麦の花の散りて実の入らざらん思ふがわびしき。

　　　　（宇治拾遺 1-13）

このような変化は（３）のように形容詞にも起き、その結果、現代語では形容動詞を除いて終止と連体は形態的に区別されなくなった。

　　二段活用の一段化は、まず、奈良時代に上二段活用であった「乾」が平安時代に「乾る」へと変化し、「ひる」「ゐる」「きる」「にる」「みる」が一段動詞となったが、他の語については室町時代までは体系的な一段化は起こらなかった。たとえば、ジョアン・ロドリゲス (1561–1633) は『日本大文典』の中で、下二段の一段化が「関東」と「都の一部の者」にだけ見られることを記している（ロドリゲス 1604–8：29）。しかし、江戸時代に入るとこの状況に変化が生まれる。奥村 (1990) には、江戸時代前期と後期の上方資料を用いて一段化の様相が示されているが、会話文の (受身や使役の接辞を除く) 自立語では、前期で既に半数以上、後期では 9 割以上が一段化して用いられている（平安時代に既に一段動詞であったものは除く）。次に一段化している例を近松門左衛門の世話浄瑠璃から挙げる（近松浄瑠璃集）。

（４）　a.　こち夫婦が了簡で、今宵の命を助ける（心中万年草）

　　　　b.　親の子をほめるはいやらしけれど（鑓の権三重帷子）

　　　　c.　あちらの方が落ちればこちらも落ちる（山崎与次兵衛寿の門松）

　　　　d.　こちもこれで二度起きた。ま一度起きるは定のもの（生玉心中）

　　では、なぜ二段活用は一段化したのだろうか。そのことを考えるためにまず、一段活用とはどのような活用であるかを考えてみたい。表 1 には学校文法による上一段、下一段の活用を挙げたが、それを見ると、「みる」の「み」、「ける」の「け」は変化していないことが分かる。これを語幹として書き直せば表 2 のようになり、一段活用に「上」や「下」は関係なく、同じ活用であることが分かる。

　　このように、「上」「下」が語幹の種類 (i で終わるか e で終わるか) であるとすると、「上二段」と「下二段」の「上」「下」も活用の種類ではなく、語幹の違いである

と考えることもできよう。そこで、二段活用も、一段と同じく「おき／おく」
や「すて／すつ」までが語幹であると考えてみよう。すると、二段活用は、2
種類の語幹を持つ以外は、一段活用と同じ活用をしていると考えることがで
きる (表3は終止形と連体形の合流が起こった形で示す)。

　二段活用は体系的に一段活用に合流しており、二段と一段は同じ活用のバ
リアントと見なすことが妥当である。よって、一段化とは、2種類ある語幹
を1種類に統一する単純化と考えられる。

　それではなぜ、活用には、五段 (四段) と一・二段という 2種類の活用しか
ないのだろうか。これには、**子音語幹動詞、母音語幹動詞**という考え方が答
えを与えてくれる。語形変化しない部分を語幹とすると、五段で語幹となる
のは子音部分までである。また、語幹として共通部分を括りだすように、接
辞の共通部分を括りだすと、活用表は表4のように書くことができる (3章2.1
節も参照)。

　表4の活用部では、子音終わりの語幹に子音始まりの接辞が続く場合には
母音 (**連結母音**) が、母音終わりの語幹に母音始まりの接辞が続く場合には子
音 (**連結子音**) が出現している (清瀬1971)。このように子音と母音の組み合わ

表2　「一段活用」

種類	例語	語幹	未然形	連用形	終止形	連体形	已然形	命令形
(上)一段	見る	み			る	る	れ	よ
(下)一段	蹴る	け			る	る	れ	よ

表3　「二段」と「一段」

種類	例語	語幹	未然形	連用形	終止形	連体形	已然形	命令形
二段	起く	おき／おく			る	る	れ	よ
一段	起きる	おき			る	る	れ	よ

表4　子音語幹と母音語幹

種類	例語	語幹	否定 zu	接続 te	終止連体 u	条件 eba	命令 e/o
子音語幹	書く	kak	a	i			
母音語幹1	見る	mi			r	r	y
母音語幹2	起くる	oki/oku			r	r	y

一段活用と二段活用が同じ活用（つまり母音語幹動詞）であるということは、平安時代におけるこれらの分布からも支持される。すなわち、一段活用は「ひる」「ゐる」「きる」のように語幹末がi（いわゆる「上」）で1音節の語幹、二段活用はそれ以外といったように、両者は相補分布（1章5.3節）しているのである（九州方言における一段と二段の相補的な分布については小林2004：3部4章を参照）。この例外としては、「蹴る」があるが、平安時代の「ける」（終止形）は『落窪物語』（巻2）にしか見えず、古来は「くゑ（る）」（あるいは二段の「くう」）であったはずで不審である（詳しくは山内2003：1–2章）。また「蹴る」は後代に五段化（子音語幹化）しており、この点でも体系的な変化からは例外として扱った方が良さそうである。

せ方により活用が異なるため、活用の種類は大きく2種類しかないのである。

2.2　いわゆる受身・使役の助動詞

学校文法では、受身の助動詞に「る・らる」、使役の助動詞に「す・さす」があるとされる。他の助動詞（3章2.1節では「接辞」としたもの）は、たとえば「ず」「む」「まし」「じ」「まほし」など、1つの形式が挙げられるのに、受身・使役にはなぜ2つの形式があるのだろうか。

また「る・らる」「す・さす」は**未然形**に接続するとされる。しかし、他の未然形に接続する助動詞は、（5a）「打消」（5b）「意志」（5c）「願望」など「未ダ然ラザル」（本居1785：383）ことを表すのに対し、（6）に挙げる受身や使役にそのような意味はない。

（5）　a.　忘らるる身をば思はず。（拾遺集870）

　　　b.　なにせむに身をさへ捨てむと思ふらむ（和泉式部日記）

　　　c.　なほうちとけて見まほしく思さるれば、（源氏・須磨）

（6）　a.　かかる者に捨てられぬ（落窪2）

　　　b.　娘は、かく世に類なき人に、二つなく思はせたり。（うつほ・蔵開上）

このような形態的・意味的な問題についても、表4のような音素表記による活用表が役に立つ。動詞の語幹と受身・使役の接辞を音素に切り分けて示すと、表5のようになる。これを見ると、いわゆる「未然形」（否定）は連結母

表5　否定、受身、使役

種類	語幹	否定 zu	受身 aru	使役 asu
子音語幹	omoφ	a		
母音語幹	sute		r	s

音aが現れる活用形なのに対し、受身や使役は連結子音r、sが現れ、異なる活用形であることが分かる。また、適切に接辞を切り分けることで、受身にはaru、使役にはasuという1つの接辞だけを立てればよい。

2.3　可能動詞

　平成7年度から文化庁が実施している「国語に関する世論調査」に取り上げられてしばしば話題となるものに**「ら抜き」言葉**がある (10章5節も参照)。「ら抜き」は、日常の会話ではもちろん、(7) のような歌謡曲の中からも豊富に例を拾うことができる。

（7）　a.　口づけをかわした日はママの顔さえも<u>見れ</u>なかった (フレンズ)

　　　b.　ウマクなんて<u>生きれ</u>ない。それは誇り。(感謝カンゲキ雨嵐)

本来は「見られる」「生きられる」のようになるものから「ら」が抜けたように見えるため、この名前が付けられている。

　「ら抜き」は大正から地方出身の作家が書いた小説に見られ、大阪府出身の川端康成が昭和10〜12年に発表した『雪国』にも「来れる」の例がある (鈴木1994)。また、東京方言については、中村 (1953) が昭和3年にこの言い方に気づき、戦後には若い世代で普通に使われていると報告している。

　この「ら抜き」の成立には子音語幹 (五段) 動詞から作られる**可能動詞**が深く関わっている。古典語 (奈良・平安時代) の可能表現は、(8a) のように動詞の語幹に接辞aruを付けることで表されていた。それが江戸時代 (特に1800年ごろ) になると、子音語幹から母音語幹 (一・二段) 動詞を派生するという手続きによって、(8b) のような可能動詞が作られるようになった (青木2010)。

（8）　a.　病は…ただそこはかとなくて<u>物食は</u>れぬ心地。(枕草子181)

　　　b.　親にゆづられた家業でさへ、なまけ廻って<u>くへ</u>ねへ者が (花暦八笑人・初編2)

このように子音語幹動詞「書く」「読む」「走る」から「書ける」「読める」「走れる」のような可能動詞が作られるようになると、それに類推させて、母音語幹動詞でも、可能の形が「見られる」「生きられる」から「見れる」「生きれる」へと変化したのである。このような変化も、音素表記を用いることで、語形の対応を明示的に表すことができる。図1では、子音語幹動詞・母音語幹動詞それぞれから、どのように可能動詞（「ら抜き」も含めて）を派生させているかを示している。この表から、江戸時代に可能の形が yom-eru になったために、江戸から明治にか

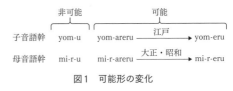

図1　可能形の変化

けては、可能を表す接辞がyom-eru と mi-r-areru のように不揃いになっていたことが分かる。その「乱れ」を修正したのが「ら抜き」(mi-r-eru) である。

　それではなぜ、この変化は子音語幹動詞が先行したのだろうか。それには可能動詞の活用がヒントになろう。可能動詞は、yome、mire までが語幹の母音語幹動詞である。 eru を加えることで、子音語幹から母音語幹を派生する（読む／読める）ことは、自他の対応に多く見られる（取る／取れる、脱ぐ／脱げる、並ぶ／並べる）。しかし、(r) eru によって、母音語幹から母音語幹を派生することは他に例がない。よって、母音語幹動詞からの可能動詞は成立が遅れたのだろう（cf.青木2010：1–2章）。

■ 子音語幹化

　日本語史では二段活用の一段化が起こったが、現在の諸方言ではさらに一段活用の**ラ行五段化**が起こりつつある（9章7.3節）。実際は、この変化は地域や活用形によって進度が異なり、接辞の変化も含むが（佐々木2019）、完全にラ行五段化すると「kak-an、kak-i、kak-u、kak-e、kak-oo」（書く）に合わせて「mir-an、mir-i、mir-u、mir-e、mir-oo」（見る）のように母音語幹動詞が子音語幹化することになる（小林2004：3部4章も参照）。もし、この変化がすべての動詞に適用されたとしたら、通常の動詞は子音語幹動詞（五段）、可能動詞は母音語幹動詞（一段）という意味による活用の種類の棲み分けができることになるが、これは単なる空想に過ぎないだろうか。

▶3. 統語的変化

3.1 主格助詞「が」の発達

　現代日本語では、格助詞の「が」は主格、「の」は属格とその機能が明確に分かれている。しかし、古典語では、どちらの助詞も**主格**と**属格**の両方の用法を持っていた。

（9）　a.　家に行きていかにか我<u>が</u>せむ（主格）（万葉795）

　　　　b.　うぐひすの待ちがてにせし梅<u>が</u>花（属格）（万葉845）

　　　　c.　見放けむ山を心なく雲<u>の</u>隠さふべしや（主格）（万葉18）

　　　　d.　いざ野に行かな萩<u>の</u>花見に（属格）（万葉2103）

このことから、現代語の「が」と「の」は、それぞれその機能を縮小させたように見えるが、古典語の「が」「の」による主格用法には一定の制約があり、歴史変化の中では「が」はむしろ主格の用法を発達させている。

　上代語（奈良時代）に見られる主格の「が」「の」は、主節で使用されることが少なく、此島（1966）によると、万葉集で7割近く（67.4%）が名詞修飾節やある種の名詞化された節の中で使われている。（10a）は「秋萩」を修飾する節であり、（10b）は連体形による**準体法**、（10c）は**ク語法**によって名詞化された節である。それぞれ「赤駒が出発をしぶったこと」「私が恋い焦がれていること」のような内容節として解釈される。（10d）は主節だが、名詞化接辞サによって文全体が名詞化された節である（例は「が」で代表）。

（10）　a.　［我が背子<u>が</u>植ゑし］秋萩花咲きにけり（万葉2119）

　　　　b.　［赤駒<u>が</u>門出をしつつ出でかてにせし］を見立てし（万葉3534）

　　　　c.　［君を思ひ我<u>が</u>恋ひまく］は…避くる日もあらじ（万葉3683）

　　　　d.　［漕ぐ舟人を見る<u>が</u>ともしさ］（万葉3658）

さらに2割は（11）のような条件節を含む、従属節の中で使われる。

（11）　［たらちねの母<u>が</u>問はさば］風と申さむ（万葉2364）

主節で使われる場合には（12a）のような連体形終止節（2.1節）の場合もあるが、（12b）のように係り結びとともに使われることが多い。いずれにしろ、「が」「の」は連体形で終わる節の中にあることになる。

（12）　a.　梅の花散り過ぐるまで［君<u>が</u>来まさぬ］（万葉4497）

b. いづち向きて**か**［我**が**別るらむ］(万葉887)

このように、上代語の「が」「の」は、名詞化された節や従属節などで使われるという制約があった。

　では、通常の終止形で終わる主節では主語はどのように標示されていたのだろうか。万葉集からは、係助詞の他に、以下のような助詞の無い例 (無助詞、0で表す) が豊富に得られる。

(13) a. 我が背子が植ゑし秋萩花**0**咲きにけり (万葉2119)

　　 b. 滝の上の浅野の雉**0**明けぬとし立ち騒くらし (万葉388)

　　 c. 海人娘子**0**棚なし小船漕ぎ出らし (万葉930)

よって、「が」による主格の発達は、このような無助詞による主語標示にとって代わっていったと見ることができよう。平安時代でも「が」「の」はほぼ奈良時代と同じ環境に現れていたが、鎌倉時代から室町時代にかけて、「が」は主格としての用法を発達させた。1592年に刊行された『天草版平家物語』と、その「原拠本」とされる文語の『平家物語』(覚一本・百二十句本) を比べた山田 (2010：4章3節) によると、「原拠本」で無助詞の主節主語に『天草版』で「が」が付されている例が84例見られるという。

(14) a. 北条是ヲ見テ、子細**0**アリ。(百二十句平家118)

　　 b. 北条これを見て子細**が**ある。(天草平家4-26)

(15) a. 子剋ニハ、大地**0**必打チカヘルベシ (百二十句平家113)

■■ 「が」と「の」の相違点

　古典語における「が」と「の」の相違は前接する語や句にあった。まず、「の」は (10d) のように連体形を承けることができなかった。この点は後述するように、「が」と「の」の主格用法の発達に大きな違いを生むことになる。また、「が」は代名詞や指示詞など指示的な名詞を中心に承けるのに対し、「の」は普通名詞一般を承けることができた (野村 1993)。このような前接語による「が」と「の」の使い分けは、現在でも琉球列島の諸方言などに強くその傾向が見られる (内間 1994)。また、上のような指示性の違いは、後代、待遇差となって現れたことが良く知られている。『宇治拾遺物語』には、「佐多」という侍が、女に「さたが」と「が」を使われたことで卑下されたと思い、怒り出す例がある (巻7-2)。

b.　子の刻ばかりにわ、大地が必ずうち返らうずる（天草平家4-22）

さらに、『天草版平家物語』では1.5倍ほどであった無助詞に対する「が」の割合が、1642年に書写された『大蔵虎明本狂言』では13倍に達し、（14）（15）のような自動詞の主語だけではなく、次のような他動詞の主語を標示する例も見られるようになる（山田 2010：4章4節）。

(16)　a.　「いやそなた達が、れうじをおしやるといふ事ではなひ」（虎明・目
　　　　　近籠骨）

　　　b.　いかにおうぢご、孫共がお見廻にまいつた。（虎明・財宝）

　それではこのような主格助詞「が」の発達はどのようにして起こったのだろうか。一般には、連体形終止法の一般化によって、連体形節の中で使われていた「が」が主節でも使われるようになったと考えられている。しかし、それならば、同じく連体形節内で使われていた「の」も主格として発達してよいだろう。此島 (1966) では、平安時代の主格「が」について、（17）のように連体形を承ける例が急増していることを指摘し、これが主格「が」の発達に関係したと考えている。

(17)　a.　この受領どもの、おもしろき家造り好むが、この宮の木立を心に
　　　　　つけて、（源氏・蓬生）

　　　b.　いはまほしきこともえいはず、せまほしきこともえせずなどある
　　　　　が、わびしうもあるかな（更級日記）

　　　c.　大尼君の孫の紀伊守なりけるが、このころ上りて来たり。（源氏・
　　　　　手習）

　さらに野村 (1996) では、連体形を承ける主格「が」が終止形述語に係る (17c) のような例が、院政・鎌倉期に急増し (例18)、連体形に助詞が付かず主語を表す (19) のような例を圧倒することを明らかにしている。

(18)　a.　頂禿げたる大童子の、…重らかにも見えぬが、この鮭の馬の中に
　　　　　走り入りにけり。（宇治拾遺1-15）

　　　b.　隆源といふ人、歌よみなるが来たり。（宇治拾遺3-10）

(19)　a.　畳紙の手習などしたる∅、御几帳のもとに落ちたりけり。（源氏・賢木）

　　　b.　なでふことなき人のすさまじき顔したる、直衣着て太刀佩きたる
　　　　　∅あり。（源氏・東屋）

（19）では述語が連続し、一見どこが主節の主語か分かりにくい。このような問題があるために、「が」によって主語を明確にする欲求が生じ、「が」の使用が連体形節内という制約から解放されていったのだろう。このように、主格「が」の発達は、連体形終止法の広まりとは独立に起こったと見られる。また、「の」が主格として発達しなかったことも、古典語の「の」が自由に連体形を承けられなかった（囲み記事「「が」と「の」の相違点」）ことから説明できる。

3.2　格助詞の接続助詞化

　「が」の主格用法を発達させた連体形を承ける「が」は、**接続助詞**の「が」も生み出した（石垣1955）。ただし、『源氏物語』まではまだ明確な接続助詞と見られる「が」はなく、たとえば、（17a）でも「が」は、「この受領ども」を主要部（3章3.1節）とする名詞句を取って、「この宮の木立を心に付けて」の主語を示している。また有名な『源氏物語』の冒頭（桐壺）も、「格別優れた身分でもない（人）」が「大変寵愛される」に対して主述の関係にあると解釈できる。

（20）　［いとやむごとなき際にはあらぬが、すぐれて時めきたまふ］ありけり。
『源氏物語』には主要部となる名詞句が（17a）のように**同格**と言われる「の」（「受領で風流な家を好む者」）ではなく、「は」や「も」で標示されることがあり、その場合は「が」の前が独立した文のように感じられる。

（21）　a.　むすめの尼君は、上達部の北の方にてありけるが、…むすめただ
　　　　　一人をいみじくかしづきて、（源氏・手習）

　　　b.　御調度どもも、いと古代に馴れたるが昔様にてうるはしきを、（源
　　　　氏・蓬生）

しかし、これらも「が」の後に別の主語が現れるわけではなく、「尼君が娘一人を大変可愛がって」「御調度が昔風で立派だ」のように「が」が主格と見なされる。

　これに対し、院政・鎌倉時代になると、「が」の後に別の主語が現れ、主格とは見なせない例が現れる。(22a)は「が」の前の主語「子二人」が、「が」の後で「此ノ子共ノ」として述べ直されている例、(22b)は、後件の主語(男)が「が」の前にはない例である。

(22)　a.　<u>子二人ハ家ヲ衛別ケテ居タリケル<ruby>ガ<rt>カクミツ</rt></ruby></u>、<u>此ノ子共ノ山ヨリ返来タルニ</u>、(今昔 27-23)

　　　b.　<u>女、「糸喜シ」ト云ヒテ行キケル<u>ガ</u></u>、怪シクコノ女ノ気怖シキ様ニ(男ハ) 思エケレドモ (今昔 27-20)

　格助詞である (21a) と、接続助詞である (22a) の類似性は明らかだろう。「が」の取る名詞句内の要素が主要部となり (このように主要部が関係節 (修飾節) の内部に入り込んだ関係節を**主要部内在型関係節**と言う)、「が」によって後に続く述語の主語であると示されれば「が」は格助詞である。他方、「が」の後に別の主語が現れ (あるいは想定され) れば、「が」は単に文を承ける接続助詞である。よって、格助詞の接続助詞化は、本来名詞句内の要素を主要部とする名詞句 (主要部内在型関係節) を取っていた「が」が、文を取っていると解釈されて起こったと言えよう。

　格助詞の接続助詞化は「を」や「に」にも起こっており (近藤 2000：8章)、日本語では名詞句が文として解釈されやすいことを示している。

(23)　更衣のほどなどもいまめかしき<u>を</u>、まして祭のころは、おほかたの空のけしき心地よげなる<u>に</u>、前斎院はつれづれとながめたまふ<u>を</u>、前なる桂の下風なつかしきにつけても、若き人々は思ひ出づることどもある<u>に</u>、大殿より…とぶらひきこえさせたまへり。(源氏・少女)

　しかし、名詞句と文の近さを示すのは、格助詞の接続助詞化だけではない。時代は下るが、逆に文を取っていた接続助詞や終助詞が名詞句を形成したり、後置詞句を取るようになったりする例もある (衣畑 2007)。たとえば、接続助詞の「とも」が室町時代末には、コピュラ動詞のナリを融合させて、後置詞句に付く助詞として使われている。

(24) a. ふりすてて今日は行く<u>とも</u>鈴鹿川八十瀬の波に袖はぬれじや（源氏・賢木）

b. なんとぞして今一度儚い筆の跡を<u>なりとも</u>奉って、（天草平家 1-8）

また、元々は文末で疑問を表した「やらむ」（元は「にやあらむ」）も、他の文へ係る（25a）のような例を経て、（25b）のように名詞句の一部としても使われるようになるという変化も日本語には観察される。

(25) a. 世にはいかにしてもれける<u>やらむ</u>、哀れにやさしきためしにぞ、人々申しあへりける。（平家（覚一本）1）

b. 此詩ヲ、野夫ノ、惟肖和尚<u>ヤラ</u>ン二見セテ（中華若木詩抄）

これらは日本語において文と名詞句（後置詞句）の間に再解釈が起こりやすいことを示しており、格助詞の接続助詞化もその現れとして起こったと言えよう。

3.3 係り結び

古典語には現代共通語にはない**係り結び**と言われる構文があった。学校文法で、文中に「ぞ」「なむ」「や」「か」があれば連体形で、「こそ」があれば已然形で結ぶと教わる構文である（cf.12章3.2.4節）。

(26) a. 大臣、上達部を召して、「いづれの山<u>か</u>天に近<u>き</u>」と問はせたまふに、ある人奏す、「駿河の国にあるなる山<u>なむ</u>、この都も近く、天も近く<u>はべる</u>」と奏す。（竹取）

b. 「右近<u>ぞ</u>見知りたる。呼べ」（枕草子）

c. 母屋の中柱に側める人<u>や</u>わが心<u>かくる</u>（源氏・空蝉）

d. 落窪の君に<u>なむ</u>取らせたりけるを、「今は世になくなりにたれば、我<u>こそ</u>領ぜ<u>め</u>」（落窪 2）

また、学校文法では、「ぞ」「なむ」「こそ」は「強意（強調）」を、「か」「や」は「疑問・反語」を表すとされる。「疑問・反語」は、たとえば（26a）の「か」ならば「どの山が天に近いか？」、（26c）ならば「中柱の傍にいる人が、私の気にかかる人？」といった「か」「や」の用いられる文のタイプのことである。それに対し、「ぞ」「なむ」「こそ」が用いられる文は基本的に平叙文であり、「強意」は文のタイプではない。では、「ぞ」「なむ」「こそ」を用いることによって何を強調しているのだろうか。（26a）では、「なむ」は疑問文の疑問詞（を含

^{む句)}の位置に対応して用いられている。情報構造のこのような位置を**フォーカス**（焦点）と言う（3章5.1節）。(26b) や (26d) も、明確な疑問文との対応こそないものの、(26b) は「翁まろ」という犬のことを人々が知らないという**前提**での発話、(26d) は屋敷の所有を問題にしている文脈での発話であり、いずれも係助詞の付いた「右近」「我」がフォーカスと解釈できる。中には何がフォーカスかが分かりにくい例もあるが、既に対話で受け入れられている前提部分をことさら強調することが不自然であることを思えば、「ぞ」「なむ」「こそ」はフォーカスを示すと考えても間違いではないだろう。

　平安時代には、「ぞ」「なむ」「や」「か」「こそ」という5つの係助詞が用いられたが、このうち、連体形で結ぶ係り結びは鎌倉から室町時代の間に大きく衰退する。院政鎌倉期の説話集である『今昔物語集』(1106〜20年) や『宇治拾遺物語』(1242〜52年) では、依然としてこれらの助詞は使われている。

(27)　a.　その密男、今宵<u>なん</u>逢はんと構ふる（宇治拾遺2-11）

　　　b.　かの翁が面にある瘤を<u>や</u>取るべき。（宇治拾遺1-3）

しかし、『延慶本平家物語』(1309年) では、「なむ」は数例しかなく（山田1954）、係助詞の「ぞ」は2000例を越えるが、その9割以上が地の文に使われるという偏りがある（蔵野1997）。よって、鎌倉時代の話し言葉の世界では、「なむ」はほぼ使われず、「ぞ」もかなり衰退していたと考えられる。

　室町時代の口語資料としてよく使われる抄物では、「なむ」はもちろん、「ぞ」が係助詞として使われることはほとんどない。「ぞ」は (28) の下線部のように、文末で語調を整えるために使われるばかりである。波線部の「ぞ」は係助詞として使われた「ぞ」だが、このような例を見つけるのは容易ではない。

(28)　嗟ハ歎ズル辞<u>ゾ</u>。歎ズルニワケメガアル<u>ゾ</u>。嗚呼、於戯ナンドヲ吉凶ニヨリテ別々ニ何ヤラウニシワケタ<u>ゾ</u>。此ノ嗟ハホメタ心デ<u>ゾ</u>アルラウ<u>ゾ</u>。（史記抄 1）

疑問を表す「や」「か」も、『延慶本平家物語』までは用例が見られるが、

(29)　a.　泣々 ^{こしらへ}誘 申ケレバ、ゲニモト<u>ヤ</u> ^{おぼしめされ}被思食ケム。（1-21）

　　　b.　ヤヽ内侍達、都ヲ立出テ、多クノ国々ヲ隔テ、波路ヲ分テ参リタル志ハ、何 ^{いかばかり}計 ト<u>カ</u>思フ。（1-21）

『史記抄』(1477年) には「や」はほぼ見られず、「か」はほとんど「ナニカ〜ウゾ」

という呼応で反語となるなど固定化が進んでいる（衣畑2014）。疑問詞疑問文で「何」以外の疑問詞には (30b) のように係助詞は付かない。

(30)　a.　ナニカ帝王ノナイト云事ハアラウゾ

　　　　　（どうして帝王がいないという事があろうか）（三皇本紀）

　　　b.　ドコカラ賊ハ入ベキゾト云ゾ(6)

　以上のように連体形で結ぶ係助詞は鎌倉・室町時代の間には衰退したが、已然形で結ぶ「こそ」は、江戸時代に入っても（いわゆる「結びの流れ」こそ多くはなるが）用いられ、現代京阪方言へも受け継がれた（「こされ」は「こそあれ」からの変化）。

(31)　a.　あのやふにきまつて<u>こそ</u>永久なれ（北華通情、1794年）

　　　b.　マメナリャ<u>こされ</u>長生きがでけたんや。（大阪府、大西 2003：35）

　以上のように係り結びが衰退したことについては、その要因をめぐって様々な意見が出されてきた。その中で、阪倉（1993：5章5）のように、言語外的要因を考える立場が一定の支持を得ている。社会が、狭いコミュニティにおけるコミュニケーションから、開かれた場におけるコミュニケーションを要求するようになり、それに従って「情意に富んだなれあいの表現」(p. 268) である係り結びが衰退し、「論理を明確にした表現」（同）である格助詞などが発達したという。しかし、係り結びは敬語のような人間関係を反映する表現ではない上に、たとえば、現代方言において、集落の孤立性に応じて係り結びの使われ方に違いがあるといった報告もない。この点は、5節で見る敬語の運用の歴史・地域差とは大きく異なる。

　一方、言語内的要因としてしばしば指摘されるのは、2節で見た連体形終止法の一般化である（大野1993他）。連体形終止法が通常の終止法となったため、文末との呼応関係によって表された係り結びの表現価値が失われ消滅したというのがその理屈である。しかし、連体形と終止形の合流の結果、連体形がなくなったのならともかく、連体形が広く使われるようになったのだから、特殊な呼応関係はなくなるにしても文中の「ぞ」「なむ」「や」「か」までがなくなる理由にはならないのではないか。

　以上のように、なぜ係り結びが衰退したかということには決定的な要因を見つけることは難しい。ただし、係り結びが統語的には不安定な構文であったということは言える。日本語は、3章の3.2節で見たように、**主要部後置型**

の言語である。それに対し係り結びは、「や」なら
ば疑問文、「ぞ」ならば平叙文となるといったよう
に、文のタイプが決まる助詞が文中にあるような
構文である。その文がどのような性質を持つかを
決める要素（つまりその文の主要部）は、文全体を取っ
て文の最後にあるのが原則であり（図2参照）、係り
結びはその原則から外れる構文なのである。

図2　(27b) の統語構造

▶4.　意味変化

4.1　ヴォイス

　日本語でヴォイスの交替を引き起こす「らる」（2.2節のaru）は、**受身・自発・
尊敬・可能**という意味を持っている。もっとも、このうちの尊敬の用法は能
動態からのヴォイス交替を起こさず、また、奈良時代にはその用例が認めら
れない点で後発的なものと考えられる。

　また、可能も、平安時代までは副詞「え」や補助動詞「う」が表し、「らる」に
は未発達であったという説が有力である（渋谷1993：8章参照）。たとえば、(32) の
ように可能を表すように見られる例も、自発の否定と解釈することができる。

(32)　恋しからむことの堪へがたく、湯水飲<u>まれ</u>ず、同じ心に嘆かしがりけ
　　　　り。（竹取）

なお、このように自発が否定された場合に可能の意味に解釈されることにつ
いては、早くに山田 (1954) が『延慶本平家物語』の「らる」が否定や反語での
み可能となることを指摘し、「この可能の助動詞は実におのづから然るの否定
の場合に起れる特殊の現象」(p. 2025) としている。これに対し、自発は肯定で
も用いられた。奈良時代には、「らる」の前身である「らゆ」が優勢であった
ため、その例も挙げる。

(33)　a.　恐きや天の御門をかけつれば音のみし泣<u>かゆ</u>（万葉4480）

　　　　b.　砂なす児らはかなしく思は<u>るる</u>かも（万葉3372）

　また、受身も既に奈良時代から例が見られる。

(34)　a.　か行けば人に厭は<u>え</u>かく行けば人に憎<u>まえ</u>老よし男はかくのみな

らし（万葉804）

　　　b.　唐の遠き境に遣はされ罷りいませ（万葉894）

　以上のように、歴史資料からは、「らる」には元々受身・自発があったところに、後から可能や尊敬が加わったことが分かる。可能用法の発達は、元々自発の用法にも語用論的にあった意志性が**換喩**（文脈的な隣接性、6章5.2節）によって語の意味に加わったものとみることができよう。（32）ならば飲もうとして（たとえば、舌を怪我していて）飲めないのか（可能）、自然と飲めない状態になっているのか（自発）の違いである。尊敬の用法は、自発・可能・受身のいずれからの派生であれ（辛島（2003：1章1節）では受身からの、吉田（2019：12章）では「主催」という別の用法からの発達とする）、周りくどい表現が尊敬に転用された例と考えられるだろう。遠回しな表現は、相手との距離を取り、丁寧さを表現するためにしばしば使われる。受身と自発の先後関係については、日本語の歴史資料からは分からないが、印欧語の受身が自動詞から発達したことを根拠に、自動詞と類似する自発が先行するという柴谷（2000）の議論などがある。

4.2　テンス・アスペクト

　古典語の過去を表す形態素には「き」と「けり」がある。これら「き」「けり」がアスペクトではなくテンス（用語については3章4.3節）を表す形式である証拠としては、（35）のように、これらが形容詞、名詞、状態動詞などの状態性を持つ述語（**状態述語**）を取ることが挙げられる。

（35）　a.　若かりし肌も皺みぬ黒かりし髪も白けぬ（万葉1740）

　　　b.　古にありけることと今までに絶えず言ひける（万葉1807）

状態述語には局面変化がなく、よって、述語の持つ局面変化を取り上げるアスペクト（3章4.1節）の形式は使われない。この2つの過去形式の違いについては、細江（1932）の「「き」は『目睹回想』で自分が親しく経験した事柄を語るもの、「けり」は『伝承回想』で他よりの伝聞を告げるに用ひられたもの」（p.137）という区別が最もよく知られている。しかし、特に「けり」は次のような「気づき」や「詠嘆」と言われる用法もあり、そもそも「過去」を表すのかということも含め、さまざまな見解がある（鈴木1999：5章）。

（36）　人もなき空しき家は草枕旅にまさりて苦しかりけり（万葉451）

アスペクトを表す形式としては、動作や変化の**完了**を表すものに「つ」と「ぬ」があった。特に奈良時代には、これらが状態述語に付くことはほとんどなく、テンスではなくアスペクトを表していたと考えられる (平安時代にはいわゆる「強意」の「ぬ」を含め形容詞に付くものも多く見られる)。この「つ」と「ぬ」の違いについても、「き」「けり」同様さまざまな意見がある (鈴木1999：4章参照) が、少なくともこれらに前接する動詞にはっきりした違いがあることは一致している。その違いとは、たとえば、(37a) のように動作者の動作を表す場合には「つ」が用いられるのに対し、(37b) のような自然推移的な変化を表すのには「ぬ」が用いられるといった違いである。

(37)　a.　眠も寝かてにと<u>明かしつ</u>らくも長きこの夜を (万葉485)

　　　b.　ぬばたまの夜は<u>明けぬ</u>らし (万葉3598)

　「り」「たり」も状態述語に後接しない点でアスペクトを表す形式だが、変化結果の状態を示すことができる点で、「ぬ」と近い意味を表す。

(38)　a.　我が待ちし秋萩<u>咲きぬ</u>今だにもにほひに行かな (万葉2014)

　　　b.　我がやどの萩花<u>咲けり</u>見に来ませ (万葉1621)

　　　c.　我がやどに花ぞ<u>咲きたる</u>そを見れど心も行かず (万葉466)

(38) の下線部はいずれも花が咲いた後を指すが、「ぬ」はその変化そのものに着目するのに対し、「り」「たり」は咲いた後の状態に着目するという違いがある (構文的な根拠は野村1994：3節)。「り」は動詞の連用形 (「咲き」) に「あり」が、「たり」は動詞のテ形 (「咲きて」) に「あり」が付いた形であり、いずれも存在動詞「あり」から派生したアスペクト形式である点で、現代共通語の「している」に似ている。しかし、古典語において典型的な動作の**進行**は、(39) のように「り」「たり」が付かない形で表し、「り」「たり」は**結果継続**を表すことが多かった (鈴木1999：7章、野村1994など)。

(39)　a.　夕なぎに水手の声呼び浦廻<u>漕ぐ</u>かも (万葉3622)

　　　b.　奈呉の江に妻呼び交し鶴さはに<u>鳴く</u> (万葉4018)

(38c) のような結果継続から、平安時代には次のような**パーフェクト**用法も派生させている。

(40)　吹く風をなきて恨みよ鶯は我やは花に手だに<u>ふれたる</u> (古今106)

　以上に見てきたテンス・アスペクトを表す形式のうち、まず「り」は平安時

代にはほとんどが「給へり」の形となり、固定化して行った。「き」「けり」「つ」「ぬ」は、鎌倉時代までは数の上では多く使われた (山田1954など参照) が、室町時代に入ると急速に衰退した。湯沢 (1958) は、室町時代の抄物資料に「き」「けり」「ぬ」の用例があまり見られないことを記している。また、「つ」も、「つべい」「つべしい」「つらう」と複合したり、(41) のように重複して例示として使われたりして、文の終止の位置で用いられた例はほとんど見られない。

(41)　呉起ヲ殺スモノドモガ、呉起ヲ射ツ刺シツスルトテ (史記抄65)

このような「き」「けり」「つ」「ぬ」「り」の衰退に対し、「たり」は「たり＞たる＞た」という形態的な変化を伴いながら、過去を表すようになる。たとえば、(42a) の『覚一本平家物語』と (42b) の『天草版平家物語』の過去テンスを持つ文を比べると、「き」「けり」が「た」に置き換わっているのが分かる。

(42)　a.　名をば仏とぞ申しける。年十六とぞ聞こえし。「昔よりおほくの白
　　　　　拍子ありしが、かかる舞はいまだ見ず」…仏御前が申しけるは、(1)
　　　　b.　名をば仏と申した。年は十六でござった。「昔から白拍子もあった
　　　　　れども、このやうな舞はいまだ見ぬ」…仏御前が申したは、(2-1)

つまり、「た (り)」は、変化結果の継続 (38c) から、出来事時が過去であるパーフェクト (40) を経て、話題時が過去となる過去テンス (42b) の意味を獲得したと言えるだろう。

　このように「た (り)」がテンスを表す形式に変化するとともに、新たに継続相を表す形式が現れた。それが動詞のテ形と存在動詞「いる」から成る「している」(室町末から江戸時代には「してある」も) である。

(43)　これは言う甲斐ないわれらが念仏しているを妨げうとて (天草版2-1)

ただし、この時期の「している」はまだ「いる」の存在動詞としての意味が強く (金水2006：3章)、主語の具体的な存在 ((43)「念仏をしてそこにいる」) を表しにくい場合は、古典語の「たり」に由来する「た」が使われた (福島2002)。

(44)　俊寛という人の行方を知ったかと、問うに (天草平家1-12)

　しかし、江戸時代に入ると主語の具体的な存在を表さない場合も「している」が使われる。

(45)　おれがそれも知つてゐる。(曽根崎心中)

(45) は変化動詞である「知る」の結果継続を表しているが、現代共通語では3章4.3節で見たように、「している」にはパーフェクトの用法もある（「富士山にはもう3回登っている」）。よって、「いる」は「存在＞結果継続＞パーフェクト」のように変化しており、これは「た（り）」の変化を追いかけているように見える。今後、「している」が過去を表すようになるかは分からないが、このように歴史変化に類似した過程が見られることについては、「文法化」という考え方がヒントを与えてくれる。そこで、この考え方について、6節であらためて見ることにしたい。

4.3　モダリティ

　現代語と古典語のモダリティ形式にはさまざまな違いがあるが（大鹿2004）、とりわけ、古典語には以下のような特徴が見られた。

(46) a.　証拠性 (evidentiality) を表す形式が発達している

　　　b.　テンス的意味を含んだモダリティ形式が見られる

　　　c.　認識的／義務的など異なるタイプのモダリティを同じ形式で表す

　(46a) の特徴は、特に、「なり」や「めり」など、どのように情報を取得したかを示す形式があることに顕著である。「なり」は奈良時代から、「めり」は平安時代から使われ、前者は聴覚に基づく情報、後者は視覚に基づく情報であることを表す。これらは**証拠性モダリティ**（エヴィデンシャリティ）と言われる。

(47) a.　我が背子が古家の里の明日香には千鳥鳴く<u>なり</u>（万葉268）

　　　b.　龍田河紅葉乱れて<u>流るめり</u>（古今283）

　(46b) は、いわゆる推量を表すのに、「む」が未来、「らむ」が現在、「けむ」が過去と分担していることが挙げられる。

(48) a.　今日行きて妹に言問ひ明日帰り<u>来む</u>（万葉3510）

　　　b.　沖つ藻の名張の山を今日か<u>越ゆらむ</u>（万葉43）

　　　c.　昔こそ難波田舎と<u>言はれけめ</u>（万葉312）

　(46c) は「べし」の次のような用例に、その多義性が認められる。

(49) a.　妹が見し棟の花は<u>散りぬべし</u>我が鳴く涙いまだ干なくに（万葉798）

　　　b.　我がやどの萩咲きにけり散らぬ間にはや来て<u>見べし</u>（万葉2287）

　(49a) は話し手の予想に基づく**認識的モダリティ**（推量）であるのに対し、(49b)

は「見るのがよい」という意味で**義務的モダリティ**である（3章4.3節）。また、「む」が推量と意志を表すこともこれに準じて考えることができる。

(50)　a.　山の際にいさよふ雲は妹にかも<u>あらむ</u>（万葉428）

　　　b.　君が行き日長くなりぬ山尋ね迎へか<u>行かむ</u>（万葉85）

(50a)は推量で認識的モダリティであるのに対し、(50b)は話し手の内的な価値によるもので**動的モダリティ**（Palmer 2001、但しこのカテゴリには「可能」が主として含まれる）と言われる。

　これらの特徴のうち、まず、証拠性モダリティの「なり」や「めり」は早くに衰退した。「めり」は鎌倉時代にはほとんど見られなくなり（山田1954）、中世の抄物には「なり」も使われていないようである（湯沢1958）。

　次に、テンスを含みこんだモダリティ形式のうち、「けむ」は室町時代には使われなくなった。ロドリゲス（1604–8）では、当時の俗語として、「らむ」に由来する「らう (rŏ)」が推量 (potencial) を表し、テンスがそれとは別に表される次のような言い方を紹介している。なお、「上げつ」は完了の「つ」から、「上げうず」は推量の「むとす＞むず＞うず」からできた形である。

　上ぐるらう.　　　上げつらう.　　　　上げうずらう.

　読むらう.　現在.　読うづらう.　過去.　読まうずらう.　未来.

　習うらう.　　　　習うつらう.　　　　習わうずらう.（p.50、87）

「らう」の部分が推量を表すとすると、テンスは「上ぐる、上げつ、上げうず」がそれぞれ担うことになり、古典語のテンスとモダリティが融合した接辞群よりも、現代語のテンスとモダリティを分ける表現（するだろう、しただろう）に近い。実際、江戸時代に入ると「らう」がほとんど使われなくなり、現代語の「だろう」につながる「であろう」（コピュラの「である」＋「おう (oo)」）が、テンスを担う動詞を取って使われるようになる（大鹿2004、例は大蔵虎寛本狂言。1792年写）。

(51)　a.　戻ってこの仕合せを話いたならば、さぞ喜ぶ<u>であろう</u>。（薩摩歌）

　　　b.　さだめて上りにも渡った<u>であろう</u>が、（入間川）

このように新しく作られた「であろう＞だろう」は専ら推量を表した。その一方で、コピュラ動詞を含まず動詞語幹に直接付く「よう」(ik-oo/mi-y-oo) は、意志に偏っていったと思われる（佐伯1993による明治期以降の調査がある）。「べし」は時代とともに用例数は減少するが、明治期に文章語として使われる「べきだ」は

義務的モダリティに偏る。また、「べき＞べい（＞べ）」という形態変化を経て東国（現代では関東から東北）に残った「べい」も、意志が「べい」、推量が「だべい」のような区別が見られる（『方言文法全国地図』235、238図）。

　テンスとモダリティといった異なる意味を1つの形態素の中に共存させるのではなく、別々の形態素で表すようになることを**分析的傾向**と言う。また田中（1965）は、1つの形態素の担う意味が少なくなり単純化することも、現代語に特徴的な分析的傾向であるとしている。モダリティの歴史変化にはたしかに分析的な傾向が認められるが、しかし、一方で、このような分析的表現に向かう変化が日本語全体に見られるかは、なお慎重に考える必要がある。たとえば、古典語でアスペクトとテンスを分けて表現していたものが、現代語では「した」に融合しているといった例も見られるからである。

(52)　明け方も近うなり<u>にけり</u>。（明け方も近く<u>なった</u>）（源氏・夕顔）

▶5.　敬語運用の変化

　敬語には、語彙的・意味的な変化が豊富に見られる。たとえば、尊敬を表す補助動詞には、「(い) ます」（奈良）、「おはす」「たまふ」（平安〜鎌倉）、「御〜ある」「らるる」（鎌倉〜江戸）、「(御) 〜やる」「さんす」「御〜なる」（江戸以降）など、各時代に特徴的な語彙が現れる。これらは**尊敬語**の中で語彙の交替が起こっていることを意味している。また、このような語彙の交替が起こることは、個々の語において、意味的な変化があることの帰結でもある。たとえば「御〜ある」は名詞接頭辞「御」と存在動詞「あり」からの変化であるし、この形式でよく使われた「お入りある」「お出である」といった尊敬語は、形態変化を伴いながら、それぞれ「おりゃる」「おぢゃる」となり**丁寧語**として使わるようになった。

(53)　a.　これは木曽が晴れの合子で<u>おぢゃる</u>。（天草平家3-11）

　　　b.　とても治らぬならバ死んだがましで<u>おりやる</u>（虎明・川上）

しかし、これらはあくまでも、語の持つ意味の変化であり、敬語の運用が変わったというわけではない。これらの個々の語の変化とは別に、敬語の運用の仕方には、どのような歴史変化があるだろうか。

まず、1つは古くは聞き手に対する敬意を表す**対者敬語**が未発達であったことが言える。後に丁寧語に類する機能を持つ「侍り」も、奈良時代においては、貴人の近くにいるという意味を持つ**謙譲語**か一種の**丁重語**であった。

(54)　依為妻病今間患苦侍 (正倉院文書、宝亀二年)

(54) は暇を請う理由を妻の病のためとしているが、そこに使われている「患苦侍」は、話者 (=動作者) が手紙の相手に対して畏まって用いているものであり、丁重語の一種と見られる (「被支配者待遇」と言われる)。

　平安時代になると、「はべり」は人以外の非情物を主語とする例が見られるようになる点で、丁寧語化が進んでいる。次の例の2つ目の「はべり」は「明日」という日を主語としている。

(55)　(惟光→源氏)「(夕顔は) 今は限りにこそはものしたまふめれ。長々と籠り
　　　はべらんも便なきを、明日なん日よろしくはべれば、とかくのこと、い
　　　と尊き老僧のあひ知りてはべるに、言ひ語らひつけはべりぬる」(源氏・
　　　夕顔)

　しかし、「はべり」は話し手と聞き手の間に身分差がないと使われず、(55) のように「はべり」が頻用される発話でも、1文目のように尊敬表現とともには使われなかった (森野1971)。

　鎌倉時代になると、丁寧語の「さぶらふ」には、尊敬語とともに用いた例も多く見られる点で、前代の「はべり」よりも丁寧語化が進んでいる。

(56)　など是程の御大事に、軍兵共を召しぐせられ候はぬぞ (平家 (覚一本) 2)

ただし、(57) の波線部のように、尊敬語で既に聞き手に対して待遇がなされた場合は、わざわざ丁寧語で聞き手を待遇するということはなかった。

(57)　(成親→重盛) 歳既に四十にあまり候。御恩こそ生々世々にも報じつくし
　　　がたう候へ。今度も同くはかひなき命をたすけさせおはしませ。命だ
　　　にいきて候はば、(平家 (覚一本) 2)

尊敬語との二重の待遇を避けるような丁寧語の運用は、森山 (2003) によると室町末期の『虎明本狂言集』にも見られ、現代語共通語に見られるようなすべての文に付いて文体的特徴を示す丁寧語の運用 (8章2.2.2節) は未発達であった。

　以上のような丁寧語の未発達とは反対に、古典語では尊敬語や謙譲語などの**素材敬語** (主語や目的語など話題の人物を敬う敬語) の使用が活発であった。(55) の

ような丁寧語を抑制する尊敬語の使用からもそのことが言えるし、また、謙譲語の使用も、現代共通語と比べて制約が少なかったと言われる（森山 2003）。たとえば、現代共通語の謙譲語は主語を動作の受け手より低めるため「#社長が部長を<u>ご案内して</u>くださった」のようには言えない。それに対し、古典語の謙譲語には主語を低めるという機能がないため、主語に身分の高い人物が来ても尊敬語とともに謙譲語を用いることができる（いわゆる**二方面敬語**）。

(58)　上の（＝桐壺帝が）同じ御子たちの中に数まへ<u>きこえたまひしかば</u>

> （直訳：桐壺帝が自分の子供として前斎宮（＝六条御息所の娘）を扱い申し上げなさったので）（源氏・澪標）

古典語の尊敬語や謙譲語は、話題となる人物の身分により使用されていた。たとえば、使用人は自分の主人の行為を常に尊敬語を用いて表現する。

(59)　(侍従→匂宮)「(侍従の主人である浮舟は) あやしきまで言少なに、おぼおぼとのみ<u>ものしたまひて</u>、いみじと<u>思す</u>ことをも、人にうち出で<u>たまふ</u>ことは難く、（源氏・蜻蛉）

　このように、聞き手が誰であるかに関係なく、身分に応じて使い分けられる敬語を**絶対敬語**と言う。ただし、『源氏物語』では、普通は敬語で扱わない目下の親族（たとえば息子）を、聞き手が使用人の場合は尊敬語で待遇するなど、必ずしも絶対敬語と言えない面もある（永田2001）。永田（2001）によると、『平家物語』では (59) のように話題の主人よりも聞き手の方が目上の場合には敬語が抑制されるようになり、江戸時代の武家の言葉では、現代共通語に通じるような**内外敬語**も見られるようになるという。次の用例は武家から武家への発話で兄に対する敬語が使われていない。

(60)　兄の主水が難儀となっているといふ咄しを聞きましたが、貴殿にはその様な事は御ぞんじないか（勝相撲浮名花触、1810年初演）

このように聞き手との関係で待遇表現が変化する敬語使用は**相対敬語**と言う。

　丁寧語が発達し、聞き手との関係で尊敬語や謙譲語も使われる（抑制される）ようになる変化は、より聞き手の役割が敬語使用に影響を与えるようになったと言えるだろう。なぜこのような変化が起きたのかは、敬語が人間関係を直接反映する言語表現であること抜きには説明しにくい。古典語が話された社会は、人物間の身分関係が固定された社会であり、敬語運用もその身分差

に基づいて決定したが、多様な人間が関わる現代社会における人物間の地位は流動的であり、より場面や親疎が敬語使用の重要な要因となったと言えるだろう。より閉鎖的な集落で使われる敬語使用が絶対敬語的性格を持つとされる（たとえば真田1973）こともこの考え方に根拠を与えるが、そのような集落でも徐々に相対敬語的使用に移行していくようである（真田1983）。

▶6.　文法化

　文法化とは、ある言語において語彙的な要素が文法的な要素に、また、文法的な要素がより文法的な要素になっていく変化のことを言う。ただし、この定義では、何を語彙的、何を文法的と見なすかによって、どのような変化を文法化とするか意見が分かれる。とはいえ、自立的な語を語彙的、付属的な語や接辞を文法的とする点については文法化の研究において一致している。その点で、存在動詞からアスペクト形式へと変化した「たり」は典型的な文法化の過程を辿っていると考えられる。

　大堀（2005）では文法化の基準として、1）意味の抽象性、2）範列の成立、3）標示の義務性、4）形態素の拘束性、5）文法内での相互作用を挙げている。まず、4）形態素の拘束性とは、自立的要素が付属的要素（**拘束形態素**）となることそのものであり、自立的な存在動詞「あり」から付属的なアスペクト形式「たり」への変化にもそれが認められる。また、アスペクト形式の成立は、「あり」の持つ具体的な存在の意味が消え、状態性という抽象的な意味のみが残るという意味の**一般化**（6章5.2節）の結果であり、1）意味の抽象性も確認できる。2）**範列**（paradigm）の成立とは、文法化された形式が閉じたクラス（3章2.2節）をなすことを意味する。「たり」の場合、「つ」や「ぬ」のようなアスペクトを表す接辞との範列が成立しているとも見なせる。

　このように、存在動詞からアスペクト形式への変化は文法化の一事例と見なすことができるが、では、アスペクト「たり」からテンス「た」への変化はどうだろうか。この場合4）形態素の拘束性はアスペクト形式となった時点で既に獲得されている。しかし、より一層1）意味の抽象性が認められる。4.2節では、アスペクト形式からテンス形式へ「出来事時が過去」から「話題時が

過去」へと変化したと考えたが、これに加え、テンス形式の「た」はアスペクト形式が持つ状態性を喪失している。つまり、より一層抽象的な「話題時が過去」という意味のみを残していると言える。また、テンス形式になると、「する」と「した」で2）範列を成し、過去／非過去のどちらかが主節で示されなければならないという3）標示の義務性も見られる。さらに、アスペクト形式の場合は「たり、たる、たれ」のように動詞の活用を残しているが、テンス形式では動詞からの**脱範疇化**が起こり活用を失う。時間副詞（「昨日」「今」「明日」）との5）文法内の相互作用も見られるなど、より一層文法化が進んでいる。

　「存在＞アスペクト（結果継続＞パーフェクト）＞テンス」という過程が文法化と見なされるならば、なぜ「たり」に起きた変化が「している」でも繰り返されるのかを、部分的にではあるが説明できる。文法化の大きな主張は、語彙的な要素が文法的な要素になることはあるが、その逆の変化は（ほとんど）起こらないという**一方向性の仮説**（Hopper & Traugott 2003）である。文法的から語彙的への変化がほとんど起こらないということは、逆に言えば、語彙的から文法的へという変化は言語や時代を超えて繰り返し起こっているということを意味する。このように変化には一定の方向性があるために、文法の歴史においては、同じ変化が繰り返されるということが十分に起こりうるのである。

読書案内

高山善行・青木博史編（2010）『ガイドブック日本語文法史』ひつじ書房
どちらかというと古典語の文法が中心だが、用例が豊富で、初学者向けの平易な解説となっている。扱うトピックも幅広く、「とりたて」「準体句」「条件表現」「ダイクシス」などは、本章では扱えなかったテーマである。巻末に文法史に取り組む際の基礎的な文献が挙げられているのも嬉しい。

金水敏・高山善行・衣畑智秀・岡崎友子（2011）『シリーズ日本語史3　文法史』岩波書店
本格的な研究論文の一歩手前のものを読みたければ、本書に当たられたい。2章及び3章の内容は本章と重なるが、本章では触れられなかったより詳細な事例研究の紹介がある。1章「文法史とは何か」、4章「係助詞・副助詞」、5章「直示と人称」は、本章ではほとんど扱えなかった内容である。

野村剛史（2011）『話し言葉の日本史』吉川弘文館
本書は文法だけを扱ったものではないが、一般書から文法史のことを（一部）知りたい人に薦めたい。特に「古代・中世の文法」の章は、本章の3節と関わりが深い。

5

現代日本語の語彙

▶1. 単語

　単語 (単に「語」とも) は、言語の基本的な単位である。それは、まず、単語が「世界の部分を一般的に表す名前」であることによる。"世界の部分"とは、われわれをとりまく物理的世界 (現実) や心的世界 (観念) を構成しているもののことで、「一般的に表す」とは、そうした"世界の部分"をその一般的・典型的な特徴に基づいて抽象してとらえるということである。たとえば、「犬 (いぬ)」という単語は、現実に存在する様々なイヌに関係なく、それらの特徴を抽象化したものであり、また、「食べる」という単語も、個々の具体的な動作から〈生き物が固形物をかみ、のみこんで体内にとりいれる〉というような一般的な特徴を抽象したものである。これらは生き物や動作の例だが、人や物のほか、時間・空間、精神・関係・数量などの抽象物、行為・作用・現象、状態・性質なども、みな、単語によって一般的に表される"世界の部分"である。

　単語が言語の基本的な単位であるもう1つの理由は、それが文を組み立てる材料になるということである。われわれは単語を (文法に従って) 組み合わせて、たとえば「犬が餌を食べている」といった文をつくり、1つの単語だけでは表せないもっと複雑な「内容」 (事実や考えなど) を表すことができる。もし、単語と文がなければ、われわれは、一々の様子 (内容) を表す単一の記号をその数だけ用意しなければならないが、そうしたやり方には当然限界があり、数多くの複雑な内容を表し分けることは到底できないだろう。

　このように、単語は、"世界の部分"を一般的に表すという働きと、(それに基づいて) 文を組み立てる材料になるという働きとをもった、言語の基本的な

単位である。前者の働きに関係する側面を単語の語彙的な側面、後者の働き
に関係する側面を単語の文法的な側面という。両方の側面をもつ名詞・動
詞・形容(動)詞・副詞などは典型的な単語といえるが、語彙的な側面を欠い
ている感動詞・接続詞・陳述副詞などは、単語というにしても不完全・非典
型的な単語である。一方で、「飼い犬」という単語の中の「飼い–」や「–犬」、
「散歩」という単語の中の「散(サン)–」や「–歩(ホ)」といった、単語を組み立
てている要素(造語成分)は、語彙的な側面をもつものの文法的な側面を欠い
ており、単語とはいえない。また、いわゆる助詞・助動詞は、"世界の部分"
を表す名前でもなく、また、文を作る一人前の単位でもない、つまり、両方
の側面を欠いているから、ここでは単語とは認められない。

▶2. 語彙

　単語は"世界の部分"に対する一般的な名前であるが、現実や観念の"世界"
を構成する"部分"が無数にある以上、単語の数も厖大なものにならざるを得
ない。そして、"世界の部分"が、ばらばらに孤立して存在するのではなく、
互いに関連しながら"世界"を構成している以上、単語もまた他の単語と無関
係に存在することはできない。つまり、単語は、"世界の部分"を一般的に表
すことによって、他の単語とともにより大きなまとまりを構成し、自らはそ
のまとまりの要素となる、という存在なのである。この、単語が集まって構
成するまとまりを**語彙**という。なお、語彙の要素であるということを重視し
て、単語を**語彙素**と呼ぶことがある。

　単語が作るまとまりには、いろいろなものがある。最も小さいものは、類
義語や対義語など、なんらかの関係において張り合う2つの単語の対である。
身体語彙や親族語彙と呼ばれるものは、数個から数十個の単語のまとまりで
ある。最も大きなものは、「日本語の語彙」というように、一言語の(特定の共
時態の)すべての単語が作る、数万から数十万の単語のまとまりである。この、
一言語全体の語彙は、その言語共同体が総体として保有している語彙であり、
社会的な語彙と言えるものである。社会的な語彙は、そのすべてではないに
しても、中核的・基本的な部分は言語共同体の成員によって習得され、共有

される。同じ言語共同体内で個人間のコミュニケーションが成立するのは、各個人が社会的な語彙の中核部分を共有しているからである。

とはいえ、各個人が所有する語彙には、その年齢や知識によって大きな差があり、個人差も無視できない。この、一個人が習得・所有している語彙は、社会的な語彙と区別して、**心理的な語彙**（心的語彙）と呼ぶことができる。個人の心理的な語彙には、話したり書いたりして実際に使うことができる**使用語彙**と、自分では使わないが聞いたり読んだりして理解できる（狭義の）**理解語彙**とがあり、両者をあわせて（広義の）理解語彙という場合もある。

個人の心理的な語彙は、実際の言語活動において運用され、具体的な文章や談話の上に表れる。たとえば、「雪国」という小説は、作者（川端康成）が、自身の心理的な語彙の中から1つ1つの単語を選び、連ねることによって書いたものである。ただし、そこには、個人の心理的語彙だけでなく、その背後にある、その時点での社会的な語彙も部分的に反映されている。この、直接には心理的語彙、間接的には社会的な語彙を運用した結果としての単語の集合も語彙といわれるが、これは、**物理的な語彙**と言うべきものである。物理的な語彙は、運用結果の範囲をどうとるかで、「雪国」の語彙、川端文学の語彙、新感覚派の語彙、近現代文学の語彙のように、様々に設定することができる。それらは、（当時の日本語の）社会的な語彙や（当時の日本人の）心理的な語彙のあり方を、あくまでも部分的にではあるが映し出している。

▶3. 語彙論

単語の語彙的な側面・性質と、それに基づく語彙のまとまり方（体系性）とを明らかにする分野を**語彙論**という（単語の文法的な側面・性質は、文法論の中の形態論が研究する）。単語の語彙的な側面・性質を明らかにするためには、ある言語（たとえば日本語）がどのような単語をもっているか、つまり、"世界"のどのような"部分"にどのような名前を与えているかということを調べるところから始まる。"世界"をどのような"部分"に分け、それぞれにどのような単語を与えるかは、言語ごとに違っている。"世界"自体は連続性を持ち、その連続的な世界を、言語話者は、生活や環境に基づく関心によって様々に切り分けるか

らである。

　また、語彙には、社会的な語彙、(個人の)心理的な語彙、物理的な語彙という存在形態の違いがある。われわれが直接に観察できるのは、具体的な文章・談話に用いられた物理的な語彙だけである。そうした物理的な語彙を手がかりに、社会的な語彙のありようを明らかにすることも、語彙論の仕事である。すなわち、語彙論とは、より具体的にいえば、ある言語にはどのような単語があり、それらはどのような特徴をもっていて、互いにどのような関係を構成しながら、全体としてどのようなまとまりをもつ語彙をつくりあげているのか、といったことを明らかにする分野をいう。社会的な語彙は、言語共同体が総体としてもつ語彙であり、心理的な語彙や物理的な語彙の母体となる語彙であって、語彙論の真の対象となる。

▶4.　単語の語彙的性質(語彙的カテゴリー)

　単語の、"世界の部分"を一般的に表すという語彙的な側面・性質は、語形、意味(語義)、語種、語構成、位相といった、すべての単語に共通する枠組みにおいて、より具体的にとらえることができる。このような、単語の語彙的側面・性質を特徴づける枠組みを**語彙的カテゴリー**という。語彙的カテゴリーは、単語が"世界の部分"を一般的に表すために備えているものだが、同時に、単語が語彙というまとまりを構成するため、とりわけ、語彙を量的に拡大し、質的に充実させるために発達させてきた範疇的な性質でもある。以下では、主要な語彙的カテゴリーを、語彙の拡大・充実のためにどのような特徴をもっているかという点を中心に紹介する。

4.1　単語の形式(語形)

　単語は、発音したり、聞いて知覚したりすることのできる、一定の形をもっているが、これを**語形**(「語音」とも)という。活用する単語など、文の中で形を変える単語の語形は、そうした変異をまとめた代表形(終止形など)を指すことが一般的である。単語が決まった語形をもち、また、それらの語形が単語ごとに違っているおかげで、われわれは単語の表す意味を区別し、また、1つ

1つの単語を正しく使うことができる。しかし、基本的に（後述する単純語の場合）、語形と意味との間には、これこれの意味だからこれこれの語形なのだという理由、つまり、必然的な関係は何もない。同じ「体が毛に覆われていて、尻尾を持ち、足が4本あって、ワンと鳴く動物」なのに、日本語では「イヌ」、英語では"dog"、ドイツ語では"Hund"、中国語では"狗（gǒu）"などと違って呼ばれるのは、単語の意味と形との間に必然的な関係がないということの証拠である。

　語形は単語ごとに違っているのが原則であるが、数万から数十万にものぼる数の単語をすべて異なる語形で区別することはむずかしく、「花／鼻／端（はな）」、「咲く／裂く／策／柵」、「交渉／高尚／考証／口承／鉱床／工商／厚相／哄笑」のように、いくつかの異なる単語が同じ語形をもつ場合がある。この、語形が同じで意味が異なる複数の単語を**同音異義語**または単に**同音語**という。日本語には同音語が多いといわれるが、それは、音節の種類が少なく、その組み合わせにも制限があるという音節構造上の理由に加えて、字音という限られた音節から成る漢語や、その略語が多いという語種・語構成上

■ オノマトペ

　単語の意味と音声に必然的なつながりはないが、例外が**オノマトペ**といわれる語群である。「ワンワン」「ニャーニャー」「ガタンゴトン」「ドサリ」など、現実の鳴声や物音を言語音で模写的に表す擬音語（擬声語）は、語形が意味とのつながり（**有縁性**）をもっている。「ゴロン」「ペロペロ」「キラリ」「テキパキ」など、動作や状態を言語音で象徴的に表す擬態語にもある程度の有縁性が認められる。これらの意味と音との間には、「濁音は、鈍いもの、重いもの、大きいもの、汚いものを表し、一方、清音は、鋭いもの、軽いもの、小さいもの、美しいものを表す」「語根の重複（「コロコロ」など）は連続性を表すが、語根＋ッ（「コロッ（と）」など）は一回性・瞬間性を表す」など、ある程度規則的な関係性がある。日本語には他の言語に比べても豊富なオノマトペがあるといわれ、副詞やサ変動詞を中心に語彙中に一定の位置を占めている。しかし、当然のことながら、このような方法だけで"世界の部分"のすべてを表す（区別する）ことはできない。語形が意味と無関係であってよいという言語記号の**恣意性**に基づいて初めて、意味と無関係な、ごく少数の発音の単位（音素）を組み合わせて語形をつくることができ、数万から数十万の単語を用意することが可能になったのである。

の理由があるからだと考えられる。ただし、同音語が多いからといって、日常の言語生活がたちゆかなくなるわけではない。それは、ほとんどの同音語が、「ハナガ　サク」といわれれば「鼻」ではなく「花」、「裂く」ではなく「咲く」であると理解できるように、文脈における他の単語との関係によって区別できるからである (アクセント (1章8節) の違いも役立つ)。同音語は、単語を区別するという点では本来不都合なものであり、とくに表記を利用できない話し言葉においては伝達上の障害になりやすいが、1つの語形をいくつもの単語に使うことができるという点では、単語を効率よく増やせる手段という積極的な面がある。伝達に支障のない範囲で同音語を許すことは、語彙の拡大には好都合であるといえる。

　単語の数を増やすことには、語形の長さも関係する。語形が長い (語形を構成する音節の数が多い) ほど、区別できる単語の数が増えるからである。しかし、実際には、数多くの単語を記憶するために、また、それらを組み合わせて作る文を長大なものにしないために、語形をあまりに長いものにはできない。日本語の語形の長さ (語長) については、4±1拍あたりが最も多く、安定しているといわれる (林 1957)。1拍や2拍では短すぎて多くの単語を作ることができないし、6拍や7拍以上になると、長すぎて記憶の負担に耐えられず、文を長大なものにもしてしまうからだと考えられる。語形を長くすることの、語彙の拡大に対する効果は限定的である。

4.2　単語の意味(語義)
4.2.1　意味の構造
　単語は“世界の部分”を一般的に表す名前であるが、この、単語が表す“世界の部分”を単語の意味または (文の意味などと区別して) **語義**という。単語の意味には「一般的である」という性質があるが、そのおかげで、われわれは単語をいろいろな文に使って、その文脈や場面の中で決められる「(特定の) ものやことがら」を指し示すことができる。このとき、単語が本来もつ意味を**一般的意味**、単語が文の中で指し示すものごとを**文脈的意味**といって、区別することがある。単語の意味の一般性は、単語が使い回しのきく言語単位であることを支えている。なお、単語の一般的意味は、単語が文の中で構文上の単位

として表す文法的意味（「犬が」の表す〈動作者〉、「走った」の表す〈過去〉など）と区別して、**語彙的意味**と呼ばれることもある。

単語の意味は、大きく、中心部分と周辺部分とに分かれていると考えることができる。中心部分は、その単語が"世界"のどのような"部分"を表すかということに直接かかわる意味であり、周辺部分は、その中心部分に随伴する様々な付属的意味である。これを文字通り、中心的意味と周辺的意味といって区別することもあるが、両者の違いや関係は、とくに周辺的意味の内実が多様であるために、必ずしも明確ではない。

単語の中には、中心的意味として表すものごとに対して、何らかの感情や態度を周辺的意味として伴っているものがある。このような場合、その中心的意味を対象的意味や概念的意味、周辺的意味を感情的意味や語感といって、区別することがある。**感情的意味**には、〈古めかしさ〉（「映画」に対する「活動写真」）、〈新しさ〉（「台所」に対する「キッチン」）、〈改まり〉（「火事」に対する「火災」）、〈上品〉（「集まる」に対する「集う」）、〈下品〉（「食べる」に対する「食らう」）、〈軽蔑〉（「年寄り」に対する「老いぼれ」）、〈親しみ〉（「妻」に対する「かみさん」）、〈はばかり〉（「死ぬ」に対する「なくなる」）などがある。

単語の中には、また、中心的意味の周辺に何らかの暗示的な部分を伴っているものがある。このような場合、その中心的意味を**明示的意味**（デノテーション）、周辺的意味を**暗示的意味**（コノテーション）といって区別することがある。たとえば、「男なんだから泣くな」という発話が成立するのは、「男」という単語が〈人間のオス〉という明示的意味だけではなく、〈強くあるべきもの〉という暗示的意味をもっているからだと考えられる。暗示的意味は、中心的意味が表す対象そのものの特徴にかかわる点で、対象に対する感情や態度を表す感情的意味とは異なる。

単語の中心的意味は、より小さないくつかの特徴ないし側面に分けることができる。この、一つの意味を構成する特徴・側面のことを**意味特徴**という。たとえば、「父」の意味を、性・世代・系統に関する〈男性〉〈一世代上〉〈直系〉という意味特徴の束として考えるというようなものである。同様に「母」の意味を〈女性〉〈一世代上〉〈直系〉とすれば、両者の違いは性に関する意味特徴のみの違いとしてとらえることができるから、意味特徴は、単語と単語

の意味の異同を分析的に記述するのに役に立つ。

　ただし、意味特徴をこうした中心的意味の弁別的特徴に限定せず、たとえば、「父」という単語がもつ〈厳しい〉〈頑固だ〉、「母」という単語がもつ〈優しい〉〈慈しみ深い〉といった周辺的 (暗示的) 意味も意味特徴とする、という考え方もある。ただ、この場合は、単語が (一般的意味として) 表す“世界の部分”に関する様々な情報のうちの、どこまでを意味特徴と認めるかが問題となる。なお、認知意味論などの分野には、単語の意味を本質的に開放的なものととらえ、こうした情報のすべてを意味特徴と認めて、個々の特徴の許容範囲と典型 (プロトタイプ) をスキーマ (認知枠) として記述するという考え方もある。

　意味の構造のあり方として重要なものに、多義がある。多義とは、1つの単語が2つ以上の異なる意味をもつことであり、そうした単語を**多義語**という (これに対して、1つの意味しかもたない単語を**単義語**という)。たとえば、「歯」という単語には、〈動物の口の中にある、ものを噛み砕くための器官〉という意味の他に、〈道具の部分で、形が動物の歯に似ているもの〉(のこぎりの歯) という意味がある。また、「明るい」という単語には、〈光が多くてものがよく見える状態〉(この部屋は明るい) という意味の他に、〈ほがらかな〉(明るい気持ち)、〈期待がもてる〉(明るい未来)、〈よく知っている〉(地理に明るい) といった意味がある。

　基本的な単語には多義であるものが多い。多義語のもつ複数の意味は、1つの「基本的な意味 (**基本義**、原義、本義)」とその他の「派生的な意味 (**派生義**、転義)」とに分けられる。通時的 (歴史的) には、基本義をもとにして派生義がつくられる、という関係にあり、共時的には、基本義を中心としてその周りに派生義が一定の関係で結びつく「多義の構造」がつくられている、という関係にある。「歯」では〈動物の歯〉の意味、「明るい」では〈光が多い〉という意味がそれぞれ基本義となって他の派生義がつくられ、それらが多義として共存している。ただし、基本義と派生義とのつながりがわかりにくくなると、両者は別語、すなわち、同音異義語とされることになる。「書く」と「掻く」とは、語源的には同一の単語であり、ある時点までは多義語であったろうが、現在では同音異義語とされることが一般的であろう。ただし、「優しい」と「易しい」のように、多義語か同音異義語かの判別が難しいものも多く、両者の境界を決める客観的な基準は定まっていない。

4.2.2　意味の体系性

　上述したように、単語は他の単語とともに語彙というまとまりをつくりあげているが、意味の面からみた単語のまとまりは、まずは、以下にあげるような2つの単語（AとB）の間のミクロな意味関係としてとらえることができる。ここでいう意味関係とは、基本的に、それぞれの単語の意味範囲（単語の意味が指し示す範囲）の関係性である。

1．　**同義関係**……Aの意味範囲とBの意味範囲とが完全に一致する関係。AとBとを**同義語**という。「あす／あした」「台所／キッチン」「腐る／腐敗する」など。

2．　**包摂関係**……Aの意味範囲がBの意味範囲を覆う関係。Aを**上位語**、Bを**下位語**という。「さかな／まぐろ」「スポーツ／野球」「言う／ほざく」などを上位下位関係、「顔／目」「着物／袖」「部／課」などを全体部分関係と、区別することがある。

3．　**類義関係**……Aの意味範囲とBの意味範囲とが部分的に重なる関係。AとBとを**類義語**という。「刃物／武器」「打つ／たたく」「美しい／きれい」など。

4．　**隣接関係**……Aの意味範囲とBの意味範囲とが、重ならないが、同じ分野で隣り合っている関係。AとBとを**同位語**という。「春風／秋風」「よろこび／くるしみ」「文系／理系」など。

5．　**対義関係**……Aの意味とBの意味とが同じ基準の上で対立する関係。AとBとを**対義語**または反対語という。「男／女」「行く／来る」「近い／遠い」など。

　これらの意味関係は、その言語が"世界の部分"をどのように切り取っているかを局所的に表している。このうち、同義関係や対義関係は一部の単語にしかみられず、包摂関係は比較的単純な意味関係であるが、類義関係と隣接関係は、単語の数も多く、また、その意味の関係性も複雑・多様である。たとえば、「のぼる／あがる」はともに上方への移動動作を表す類義語、「寒い／冷たい」は温度形容詞といわれる同位語（の一部）であるが、それぞれの意味（"世界"の切り取り方）を正しくとらえるには、類義語にあっては意味の重なる部分（2語の置き換えが可能な用法）と重ならない部分（不可能な用法）との正確な分離、同

位語にあっては共通する意味特徴と共通しない意味特徴との弁別が必要になる。

　2つの単語の間の意味関係は、3つ以上の単語の関係に拡張することができる。包摂関係は、何階層もの上位下位関係・全体部分関係に拡張でき、これらの同じ階層（抽象のレベル）には隣接関係にある多くの同位語が並ぶことになる（5節の図5参照）。一方、図1は、「食器」という使用目的の観点からまとまった語群と「せともの」「かなもの」という素材の観点からまとまった語群とが重なって、「道具」というより大きな意味のまとまり（の一部）をつくっていることを（ごく単純化して）示した模式図である。このような、複数の単語がつくりあげる意味的なまとまりを**意味分野**または**意味領域**という。1つの意味分野は観点を異にする他の意味分野と重なりながら、より大きな意味分野をつくっていく。

　意味の面からみた単語のまとまりは、意味関係、意味分野としてとらえることができるが、さらに大きな、日本語の語彙が全体としてつくりあげるマクロな意味体系としてとらえることもできる。この、マクロな意味体系を記述した語彙表や辞典は**シソーラス**と呼ばれるが、代表的なものに国立国語研究所の『分類語彙表』（国立国語研究所2004）がある。この語彙表では、まず、全

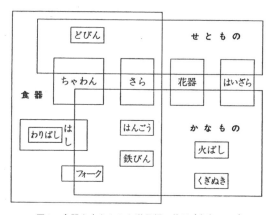

図1　食器を中心とした道具類の体系（宮島1977）

体を、「1.体の類（名詞）」「2.用の類（動詞）」「3.相の類（形容（動）詞・副詞）」「4.その他の類（接続詞・感動詞など）」に分け、各品詞の中を、「1.抽象的関係」「2.人間活動の主体」「3.人間活動－精神および行為」「4.生産物および用具」「5.自然物および自然現象」の5部門を最上位とする4つの階層からなる意味分野に分ける（ただし、用の類・相の類には人間活動の主体と生産物・用具はなく、その他の類はいずれの部門にも分類されない）。最下層の意味分野の数は全体で895にのぼり、それらに約9万6千の単語が割り当てられている。意味分野にはその階層を表す「分類番号」が振られており、たとえば、「1.2110 夫婦」は、「1. 体の類」＞「1.2 人間活動の主体」＞「1.21 家族」に続く下位分類であり、「2.3332 衣生活」は、「2. 用の類」＞「2.3 人間活動」＞「2.33 生活」に続く下位分類であることがわかるようになっている（図2）。

　シソーラスを作成することにより、語彙全体の意味体系を見渡すことができる。ただし、それを構成する意味分野やその組織は、作成者の言語観や世界観に基づいて演繹的に、また、ある程度単純化されて設定されるので、2

```
2.3332　衣生活 ──────

01　着脱する
　　着用する　着装する［装備を～］　着衣する
　　試着する
　　身に着ける［服を～］　着ける［はかまを～］
　　着する　する［ベルトを～・おむつを～］
　　着る　着せる
　　着せ掛ける
02　佩用（はいよう）する　はく［剣を～］　帯びる
　　［刀剣を～］　帯する
　　着帯する　当てる［帯を～・ファスナーを～］
　　締める　締め込む
　　まとう　羽織る　そでを通す　肌を入れる
　　手を通す
　　着帽する　かぶる　かずく　打ちかぶる
　　おっかぶせる
　　はめる［手袋を～・ボタンを～・指輪を～］
　　履く［くつを～］　は（穿）く［ズボンを～］
　　覆面する
03　ほおかぶり／ほおかむり／ほっかぶりする
　　しりをはしょる／をからげる
　　つま／小づまを取る　もも立ちを取る
04　脱ぐ　脱げる　脱ぎ捨てる　踏み脱ぐ　取る
　　［帽子を～］　脱がす
　　はだける　裸になる　肌を脱ぐ　片肌脱ぐ
　　もろ肌を脱ぐ　は（剥）ぐ
　　脱衣する　脱帽する
　　抜く［指輪を～］

05　着替える　召し替える　履き替える
　　着通す　着古す　着慣れる　履き慣れる
　　着捨てる　履き捨てる
06　身じまいする　身じまいをする　衣紋を繕う
　　身繕いする　かい繕う　襟をかき合わせる／
　　を寄せ合わす　襟を正す
　　身支度する　いで立ちをする
　　着付ける　着こなす　コーディネートする
　　着成す
　　フィットする
　　装う　着飾る　ドレスアップする
　　めかす　おめかしする　めかし込む　しゃれ
　　る　おしゃれする　作り立てる
　　着散らす
　　やつす　身をやつす
07　厚着する　薄着する
　　重ね着する　着込む　着膨れる
　　正装する　礼装する　盛装する
　　略装する　着流す　着崩す
　　軽装する　軍装する
08　扮装する　扮する　仮装する
　　変装する　偽装・擬装する　カムフラージュ
　　する
　　男装する　女装する
```

図2　『分類語彙表』（増補改訂版）の「衣生活」の項

語の意味関係から帰納的に見出した意味分野との整合性を高めていくことが
課題となる。

4.3　単語の出自（語種）

　語彙を拡大するためには、その言語が本来もっている単語だけでは足りず、
外国語から取り入れることが一般的である。これを単語の**借用**という。外国
語と接触し、そこから新たな単語を借用することによって、言語はその“世
界”を広げるともいえる。その言語にもともとある単語は**固有語**（本来語）とい
い、他の言語からとりいれた単語は**借用語**という。日本語学では、このよう
な出自による単語の違いを、伝統的に（人種になぞらえて）**語種**と呼んでいる。語
種は、本来、語源的な概念であるが、単語のもつさまざまな特徴が語種（の違
い）に由来することが多く、現代日本語の語彙的カテゴリーの1つとされてい
る。

　日本語の語種は、伝統的に、和語、漢語、外来語およびそれらの混種語に
分けられる。**和語**は、「やまとことば」ともいい、日本語における固有語であ
る。**漢語**は、古く中国語からとりいれた借用語であるが、長い歴史の中で日
本語に定着し、固有語に近い位置・性格を獲得している。「絵」「菊」「喧嘩」
「銭」（ぜに）など、すでに借用語と感じられないほど日本語に同化（国語化）した
漢語も多い。**外来語**は、漢語以外の、主に室町時代以降に取り入れられた借
用語をさす。欧米系の言語から借用したものが多いが、近代中国語をはじめ
とするアジアの諸言語など、欧米以外の言語から入った単語も含む（詳しくは6
章2節）。この、本来は同じ借用語である漢語と外来語とを区別するところが、
日本語の語種の特徴である。したがって、日本語の**混種語**には、（固有語として
の）和語と（借用語としての）漢語または外来語とを組み合わせて作った単語（「荷
物」「台所」、「生ビール」「ドル箱」など）だけでなく、（借用語どうしの）漢語と外来語とを
組み合わせたもの（「あんパン」「ミキサー車」など）も含まれることになる。

　混種語ではないが、漢語どうし・外来語どうしを日本語の中で組み合わせ、
本来の漢語・外来語に似せて作った語を**和製漢語**、**和製外来語**という。これ
らも、それぞれ、漢語・外来語に含められるが、前者については、本来の漢
語と和製漢語とをまとめて**字音語**ということがある。和製漢語は、古くから

見られ、和語に当てた漢字を音読みしたり（「返事（かへりごと→ヘンジ）」「出張（では
る→シュッチョウ）」「物騒（ものさわがし→ブッソウ）」など）、和語の動詞句を漢文風に漢
字表記したりして（「推し量る→推量」「腹が立つ→立腹」「心を配る→心配」など）作られた
が（6章2.2節）、幕末・明治以降は、欧米の近代的な事物や概念の訳語が数多く
作られた（「神経」「酸素」「映画」「汽車」「郵便」「哲学」「理想」など）。「アフター・サービ
ス」「イメージ・アップ」「サラリー・マン」「ノー・カット」「ワンマン・バス」
などの和製外来語は、本来の外来語が単語の要素として用いられているわけ
で、漢語の日本語化に共通するものがある。近年では、「パソコン」「セクハ
ラ」「コンビニ」など、外来語の略語も盛んに作られるが、これらも和製外来
語の一種である。

　上述したように、日本語の語彙は、大きく、固有語の和語に、まずは漢語、
次いで外来語を加えるという順序で拡大してきた。この語彙拡大の過程は、和
語が最も基幹的な位置にあり、それに次ぐ位置に漢語があって、外来語は最
も周辺的な位置にあるという、現在の日本語語彙におけるそれぞれの位置づ
けに反映している。そのことは、文章における頻度分布や意味分野への量的
な分布などから確かめることができる。たとえば、国立国語研究所が1956年
に行った「雑誌九十種の語彙調査」（国立国語研究所 1964）では、得られた異なり
約3万語（自立語のみ、ただし人名・地名を除く）の語種構成比を使用頻度の区分ごと
に求めたところ（語彙調査、使用頻度などについては、5節を参照）、最も多く使われる
単語には和語が、それに続いて多用される単語には漢語が多く、あまり使わ
れない単語になるほど外来語が多い、という結果となっている。また、図3
は、同じく「雑誌九十種の語彙調査」で上位に現れた約7千語のうちの名詞に
ついて、『分類語彙表』（4.2.2節参照）の意味分野（大項目）に分け、使用率（延べ）
による語種構成比をみたものである。「人間活動」「抽象的関係」「人間活動の
主体」の3つの意味分野では漢語が最も多く、逆に、「自然物および自然現象」
では和語が最も多いこと、「生産物および用具」では漢語と和語はほぼ互角で、
外来語も2割程度を占めていることがわかる。

　これらの結果から、使用頻度や意味分野の面で、固有語である和語は、日
常生活でよく用いられる基本的・一般的な意味を表す単語に多く、また、漢
語（字音語）は、人間活動や抽象的関係などの抽象語を中心に、和語が及ばない

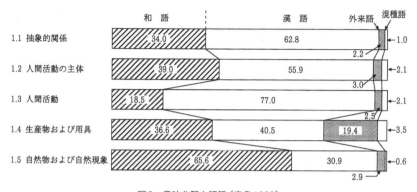

図3　意味分野と語種（宮島1980）

意味分野の単語を充実させているのに対し、外来語は、和語・漢語に比べれば歴史が浅いため、その意味分野はまだモノの領域に限られる傾向が強く、語彙の周辺的な存在であることがうかがわれる。

　ただし、近年の調査・研究では、外来語の増加に伴って、一部の外来語が語彙の基幹部に進出していることが指摘されている (樺島2004、金2011)。外来語は、かつて、科学技術・芸術・スポーツ・ファッションなど特定の領域だけに行われることが多いとして、語彙の基幹部に進出することは少ないものと考えられていた。しかし、「乗合自動車→バス」「ぶどう酒→ワイン」「買物→ショッピング」「試験→テスト」「開店(開場)→オープン」のように、次第に和語・漢語の外来語への置き代えが進行し、また、具体的なモノを表すことが多かった外来語が、「イメージ」「テーマ」「ルール」「レベル」「グループ」「システム」「イベント」「サービス」「トラブル」「バランス」のように、次第に抽象的な概念や組織・活動・状況などを表すようにもなってきたことが、外来語の基幹部への進出を加速させているものと考えられる。日本語の語彙は、語種構成という面において、いま、大きくその姿を変えようとしている可能性がある。

4.4　単語の構成（語構成）

　語彙を拡大するには、外国語からの借用のほかに、自前の単語や造語成分を材料に新たな単語を作り出す**造語**（語形成）という方法もある。造語は単語を作り出し、語彙を拡大するという言語活動であるが、その結果として得られる単語の内部構造には、素材となった単語の関係が反映する。この、造語の結果として単語がどのような内部構造をもっているかという側面を**語構成**という。語構成は、単語の作り方と単語の意味表示との両面にかかわる語彙的カテゴリーである。なお、語構成は共時的な概念であり、語源とは区別される。「まぶた」という単語は現代語では単純語（後述）であり、その語源である「目−ふた」を「まぶた」の語構成とすることはできない。

　単語の作り方（造語法）は、既存の材料（造語成分）を使うか使わないかで、大きく２つに分けられる。前者の、既存の材料を使わずにまったく新しい単語を作る方法を**語根創造**という。現代では多くの言語が語根創造の力を失っているといわれるが、日本語ではオノマトペの形成にこの方法がまだ使われていて、近年でも、「ぬいぐるみが<u>モフモフ</u>している」「パソコンが<u>サクサク</u>動く」など新しい擬態語が作られている。後者の造語法には、主なものとして、合成、縮約、転成がある。このうち、元になる単語から略語を作る**縮約**は二次的な造語法であり、連用形名詞のように単語の形を変えずに品詞を変える**転成**は生産性が高くない。これに対して**合成**は、既存の造語成分を２つ（以上）組み合わせて新しい単語を作る方法であり、最も主要な造語法といえる。それは、語基と語基とを結びつけて作る**複合**と、語基に接辞を結びつけて作る**派生**（接辞添加）とに分けられる（3章2.1節）。

　造語や語構成は、語種との関係が無視できないが、他方で、単語の品詞、語基の品詞性（語基の元となった単語の品詞の特徴を受け継いだもの）とも深くかかわっている。それは、合成語では、原則として、後部要素（最終要素）の品詞性が単語全体の品詞を決めるからである（「無責任」などの例外もある）。また、とくに複合語では、それを組み立てる語基の品詞性が語基の間の意味的な関係をつくりあげる基盤となっていることも重要である。複合語は、最も大まかには、前の語基が後の語基を限定・修飾するものと、両者が対等に並んでいるものとに分類できるが、前者は、複合語の品詞および語基の品詞性の観点からは以

◼ 語構成による単語の分類

　合成という造語法を中心に、その結果としての内部構造を通して、単語の語構成を分類すると、以下のようになる。まず、ただ1つの語基から組み立てられているものを**単純語**といい、2つ以上の造語成分から組み立てられているものを**合成語**という。合成語のうち、語基と語基とから組み立てられているものを**複合語**（「山–道」「走り–出す」「細–長い」「赤–ワイン」「受験–勉強」など）、語基と接辞とから組み立てられているものを**派生語**（「小–鳥」「真っ–白」「非–常識」／「高–さ」「おもしろ–がる」「テスト–中」など）という。また、複合語のうち、とくに同じ語基が繰り返されたものを**畳語**（「ひとびと」「恐る恐る」「ふかぶか」「われわれ」など）といって区別することがある。

下のように整理することができる（玉村1984）。以下、品詞性としての名詞性をn、動詞性をv、形容詞性をa、形容動詞性をna、副詞性をadとし、品詞としての名詞をN、動詞をV、形容詞をA、形容動詞をNA、副詞をADと表記する。

（1）　複合語がN（＝複合名詞）：n＋n（足首）、v＋n（買い物）、a＋n（悔し涙）、na＋n（きれい事）、ad＋n（にこにこ顔）、n＋v（山歩き）、v＋v（立ち読み）、a＋v（うれし泣き）、na＋v（馬鹿騒ぎ）、ad＋v（よちよち歩き）、ad＋a（ごく細）

（2）　複合語がV（＝複合動詞）：n＋v（泡立つ）、v＋v（勝ち誇る）、a＋v（近寄る）、ad＋v（もたもたする）

（3）　複合語がA（＝複合形容詞）：n＋a（心細い）、v＋a（読みやすい）、a＋a（細長い）、na＋a（面倒くさい）

（4）　複合語がNA（＝複合形容動詞）：n＋a（身近）、n＋na（物好き）、v＋na（話し上手）、na＋na（器用貧乏）

（5）　複合語がAD（＝複合副詞）：n＋v（夜通し）

　このうち、たとえば、"n＋v"という複合名詞は、その内部構造を、以下のように、名詞性の語基と動詞性の語基との格関係ととらえることができるが、このことも、この種の複合語の内部構造が語基の品詞性に基づいていることを示すものである。

　　①nガvスル（雨降り）、②nヲ（対格）vスル（絵かき）、③nヲ（移動格）vスル（綱渡り）、④nデvスル（砂遊び）、⑤nニvスル（里帰り）、⑥nデ／ニvスル

（田舎育ち）、⑦ｎカラｖスル（棚下ろし）、⑧ｎト（共同格）ｖスル（人付き合い）、⑨ｎト（引用格）ｖスル（泥棒呼ばわり）、⑩ｎヨリモｖスル（名前負け）、⑪ｎノタメニｖスル（船酔い）、⑫ｎヘｖスル（横流し）、⑬ｎマデｖスル（底冷え）、⑭ｎトシテｖスル（弟子入り）

ただし、同じ複合名詞でも、"ｎ＋ｎ"のように、名詞性の語基どうしの組み合わせになると、その内部構造は以下のように多様であり、規則的にとらえることは難しい。

①ＡデアルＢ（ひな鳥、紙くず）、②Ａヲ…スルタメノＢ（虫めがね）、③Ａデ…スルＢ（蒸気機関車）、④ＡデデキテイルＢ（ゴムまり）、⑤Ａガモトデ生ジタＢ（小麦アレルギー）、⑥ＡニアルＢ（庭石）、⑦Ａノ時ニ…スルＢ（春雨）、⑧Ａノ性質ヲモツＢ（親心）

複合語は、語基どうしが助詞などを介さず直接結びついて内部構造を構成するが、実は、こうした不規則で個別的とも思える内部構造をつくるタイプの方が、語基のより自由な組み合わせを可能にするため、語彙の拡大には好都合だとも考えられる。

複合語の意味には、要素となった語基の組み合わせから規則的に導くことのできる**構成的な意味**（字義どおりの意味）と、そうした要素の組み合わせからは導けない**一体的な意味**とを見ることができる。複合語が一体的な意味をもつのは、それが、単純語と同様に、"世界の部分"を一般的に表す単語として、どのような意味を表すかがあらかじめ決まっている（**意味の所与性**）からである。いま、「山登り」「古本」「春風」という複合語を、同じ組み合わせをもつ「山に登る」「古い本」「春の風／春に吹く風」という句と比較してみよう。すると、これらの複合語は、それぞれ、「趣味やレジャーとして山に登ること」「人がすでに読んで手放した本」「春に南から吹く暖かくて心地よい風」といった、句の意味と無関係ではないが、それとは異なった意味を表していることがわかる。句の意味は、それを構成する単語の組み合わせから素直に導かれる構成的な意味であるのに対し、複合語の意味は要素の組み合わせからは導くことのできない一体的なものである。このことは、「捜索隊が山登りする」「図書館から古本を借りた」「春風で船が転覆した」などという言い方が不自然になることからもわかる（この点については、影山1993、湯本1977が詳しい）。

このような特徴は、複合名詞だけでなく、複合動詞や複合形容詞にもみられるし、和語や混種語だけでなく、漢語や外来語の複合語にもみられる。「草花を<u>切り倒す</u>」「<u>青白い</u>洋服」などとはいいにくいことから、これらの対象や主体には一定の限定が加わっていることがわかる。また、「登山」は（「山登り」と同様）単に「山に登ること」ではなく、「イエローカード」も単に「黄色いカード」ではない。

　一方で、同じ複合語でも、「学校訪問」「開店時間」「体力づくり」など、句をその場限りで一語化したような文法的な複合語には、当然、一体的な意味はない。これらは、要素の組み合わせから導ける構成的な意味しか表さないので、辞書に載ることはない。逆に、一体的な意味をもつ複合語は、みな辞書に載るような語彙的な複合語である。これらは、むしろ、要素の組み合わせから導けない意味をもつからこそ、辞書に載るのであろう。ただし、語彙的な複合語であっても、「草取り」「ゴムまり」「渋柿」のように構成的な意味しか感じられないものもある。

4.5　単語の位相

　語彙の拡大には、単に単語の数が増えるという量的・外的な側面だけでなく、様々な使用（使い分け）に対応できるように、それに応じた単語が用意されるという質的・内的な側面もある。つまり、語彙の中に、同じ意味内容を表す単語が複数存在して、それらが様々な言語外的な条件によって使い分けられるという状況がある。こうした単語の使い分けにかかわる言語外的な条件を**位相**といい、位相によって使い分けられる単語を**位相語**という。

　位相には、大きく、表現主体によるものと表現様式によるものとがある。前者には、使用者の性別、年齢・世代、身分・階層、職業・専門分野、所属集団などによる使い分けがあり、それぞれ、男性語・女性語、幼児語・若者語・老人語、宮廷語、職業語・専門語、学生語・軍隊語・泥棒語などといった位相語をつくり出している。後者には、話し言葉か書き言葉か、改まった場面かくだけた場面か、相手は誰か、言語使用の目的や形式は何か、などによる使い分けがあり、文（章）語、口（頭）語、雅語、俗語、敬語、書簡用語などの位相語がある。

この説明からもわかるように、同じ「使い分け」といっても、表現主体による位相は、同じ一人の言語主体が男性語と女性語とを使い分けることがないように、個人間の使い分けであるのに対し、表現様式による位相は、一人の言語主体が文章語と口頭語とを使い分けるというように、個人内の使い分けであって、その様相が異なっている。語彙の内的拡大としては、当然、後者の方がその及ぼす範囲が大きい。

　表現様式による位相とは、広い意味での「スタイル」の差による単語の使い分けであり、使い分けられる単語にはそれぞれのスタイルに応じた文体的な特徴が定着する。単語の文体的な特徴は、語種、とくに漢語と和語の違いと深く関係している。一般に、漢語はかつて長く正式・公式の文章であった漢文で使われてきたために文章語的であり、和語は日本語本来の固有語として広く使われてきたために日常語的であるという特徴をもっている (8章3.1節)。したがって、漢語を多用すればその文章は文章語的な文体をもつことになり、和語を多用すれば日常語的な文体をもつことにもなる。また、語種による文体的な特徴の違いは、意味の違いとも関係している。漢語は文章語的である

■ 集団語・専門語

　上で、表現主体による位相は個人間の使い分けであるとしたが、その中でも**集団語**はいささか性格を異にしている。集団語には、一般社会にもある単語を別な単語で言い換える位相語もあるが、一般社会にはないその集団特有の単語を数多くもつという特徴も有するからである。集団語の中でも、職業的集団や趣味娯楽集団が用いる**専門語**は、この特徴をとくに強くもっている。専門語は、一般語にはない専門的な概念や事物を表す単語として、それぞれの専門分野の語彙を豊かにすると同時に、高度に分業化した現代社会では、その多くが一般社会にも進出して、一般語の語彙を拡大することにも役立っている。ただし、専門語には一般人にとって難解な単語も多く、コミュニケーションに支障をきたすものも少なくない。国立国語研究所は、こうした問題を解決する試みとして、難解な医療用語（病院の言葉）67語を選定し、それらを分かりやすくする工夫として、「日常語で言い換える」「明確に説明する」「重要で新しい概念の普及を図る」という3類型を提案している（国立国語研究所2009）。専門語による語彙の拡大の背後には、こうしたコストが必要とされるのだろう。

表1　日常語の動詞と文章語の動詞（国立国語研究所1972）をもとに田中（1978）がまとめたもの

（日常語）／（文章語）	（日常語）／（文章語）	（日常語）／（文章語）
I 大規模なことがら 　たてる／建築する・造営する 　ながれでる／流出する 　はこぶ／運搬する・運送する 　つむ・つみこむ／積載する 　ふるえる／震動する 　おちる／落下する 　とりかかる／着手する 　はじめる／開始する 　おわる／終了する 　はかどる／進捗する 　ひっこす／転居する・移転する 　まける／敗れる 　かくす／隠匿する 　ぶんどる／鹵獲する 　うめく／呻吟する 　ののしる／罵倒する 　みつめる／凝視する・熟視する 　おどろく・びっくりする／驚嘆する・ 　　驚愕する・仰天する 　こまる・閉口する／困惑する・ 　　困却する 　くるしむ／苦悶する・苦悩する・ 　　懊悩する 　にくむ／憎悪する 〈小規模〉　　　　　　　　　〈大規模〉	II 公的なことがら 　かけあう／交渉する 　はなしあう／談合する 　あう／会見する 　こたえる／返答する・回答する 　あやまる・わびる／謝罪する・ 　　陳謝する 　うけとる／受領する 　くばる／配布する・分配する 　ひきつれる／引率する 　みまわる／巡視する 　たちあがる／起立する 　けずる／削減する 　しめる／閉鎖する 〈私的〉　　　　　　　　　〈公的〉	III 抽象的なことがら 　しぼりとる／搾取する 　つまづく／蹉跌する 　もつれる／紛糾する 　うなづく／首肯する 　おちこむ／おちいる 　よごす・よごれる／けがす・けがれる 　ゆがめる・ゆがむ／歪曲する 　なげすてる・ほうり出す／放棄する・ 　　なげうつ 　くみたてる／構成する 　かばう／庇護する 　くう・たべる／食する 　うめく／呻吟する 　にらみつける／睥睨する IV よいことがら 　におう／かおる 　育てる／はぐくむ 　でくわす／めぐりあう 　古ぼける／古びる 〈具体的〉／〈抽象的〉　〈よい評価〉

だけでなく、同じ意味内容を表す和語と比べた場合、大規模・公的・抽象的といった意味を表すことが多い（表1、8章2.3節）。

　なお、同じ借用語でも、外来語には、漢語と違って文章語的という文体的な特徴はなく、大規模・公的・抽象的というような意味特徴も備わっていない。ただ、外来語は「しゃれた」「モダンな」「明るい」「かっこいい」などのニュアンスを伴う場合が多く、こうした意味や語感の特徴は、外来語を多用する文章に同様の雰囲気を与えることになる。

▶5.　単語の基本度（基幹語彙）

　社会的な語彙や個人の心理的な語彙の「体系的なまとまり」は、それが実際の文章や談話で運用されたとき、物理的な語彙の「量的なまとまり」となって現れる。この、文章・談話に現れた物理的な語彙の調査を通して、社会的な語彙の量的な性質を明らかにしようとする語彙論の分野を**計量語彙論**という。計量語彙論では、実際の文章や談話を資料として、どのような単語がどれほど使われているかを明らかにするために**語彙調査**を行う。

■ 語彙調査の基本的な概念

　まず、文章・談話を単語に切り分ける作業を「単位切り」といい、切り分けられたままの単語を**単位語**という。文法的な形や表記が異なる単位語を（同じ単語であれば）まとめる作業を「同語異語判別」といい、まとめられた単語を**見出し語**という。調査対象とした文章・談話における単位語の総数を**延べ語数**といい、見出し語の総数を**異なり語数**または**語彙量**という。1つの見出し語のもつ単位語の数がその見出し語の「使用頻度」（何回使われたか）であり、ある見出し語の使用頻度を延べ語数で割ったもの（全体に対する割合）が、その見出し語の「使用率」である。見出し語を使用率または使用頻度の順に配列したものを**語彙表**という。

　語彙調査によって得られる語彙表では、どのような単語＝見出し語が、文章・談話の全体やそれを構成する各「層」で、どれほど使われているかを一覧することができる。表2は、1974年の国立国語研究所「高校教科書の語彙調査」（国立国語研究所1984）の語彙表から、全体の使用頻度（度数）順上位20語の部分を抜き出したものである。

表2　国立国語研究所「高校教科書の語彙調査（W単位）」語彙表（一部）

見出し表記例（注記）	種類	全体 度数	全体 比率	全体 順位	理科 物理	理科 化学	理科 生物	理科 地学	計 度数	計 比率	社会 倫社	社会 政経	社会 日史	社会 世史	社会 地理	計 度数	計 比率
ある〔有〕	3	4890	20.910	1.0	389	472	574	363	1798	21.75′	896	915	318	148	815	3092	20.45
いる〔居〕		3334	14.257′	2.0	507	289	387	341	1504	18.19	360	609	126	59	676	1830	12.10
こと〔事〕		3009	12.867′	3.0	428	226	346	191	1189	14.38	708	585	349	143	55	1820	12.04′
この		2718	11.623′	4.0	595	257	290	186	1328	18.06	315	359	338	273	105	1390	9.19
よう〔様〕		2540	10.861	5.0	418	318	327	213	1276	15.43	388	365	292	148	93	1264	8.36
その〔代〕		2441	10.438	6.0	302	195	207	165	889	10.51	259	483	457	189	184	1572	10.40′
して		2032	8.689	7.0	182	137	126	89	534	6.46′	388	295	382	275	180	1498	9.91′
いう	5	1849	7.051	8.0	253	231	195	181	880	10.40	324	272	117	44	32	789	5.22′
なる〔為〕	5	1635	6.992′	9.0	231	195	240	138	804	9.72	182	214	209	132	94	831	5.50′
もの	3	1587	6.701′	10.0	47	127	193	119	486	5.88′	428	241	331	44	35	1081	7.15
よって〔由〕	2	1385	5.922	11.0	51	61	133	157	402	4.86	209	206	233	247	88	983	6.50
これ		1234	5.277′	12.0	138	142	149	107	534	6.46′	80	180	282	128	30	700	4.63
また〔又〕		1206	5.157	13.0	95	82	79	87	343	4.15′	156	209	260	146	92	863	5.71′
ため〔為〕		1108	4.738′	14.0	88	40	52	80	260	3.14	150	292	207	130	69	848	5.61′
する	5	1086	4.644′	15.0	113	81	81	36	311	3.76	237	158	172	131	77	775	5.13′
なった〔為〕	2	809	3,459	16.0	34	27	33	18	112	1.35	43	98	324	203	29	697	4.81
とき	2	738	3.156′	17.0	267	120	100	49	536	6.48	77	53	48	22	2	202	1.34′
ない	5	680	2.908′	18.0	47	31	68	45	189	2.29′	196	146	72	15	62	491	3.25′
あった〔有〕	2	678	2.899	19.0	20	2	6	6	34	.41	130	83	276	128	27	644	4.28′
しかし		672	2.874′	20.0	78	25	33	21	155	1.87	96	113	139	118	51	517	3.42′

　これまでの語彙調査の結果は、単語の使用頻度（とくに延べ語数と異なり語数との関係）に一般的な傾向がみられることを明らかにしている。たとえば、国立国語研究所が1956年に行った「雑誌九十種の語彙調査」（国立国語研究所1964）で、使用頻度ごとの異なり語数の分布を見ると、何回も繰り返して用いられる単

語はごく少数で、多くの単語は、1回か2回というように、あまり用いられていないことがわかる。さらに、約4万語の見出し語を使用率の大きいものから順に並べると、上位2千語で延べ語数の約70％、5千語で80％以上、1万語で90％以上が占められることがわかっている。

　しかし、これだけなら文章や談話の側の量的性質にとどまる。これが語彙の量的性質といえるのは、これらの傾向が、雑誌に限らず、ある程度の規模の文章や談話にはみな見出すことができるからであり、少数の高頻度語の顔ぶれもほぼ一定しているからである。このような高頻度を示す語群を**基幹語彙**という。

　日本語の基幹語彙を見出すためには、さまざまな文章・談話の語彙調査を横断的に行い、そのいずれにも高頻度で現れる語群に注目する必要がある。図4は、国立国語研究所の4つの語彙調査（明治初期文献（1878〜88年）、婦人雑誌（1950年）、総合雑誌（1953〜54年）、新聞3紙（1966年））の結果を横断的に見て、どの調査で

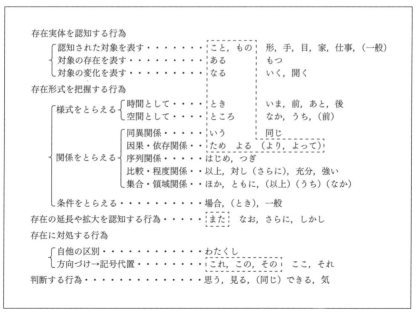

図4　基幹度最高の語群（林1971）

も使用率500位以内に現れた48語を、各調査での順位を点数化して3つの等
級に分けた後、分類したものである（林1971）。これらは、「個性のない、つま
らない単語」のようでもあるが、そうではなく、「私たちの認識や思考の活動
の源泉とも言うべく、精神活動を煎じつめて原型にまで戻したような、極め
て根源的な言語形式」「最高抽象レベルでの認識の原型」（林1971：15）として、
日本語の基幹語彙の中核部分にふさわしい語群といえよう。

　一方、基幹語彙を、こうした語彙の量的性質からではなく、語彙の体系性
から導こうとする考え方もある。図5は、日常語の名詞のまとまりをその抽
象のレベルによって体系づけたもので、類概念を表す「第一次名」を基準とし
て、抽象レベルのより低い下位の層に「第二次名」「第三次名」……、より高
い上位の層に何段階かの「抽象名」があるという階層的な体系が示されている。

　この、名詞の抽象度による包摂関係（上位下位関係）の体系の中で、各階層の
単語は、意味の範囲だけでなく、語種と語構成とにも対応している。体系の
中心にあって類概念を表す一次名の単語は基本的に和語の単純語であり、こ

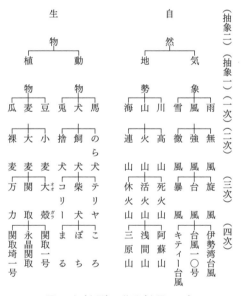

図5　名（名詞）の体系（森岡1977）

の一次名から分化した種概念を表す二次名は「種差＋類概念」という構造をもつ和語・漢語の合成語（複合語）である。そして、さらに抽象度の低い三次名以下の単語になってようやく外来語も用いられ、逆に、抽象度の高い抽象名はほとんどが漢語によって占められているのである。日本語の語彙の体系を、こうした、一次名を中心としてその上下に抽象と具象の階層が広がっていく、意味・語種・語構成という3つの語彙的カテゴリーがかかわるまとまりととらえると、ここでいう一次名こそ、まさに語彙体系中の基幹語彙（これを「基本語彙」と呼ぶ場合もある）であると考えることができる（これは、認知心理学でいう**基本レベルカテゴリー**に対応するものでもある）。ただし、基幹語彙をどのようなものとして、また、どのような方法によってとりだすかについては、なお多くの検討が必要である。

読書案内

沖森卓也・木村義之・田中牧郎・陳力衛・前田直子（2011）『図解日本の語彙』三省堂
単語と語彙の、歴史的な変化も含めた基本的な事項を、豊富な語例のほか、図表、グラフ、文字資料、地図などもふんだんに用いてビジュアルに解説する。語彙論を、理屈だけでなくその実例も知りつつ学びたいという読者に最適。

斎藤倫明・石井正彦編（2011）『これからの語彙論』ひつじ書房
語彙論の概説だけでなく、語彙の研究がどのような広がりや可能性をもっているかを詳しく論じているところに特色がある。とくに、単語や語彙にかかわる研究が、文法論、認知言語学、民俗学、フェミニズム、情報学など、語彙論以外の13もの分野でどのように行われているかを紹介した第2部は読みごたえがある。

石黒圭（2016）『語彙力を鍛える─量と質を高めるトレーニング』光文社新書
個人の心理的な語彙のありようを「語彙力」ととらえ、それを充実するためにはどうしたらよいかをわかりやすく説く。語彙力とは、単に知っている言葉の数が多いことではなく、文脈に合わせて適切な語を選択する力であるとし、それを「量」と「質」の両面から強化する22のメソッドを紹介・解説する。

6

語と語彙の歴史的変化

▶1.　はじめに──"語源"について

　ものごとの起源というのは多くの人の関心事であり、言葉に関しても昔から人々の興味を引いて止まない話題である。奈良時代における『風土記』の地名語源譚や鎌倉時代の語源辞書『名語記』、江戸時代の国学者を中心とする音義説など、多くの語源研究がなされてきた。しかしそれらの説は、同じ語に対して全く異なった解釈がいくつも提示される場合が多く、たとえば『日本国語大辞典』の「語源説」欄をみると、その説はさまざまであり、またどのようにも解釈できてしまうことが見て取れる。これら古い語源説の多くは、対象とする語の意味や語構成について、その歴史を十分に把握すること無しに、主観的・恣意的な判断を下しているために、いわゆる"こじつけ"の説になっている。このような語源説は民間伝承による語源説すなわち**語源俗解**（民衆語源）と同趣のもので、"その当時にそのような考え方があった"という点では貴重な資料であるが、科学的な分析とは言えない。

　"語源"を科学的に分析しようとすれば、その語および周辺語彙の歴史を十分に把握しなくてはならない。それが客観的な分析による"語源"研究の基礎となるもので、ここに語史・語彙史研究の必要性が存するものと考えられる。

　本章では、語と語彙の歴史的変化を考えるにあたっての基礎的な知識について、その運用も視野に入れながら述べてゆきたい。

『日本国語大辞典』には「けがれる」の語源について、次の8つの説が載せられている。「(1) キヨカル (清離) の約か〔名言通・大言海〕。(2) 気枯の義〔白石先生紳書・和訓栞〕。(3) ケカル (毛枯) の義。穢は雑草の意で、雑草が多く生ずると、諸草すなわち毛が荒廃するところから〔類聚名物考〕。(4) ケ (気) に、不快感を表わす濁音ガをつけたものか〔国語の語根とその分類＝大島正健〕。(5) ケ (気) の物に触れる義から〔国語溯原＝大矢透〕。(6) ケカカル (気懸) の義〔言元梯〕。(7) ケガーアレ (生) の約。ケはキエ (消) の約で気、ガは身に染む義〔国語本義〕。(8) 悪い気ガアルの約〔和句解〕。」これだけを見ても、語源の解釈には恣意性が入り、どのようにも解釈できてしまうことが見て取れるだろう。

▶2. 出自から見た語彙

　どの言語にも、その言語の内部で成立した固有要素と、他の言語から受容した借用要素がある。日本語の場合は、固有要素としての和語 (やまとことば) と借用要素である漢語・外来語、およびこれらの合成による混種語に分類することが行われている (5章4.3節を参照)。

2.1　和語の音節数とその変化

　奈良時代の**和語**は、現在よりはるかに**単音節語**が多かった。そのうち「あ (足)」「と (鳥)」「ぬ (沼)」「か (鹿)」「ね (峰)」「ひ (檜)」「ね (鼠)」等は現在でも複合語や人名・地名等に化石的に保存されている。和語名詞についてみれば、奈良時代に150語ほどあった単音節名詞が現代では50語程度に減少しており、しかも「き (木)」「て (手)」「な (名)」「は (葉)」「め (目)」「や (矢)」等、そのほとんどが奈良時代から継承されたものである。和語において単音節語が減少する主な要因として、「あ＞あし」「と＞とり」「ぬ＞ぬま」「か＞しか」「ね＞みね」「ひ＞ひのき」「ね＞ねずみ」のように、接辞や説明的要素を付加して語形の肥大したことがあげられる (阪倉 1993：2章)。日本語には互いに区別できる音節が比較的少なく、しかも自立語の語頭に濁音が立たないという語音配列の制約があるため、単音節語には必然的に同音語が多く存在することになる。つま

り1つの語形の機能負担が大きくなり、意味が曖昧になる。語形の肥大は機能負担を軽減して語表現を分析化するものである。現代語で「は（葉）」をハッパ、「な（名）」をナマエ等と呼ぶ場合にも、このような働きを認めることができる。

2.2 漢語の受容と和製漢語の造出

漢語は古くから漢字とともに受容されており、外来語に比べて日本語への同化（＝和化）が著しい。なかには「菊」のように訓が無く、和歌においても和語と同様に平安時代から自由に使用されているものもある。また『万葉集』に見られる「男餓鬼（をガキ）」「女餓鬼（めガキ）」のような和漢の混種語の存在も、一部の漢語が早い時期から和語に同化していたことを示す例である。「餓鬼」は仏教語であるが、中国からもたらされた仏教の普及とともに、そこで用いられる漢語が日本語の中に根付いていったのである。

平安時代仮名文学の代表的作品である『源氏物語』の有名な次の冒頭文にも、「女御」「更衣」という漢語が見える。

（1）　いづれの 御時にか、女御、更衣あまたさぶらひたまひける中に、（『源氏物語』桐壺）

ただしこのような官名・職名あるいは公的な制度名などは、貴族社会における特殊語彙と見られるが、一方で、

（2）　まだ大殿籠りたれば、まづ御帳にあたりたる御格子を碁盤などかき寄せて一人念じあぐる、いとおもし。（『枕草子』83段）

のように、「碁盤」という漢語、「御帳」「御格子」という漢語に和の接頭辞が付いた混種語が日常的に用いられていたことがわかる。特に「念ず」のような漢語サ変動詞はほかにも「信ず」「禁ず」「具す」など多く見られ、当時すでに漢語が日本語の文法体系に組み入れられて使用されていたことがわかる。「愛嬌づく」「気色ばむ」などの動詞のほか、「美美し」「執念し」などの形容詞も同様の例である。

漢語の日本語への受容が進むと、本来中国語にな

図1　『色葉字類抄』（黒川本）

■ 呉音・漢音・唐宋音

　中国語では、1つの漢字に対する、特定の時代、特定の地域における同じ意味の音は原則として1つである。一方現代日本語では、たとえば「おこなう」意の「行」に対して、「行水（ギョウズイ）」「行動（コウドウ）」のような2つの漢字音が共存し、さらに「行脚（アンギャ）」のようなこれとは別の音が共存している。これは、それぞれの音がいつの時代に中国のどの地域から日本語に伝えられたか、ということによるもので、漢字・漢語が中国語からの借用である事実を反映する現象と言える。上掲の「行」に対する「ギョウ」は呉音、「コウ」は漢音、「アン」は唐宋音（唐音・宋音とも）と呼ばれもので、およそ次のような由来の音である。

呉音　奈良時代までに朝鮮半島経由で伝えられた、中国南方系の音に基づく（ただし諸説がある）漢字音。

漢音　奈良時代から平安初期にかけて遣唐使や留学僧によって伝えられた、長安（現在の西安）など中国中部の音に基づく漢字音。

唐宋音　平安中期から江戸時代の間に、禅僧などによって伝えられた中国中世の音に基づく漢字音。

　呉音は最も早く日本語に伝えられた音で、漢音導入後も仏教用語、日常漢語に用いられ、呉音式読み方を「和音」（日本風の音）と呼んだ。漢音は博士家での漢籍の読書音に用いられ、平安時代以降に漢籍を通じて受容された生硬な漢語に用いられた。したがって日常漢語については、江戸時代までは呉音読みの語が一般的であった。しかし明治時代になると、新時代を象徴する新漢語は多く漢音読みで用いられ、日常語も次第に漢音中心となって現在に至っている。

　一方、唐宋音は多く鎌倉時代以降、中国南宋の江南地域の音が、主にこの地を往来する禅僧によってもたらされたものである。「和尚（オショウ）」「庫裏（クリ）」「普請（フシン）」「饅頭（マンジュウ）」「饂飩（ウドン）」「椅子（イス）」「蒲団（フトン）」「暖簾（ノレン）」「算盤（ソロバン）」など、仏教語や日常語に用いられて現在に伝わるものがある。（藤堂1965、中澤2011）

い漢語が造語されることがある。これを**和製漢語**と呼ぶ。「都べ合はす」から生じた「都合」などはその古い例で、『色葉字類抄』には「都合」に対して「スヘアハス」とともに「ツカフ」の読みが記されている（図1）。このような和語の漢字表記を音読したことに起因する和製漢語は、「ひのこと」から「火事」が生じた例のほか、「かへりこと」→「返事」、「おほね」→「大根」、「ではり（でばり）」→「出張」など多く存在する（佐藤1982）。「出張」について、たとえば『太

平記』巻6「楠出張天王寺事付隅田高橋」(慶長8年古活字本) という題目の「出張」を、「デバリ」(元和8年整版本) と読むものと「しゆつちやう」(簗田本) と読むものがあることなどは、この両者が室町時代頃に併用されていたことを示唆するものである。

　和製漢語にはこのほか、漢字の表意性を利用して独自にそれを組み合わせて音読したものもある。「難渋」「飛脚」「安産」等、江戸時代までに成立したものもあるが、特に幕末〜明治以降に西洋からもたらされた文物・概念を翻訳した**新漢語**の多くがこの造語法によるものである。このうち「科学 (science)」「哲学 (philosophy)」「悲劇 (tragedy)」「要素 (factor)」等は新しく造られた語であるが、「自由 (freedom)」「文明 (civilization)」「資本 (capital)」等は本来中国語に存在した語に新しい意味を与えたものである。これらをはじめ、多くの新漢語が中国語にも受容 (逆輸入) されて用いられている (沈1993、陳2001)。また「的」「化」「感」などを接尾辞的に用いて多くの語を作ることもこの時期に行われるようになり、現在に至っている。

2.3　外来語の受容とその展開

　漢語以外の借用語である**外来語**は、西洋語出自のものが多いため洋語と呼ばれることもある。古くは室町時代末期にポルトガル人がもたらした「タバコ」「カステラ」「カッパ」「カルタ」、スペイン語からの「メリヤス」などがある。江戸時代には唯一国交のあったオランダから「アルコール」「エキス」「コルク」「スコップ」「ブリキ」等多くの語が受容された。幕末から明治期には、開国に伴ってドイツ語 (「カルテ」「ガーゼ」等)、フランス語 (「アトリエ」「ズボン」等) のほか、特に英語から取り入れた外来語が多く用いられるようになり、現在に至っている。

　外来語には**連濁** (1章7.3.2節) が生じないのが原則であるが、「いろはガルタ」「雨ガッパ」のように、古く日本語に受容された語には生じる例がある。これらポルトガル語由来の「カルタ」「カッパ」は、「歌留多」「合羽」と漢字表記されることもあるように、日本語への同化が進んだ語であるためと考えられる。英語由来の語における連濁例はほとんどないが、和服用コートを示す「雨ゴート」はその珍しい例と言えるだろう。

（３）　三千子は、護謨引の、薄い羽二重の<u>雨ゴート</u>を着て、キチンと腰をかけ、行手の闇を見詰めてゐたが、（里見弴『大道無門』隣人3、1926年）

　和製外来語の産出も和製漢語と同様の現象で、外来語の和化現象である。当然のことながら英語由来のものが多く、「ガソリンスタンド (gas station)」「バックミラー (rearview mirror)」「ビジネスホテル (budget hotel)」「モーニングコール (wake-up-call)」等がある。これらは既成の外来語を日本語において独自に複合させたものであるが、「パソコン (personal computer)」「テレビ (television)」「コロン (eau de Cologne＝フランス語)」のように、原語にはない略語をつくることもある。また〈恋人〉の意味の「アベック (avec＝フランス語)」、〈いいかげん〉の意味の「アバウト (about)」のように、原語とは異なる意味で使われることがあるのも、漢語の場合（「迷惑」「最近」「料理」等）と同様である。

▶3.　体系としての語彙とその変遷

　どんな語でも他の語とまったく関わりなしに存在することはなく、何らかの共通項を持った語の集合、すなわち**語彙体系**を形成している。その場合の共通項はさまざまであり、親族・人体・性別・空間・時間など意味的な体系もあれば、語形・語構成、活用形式などの形態的な体系も存在する。しかもその体系はしばしば、時間の経過とともに変化する。

3.1　語彙体系の変化
　たとえば現在女性一般を示す「おんな」について、阪倉篤義は次のような図

を示しつつ、その変遷を説明している (阪倉1978)。

	女性 (m)		男性 (k,g)	
	おみな	―	**おきな**	年長（お）
	|		|	
	をみな	―	**をぐな**	年少（を）

すなわち、古代日本語においてはア行の「お [o]」が年長を、ワ行の「を [wo]」が年少を示し、マ行子音 [m] が女性を、カ・ガ行子音 [k、g] が男性を示し、それによってこれら4語が構成されるという、意味と形態の整った語彙体系を形成していた。現在の「おんな」はこのうち若い女性を示す「をみな」から変化したものである。ところが男性を示す「おとこ」のもとになった語はこの体系の中に存在しない。「おとこ」はこれとは別に若い活力ある男女を示すところの、

	女性		男性
	をとめ	―	**をとこ**

という一対の語の「をとこ」に基づく語であった。この両者が結びつき、長幼の関係からも切り離されて、現在の「おんな」―「おとこ」という新たな対応関係が成立したのである。その結果、現代日本語においては、「おとめ」という語に対応する男性を示す語が存在しない状態になっている。

3.2 　体系意識による新語の生成

一方、大小を示す形容語に「おおきい」―「ちいさい」があるが、奈良〜平安時代 (古代) の日本語では、

	大		小
	おほきなり	―	**ちひさし**

という、不均衡な語形の対応であった。これは古代語ではク活用形容詞の語幹末母音にイ列音 [i] が立たないという**語音配列**の制約があったため、オホキシという語形を作ることができず、代わりにいわゆる形容動詞としてのオホキナリが用いられたためであった (北原1967)。しかし鎌倉から室町時代頃になるとこの制約がゆるみ、オホキイという形容詞が成立して、「おほきい」―「ちひさい」という整った対応を成すようになった。一方、古い「おほきなり」

の方は活用語としての機能を失ったものの、「おほきな」という連体詞として残存し、それに**類推**して「ちひさい」の方にも「ちひさな」という新たな語が生じて次のような語彙体系を成すようになり、現在に至っている (山田1954)。

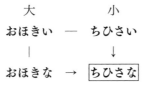

この場合、使いやすい整った体系を構築しようという意識がはたらいて、いわば語彙体系に空いた穴を埋める形で「ちひさな」という新語が形成されたことになる (橋本2016)。

▶4. 語構成と造語

　造語、すなわち新たな語が作られる場合、全く新しい音 (の組み合わせ) による創出 (語根創造) がなされることもあるが、むしろ既存の要素の合成による造語が行われることが多い (5章4.4節参照)。ここでは後者のような語の合成のあり方、すなわち語構成の面から日本語語彙の造語法を観察してみよう。

4.1　語の複合

　「あさつゆ (朝露)」「にぬり (丹塗)」「はやせ (早瀬)」等のように語基と語基の合成によるものを**複合語**と呼ぶ。

　その中には、本来複合語であったものが現在では分析が困難になり、**単純語**のように扱われるものも少なくない。たとえば、「かひこ (蚕)」という虫の名前は、本来「こ」という語であって、

(4)　たらちねの　母が養ふ蚕の　繭籠り　いぶせくもあるか　妹に逢はずして (『万葉集』2991)

の歌に見られように、人間が飼養して「絹」という繊維を取り出すものであった。そこから「かふ (養)」との複合が生じてカヒコという語形が成立したのである。月初の1日を「ついたち」というのは、「月立ち」すなわちツキタチが語形変化 (キの**イ音便**化) を生じてツイタチとなったものである。このような語形

変化を伴うものは、しばしばその語構成がわかりにくくなる。現代仮名遣いにおいて「さかずき」(「さけ (酒)」+「つき (杯)」)、「つまずく」(「つめ (爪)」+「つく (突)」)のような仮名遣いが本則とされる (「さかづき」「つまづく」は許容) のも、現代語の意識では語構成を分析しにくくなったという判断に基づくものである。なお、「さかずき」「つまずく」の場合は、「杯」「躓」のような原義を想起できない漢字表記が行われることも、語構成の分析を難しくしている。

　なお、現在ではそれ以上分析のできない「ぬま (沼)」も、古く「ぬ」という語形が認められ、「ま」が「やま」「しま」「はま」「くま」等にも用いられる〈場所・地形〉を示す語基であったとすれば、これももとは複合語であった可能性が考えられる (阪倉 1978)。

　造語力の盛んな複合形式の代表的なものに複合サ変動詞がある。これは動詞的意味を有する体言にサ変動詞が複合したもので、「かへりごとす (返事)」「ありきす (歩)」「ものがたりす (物語)」のような和語に付く例のほか、前述のような漢語サ変動詞を大量に生産している。さらに近現代には「ゲームする」「ドライブする」のような外来語に付く例も多く見られ、特に最近では「先生する」「主婦する」のように、動作性を持たない語に対して、「〜らしくふるまう」「〜のように行動する」の意で「する」が接する例も見られる。

4.2　接辞の添加

　複合と並んで、接辞すなわち接頭辞・接尾辞 (接頭語・接尾語とも呼ばれる) による語の派生は、日本語語彙の増加・展開に大きな役割を担っている。

　接頭辞による**派生語**としては「さ」による「さをとめ (乙女)」「さよ (夜)」、「い」による「いかくる (隠)」「いたつ (立)」、「た」による「たばしる (走)」「たばかる (図)」等が古いものとしてあげられる。これらはすでに造語力を失っており意味も不明瞭になっているが、敬語接頭辞の「お」「おん」は現代に至るまで生産力の高いものである。また「あひ (相)」「うち (打)」「もの (物)」等は本来独立性のある語基であり、複合語を構成する要素であったが、『万葉集』における「あひみる」「うちなげく」「ものがなし」等の例にはすでに前項部分の意味を認めにくいものも多く、古くから接頭辞化の生じていたことが窺われる。

　接尾辞の添加は多彩かつ旺盛で、1つの語基に様々な接尾辞が付くことに

よって意味・用法やニュアンスの変化が生じている。たとえば語基「たか（高）」には「たか・し」「たか・み」「たか・む」「たか・ぶる」「たか・らか」等の派生語が生じている。学校文法で活用語の語幹・活用語尾とされるものは、語構成論の観点からは多く語基・接尾辞と判断される。動詞の自他（自動詞・他動詞）に関して、「うつる」―「うつす」、「のこる」―「のこす」あるいは「ながる」―「ながす」、「みだる」―「みだす」のような対応を学校文法においては、ラ行四段―サ行四段、ラ行下二段―サ行四段というように活用の行と種類の異なりとして説明するが、語構成論の観点からはそれぞれ、語基に「る」（四段ないし下二段）と「す」（四段）という接尾辞が付いたものと説明できる。特に「とぶ」―「とばす」、「おく」―「おこす」のような例の場合は、前者を"活用の種類が同じで行が違う"、後者を"活用の行も種類も違う"と説明するよりも、むしろ"接尾辞「す」が付いて他動詞が派生する"と説明した方がその原理を理解しやすいだろう。

　動詞化接尾辞には「がる」（「つよがる」「さびしがる」等）、「めく」（「きらめく」「はるめく」等）、「だつ」（「きはだつ」「いらだつ」等）のような複音節のもの（関1993）もあるが、たとえば「だつ」などの場合は、接頭辞「うち」等と同様、語基としての「立つ」（「たびだつ」「あはだつ」等）と連続的であり、これを明確に区別することは難しい。

　いわゆる形容動詞語幹には、「しづか」「たしか」「はるか」「ほのか」のように「〜か」という語形が多く見られるが、これは接尾辞「か」による造語がかつて盛んに行われていた結果である。「か」以前には「きよら」「つぶら」「まだら」等を作る「ら」が、さらに古くは「なごや」「にこや」等を構成する「や」が存在した（「かぐや姫」の「かぐや」もこの例とみられる）。またこの「〜や」「〜ら」に「か」が接して「なごやか」「にこやか」「きよらか」のように新たな派生形が生したが、そこからさらに「やか」「らか」という接尾辞が形成されて、「こま・やか」「のど・らか」のように「か」に「やか」「らか」を代入したもの、「はれ・やか」「おほ・らか」のように語基に直接「やか」「らか」が接したもの（「はれや」「おほら」という語は確認されない）が多数生産された。後にはこれらにさらに「げ」が接した「はなやかげ」「やはらかげ」のような語も現れるようになる。「やか」「らか」のような**肥大した接尾辞**には、たとえば「す」に対する「かす」があり、

「ちらかす」「ひやかす」さらには「でかす」「わらかす」等多くの新たな動詞が造語されている (阪倉1966：3章、蜂矢2010：1篇、青木2010：Ⅱ部、橋本2001)。

4.3　異分析

　語構成を考えるに際して本来とは異なる分析をしてしまうことがある。これを**異分析**という。上に掲げた「やか」「らか」「かす」という肥大した接尾辞の発生も、ナゴヤ・カ→ナゴ・ヤカ、キヨラ・カ→キヨ・ラカ、カハカ・ス→カハ・カスという異分析を行ったことに起因するものである。「おもわく」という語は多く「思惑」と漢字表記されるが、この語は本来、上代に多く行われた**ク語法**という名詞化語法によるもので、イハ・ク (曰く)、オソラ・ク (恐らく) 等と同様、オモハ・ク (思はく) という語構成による言葉であった。しかし時代を経てク語法であるという意識が消滅し、ハ行転呼音によってオモワクという語形になるとオモ・ワクと異分析されて、明治以降に意味的に通じる「思惑」という当て字表記が行われたものである。その際には「困惑」「疑惑」「幻惑」「魅惑」等の「〜惑」という漢語群が存在することも影響したものと考えられる。

　異分析はしばしば語源俗解によって生じることもあり、本来誤りと判断される現象であるが、上掲のように、それによって新たに生じた語形や表記が定着して正用となることもある。

▶5.　語形変化・語義変化

　語の複合や派生は、語を構成する複数の要素が合成する現象であるが、単独の語が語形や語義を変えることがあり、時には別語と意識されることもある。この変化には純粋に言語的な要因もあるが、使用者の意識や心理、歴史・社会状況の変化、外国語との接触等に影響されて生じる場合も少なくない。

5.1　語形変化と語の成立・派生

　古代日本語では、語基内部の音韻変化により、その意味用法に様々なバリエーションを与えることが盛んに行われた。語末の**母音交替**によるアメ―アマ (雨)、サケ―サカ (酒)、カミ―カム (神)、ツキ―ツク (月)、キ―コ (木) のよ

うな露出形―被覆形の対応関係等は体系的な変異の例であるが、アカ（赤）―アケ（朱）、ナギ（凪）―ナゴ（和）、クラ（暗）―クロ（黒）等にように、語形の異なりに応じて次第に意味分化の生じた例も見られる。

　なお、奈良時代までの上代日本語には、「キ（黄）」の確例を見いだしがたいといわれることもあるが、「久我祢」（万4094）という万葉仮名表記例のあるクガネ（黄金）のクが露出形キに対する被覆形であることを考えれば、上代にも「キ（黄）」が存在したことは明らかである。

　「おぎなう」という語は本来、「おく（置）」と「ぬふ（縫）」が複合したもので、オキヌフという語形であったものが、濁音化（キ→ギ）と母音交替（ヌ→ナ）の結果、オギナフという語形になったものである。この場合の語形変化は複合語の原義の忘却と並行して生じたものと考えられる。また「たがやす」は「た（田）」と「かへす（返）」の複合語形タガエスから、ア行音とヤ行音の交替によりタガヤスとなったものである。

　現在別語と意識されている「こうむる」「かんむり」「かぶる」は何れも「かがふる」という語が、「カガフル＞カウブル」と語形変化したところから生じたもので、そこからさらに「カウブル＞カウムル」、「カウブリ＞カウムリ＞カンムリ」、「カウブル＞カブル」、という変化が生じて現在の語形になった。「カウブル＞カウムル」のようなbとmの**子音交替**は、サビシとサミシ、セバシとセマシ、カタブクとカタムク、カナシブとカナシムのほか、多くの例がある。「イバラ＞バラ」、「イダク＞ダク」などは語頭の**母音脱落**が起こった例であるが、語形変化の後もそれぞれ別語として両語形が併用されている。

　語源俗解によって語形変化の生じる場合もある。「とさか」を〈鶏がかぶっ

■■ **露出形と被覆形**
　有坂秀世によって命名された用語（有坂 1931）で、単独または複合語の後部要素に現れる語形を**露出形**、複合語の前部要素にのみ現れる語形を**被覆形**と呼ぶ。露出形―被覆形の対立は、エ段乙類に対するア段（酒）、イ段乙類に対するウ段（月）もしくはオ段甲類・乙類（木など）という規則的な母音交代によって実現される（甲類、乙類については2章2.1節）。このような用法に基づく体系的な語形変化を、動詞などの活用になぞらえて、「名詞の活用」と呼ぶこともある（森重 1959、川端 1979）。

た笠〉と解釈することによるトカサ、「まないた」を〈生ものを調理する板〉と解釈することによるナマイタのような**語音転倒**の例は方言や幼児語等にしばしば認められる (阪倉1978)。イッショケンメイすなわち「一所懸命」は本来、中世の武士社会の中で生まれた表現で〈自らの所領を命懸けで守るさま〉を形容する言葉であった。それが近世に入ると次第に場所・所領の意味が忘れられて、残った〈命懸け〉の意味からの類推でこれを「一生懸命」と解釈した結果、イッショウケンメイという長音化した語形が行われるようになったものである (鈴木1983)。なお、口語表現でしばしば現れるイッショケンメという語形は、イッショをイッショウの短呼と解釈する意識が関わって、ケンメイをもケンメと短呼した結果生じたものと考えられる。

　類義的な語において**語形の混淆**が起こり、新たな語の生成されることもある。たとえばヤブルとサクによるヤブク、トラエルとツカマエルによるトラマエルなどがあり、複合語ヤキナオシとツカイマワシの混淆によりヤキマワシという語形の生じた例もある。

5.2　語義変化とその要因

　語義変化は、古語と現代語との対照を行えば容易に理解されるごとく、多くの語において何らかの形で生じている。むしろ全く変化の見られない語を探すほうが困難とも言える。たとえば、「手」は身体の一部を示す言葉であるが、その形状や機能に基づく連想・比喩的転用によって、「語り手」「あらゆる手を尽くす」あるいは「取っ手」「手をつける」「右手の方向」のように様々に転用して用いられる (前田1985：2部4章、3部5章)。

　「せともの」が〈瀬戸で作られた陶器〉から〈陶器の総称〉に変化したように、意味の内容が薄まることにより、その指示対象が拡大される場合がある。このような変化を意味の**一般化** (generalization) と言う。商品名などの固有名詞がその種の商品の総称となって通用する例 (「エスカレーター」「シャープペンシル」「セロテープ」など) も、これに類似した変化と言えるだろう。「たまふ (給)」「う (得)」などの動詞が尊敬や可能の補助動詞としての用法を獲得するのも、動詞の特定の意味 (「与える」「わが物とする」) から用法が拡がったもので、一般化による変化と解することができる。

■ 隠喩と換喩

　ある物事を他の物事に置き換えて表現することを比喩と言うが、その中でも、用法や形状の類似に基づく置き換えを**隠喩**（メタファー）、近接性に基づく置き換えを**換喩**（メトニミー）と呼んで区別する。たとえば、具体的な動作である「手をつける」が「仕事に取り掛かる」や「異性と交際する」ことを意味するとすれば、前者の行為が後者の行為に類似しているために使われたのであり、隠喩によって意味変化が起こった例と言える。一方、「取っ手」や「右手」は換喩による意味変化と考えられる。「取っ手」は器物の中でも手で持つ部分、「右手」は手を伸ばした先の空間（方向）であり、形状が似ているわけではなく、空間的な隣接性による比喩である。また、「語り手」の手が人を表すのも部分が全体を表す換喩である。

　逆に、意味の特定性が強まり、指示対象や用法が縮小した語もある。たとえば、「つま（妻）」が本来男女を問わず〈配偶者〉を指す言葉であったもの（「いなづま（稲妻）」の「つま」は男性）が、女性のみを指すようになったのはその例である。このような一般化とは反対の変化を意味の**特殊化**（specialization）と呼ぶ。「さかな」が〈酒菜〉すなわち〈酒とともに食する魚類や野菜などの総称〉を示す語であったものから、〈魚類〉に特殊化して用いられるようになったが、一方で食用にならない魚類をも「さかな」と呼ぶようになった点に関しては、これを一般化と見ることもできる。

　先に掲げた「右手」や「取っ手」などのように、換喩によって近接した領域に意味が変化することは非常に多く見られる。「あやまる」は〈道理から外れる〉〈過失を犯す〉という意味から、〈謝罪する〉の意味が生じたものと考えられる。形容詞「つらし」は、他者に対して非情で酷い、あるいは冷淡であるという属性を示す語であった（現在でも「つらく当たる」等に用いられる「つらい」はこの意味である）が、次第にそのような仕打ちを受けた者の感情を表す語に変化していった。「こはし」が〈手ごわい〉意からそれに相対するものの〈おそろしい〉という感情表現に変化したのも同様で、形容詞や形容動詞の意味は、こうした属性（状態）と感情（情意）の間の、隣接する意味を移動するような語義変化を起こすものが多い。なお、「手」のように様々な意味が並行して用いられる語を**多義語**というが、「あやまる」や「こわい」のように意味の懸隔が広くなり、漢

　ある言葉の指示対象が拡張・変化した際に、旧来の指示対象を特定するために新たな名称が考案されて用いられることがある。これを**再命名**（retronym）という（鈴木 1976）。たとえば、「ことば」は「ことば」でしかなかったはずであるが、中国語からの借用語（「からことば」）との弁別のために、本来の固有日本語を「やまとことば」と呼ぶようになる例などがあげられる。

　このような現象は現代語でも多く発生しており、特に工業製品やメディアの急激な発達・変化に伴って再命名が行われる例が目立つ。「テレビ」は本来白黒の画像であったが、"色付き"のものが現れると、これを「カラーテレビ」と呼ぶようになり、「テレビ」──「カラーテレビ」という弁別の関係が生じた。ところが「カラーテレビ」が普及し一般的になると、旧来のものを特定するために再命名が行われ、「白黒テレビ」という言葉が誕生する。また「電話」は本来事業所や家庭に設置されていたものだが、「携帯電話」が普及するようになると、従来の「電話」に対して「固定電話」という再命名が行われて普及している。

字表記も異なる（「誤る／謝る」「強い／怖い」）ようになると、むしろ別語という意識が強くなっている。同様の現象は、漢語「不断」とその語義変化から生じた当て字表記の和製漢語「普段」との間等にも認められる。

　語の意味に対する価値判断ないし評価によって語義変化が生じることがある。「しあはせ（仕合せ）」は本来「めぐりあはせ」と同様に評価を伴わない表現で、「良きしあはせ」「悪しきしあはせ」のように価値判断は別の語によって示されていた。ところが次第にプラス評価を伴うようになり、現在のような〈幸福〉を意味する語に変化したのである（小野 1983）。このような評価的意味の付与によって語義変化が生じた語には、「結構」「因果」「恰好」のような漢語の例が多く見られる。「おまえ」「きさま」のような2人称や後述する「めし」等は尊敬語出自であり、本来は上品な言葉に属するものであったが、現在ではむしろ乱暴でぞんざいな表現となっている（このような変化を**敬意逓減**と言う）。

▶6. 語の位相とその意識

　語の位相による異なりについては、すでに現代語の問題として5章4.5節に

詳述されているが、ここではその歴史的な側面、**位相差**に対する意識および
そこから生じる現象について言及したい。

6.1　位相差の意識と運用

　『枕草子』に、次のような記述がある。

（5）　同じことなれども聞き耳ことなるもの　法師のことば。男のことば。女
　　　　のことば。下衆のことばには、かならず文字あまりたり。（4段）

これは当時の言葉づかいにおける位相差を指摘したものである。同書にはま
た、賀茂への参詣の途中で見た、田植えをする女性の歌う俗謡も記されてい
る。

（6）　郭公、おれ、かやつよ。おれ鳴きてこそ、われは田植うれ（210段）

　下位の者に対する他称の「おれ」は『古事記』『日本書紀』に見られるが、当
時既に古語化とともに俗語化していたと見られる。「かやつ」は中世以降の
「きゃつ」に連続する他称であるが、当時は俗語的で少なくとも貴族の用いる
言葉ではなかった。一方、『源氏物語』に見られる学者の発話には、

（7）　おぼし垣下あるじ、はなはだ非常にはべりたうぶ。（少女）

という例があり、「非常」という漢語や「おぼし」「はなはだ」といった漢文訓
読語などの、儒者らしい言葉づかいが（あるいは誇張気味に）再現されている。こ
の例に見られるように、平安時代の和文資料と漢文訓読資料（訓点資料）では、
同様の意味を示す語に次のような異なりが見られる（8章4.3.2節参照）。

　　　　および―ユビ　　やすむ―イコフ　　いみじ―ハナハダシ

　　　　かたみに―タガヒニ　　しばし―シバラク　　いかで―ネガハクバ

　　　　やうなり―ゴトシ　　す・さす―シム

この異なりは文体差と呼ばれることが多いが、文体差も表現主体および使用
場面の位相が異なるところから生じた表現様式・伝達様式の違いであるから、
これは位相差の一部と認められる。

　室町時代末のキリシタン資料『日葡辞書』には、Cami（上＝近畿方言）、Ximo
（下＝九州方言）という方言のほか、B.（Baixo＝卑語）、Palaura de molheres（婦人語）、
Palaura de meninos（幼児語）、Bup.（仏法＝仏教語）、S.（Scriptura＝文書語）、P.（Poesia
＝詩歌語）等、位相差についての注記があり、（外国人の目を通してではあるが）当時の

位相差についての意識がうかがわれる。

　和歌で用いられる「歌ことば」に「たづ（鶴）」「かはづ（蛙）」等があることは比較的よく知られている。宮中などに仕える女官の用いる「女房詞」には、衣食に関わるものが多く見られる。酒を「くこん」、餅を「かちん」と言う例のほか、「かもじ（髪）」「しゃもじ（杓子）」のように語頭の1音節に「もじ」を付ける「もじことば」、また「おひや（冷水）」「おしろい（白粉）」など接頭辞「お」を付けるものなどがあり、現代語（とくに女性語）にも受け継がれているものが多い。

　中世（鎌倉から室町時代）の武士の間では縁起の悪いことばを避ける傾向があり、「武者詞」と呼ばれることがある。「的に射らる」という受身表現を「射さす」という容認の使役表現に改めたり、敗戦によって陣を閉じることを「開く」とする（現在でも集会等の終了を「お開き」と言うのはここから）等の例などがある。第2次大戦中の日本軍が「退却」を避けて「転進」「変針」の語を用いた例や、「敗戦」を「終戦」と呼ぶ例なども、同様の発想に基づくものといえる（田中1999）。

6.2　位相差の利用―役割語

　位相差の存在を利用した表現に**役割語**と言われるものがある（金水2003）。発話者の人物像を想起させるために意図的に用いられるもので、実際の言葉づかいとは異なるステレオタイプ化された言葉遣いのことを言う。先に掲げた『源氏物語』の学者語（前掲(7)）なども、あるいはその古い例とも考えられる。

　役割語には、「〜じゃ」（老人・博士）、「〜べ（べー）」（地方出身者）、「〜あるよ」（中国人）、「〜あります」（軍人）のような文末表現に関わるものが目立ち、アニメのキャラクターや各地の「ゆるキャラ」などが用いる、「うそぴょーん」「オレと結婚しろ<u>ニャロメ</u>！」「拙者が行く<u>ナリ</u>」「どんどん会いに行く<u>モン</u>！」のような文末表現は「キャラ語尾」（「キャラ助詞」「キャラコピュラ」）と呼ばれる（金水2003、定延2011）。語彙に関わるものとしては人称表現（特に1人称）の例が多く、「<u>わし</u>がやるのじゃ」（老人語）、「<u>オラ</u>が知ってるべ」（地方出身者）、「<u>わたくし</u>知りませんことよ」（貴婦人）、「<u>自分</u>は不器用であります」（軍人）のように、人物の属性を示す効果に利用されている。

▶7. 〈食事〉を示す語彙体系とその変遷

　以上に述べてきたことを踏まえ、特に語彙の体系に注目しながら、具体的な事例を記述してみよう。ここでは、基本的な生活語彙の1つである〈食事〉を示す言葉の体系と、その史的変遷を取り上げる (橋本2007、2016参照)。なお紙幅の関係上、用例の多くは省略して大まかな素描のみを示す。

7.1　古代における語彙体系

　古代 (平安時代まで) における食事は朝夕の1日2回が基準であり、和語表現における〈朝食〉〈夕食〉の呼称は〈食事〉を表す「け」に「あさ」「ゆふ」が複合した「あさけ」「ゆふけ」が一般的であった。

　　　　〈朝食〉　　　〈夕食〉
　　あさけ　―　ゆふけ

　この「あさ」―「ゆふ」という対応は、「あさがほ」―「ゆふがほ」、「あさぎり」―「ゆふぎり」、「あさなぎ」―「ゆふなぎ」のように、夜明けと日没時の2項対立を示す複合語において用いられており、「あさけ」―「ゆふけ」もその例に数えることができる。なおこれらの語において、アサゲ―ユウゲという連濁の生じるのは、確認できる範囲では幕末明治期頃まで下るものとみられ、ヘボンの『和英語林集成』にはYŪGE (初版1867年、2版1872年)、ASAGE/YŪGE/YŪKE (3版1886年) の記載がある。

　また、「あさ」―「ゆふ」のほかに「あした」―「ゆふべ」(古くは「ゆふへ」) という対応もあり、前者が多く複合語で用いられるのに対し、後者は単独で用いられるという異なりがあった。その後、「あした」が〈翌朝〉から〈翌日〉〈明日〉の意に固定されるのに伴い、「ゆふべ」の方も、「あした」との体系意識から来る類推によって〈昨夜〉の意味に変化し、現在に至っている。

7.2　中世における語の交替

　室町時代頃になると、あらたに「いひ」「めし」が〈食事〉の意味に用いられるようになった。「めし」は、動詞「めす」から派生した名詞で、〈食べるもの／こと〉から換喩によって主食である〈米飯〉、さらに意味の一般化をおこし〈食

事〉の意へと変化した事例である。現在も用いられる「めしあがる」の例から
もうかがわれるように、「めし」は本来尊敬語で上品な言葉であったが、しだ
いに「あさけ」―「ゆふけ」に代わって広く用いられるようになった(敬意逓減)。

　　　　　　〈朝食〉　　　〈夕食〉
　　　　あさけ　―　　ゆふけ　　〈旧〉
　　　　　　｜　　　　　　｜
　　　　あさめし　―　ゆふめし　　〈新〉

なお、「いひ」も「めし」と同様に〈米飯〉から〈食事〉の意味に派生した語とみ
られるが、「あさいひ」が『日葡辞書』等に登録されるものの、対応語の「ゆふ
いひ」とともに管見例は少なく、どの程度普及したかについては未詳である。

7.3　近世における体系の変化

　古代・中世においても一部の階層においては3回(またはそれ以上)の食事を採
ることが行われていたが、少なくとも江戸中期頃までには1日3食という、現
在に連なる食事制度が確立したようである。この**外延的な変化**に伴い、〈食事〉
を表す語彙体系にも変化が生じた。それまでの「あさ」―「ゆふ」の2項対立
から「あさ」―「ひる」―「ゆふ」という3項対立の体系に変化したのである。

　　　　　〈朝食〉　　　　〈昼食〉　　　　〈夕食〉
　　　あさめし　―　ひるめし　―　ゆふめし

7.4　漢語の導入

　幕末～明治期には、「飯(ハン)」および「御飯(ゴハン)」という漢語が日常口頭
語に用いられるようになった。『和英語林集成』(初版1867年)には、アサゴハン
(Asa-gohan)、ヒルゴハン(Hiru-gohan)、ユウゴハン(Yu-gohan)という、現在も用い
られる混種語の例が認められる。「御飯」は接頭辞「御」が用いられているこ
とからもわかるように、本来尊敬語から来た上品な言い方であり、旧来の「め
し」に代わって上品な言い方として用いられた。

　　　　　〈朝食〉　　　　〈昼食〉　　　　〈夕食〉
　　　あさめし　―　ひるめし　―　ゆふめし　　〈旧〉
　　　　　｜　　　　　　｜　　　　　　｜
　　　あさごはん　―　ひるごはん　―　ゆふごはん　　〈新〉

なお、「めし」は、上述のように尊敬語出自の本来上品な言葉であったが、次第に評価的意味が下落して、現在ではむしろぞんざいで卑語的な表現と意識されるようになり（敬意逓減）、現在に至っている。

　江戸時代中期には、「晩（バン）」という漢語が和語の語彙体系に加わり、「あさばん（朝晩）」という並立関係も認められるようになった。漢語の「晩食」は中国語に出典があり、日本でも室町時代以降の例が見られるが、幕末〜明治期になると「ばんめし」「ばんごはん」という例が現れる。「ばんめし」「ばんごはん」は語構成の面から見れば、本来それぞれ混種語、漢語ということになるが、実際にはそのような語種の異なりは意識されずに使われている。

〈朝食〉		〈昼食〉		〈夕食〉	
あさめし	—	ひるめし	—	ゆふめし・ばんめし	〈俗〉
|		|		|	
あさごはん	—	ひるごはん	—	ゆふごはん・ばんごはん	〈正〉

7.5　「夜（よる）」の参入と語構成の変化

　〈食事〉の語彙体系は、江戸時代に「ひる」が加わることにより3項対立の形となったが、「よるひる」「ひるよる」という並列語に見るごとく、日照のある時間帯を指す「ひる」は、本来日照のない時間帯を指す「よる」と対応関係を有する語であった（「日ル」—「夜ル」）。

あさ — ひる — ゆふ・ばん

↑

| ひる — よる |

そこから、現在も認められるような「あさ—ひる—よる」という対応が生じることになる。本来〈間食〉を意味した「夜食（やしょく）」という漢語表現が、江戸中期頃に〈夕食〉の意にも転用されるのは、「朝—昼—夜」という体系意識によるものと考えられる。

　ところが、複合語を作るのはもっぱら「よ」（「よかぜ」「よぎり」「よあけ」「よなか」「よふけ」等）であって、「よる」は複合語を構成しなかった。したがって、ヨルメシのような語形は少なくとも近世までは成立し得なかったのである（「よめし（夜飯）」の例が方言には見られる『日本方言大辞典』『日本語大辞典』が、中央語としては未見）。

7.6 「よるごはん」の成立

　明治中期を過ぎると、"「よる」は複合語を作らない"という語構成上の制約にも変化が見られるようになる。寄席の昼夜2部の興行を、江戸〜明治初期には「ひるせき(昼席)」—「よせき(夜席)」と呼んでいたが、明治中期になると「ひるせき」—「よるせき」の例が見られるようになる。また、古代には「あさがほ」—「ゆふがほ」の2項対立であったものが、近世に「あさがほ」—「ひるがほ」—「ゆふがほ」の3項対立となり、明治に入って新たに受容された外来品種に「よるがほ」という命名がなされた。これらの「よる〜」型語彙は、いずれも「ひる〜」との対応関係の中で生じている。特に「よせき」が「よるせき」という語形に変化したのは、対応する「ひるせき」からの類推がはたらいたものと考えられる。

　　　　　〈昼席〉　　　　〈夜席〉

　　ひるせき　—　よせき

　　　　　　↓　（ひる—よるという語形の対応意識）

　　ひるせき　—　よるせき

　このような状況に至って、「ひるごはん」に対する「よるごはん」が生じたものと考えられる。

　　　　　〈朝食〉　　　　　〈昼食〉　　　　　　〈夕食〉

　　あさごはん　—　ひるごはん　—　ゆふごはん／ばんごはん

　　　　　　　　　　　　　　　　　　　　＼よるごはん

7.7 「よるごはん」の位相

　管見の範囲での「よるごはん」の古い例は、

（8）　<u>夜ごはん</u>の時それを、お母様にいふと、お母様が、「どこ」、とおきゝになりました。（尋常小学校2年生の作文：福岡県戸畑市私立明治尋常小学校編『明治小学 児童文集』11、1928年）

（9）　ソレカラ<u>ヨルゴハン</u>ニナリマシタカラ、<u>ヨルゴハン</u>ヲタベマシタ。（尋常小学校1年生の作文：同上35、1939年）

のような、昭和前期の小学生作文などに見られるものであり、現在の活字資料においても、児童書や絵本、小学校低学年向けの教材等に多く用いられて

いる。こうしたことから、「よるごはん」は本来幼児語・児童語ないしは育児語としての性質を有していたことが知られる。それが近年になって広く用いられるようになり、子供向けでない活字資料にも現れるようになったが、「比較的最近使われるようになった語で、違和感を持つ人も多い」（『明鏡国語辞典』第2版）と言われるように、現在でも"正式な語"としての地位を獲得していない（『広辞苑』には2018年の第8版でも未登録）。新聞では原稿に「よるごはん」がある場合はそのまま用いる場合も少なくないが、放送では「アナウンサーが使うと『幼く』聞こえる」との意見もあり、ほぼ認めていないのが現状である（『毎日新聞』2015年6月1日夕刊の記事による）。なお、「よるごはん」の使用拡大に伴って、その"男性語版"ともいうべき「よるめし」も用いられることがある。

読書案内

阪倉篤義（1978）『日本語の語源』講談社（『［増補］日本語の語源』として平凡社から再刊、2011年）
本書は、「語源」という、誰もが一度は興味を抱くテーマを表題に掲げ、その分析に際して必要となる意味、語構成の知識と分析方法について、身近な用例と平易な語り口を用いて初学者にも分かり易い説明を行っている。特に語彙を体系として捉えることの重要性を踏まえた説明がなされていることは、本書の初学者に対する啓蒙書としての価値の高い点である。刊行時期が古いため、現代語の挙例の中には現在ではややなじみの薄いものもあるが、今なお初学者に最も勧めたい書籍の1つである。

田中章夫（1999）『日本語の位相と位相差』明治書院
本章においても多くの知見を得たもので、日本語の位相を正面から、共時面と通時面を総合しつつ論じ、まとめた研究書である。位相論研究史においては菊澤（1933）以来の総合論ということができるだろう。しかも、本書は総論的な概説に留まるのではなく、個々の事象について、著者ならではの経験と鑑識眼によって、興味深い事例を多く提供してくれる。その事例の一々を読むだけでも近代日本語史の一端を垣間見ることができる、魅力に富んだ書である。

北原保雄編（2004–2011）『問題な日本語』（全4冊）大修館書店／北原保雄編（2006–2007）『［問題な日本語番外］かなり役立つ日本語ドリル』（全2冊）大修館書店
本シリーズは『明鏡国語辞典』の編者と編集委員が執筆したもので、現代日本語における規範から外れたさまざまな語彙、意味、用法について個別に解説を施したものである。類書に比べて言語研究の専門家が記述しているため、概ね客観的な分析がなされており、言語変化の研究に対するヒントを得ることも少なくない。気軽に読みながら、日本語研究の基礎を学ぶことができるシリーズである。

7

文章論と談話分析

▶1.　はじめに

　現代日本語の文法論では、内省的なデータが研究対象の大きな割合を占めてきた (3章)。特に形態統語論のような分野では、意図したデータが自然談話やコーパスから得られるとは限らず (10章5.5節)、また、わざわざ談話資料に当たらなくとも容易に内省による判断ができる場合も多いため、内省を中心として研究を進めることにも意味があると言える。文を越えた意味を扱う語用論においても、我々は言葉の使用に関する一定の知識を有しており、各々の文の使用可能／不可能をある程度内省することもできる。しかし、研究の対象が直前・直後の文との関係を越え、文章・談話の構成や、会話の仕組みのようなものになると、内省による判断が難しくなり、またできたとしても、客観的な証拠を提示するのが容易ではない。そこでこれらの研究は実際に書かれた文章や、自然に話された談話を分析することで行われることになるが、本章では、実例を挙げながら、文章・談話を構成する諸要因について概観していく。

▶2.　文章と談話

　「文章」も「談話」も、文を越えた、文が使用される単位を指すという点では共通している。これらの違いは、前者が主に書かれた言葉を、後者が主に話された言葉を指すという点にある。ただし、これらの違いは慣習的なものであり、書かれていようが話されていようが、それを、文章 (あるいは テクスト)、

もしくは談話(あるいはディスコース)と呼ぶこともある。文章が書かれた言葉を、談話が話された言葉を指すことが多いのは、これらの語の語感に加え、文章論や談話分析といった研究領域の扱う研究対象によるところも大きいだろう。時枝(1960)から始まる日本語学の文章論では、テクスト言語学の影響も一部受けながら、主に書かれた言葉を対象とした研究が行われてきた。一方、社会科学と関連しながら発展してきた談話分析が主な対象としてきたのは話された言葉である。本章は、これら、文章論や談話分析の研究を概観していく上で、「文章」「談話」という用語も用いるため、自ずから前者は書かれた言葉を、後者は話された言葉を指すことになる。

　なお、この書かれた／話されたといった対立は、文体としての書き言葉／話し言葉の対立(8章3.2.1節)に直接対応するわけではない。話された言葉の中にも書き言葉に近い性質を持つもの(講演、演説、儀式の言葉など)があり、また、書かれた言葉の中にも話し言葉に近い性質を持つもの(SNSやチャット)がある。特に、小説の会話文などは話し言葉に入るが、小説の地の文とともに、書かれた文章の一部とみなされる。また、書き言葉的要素の強い改まった場での発話でも、一つの談話として分析することが可能である。ただし、以下ではこのような話し言葉／書き言葉の境界的な事例については言及せず、それぞれの典型である小説や随筆、会話を中心に、文章・談話研究の問題とするところを見ていくことにし、書かれた言葉を書き言葉、話された言葉を話し言葉と呼ぶこともある。

▶3. 文章論

3.1 一貫性と結束性

　2節では、文章と談話の区別について、前者が主に書かれた言葉を指すことを述べた。しかし、それでは文字に書かれていれば文章かというと、もちろんそうではない。時枝(1960)は、文章が「文」や単なる「文」の集まりと違うのは、それが一貫した内容を持ち、他の部分に従属していないためであるとする。同様の考え方は、永野(1986)にも見られ、文章を以下のように定義している。

原則として文の連続によって成り立ち、内部において統一した文脈を保
　　ちつつ、全体として完結した言語形式を具え、前後に言語として顕在し
　　た他の文脈をもたぬもの (p.68)

　このうち「原則として」としているのは、短歌や俳句などは1文で1つの文
章となることがあるためであり、前後に文脈を持たないとするのは、小説や
手紙など、それだけで完結するものを文章の典型と見なしているためである。
よって、次の標語は1文で完結した文章と言うことができる。

（1）　おみやげは　無事故でいいの　お父さん

　この定義のうちの、「内部において統一した文脈を保」つことは、特に欧米
のテクスト言語学において**一貫性** (coherence) と呼ばれ、文連続が文章 (テクスト)
を構成する重要な要件と考えられてきた (Beaugrande and Dressler 1981)。文章は、
書き手や読み手が持つ、事物に関する百科全書的知識 (フレーム) や出来事の連
鎖パタンについての知識 (スキーマ)、またそれらからの推論を元に、一貫性の
ある内容が与えられる。では一貫性を文章に与えるために、個々の言語形式
は何も貢献しないのかというと、そのようなことはない。言語形式の中には、
ある文とある文を結び付けるための機能を持つものもあり、このように実現
される文と文の意味的な関係のことを**結束性** (cohesion) と言う。以下では、具
体的な日本語の表現を見ながら、どのように文に結束性が与えられ、一貫性
を高めるのかを見ていきたい。

3.2　照応と接続

　たとえば次のような文章を例にとってみよう。この文章に結束性を与えて
いるものには何があるだろうか (用例への言及のため、各文に番号を付す)。

（2）　①私は或は人から沢山の書物を読むとでも思われているかも知れない。
　　　②私はたしかに書物が好きである。③それは子供の時からの性癖であっ
　　　たように思う。④極小さい頃、淋しくて恐いのだが、独りで土蔵の二
　　　階に上って、昔祖父が読んだという四箱か五箱ばかりの漢文の書物を
　　　見るのが好であった。⑤無論それが分ろうはずはない。⑥ただ大きな
　　　厳しい字の書物を抜いて見て、その中に何だかえらいことが書いてあ
　　　るように思われたのであった。⑦それで私の読書というのは覗いて見

るということかも知れない。⑧そういう意味では、かなり多くの書物を覗いて見た、⑨また今でも覗くといってよいかも知れない。⑩本当に読んだという書物は極僅《ごくわず》かなものであろう。⑪それでも若い時には感激を以て読んだ本もあった。(西田幾多郎「読書」)

まず下線で示したような指示語の存在が指摘できる。これらは、それぞれ文中で先行する語句を指すことで、前の文との繋がりを示している。このような先行詞を指す指示語の使い方を**照応** (anaphor) と言う。また、指示語によって言語形式として明示化はされていないが、要素が**省略** (ellipsis) されることによっても、同様の結束性を生む効果がある。(2) では1人称が多く省略されているが、それ以外にも、たとえば⑦の「覗いて見る」、⑨の「覗く」はどちらも目的語を取る動詞であり、その要素が先行文脈から復元されることになる。この場合、たとえば⑨の「覗く」なら、主語や目的語に音形のない代名詞を想定し、先行文脈の「私」や「書物」と照応していると分析することもできる。

次に結束性をもたらす要素として、⑥「ただ」、⑨「また」⑪「それでも」のような**接続表現**の存在が挙げられる。接続表現は照応と異なり、その直前と直後の文 (のまとまり) の関係を示す。Halliday and Hasan (1976) は、この照応と接続を文法的結束性としている。

最後に指摘できるのは、「書物」(①、②、④、⑥、⑧、⑩)、「読む」(①、④、⑩、⑪) のような要素の**繰り返し**、あるいは「書物」「漢文」「本」に対する「読む」「書く」のような**コロケーション**によっても結束性がもたらされるということ

■ 指示と代用

　同じ照応に見えても、先行文脈で導入された対象を意味的に指す場合と、単に表層的な言語表現を指す場合がある。この2つは、**指示** (reference) と**代用** (substitution) と呼ばれ区別される (Halliday and Hasan 1976)。たとえば (2) の⑤の「それ」は先行文脈で導入された「土蔵の2階にあった祖父の書物」(文字列が厳密に (2) と同じでなくて良い) を意味的に指すのに対し、代用は以下のように表層的な表現である「書物」や「書物を処分した」を置き換えているだけである。

i) 　祖父の書物は2階にあるが、私の (それ) は1階にある。(名詞句の代用)

ii) 　祖父は去年書物を処分した。私も今年そうした。(動詞句の代用)

表1　接続詞の分類

市川（1978）	永野（1986）	例
順接	展開型	だから、それで、すると
逆接	反対型	しかし、だが、それなのに、ところが
添加	累加型	そして、そのうえ、あわせて、また
対比	対比型	または、あるいは、それとも
転換	転換型	さて、ところで、ときに、では
同列	同格型	つまり、すなわち、たとえば
補足	補足型	なぜなら、というのは、ただし、なお

である。これらは、上の文法的結束性に対して、語彙的結束性と呼ばれる。

　さて、以上のような結束性をもたらす言語形式については、日本語学の中でも**連接論**として議論されてきた。ここでは、連接論の中でも中心的な位置を占める接続詞について、よく知られた永野 (1986) と市川 (1978) の分類を表1に挙げておこう。

　両者の分類に挙げられる接続詞 (接続表現) には微妙な差異もあるが、大枠としては重なる部分が非常に大きい。ただ注意したいのは、表1の市川 (1978) の分類は接続詞そのものの分類だが、永野 (1986) のものは「型」として表現されるように文と文が連なる時の意味の関係であり、接続詞そのものの分類ではないということである。市川 (1978) においても、このような文と文の意味的関係についての分類が示されているが、その場合は、表1の7つの型 (順接型、逆接型など) に加えて、「連鎖型」を設けている点に特色がある。

　連鎖型は、市川 (1978) によると「前文の内容に直接結びつく内容を後文に述べる型」で、次のように接続詞が想定しにくいものが多い。

（3）　a.　初めて朝顔が咲いた。白い大きな花だ。

　　　b.　夏休みに北海道を旅行したいと思います。だれかいっしょに行きませんか。

　　　c.　窓の外は春雨だ。わたしはたばこに火をつける。(市川 1978 : 93)

　この型には、(3a) や (3b) のように結束性を示す指示語や省略があるものが多いが、(3c) のように、結束性をもたらす言語形式がないものもある。よっ

て、これらの文に一貫性をもたらしているのは、書き手や読み手の知識や推論だと言えよう。また、他の接続の型でも必ずしも接続詞などの言語形式が必要ないところをみると、接続詞は出来事の連鎖パタンに関する我々の知識を具現化したものと見なすこともできるだろう。

（４）　並木道を歩いて行った。（すると、）むこうからひとりの男が近づいてきた。(市川 (1978：89) の「順接型」)

このような出来事の連鎖パタンによる一貫性は、結束性とは別に捉え、結束性をもたらす言語形式を、指示語や省略に限ろうとする立場もある (庵2007)。

3.3　主題

　文と文の結束性が示されることにより、結果的に文章全体の一貫性が高められることになるが、それ以外に一貫性を高める表現として、**主題**を取り上げよう。日本語には文の主題を示す助詞「は」(段落・文章の主題と区別して提題表現 (中村他編2011) とも言う) があり、「は」で標示される名詞句は、それが既に文章に現れているものでなければならない。

（５）　昔々、あるところにおじいさんとおばあさん {#は／が} 住んでいました。

この意味で、「は」はそれまでの文脈との結束性を示すとみることができる。その一方で、「は」で示される主題はその文のみで完結するわけではなく、文を越えて主題が共有されることが指摘されている。三上 (1960) はこれを「は」の**ピリオド越え**と呼んでいる。三上 (1960：118) の例を次に挙げる。

（６）　吾輩は猫である。名前はまだ無い。どこで生れたかとんと見当がつかぬ。何でも薄暗いじめじめした所でニャーニャー泣いていた事だけは記憶している。吾輩はここで始めて人間というものを見た。

1文目の「吾輩」が「は」で標示されているのは、1人称小説には語り手がいるという前提があるからだろう。2文目の文の主題は「名前」だが、何について語っているかという意味での主題は1文目と同じ「吾輩」である。この後も、段落の主題 (＝何について語っているか) は「吾輩」であり続ける。このように主題は、名詞句の定性 (既に談話に現れている) を示す以外にも、文章をまとめる働きを持っている。

3.4 文章の構成

　文章全体が1つの主題からなれば、その文章が何について語っているかは明確である。しかし、よほど短い文章でなければ、文章全体を通して主題が変わらないということはない。たとえば、次の例を見てみよう。

（7）　おじいさんとおばあさんは、それはそれはだいじにして桃太郎を育てました。桃太郎はだんだん成長するにつれて、あたりまえの子供にくらべては、ずっと体も大きいし、力がばかに強くって、すもうをとっても近所の村じゅうで、かなうものは一人もないくらいでしたが、そのくせ気だてはごくやさしくって、おじいさんとおばあさんによく孝行をしました。(楠山正雄「桃太郎」)

(7) では、桃太郎が成長する前はおじいさんとおばあさんが主題となり、成長した後は桃太郎が主題となっている。

　(7) は改行1字下げによって示される1つの**形式段落**を形成するが、その中で話題が変わることは頻繁に見られる。そのような点から、日本語における段落が、英語における paragraph のような内容上の統一を持たないという指摘もあり (佐久間1983参照)、内容上の統一を持つ**意味段落**という概念も国語教育ではしばしば使われる。しかし、意味段落は複数の形式段落から成るものであり、1つの形式段落の中に複数の意味段落は認められない。より内容上のまとまりを重視する概念としては、市川 (1978) が定義した**文段**があり、これは、1つの形式段落、あるいは1つの文の中にも、意味的まとまりがあれば、それを文段として認めようという立場である。また、文段と文段が合わさったものも、まとまりがあれば文段と認定され、複数の形式段落にまたがることもあるため、文段による文章の構成は重層的なものとなる。たとえば、『吾輩は猫である』の冒頭9文は、佐久間 (1987) によると、15の文段から成るという (①②と③〜⑨はそれぞれが形式段落をなす)。

（8）　　①吾輩は猫である。②名前はまだ無い。

　　　　③どこで生れたかとんと見当がつかぬ。④何でも薄暗いじめじめした所でニャーニャー泣いていた事だけは記憶している。⑤吾輩はここで始めて人間というものを見た。⑥しかもあとで聞くとそれは書生という人間中で一番獰悪な種族であったそうだ。⑦この書生というのは

174

時々我々を捕まえて煮て食うという話である。⑧しかしその当時は何という考えもなかったから別段恐しいとも思わなかった。⑨ただ彼の<ruby>掌<rt>てのひら</rt></ruby>に載せられてスーと持ち上げられた時何だかフワフワした感じがあったばかりである。

　佐久間 (1987) の分析のうち、主要なものだけを木構造にしてまとめてみると、図1のようになる。

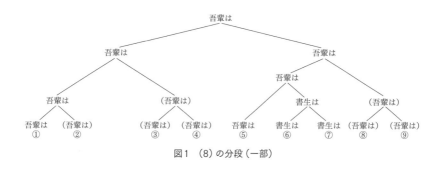

図1　(8) の分段（一部）

　図1は8つの接点を持っており、それぞれが文段をなしている。また、それぞれの接点には主題を書き込んだ (括弧に示したのは主題の省略)。たとえば、①～④は①の「吾輩は」という主題による統括が及んでおり、(形式的には2つの段落に分かれるが) 1つの文段をなすと分析される。一方、⑤～⑨は主人公の猫が人間と初めて会ったエピソードが書かれており、これで1つの文段となる。⑤の主題「吾輩は」が⑨まで及んでいる。その中で⑥、⑦は書生の説明であり、より小さな文段をなしている。佐久間 (1987) の分析はさらに複雑で、図1に加え、①のみ、③～⑨、⑤のみ、⑤⑥、⑦のみ、⑥～⑨も文段をなすという。

　以上のような分析が正しいとすると、文章の構成は、よく小説の構成として言われる起承転結や論説文に見られる序論・本論・結論のように単純でないことが分かる。これらは言わば文章の理想型であって、多様な文章を分析する目的に必ずしも叶うものではない。ただ一方で、文章を綴るという作業は意識的な作業であり、そのような型で書くことも不可能ではないだろう。その点では、より即時的に話される談話、特に会話では、ここで見たような細

ここで見た文章の構成は、部分から全体にどのようにまとまっていくかという観点であるのに対し、全体のまとまりをどう見るかという観点から、文章の構造が議論されることもある。起承転結や序論・本論・結論もその例と言えるが、ジャンルを問わない分類としては、どこにまとまり（統括）があるかという観点からの分類が有効であるとされる。佐久間（1989）はそれまでの文章の統括研究をまとめて、頭括式（全体のまとめが冒頭に来る）、尾括式（まとめが結尾に来る）、両括式（まとめが冒頭にも結尾にも来る）、中括式（文章の展開部にまとめが来る）、散括式（2箇所以上にまとめが来る）、零括式（まとめが明示されない）の6種を提案している。

かい文相互の分析がより生きる可能性があると言えよう。次節では、自然談話を取り上げて、それを分析する観点について紹介していく。

▶4. 談話分析

4.1 言語情報・パラ言語情報・非言語情報

この節では、話された言葉としての談話を見てみよう。(9)「アパート」は、20代前半の男性が自分の住んでいたアパートについて話す様子を文字に書き起こしたものである。これを読んだときに、これが書き言葉ではなく、話し言葉であると感じる要因は、どのようなところにあるだろう。

（9）「アパート」

東京に来て一番最初に住んだところが、あの石神井公園だったんですけど、えーとー3万7千円のとこの、あの、ぼろアパートでした。で、風呂も当然なくて。であのー、どのくらい酷いかって言うと、壁、壁がありまして、隣りとの。で、あのー柱があって、ま、壁が作ってあるんだけど、そこの壁が、あの、から光が漏れてくるんですね。であのー隣が××さんていうんだけど、あのー光が漏れてくるってことは見えるのかなと思って見てみたら、やっぱり見えるんですよ。でもう音とか以上に、もう見えるぐらいだから、もう本当に酷いところで、でもうどのくらい聞こえるかと言うと、××さんがあのーぷっておな

らしちゃうんですよ、そうしたら××さんが、あすいませんて言った
んですよ、隣りの部屋で。それ爆笑してしまって、別に謝んなくても
いいよ別に自分の部屋だしね…

（『日本語話し言葉コーパス』S00M0898より抜粋、一部改編）

　この談話が話し言葉らしく感じられる要因には、「〜だった<u>ん</u>ですけど」（=
〜だったのですけど）、「〜の<u>とこ</u>」（=〜のところ）、「〜<u>かって</u>言うと」（=〜かと言うと）
のような語句の縮約・音便化、「おなら（を）しちゃう」のような助詞の脱落、
「光が漏れてくるんです<u>ね</u>」、「やっぱり見えるんです<u>よ</u>」のような終助詞の使
用、「風呂も当然なくて。」、「壁がありまして、隣りとの。」のようないいさし
や倒置、「えーとー」「あの」「あのー」「ま」のような**フィラー**の使用、「壁、壁
がありまして」、「そこの壁が、あの、から光が漏れてくる」のような**いよ
どみ**や言い直し、「<u>もう</u>音とか以上に、<u>もう</u>見えるぐらいだから、<u>もう</u>本当に
酷いところで、でも<u>もう</u>どのくらい聞こえるかと言うと」のような同一語句の
繰り返しが考えられる。

　以上は、言語記号が持つ情報（**言語情報**）が話し言葉の特性を示す例だが、
話し言葉にはこれ以外に発話されたときに伴う音声の情報が加わる。語句の
縮約・音便化は、発話上の音声的なヴァリエーションを文字に書き取ったも
のである。他にも、イントネーション（1章9節）、話すスピード、リズム、ポー
ズ、声の大きさや声質など様々な情報が加わるが、このような発話音声によっ
て生じる情報を**パラ言語情報**という。さらに、それが話された場面を考える
とき、我々は話し手の表情や視線、身振りや姿勢、さらにはその人物の身体
や服装などの**非言語情報**も受信しながら聞いている。これらパラ言語情報の
多くや、非言語情報をすべて文字に書き起こして示すことは難しい。

　したがって、話し言葉を扱う談話の分析には、どのようなデータを用いる
かによって大きく3つのタイプがある。文字書き起こしデータを用いて、言
語情報と一部のパラ言語情報を分析の対象とするタイプ、文字書き起こしデー
タと録音データを用いて、言語情報・パラ言語情報を分析の対象とするタイ
プ、さらにビデオなどの視聴覚データを用いて、言語情報・パラ言語情報・
非言語情報を分析の対象とするタイプである。

4.2　話し言葉らしさを作る要因

　パラ言語情報は、音声言語のみに現れる特徴であり、よって、書き言葉にはない話し言葉特有のものと言えるが、では、(9) の例に見られた言語情報は、なぜ、話し言葉らしさを感じさせるのだろうか。これは、書き言葉が文字を媒体としたコミュニケーションであるのに対し、話し言葉が音声を媒体としたコミュニケーションであることと大きく関係する。

4.2.1　即時性

　文字は視覚的なものであり、紙面や液晶ディスプレイ上に表示させ留めることができる。したがって、書き手は自らが産出した言葉を読み返し、誤りを修正したり、情報が足りない部分は加筆したりなど、文章を推敲することができる。それに対して、音声は聴覚的なものであり、その音声の1つ1つは発された次の瞬間には消える即時的な性質を持つ。したがって、話し手は自らが産出した言葉を、時間を遡って修正したり補足したりすることはできず、一度発話されたものは、そのまま聞き手に伝えられる。話し言葉において、いいさしや倒置、フィラーやいいよどみ、言い間違い、言い直しや繰り返しが生じるのは、このような音声の即時性によるものであると言える。ただし、話された言葉であっても、台本があり、前もって推敲が可能な場合（演説、誓いの言葉など）、即時性は失われ、いいよどみやフィラーは減少する。

4.2.2　同時性・同空間性

　それでは、読み手・聞き手にとって媒体の違いはどう影響するだろう。文字は紙面やデジタル記録媒体によって、ある一定の期間（あるいはほぼ永続的に）保存し、それ自体を移動させることができる。したがって、読み手は、それが書かれた直後だけでなく、時間的に隔たっていても、さらには空間的に隔たっていてもその情報を受け取ることができる。それに対して音声は、基本的に話し手が話すその時にその同じ場に聞き手がいる必要がある。このような音声という媒体の同時性・同空間性という特徴を考えると、音声によるコミュニケーションの多くが、話し手と聞き手が共在していることが前提となる。「よ」「ね」などの終助詞が話し言葉らしさを感じさせるのは、それが、そ

の場で聞き手に話しかけ反応を求めるための言語形式だからである。

　したがって、話された言葉であっても、同空間性がなければ(音声通信など)指さしなどの非言語情報は使いにくくなり、同時性のない留守番電話などでは、フィラーは入りやすいが相手に同意を求めるような表現は少なくなることが予想される。

4.3　話し手と聞き手の相互行為

　言葉を話すという行為のほとんどは、(9)のような1人の話者による独話ではなく、複数人が談話に参与することによって行われる。このように複数人が参与し、お互いに協調しながら作り上げる談話を特に**会話**と言う。次の会話は、男子大学生の2人が「学祭(学園祭)」について思い出を話している場面のものである。

(10)　「学祭」

01	A	1年の時にさ、学祭で、、
02	B	隣になった＝。
03	A	＝隣になってさ、「なん★だ、こいつ」って思ってたらさ。
04	B	→「なんだ、こいつ」←お互いさ★まだ、そりゃ。
05	A	→お互いに←「なんだ、こいつ」って思ってた★だろうね。
06	B	→「なんだ←、こいつ」だよね。
07	B	<沈黙>あああー、テント、<少し間>テント一緒だったねえ、そういえば。
08	A	あれ、大変だったよね。
09	B	うん。
10	A	学祭ね。
11	B	ほんと。
12	B	うちは、協力してくれるやつらが、あんまりいなくて{うん}ね。
13	A	うち、なんか、★まとまりはあってさ、やろうっていってんだけど、結局、なんか、俺がやって<笑い[複]>。
14	B	→そうか←。

15	B	★＜笑い＞。
16	A	→やろうっていう、当日来るだけだ、あいつら。
17	A	チェッ、「この野郎」とかって＝。←
18	B	＝ああ、いや、来るだけいいじゃないか{うん}。
19	B	来ないやつら{＜笑い＞}が、うちにたくさんいるから＝。
20	B	＝半分以上来なかったから＜笑い＞。
21	A	それもそれだ★な。
22	B	→ああ←、10人足らずで、3日間だっけ？＝。
23	A	＝ああん＝。
24	B	＝3日間、回してたからね。
25	A	ま、でも、準備と片付けを含めると、もうちょっとある＝。
26	A	＝5日間だもんね。
27	B	うん、＜少し間＞ああーーー。
28	A	業者への発注とか、なんか{＜笑い＞}、大変★だったな、なんか。
29	B	→面倒だったね←、ああー。

（『談話資料 日常生活のことばコーパス』17SM201より抜粋、一部改編）

■ 談話の転記方法

　談話の分析では、言語情報以外の情報（パラ言語情報、非言語情報）も分析の対象になるため、それらをテキストに転記する方法が様々に提案されている。どのような情報を書き起こすかは、それぞれの研究で何をどこまで明らかにするかに依存するため、一律に決めることはできないが、どの転記方法でも大凡共通して書き起こされる情報もある。たとえば（10）ならば、「＝」は2人の発話がほとんど間がなく続くことを表し、「★」はその位置から次の相手の発話が始まることを表し、「→」と「←」の間は前の相手の発話と重なる部分を表す。このような発話同士の関係は、大抵どの転記方法にも見られる（（11）では2人の発話が重なる位置を「/」で示し、（13）では「//」で次の相手の発話がその位置に重なることを示す）。会話の転記方法は、自然会話をありのままに分析しようとする会話分析において早くに提案されたが、近年は談話分析においても、日本語により適した会話の転記方法が提案されている（宇佐美2011など）。

（10）を見てみると、話し手だけでなく、聞き手も様々な役割を担っていることがわかる。その1つが**あいづち**である。あいづちには、話し手の発話が終了してから打たれるもの (8行目「あれ、大変だったよね」の直後の9行目「うん」) と、話し手の発話の途中で打たれるもの (12行目「あんまりいなくてね」の途中での「うん」) がある。また、「うん」「ああー」などのほかに、「ほんと」「そうか」などの短い語句や笑いなども含めて、あいづちと見なす立場もある (堀口1991など)。あいづちには、たんに相手の話を聞いているという受動的な役割以外にも、了解や同意の気持ちの表出や、自らの感情の表出など、聞き手の積極的な働きかけの機能があると考えられる。

さらに、聞き手は会話の間じゅう常に聞き手でいるわけではない。（10）を見ると、話し手と聞き手が、めまぐるしく**話者交替** (turn-taking) をしながら、会話が進展している。しかも、話者交替は、一方の発話が完全に終わらないうちから生じることがある。

たとえば、1行目「1年の時にさ、学祭で、、」と、2行目「隣になった。」のように、Aが始めた発話がまだ終わらないうちに、その続きをBが先取る形で引き継ぎ、2人で共同で1つの発話内容を完成させている。このような発話上の行為を**共同発話** (先取り発話、引き取りとも) と呼ぶ (ザトラウスキー2003)。また、3行目と4行目に注目すると、Aの「「なんだ、こいつ」って思ったらさ」の発話の途中で、Bが「「なんだ、こいつ」お互いさまだ、そりゃ」と合いの手を入れている。BはAの発話を聞き終わる前に先を推測し、相手の発話にかぶせる形で応答を始めている。このような発話の重なりを**オーバーラップ**と言う。先取り発話やオーバーラップが可能なのは、話し手が話している間、聞き手は常にその先を推測しながら聞いているためである。

このように聞き手も積極的に会話に参与することで、話し手と聞き手は役割を交替しながら共同で会話を構築している。このような会話の参与者のあいだでやり取りされる**相互行為** (interaction) を分析し、会話の構造やルールの解明を目指すアプローチを**会話分析**と呼ぶ。

会話の相互行為の例をもう1つ見てみよう。日本語には丁寧体 (敬体、デス・マス体) と普通体 (常体、ダ・デアル体) という形態的に区別される2つの文体がある。家族や友人同士などの親しい間柄では普通体を、目上や初対面の人物と

　ここで見たような2人の会話の場合、一方が「話し手」である間は他方は「聞き手」である。しかし、5人で会話をしている場面を思い浮かべると、1人が話している間、他の4人全員が声を出してあいづちを打つことは考えにくく、たいてい1人か2人があいづちを打つ以外は、黙ってうなずくか、視線を送るだけであろう。この場合、「聞き手」は誰に当たるのか？ Goffman（1976）は、会話に参与している者のうち、話し手によって発話の矛先を向けられていて、何らかの応答を期待されている参与者を「受け手（addressee）」と呼び、当面の会話で発話や応答を期待されているわけではないが、いつでも会話に加わることが許されている参与者を「傍参与者（side-participant）」と呼んで区別している。しかし、話題が変わったり話し手が変わったりすると、傍参与者であった者も受け手としてふるまうなど、その役割は刻一刻と交替する。会話におけるこれらの役割は参与役割（participation status）と呼ばれ、参与役割を引き受けたり、割り当てたりする動的な会話の構造全体を参与枠組み（participation frame）と呼ぶ。

の会話や公の場面での会話など、心理的に距離のある間柄では丁寧体を用いて話すのが一般的である。したがって、単一の会話で同じ相手と話しているときには、その文体は常に一定であることが考えられる。

　しかし、次の会話のように、会話の途中で相手との心理的な距離が変わることがある。(11)は、初対面の女子大学生TとJが話している場面である。

(11)　「共通の友人」

```
01  T    え、C学部って、専攻があるんですよねーえ？
02  J    あ、D学なんですよ。
03  T    あ、あー。
04  J    /だから、全然ほんとはC学部っぽくないんですけど。
05  T    /へー              うんうんうん           えー
06  J    うん。
07  T    へー、あ、D学って、あの、Nちゃん/が、
08  J                            /あ、そうそう。
09  T                                  {笑：あーっ}
10  J    Nちゃんに頼まれ/て。
11  T                /あー、そうなん
```

■ **コード・スイッチング**

　スピーチレベル・シフトのような文体の切り替えとはことなり、話している言語や変種そのものが交替することを**コード・スイッチング**と言う。コード・スイッチングは、バイリンガルや多言語社会における会話によく観察される。多言語社会においては、一方の言語が公的言語であるのに対し、他方の言語が家族内やコミュニティ内の私的言語を担っていることが多く、相手や場面、会話の内容によってスイッチが起こることは珍しくない。また、日本語という一つの言語の中でも、標準語と方言が切り替わることはよく見られるが、この場合も、相手との心理的距離を調整し、人間関係を構築する手掛かりとなっている。この点では、コード・スイッチングもスピーチレベル・シフトと同様の機能を持っていると言える。

　　12　J　　　うん。

　　13　T　　　へー/ん。

　　14　J　　　　　/え、□□(注：サークル名)ですか？　じゃ。

　　15　T　　　うん。そう/なん。

　　16　J　　　　　/あ、え、なんの楽器、やってるん

　　17　T　　　うん　あ、トランペット

（三牧（2013：97）より抜粋、一部改編）

　2人は会話開始後に同学年であることが分かるのだが、しばらく丁寧体で会話を続けている（1、2、4行目）。しかし、共通の友人「Nちゃん」の名前が出たのをきっかけに、8行目でJが「あ、そうそう」と普通体による応答をしたのにあわせ、Tも「あー、そうなん」(11行目)という普通体によるあいづちをする。Jは一旦、丁寧体に戻るが(14行目)、その後、2人とも普通体の発話が定着する。このように会話の中で丁寧体と普通体を切り替える行為を**スピーチレベル・シフト**という。ここでは、相手の発話のスピーチレベルから心理的な距離の変化を読み取り、自分の発話のスピーチレベルを調整するといった相互行為が観察される。

4.4　発話行為と談話ストラテジー

　会話は、4.3節で見た雑談のような、互いに楽しくコミュニケーションをするという以上には、特に目的を持たずに開始されるものの他に、ある明確な

目的を持って開始される場合がある。この節では、何かを相手に依頼するための会話を考えてみよう。

　たとえば、隣の席に座っている友人に消しゴムを借りたいとき、あなたはどのように言うだろうか。

(12)　a.　　消しゴム、貸して。

　　　b.　　消しゴム、持ってる？

　　　c.　　あ、消しゴム忘れた！

(12a) のように「消しゴムを貸してください」と依頼文を使って依頼することも可能であるし、また (12b) のように「あなたは消しゴムを持っていますか」と相手の消しゴムの所持を問う疑問文を使っても依頼することができる。さらには、(12c) のように、自分が消しゴムを所持していないことを述べる叙述文 (あるいは感嘆文) を使っても、うまく消しゴムを借りることができるかもしれない。このように、「依頼」という行為はさまざまな発話の形によって達成することができる。このとき、発話によって達成される行為を**発話行為** (speech act) と呼ぶが、発話行為には、(12a) のように発話の意味が字義通りに伝えられる**直接発話行為**と、(12b) (12c) のように発話の文字通りの意味とは異なる内容を伝える**間接発話行為**とがある。

　さらに次の場合を考えてみよう。たとえば、テスト前に自分が欠席した授業のノートを友達に借りたい場合、あなたならどのように依頼するだろうか。次の (13)「ノート」は、柳 (2012) による研究の中で行われた実験で、男子大学生Ｃと女子大学生Ｄが、このような場面を想定して行ったロールプレイ会話の書き起こしである。

(13)　「ノート」

　　　01　C　　先週さ、俺、中国の授業、休んだじゃん。

　　　02　D　　ああ、いなかったよね。

　　　03　C　　あのさ、ノート取ってる？

　　　04　D　　あ、取ってる取ってる。

　　　05　C　　あ、じゃあ、今度貸してくんない？

　　　06　C　　あのさ、確か来週テストあるって言ってたでしょう。

　　　07　D　　うんうん、言った言った。

08	C	じゃあ、あのさ、そのさ、やつをさ、//他のさ、その前の
		やつさ、一応俺書いてない、寝てるからさ、
09	D	うん
10	C	それも貸してくんない?
11	D	ああ、分かった。いいよ//
12	C	うんうん
13	D	何かおごってよ。
14	C	マジで?
15	D	ふふふ {笑}
16	C	じゃあ、学食の弁当とかはどう?
17	D	あ、いいよいいよ。
18	C	オッケー、オッケー。分かった。
19	C	それで、オッケー。
20	D	明日持ってくる。
21	C	オッケー、
22	C	ありがとう。
23	D	はい。

(柳 (2012：42) より抜粋、一部改編)

　5行目「貸してくんない?」という依頼の発話に先行して、1行目で依頼をすることになった事情の説明や、3行目で相手が依頼を遂行することが可能な状況であるかを確認する情報の要求が行われている。また、依頼の発話の後には補償の提案 (16行目) や、謝意の表明 (22行目) が行われている。このほかにも、依頼の発話の前には、「ちょっとお願いがあるんだけど」のような依頼の予告や、「無理だったらいいんだけど」のように相手に断る権利があることを示し、互いの対立を緩和する発話が行われることがよくある。このように話し手は依頼という発話行為を達成する手段として、複数の発話で談話を構成し展開していく。これを**談話ストラテジー**と呼ぶ。

　依頼の談話ストラテジーは、話し手 (依頼者) の属性や相手 (被依頼者) との関係、またその依頼内容の負担量の大きさなどによって、使い分けされることが指摘されている (岡本1988、小林1995など)。また、依頼のほかにも、勧誘 (ザト

ラウスキー1993など）や断り（カノックワン1995など）、感謝、謝罪、言いわけ、苦情、褒めなど、それぞれの発話行為に対応する特徴的な談話ストラテジーが研究されている。

■ 言語による談話ストラテジーの異なり

　談話ストラテジーは、それぞれの言語文化において発達した行動規範の一種である。したがって、文化的背景によってどのようなストラテジーが好まれるかは異なる。たとえば、日本人は、「ちょっとお願いがあるんだけど」のように、依頼があることを予告で明示してから談話を開始することが多いが、フランス人は依頼の予告はせず、相手の状況や所有の有無を確認することで、相手に依頼内容を暗示するストラテジーを好むことが報告されている（猪崎2000）。このような言語文化間の差異は、語や文法の誤りと違って、コミュニケーション上の不快感に直結しやすい問題であるだけに重要で、日本語教育の分野では、学習者数の多い中国語、韓国語との対照を中心に研究が盛んである。

読書案内

寺村秀夫・佐久間まゆみ・杉戸清樹・半澤幹一編（1990）『ケーススタディ日本語の文章・談話』おうふう
初学者の視点に立って、様々な文章・談話の問題点を考えていくという体裁を取る。学術的な概念を覚えるよりも、考える力を養うことに重きを置いている。出版されてから年数は経つが、最初に学ぶ一冊としては今なお出色である。

佐久間まゆみ編（2003）『朝倉日本語講座7　文章・談話』朝倉書店
個別の著者による、さまざまな文章・談話の分析が示される。特に、国語学を中心に発展した文章論、文体論、修辞論について一通りの知識を得るためなら、本書をお薦めする。加えて、テクスト言語学、対照研究、心理学的研究を解説する章も収められている。

高崎みどり・立川和美編（2010）『ガイドブック文章・談話』ひつじ書房
第1部「研究史」では、日本語教育における談話研究の意義や、先行論文の研究史における位置づけを丁寧に示してくれる。第3部では、古代から近代までの、各時代の言語状況や文化的背景、コミュニケーションの形態が、文学や芸能の資料によって、立体的に示されている。SNSなどの新しいツールの台頭によって変化しつつある現代のコミュニケーションを考えようとするとき、歴史的な日本語のダイナミズムの中で捉え直すことの重要性を再確認させてくれる。

高梨克也（2016）『基礎から分かる会話コミュニケーションの分析法』ナカニシヤ出版
本章でも触れた「話者交替」や「参与枠組み」「相互行為」など、コミュニケーションを分析する上で

重要な7つの観点が各章で1つずつ取り上げられ、その理論と分析の実践が解説されている。日常生活の様々な場面で目にするコミュニケーションを、分析的に捉え直すことの面白さがまるごと伝わる良書である。今後、社会とつながるコミュニケーション研究が必要となる中で、若い初学者にはぜひ手にとってほしい1冊である。

8

文体差と文体史

▶1.　はじめに

（1）　a.　本日は、好天であります。

　　　b.　きょうは、いい天気です。

（2）　a.　それは、喫緊の課題である。

　　　b.　そいつは、せっぱつまった問題だ。

　（1）（2）それぞれにおいて、aとbは意味はおおむね同じである。しかし、a
は硬く、bは軟らかい表現様式、あるいは、aは改まった、bはくだけた表現
様式である。このように、意味がほぼ同じでありながら、表現様式に特徴が
指摘できる場合、そこに**文体差**があるという。こうした文体差が生じて来た
歴史的事情について考えるのが**文体史**である。

　本章では、2節で現代語の文体差について述べた後、3節で漢文や話し言葉
との接触から文体の歴史を整理し、4節では、3節の叙述を踏まえて2節の背
景にある歴史的事情を考察する。

▶2.　現代語における文体差

2.1　文体のとらえ方

　文体 (style) とは、文章を単位とする、表現様式上の特徴を指し、文章の種
類の違いに対応する類型的文体と、文章を産出する個人の違いに対応する個
性的文体との、2つの見方でとらえることができる。言語学が扱う文体は主
に前者であり、後者は文学や心理学が主に扱っている。ここでは、前者を扱

うこととし、以後、文体というときは類型的文体を指す。

　文体というとき、書き言葉と話し言葉の違い(3.2.1節)、書き言葉の中でも、「小説」「論説」「報道」など文章ジャンルの分類、また、たとえば小説の中での「会話文」「地の文」などの違い、話し言葉の中でも、「独話」「対話」「会話」の別、独話であれば、「放送」「演説」「スピーチ」などの別というように、文章の種類に着眼した、さまざまな見方ができる。また、「硬い／軟らかい」「改まっている／くだけている」「丁寧／ぞんざい」「あたたかい／冷たい」「理知的／情緒的」「公的／私的」「古風／現代的」などといった、文章が与える様々な印象によって、2極の対立、もしくはその軸での段階差としてとらえる見方もある。

（3）　a.　では、話を聞きましょう。

　　　　b.　じゃあ、話、聞こう。

　(3)では、aもbも表している内容はほぼ同じであるが、aが改まった丁寧な言い方であるのに対して、bはくだけていてぞんざいな言い方という文体差がある。aとbの違いを言語形式の面から見ると、話を聞くことを表すのに、対格の助詞「を」を入れるか入れないか、「聞く」と「(よ)う」の間に、丁寧さを表す「ます」を入れるか入れないかという文法的な現象を指摘できる。また、文頭の語に、「では」と「じゃあ」の違いがあり、選択される語が異なるという語彙的な現象も指摘できる。以下、現代語における文法現象と語彙現象における文体差の事例をいくつか取り上げよう。

2.2　文法現象に見る文体差

2.2.1　格助詞とその省略

　(3)のような、対格に「を」を用いるか省略するかの違いは、どのような文体差だろうか。

（4）　a.　地理情報システム(GIS)を活用し、利用者が必要とする気象等のデータを自由に呼び出し重ね合わせた情報を作成できるなど提供情報を充実する。(『観光白書』2004年、国立国語研究所「現代日本語書き言葉均衡コーパス」による)

　　　　b.　待っててね、今ご飯☆作るから！　最近満雄★、お腹☆こわして

るから、やわらかいものにするわ！（内田春菊『準備だけはあるのに、旅の』2004年、同上）

　（4a）のような白書などの硬く改まった行政文書では、下線部のように「を」が示されるのが通常である。一方、bの、日常会話を反映してくだけている小説の会話文では、対格の「を」は☆を付した位置で省略されることがよくある。主格の「が」についても同様で、aでは二重下線部の通り示されているのに対して、bでは★の位置で省略されている。

2.2.2　敬体と常体

　（3）のaとbの差異に見られたもう1つの文法現象、丁寧さを表す「ます」を付けるか否かの文体差を見よう。この丁寧さの有無という文体差が、文が連鎖する文章の構造に関与することがある。

　日本語では、「ます」や「です」を付ける**敬体**（丁寧体とも言う）と、これらを付けない**常体**（普通体とも言う）があり、個々の文章では、そのいずれかが基調になる場合が多い。時に1つの文章中に、この2つの文体が交用される場合があり、敬体を基調として綴られている文章の中に常体が現れるのは、心情文や従属文の場合であるという原則がある（野田1998）。（5）は、敬体が基調の文章中に、常体の心情文（下線部）が使われている例である（ただし、会話の場合については7章4.3節参照）。

（5）　私の誕生日に、娘がおいしいケーキを買ってきてくれ、感謝していただきました。一ヶ月して夫の誕生日には、子どもたちが二万円もするネクタイをプレゼントしました。主人はとても感激して喜んでいますが、この違いは何なのだ。（『朝日新聞』1991年10月27日、野田1998の挙例）

2.3　語彙現象に見る文体差

　（1）（2）の例における、語彙選択に現れた文体差のありようを内省して整理すると、図1のようになる。

　たとえば、「喫緊」と「せっぱつまる」は、かなり改まっている（a）か、ややくだけている（d）かという対立、「本日」と「きょう」には、かなり改まっている（a）か中立的（c）かという差異、がそれぞれあると感じられる。「課

図1　語の文体的価値

題」と「問題」については、やや硬い語（b）と中立的な語（c）という違いが、「好天」と「いい天気」は、語と句の対であるが、硬軟（b・d）の対立があり、「それ」と「そいつ」には、中立的（c）かかなりくだけている（e）かの相違がある。宮島 (1994) は、このように文体的に段階分けできる語の文体的な性質のことを**文体的価値**と言い、中立的な段階にある**日常語**、改まっている上の段階にある**文章語**、くだけている下の段階にある**俗語**の3段階に分けている。このような段階分けは相対的なものであるので、図1のように5段階に分けたり、さらに細分したりすることもでき、中村 (2010) の「文体注記」に付された情報を整理すると、6段階に分けられる上に、各段階をさらに数段階ずつに細分できるという (中村2015)。

　文体的価値の高低は、意味差とも対応しており、宮島 (1994) は次のような対応を指摘している (各対の左側の語が、文体的価値の高い語)。

規模の大小　　　草原（そうげん）／草原（くさはら）、丘陵／おか、運搬／運ぶ、流出／流れ出る

抽象度の高低　　首肯／うなづく、歪曲／ゆがむ・ゆがめる、孤独／ひとりぼっち

公的性格の高低　交渉／掛け合う、受領／受け取る、見解／意見、慣習／習慣

価値の高低　　　賢明／かしこい、おとめ／少女、かおり／におい、あけぼの／あけがた

いずれの対においても、文体的価値の高い語が、規模、抽象度、公的性格、価値のそれぞれについて、その度合いが高い。こうした語の文体差と意味差との対応は、多くの言語にあるものだが、日本語の場合、ここに**語種**との対応があることが特徴である。それは、文体的価値の高い語には中国語から借用された**漢語**が多く、低い語には日本語に固有な**和語**が多いという対応であり、上記のリストに下線を付した対がそれにあたる。一方、下線を付さなかった、和語／漢語、和語／和語、漢語／漢語の対も少なからずある。

　なお、上記で「価値の高低」とした対には、和語／漢語、和語／和語の対が目立つ。「おとめ／少女」「あけぼの／あけがた」の対に明確に感じられるように、文体的価値の高い方の語が、古風で典雅、あるいは韻文的であるのに対して、低い方の語は、それについて無色である。

　以上のような現代語の文法や語彙における文体差の現象は、歴史的な事情を背景に生じてきたものと考えられる。その歴史とはどのようなものであったのかについて、次節で見ていこう。

▶3.　文体史

3.1　漢と和

3.1.1　漢文の伝来

　原始、日本列島の人々は、日本語の源流にあたる言語を話すコミュニティを形成していったと考えられる。しかし、いつ頃から、どのような言語を話していたかは、文字がなく記録がないため不明である。大陸から人や文化が流入してくる際に、ある時期から、中国語を記した**漢字・漢文**がもたらされるようになった。日本列島からの発掘物に、まとまった内容が記された最古のものは、次である。

（6）　（表）辛亥年七月中記。<u>乎獲居</u>臣、上祖名意富比垝、其児<u>多加利足尼</u>、其児名<u>弖已加利獲居</u>、其児名<u>多加披次獲居</u>、其児名<u>多沙鬼獲居</u>、其児名<u>半弖比</u>、

　　　（裏）其児名<u>加差披余</u>、其児名<u>乎獲居</u>臣。世々為杖刀人首、奉事来至

今。獲加多支鹵大王寺、在斯鬼宮時、吾左治天下、令作此百練利刀、
記吾奉事根原也。

　これは、埼玉県の稲荷山古墳から出土した鉄剣の銘文で、鉄剣の持ち主が、
大王の治世を補佐してこの剣を造ったことが記されている。冒頭の「辛亥年」
は471年と推定されており、この年に書かれたものと考えられる。銘文には、
中国語の文法に則った漢文の中に、「乎獲居」「意富比垝」など、8代にわたる
日本人の名前が、漢字の音を用いて記されている（下線部）。ここから、当初は、
日本のことを書く場合も、外国語である漢文で書かれたこと、日本語の音写
に漢字の音が借用されたことがわかる。

　外国語としての漢文は、伝来当初は、渡来人などに中国語で音読してもら
い、日本語への翻訳を通して内容を理解したと考えられる。音読が繰り返さ
れるうちに、ある漢字には決まった日本語音があたるようになり、翻訳の慣
習化によって、ある漢字には決まった和語が対応するようになる。その決まっ
た和語が訓として定着し、やがてその訓を使って、和語を漢字で書くように
なっていったと考えられる。6世紀のものと推定される、島根県の岡田山古墳
から出土した鉄刀には、「各田マ」（第1字と第3字は「額」「部」の省画字）という文字
列が見えるが、これは「ぬかたべ」と読むことができ、「額」に「ぬか」、「田」
に「た」、「部」に「べ」という訓が成立していたことで可能になった日本語の
表記である（漢字による日本語表記の成立については、沖森（2003）が詳しい）。

3.1.2　変体漢文と漢文訓読文

　漢字に対して日本語の音や訓が成立していく背景には、『日本書紀』に記さ
れる、大陸からの博士の渡来や、仏像や経典の輸入など、6世紀に進んだ儒
学や仏教の移入と、それらに基づく国家づくりがあった。そうした学術・宗
教・政治・経済の活動の基盤として、漢文を読むこととともに、日本語を漢
字・漢文で書くことも深化し展開していったと考えられる。

（7）　池邊大宮治天下天皇。大御身。勞賜時。歳次丙午年。召於大王天皇与
太子而誓願賜我大御病太平欲坐故。将造寺薬師像作仕奉詔。然當時。
崩賜造不堪。小治田大宮治天下大王天皇及東宮聖王。大命受賜而歳次
丁卯年仕奉。（法隆寺薬師如来像光背銘、7世紀前半）

　漢字を受け入れた東アジアの国々は、漢字の意味を自国語で解釈することを行い、その際に、中国語の単語と自国語の単語とが対応することはあったと考えられる。ところが、その対応を使って、自国語を漢字で書き表すシステムとしての「訓」を組織的に確立させたのは日本語だけであった。「訓」には、「山（やま）」のように1対1で対応する「正訓」、1対1ではないが、時代を通じて安定的な関係にある「思（おもう）」のような「定訓」、2字以上が熟合して1つの和語に対応する、「時雨（しぐれ）」のような「熟字訓」などがある。

　銘文が記された薬師仏が、天皇の病気平癒を願って造られたものであることを示す (7) の文章は、下線部のように、中国語にない日本語独自の敬語表現（「おほん」「たまふ」）があったり、二重下線部のように、中国語とは異なる、動詞の前に目的語が来る日本語の語順になっていたりする。このように、中国語の枠から脱し、日本語を書いたことが明らかな漢文を、**変体漢文**（または和化漢文・漢式和文）と言う。7〜8世紀に書かれたものが大量に伝存する木簡や、奈良時代の古文書である正倉院文書は、そのほとんどが変体漢文で書かれ、同じ時代の『古事記』『風土記』も同様である。一方、日本の正史として書かれた『日本書紀』など、公的性格がきわめて高いものは、中国語の枠内の**純漢文**（純粋漢文、正格漢文とも）で書かれた。

　平安時代にも、純漢文は、『日本書紀』のあとを継ぐ『続日本紀』以下の正史や、留学僧空海による『文鏡秘府論』など、公的性格や中国指向の強い世界で引き続き書かれた。変体漢文は、『日本霊異記』などの説話、『拾遺往生伝』などの伝記、『将門記』などの軍記、『御堂関白記』などの古記録、あるいは実務的な古文書など、多種多様なジャンルで大量に書かれ、この時代を通じてもっとも一般的な文体となっていった（平安時代の変体漢文の展開については、峰岸 1986、山口 1993 が参考になる）。この時代は、また、儒学や仏教の受け入れの中で、漢文を読むことも一層活発化し、原漢文にその読み方を示す訓点を書き入れることも行われるようになり、その訓点の中で、読みを示すために借音的に用いられた漢字の一部の字画を省略して**片仮名**が成立した（「久」→「ク」など）。そして、注釈のために、原漢文にはない日本語が、漢文の読み下し文に交ぜて記

される場合も出てきた。図2は、その注釈の例であるが、このようにして**漢字片仮名交じり文**が成立した。

（8）　説クト説ケルヲ聴クト、惣テ一時ト
　　　名ツク（西大寺本金光明最勝王経、9世紀）

　このような文章の文体は、**漢文訓読文**と呼ばれ、その字義からは、漢文がまずあってそれを訓読する文体ということになるが、漢文とは独立に書かれる場合、そこに、中国語にはない日本語に特有の文法や語彙が混じることになり、その点に着眼すれば、その文体は、後述する和漢混淆文と見ることもできる。

　学術や宗教の移入と、それらの活動における文章理解と文章表現という漢文世界で

図2　『西大寺本金光明最勝王経』
（西大寺所蔵）

の言語活動は、それに基盤を置いた政治・経済の業務管理のための文書作成、あるいは、歴史の記録などに展開したと考えられる。それらの文章の扱う内容は、社会的な規模が大きく、抽象度が高く、公的性質が強い、理知的なものだったと考えられ、そのような性質が、変体漢文や漢文訓読文の文法や語彙を性格づけることにもなった。

3.1.3　和文と和漢混淆文

　漢文がもたらされる前の日本語は、話し言葉だけの言語であり、話し言葉は流動的で固定されにくいため、文章としての型は持ちにくかった。しかし、話し言葉の中にも、固定的な型を持つもの、すなわち**韻文**があり、日本語の韻文は**うた**と言われるものであった。純漢文で書かれた『日本書紀』や、訓表記主体の変体漢文で書かれた『古事記』の中でも、うたの部分は、（9）のように漢字による借音表記になっている（[　]内は原文を漢字仮名交じり文に改めたもの）。

（9）　夜久毛多都　伊豆毛夜弊賀岐　都麻碁微爾　夜弊賀岐都久流　曾能夜弊賀
　　　岐袁 [八雲立つ　出雲八重垣　妻籠みに　八重垣作る　その八重垣を]（古事

　4500首余りのうたを集めた『万葉集』が8世紀に編集され、上記のような漢字を借音的に用いる**万葉仮名**による表記が多く見られる。この万葉仮名をくずして、9世紀に成立したのが**平仮名**であり、10世紀はじめの『古今和歌集』や『伊勢物語』などの文芸作品として、流麗な草書体の平仮名を用いた和文が成立した。人間の情感や自然の美しさを話し言葉を基盤にして詠んだ和歌を中核に置き、その周囲に散文を書く形で、宮廷貴族社会において成立した和文は、貴族の会話や独話の描写も取り込んで発展を遂げ、11世紀はじめには『源氏物語』『枕草子』など、高度に洗練された作品を生み出していった（仮名文学作品における和文の成立と展開については、山口（1985）、渡辺（2000）が詳しい）。

(10)　むかしみちのくにゝてなでうことなき人のめにかよひけるに、あやしうさやうにてあるべき女ともあらず見えければ、

　　　しのぶ山しのびてかよふ道も哉人の心のおくも見るべく

　　女かぎりなくめでたしとおもへど、さるさがなきえびすごゝろを見てはいかゝはせんは（伊勢物語・15段、図3：字体については13章5.2節囲み記事）

　和文の成立の基盤には、文芸世界のほかに実用社会もあり、たとえば、(11)の文章（図4）は、冒頭の8文字までは変体漢文であるが、9文字めからは

■ 万葉集の表記法

　『万葉集』には、(9)のような1つの音に1つの漢字を当てる**一字一音表記**のほかに、漢字の訓を利用した表記も採用されている。次の歌は、巻15ではaのように、巻3ではbのように表記されている。

ⅰ）天離る　鄙の長道 {を／ゆ}　恋ひ来れば　明石の門より　家のあたり見ゆ

　　a.　安麻射可流　比奈乃奈我道乎　孤悲久礼婆　安可思能門欲里　伊敝乃安多里見由（3608）

　　b.　天離　夷之長道従　恋来者　自明門　家門当見由（255）

　aは基本的に漢字の音による表記であるのに対し、bでは表語文字である漢字に定着した訓を利用して歌を記している。後者のように、訓を中心にした表記は**訓字主体表記**と言われるが、bではすべてを訓によって記しているわけではなく、「見由」の「由」は借音による万葉仮名である。訓字主体表記にどの程度音仮名が混ざるかはさまざまであり、一方で、一字一音に見える表記にも、訓による表記が混ざることがある（aの「見」）。

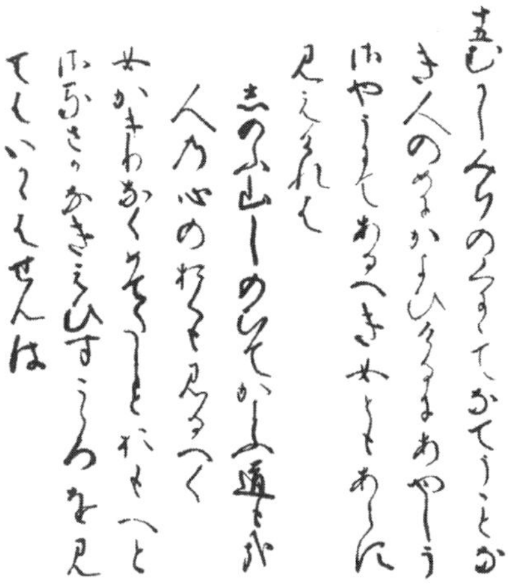

図3 『三条西家旧蔵本 伊勢物語』

図4 『讃岐国司解有年申文』
（東京国立博物館蔵　Image: TNM Image Archives）

「これはなぜむにか」（これはなぜだろうか）と万葉仮名による和文になっており、以後「官（つかさ）」「抑刑大史」「定以出賜」の部分で訓表記や変体漢文の要素が見える以外は、和文の要素の方が多い。しかも、後半の仮名のくずしの度合いは大きく、平仮名と見てよいものになっている。和文の成立には、和歌からの流れだけでなく、こうした実用的な変体漢文に混じる仮名散文からの流れもあったと考えられる（『有年申文』については小松（2002）が詳しい）。

(11)　改姓人夾名勘録進上　許礼波奈世无尓加　官尓末之多末波无　見太末
　　　ふ波可利止奈毛お毛ふ　抑刑大史乃多末比天　定以出賜　いとよ可良
　　　無　有年申　（讃岐国司解有年申文、867年）

　また、10世紀末に成立した説話集である『三宝絵』は、平仮名で書かれた本文、漢字と片仮名が混じり合った漢字片仮名交じり文で書かれた本文、漢字だけで書かれた本文の3様が伝わっており、それぞれ、和文、和漢混淆文、変体漢文とも見られるが、表記は異なっていても、表現の細部まで一致するところが多い。ここから、平安時代中期において、すでに、和と漢とが通じ合い混じり合う、和漢混淆（和漢混交とも）が進んでいたことがわかる。

　和漢混淆文の成立において時代を画する位置にあるのが、1000余話の説話

を集成した『今昔物語集』（12世紀初め）であり、インドや中国を舞台とする説話や仏教色の強い説話は漢文訓読文を基調とし、日本を舞台とする世俗色の強い説話は和文を基調としている（『今昔物語集』の文体については、佐藤（1984）、藤井（2003）が詳しい）。

(12)　a.　今昔、舎衛国ノ波斯匿王ニ一人ノ娘有リ。善光女ト云フ。端正美麗ナル事、世ニ無並シ。（今昔物語集・巻2-24）

　　　b.　今昔、染殿ノ后ト申スハ、文徳天皇ノ御母也。良房太政大臣ト申ケル関白ノ御娘也。形チ美麗ナル事、殊ニ微妙カリケリ。（同・巻20-7）

　　　c.　今昔、小野ノ宮ノ右大臣ト申ケル人御ケリ。御名ヲバ実資トゾ申ケル。身ノ才微妙ク、心賢ク御ケレバ、世ノ人、賢人ノ右ノ大臣トゾ名付タリシ。（同・巻27-19）

　(12)はいずれも、説話冒頭で人物描写をする部分であるが、まず、cとaを比べてみよう（図5）。cは、「御ス」などの敬語や、「ケリ」「キ」「タリ」など過去完了の接辞、「微妙シ」（メデタ）「賢シ」（カシコ）など和語形容詞を多用しており、和文の特徴を豊富に含んでいる。一方、aは、それらをほとんど用いず、「端正美麗」という漢語形容動詞を用いているなど、漢文訓読文と見てよいものである。そして、bは、2回使われる「申ス」には、「ケリ」が付くものと付かないものがあり、「美麗ナリ」という漢語形容動詞と、「微妙シ」（メデタ）という和語形容詞の両方を用いており、漢文訓読文の特徴と和文の特徴を混在させ、aとcの中間的な

文体になっている。このように、『今昔物語集』は、文体の振れ幅が大きいが、その両極の間は連続的であり、説話集全体としては統合された文体になっていることから、和漢混淆文の成立を告げる作品と見ることができる。

　以後、鎌倉時代の随筆や軍記物、室町時代の御伽草子や歌論、江戸時代の浮世草子や読本、そして明治時代の普通文や言文一致小説など、主要な作品の多くは、大枠としては、和漢混淆文に分類できるものである。次節で見る、鎌倉時代以後の多様な文体の展開は、この和漢混淆文の成立が基盤となったと言ってよい。

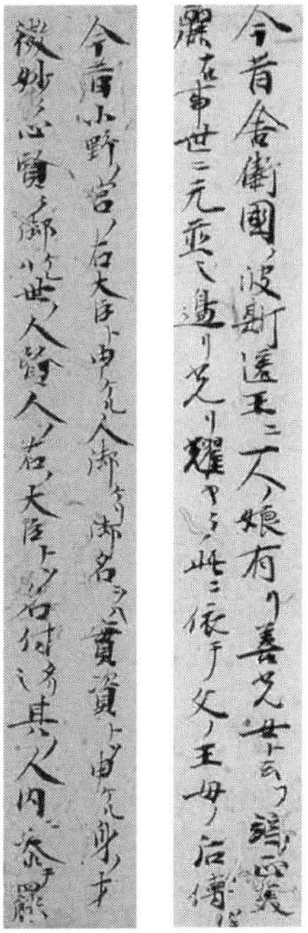

3.2　言と文

3.2.1　話し言葉と書き言葉

　言語の根源は、書き言葉でなく話し言葉であり、社会が文明化する過程で、歴史の記録や、法の制定、行政の管理などのために文字が発明され、書き言葉が成立する。そのような要請から生まれた書き言葉は、整った内容や論理的な構造が備わることで、話

図5
『鈴鹿本今昔物語集』
（京都大学附属図書館蔵）

し言葉とは異なる形を持つことになる。話し言葉は、その時々の状況や気持によって随意に工夫することができるが、話した先から消えていくため、変化もしやすい。一方、文字によって固定される書き言葉は、変化しにくく、客観視でき、それによって、文章作成の工夫をじっくりと行うことができる（7章4.2節）。そして、話し言葉で生じる、情況や心情に根付いた、新しく力強い表現を、書き言葉に加えていくこともある。そうした一般的性質に加えて、日本語の書き言葉は、漢字・漢文を介して古典中国語とつながっていたことが、学術、宗教、政治、経済などの諸分野の語彙を増大させ、各分野が要請する文章の生産に、好都合だった。こうして、日本語の書き言葉は、多様な文体を形成していくことになった。

3.2.2 口語体と文語体

　日本語も、話し言葉だけの時代の後、漢字による書き言葉を持ったが、中国語の枠組が残っているうちは、表現には不自由なところが多かったと考えられる。ところが、平安時代に、仮名の発明により、音声と直結させて書くことができるようになり、貴族の話し言葉に基づく口語体として和文が成立し、型を成した。しかし、その後、100年、200年を経るうちに、話し言葉は変化し、固定した和文との乖離が大きくなっていった。一方で、平安時代の和文を拠るべき型と見て、**擬古文**として、和文を書き続ける流れも生まれてきた。鎌倉時代の貴族文学である擬古物語、室町時代の能の詞章である謡曲、江戸時代に古典学として発展した国学の文章などが、それに当たる。

(13)　おほかた世の人ごとに常に深く願ひしのぶ事は、色をおもふよりも、身
　　　　の栄えをねがひ財宝を求むる心などこそは、あながちにわりなく見ゆ
　　　　めるに、などてさるさまの事は歌によまぬぞ。(本居宣長『石上私淑言』、18
　　　　世紀)

　口語体とは、当代の話し言葉に基盤を置いた文体、**文語体**とは、それから遠い文体のことで、それぞれ、時代によってその指し示す文章の実体には様々なものがある。平安時代の口語体は和文であり、鎌倉時代には、口語体は存在せず、新しい文体である和漢混淆文で書かれた説話集や軍記物も、当時の話し言葉からは距離を置いた文語体であった。しかし、説話集や軍記物においては、平安時代には通常なかった連体形終止 (4章2.1節) が、時代を追うごとに増えていったり、当時の話し言葉における新語が用いられたり、口語的な要素が部分的に交じることは少なくなかった。

　室町時代になると、当時の話し言葉を色濃く反映した新しいジャンルの文章がいくつか現れる。その1つに数えられる**狂言台本**は、滑稽な演劇の台本であり、登場人物の台詞からなる文章は、その性格から口語性が強い。

(14)　松やに「是は此あたりに住居する者にて候、毎年正月今日は、みなみ
　　　　な申入、松拍子を仕る間、太郎くわじやをよび出し、申付ばやと存る、
　　　　太郎くわじやあるか「お前に「汝は各のかたへゆき、かれいのごとく、
　　　　今日松ばやしをいたす程に、ござつてくだされひといふて、よびまら
　　　　してこひ (虎明本狂言・松脂、17世紀)

同じ時期の話し言葉が写されていると見られるものに、講義の手控えや記録である**抄物**がある。講義の内容は漢文に基づいているので、文語体としての漢文訓読文の要素も多いが、次の引用の下線部「見エタ」「揮ウテ」「ナイホドニ」「居タガヨイ」など、口語的な要素の方が目立つ。

(15)　第四ノ句ハ人ノ覚ユル句也。此詩ノ心モ底心アリト<u>見エタ</u>。当代才能ヲ<u>揮ウテ</u>用ラレンカト思テ、人ニ追従ヲシテマワル。サレドモ、用ユルモノ<u>ナイホドニ</u>、追従ガ無用也。口ヲ緘テ<u>居タガヨイ</u>也。(中華若木詩抄、16世紀)

　イエズス会の宣教活動の中で編集された**キリシタン資料**の中には、日本語の会話ができるようになるための、ローマ字書きされた口語体の教科書の一群がある。会話の規範を学ぶ書という性格から、口語性の高さとともに、規範性の高さという性質もあわせもつ文体である。漢字仮名交じり文に翻字して示す(16)は、下線部のように、文末は「た」、節末に「たが」もあり、抄物と似た口語体であることがわかる。

(16)　それによってかの清盛の御一家のひとびととさえいえば、公家武家ともに面をむかえ、肩を並ぶる人もござなかっ<u>た</u>。清盛の小舅に時忠の卿と申す人がござっ<u>たが</u>、この一門でない人は皆人非人ぢゃと申され<u>た</u>。(天草版平家物語、16世紀)

　江戸時代も進んでいくと、近松門左衛門の世話浄瑠璃など、話し言葉を生かした演劇の脚本があるほか、遊郭における男女の会話を描写した人情本や洒落本、庶民の会話を活写した滑稽本など、**戯作**の一群が登場する。

(17)　▼亭主李白「是は仁さまおめづらしいさあさあおくへともてはやす▲孔子「なんと李す此中は久しいの無事で珍重珍重と座敷へ行▲李白女房滝「是はおめづらしいおかほ。おうはさばつかり申ておりました▲中居なつ「もし仁さま此中横堀でお見うけ申しましたゆへ大かたおよりなさるであろふとぞんじましたに。よふまたせなさつたの(洒落本・聖遊郭、18世紀)

　抄物の流れを汲む、講義の場の口語体の資料として**講義録**がある。(18)で文末に下線を施したが、口語体を基調とする中に、二重下線を付したように文語体が混じることもある。また、口語体の部分は、「じゃ」「た」のような常

体と、「ます」「ございます」のような敬体が混在している。この文体は、明治時代の新しい口語体の形成につながっていく。

(18)　むかし京に、今大路何某といふ名医がござつて、名高ひ御人<u>じや</u>。或時鞍馬口といふ所の人、霍乱の薬を製して売弘めまするにつき、看板を今大路先生に御願ひ申て、書いてもらは<u>れました</u>。其看板に、はくらんの薬と仮名で御書<u>なされた</u>。ソコデ頼だ人がとがめ<u>ました</u>。「先生是は霍乱の薬ではござりませぬか。何故はくらんとはなされましたぞ。」先生笑ふて、「鞍馬口は京へ出入の在口、往来は木こり・山賎・百姓ばかり、くわくらんと書いてはわから<u>ぬ</u>。はくらんと書てこそ通用はする<u>なれ</u>。真実の事でも、わからぬ時は役にたゝぬ。仮令はくらんと書ても、薬さへ功能があれば能いではない<u>歟</u>」と仰せられ<u>ました</u>。いかさま是は面白い事でござります。聖人の道もチンプンカンでは、女中や子ども衆の耳に通ぜ<u>ぬ</u>。心学道話は、識者のために設け<u>ました</u>事ではござりませ<u>ぬ</u>。（鳩翁道話、19世紀）

3.2.3　言文一致

　幕末から明治時代前期には、洋学や西洋語の翻訳の隆盛により、西洋言語の影響を受けた文章が現れ、また、国民国家形成のために万人に読みやすく書きやすい文章が工夫され始めた。西洋の文章を日本語化する際、当初は、原文の内容を把握し、それを伝統的な日本語の文語体で翻案していたが、明治10年代後半から、原文に沿って逐語訳することも行われるようになり、それまでの日本語とは異質な語法が増え、文法に影響した。また、幕末から明治前期を通じて、新概念に対応する訳語創出が重ねられた。こうした文法・語彙両面での新しい要素は、文体の変容を促した（明治前期の翻訳と文体の関わりについては、川戸（2014）、森岡（1999）が参考になる）。万人に通じる文体としては、まず、普く通じる文章という意味の**普通文**が、文語体で工夫され、幕末・明治初期のベストセラーはこの文体で書かれていた。

(19)　学問をするには分限を知る事肝要なり。人の天然生まれ附は、繋がれず縛られず、一人前の男は男、一人前の女は女にて、自由自在なる者なれども、唯自由自在とのみ唱へて分限を知らざれば我儘放蕩に陥る

こと多し。即ち其の分限とは、天の道理に基き人の情に従ひ、他人の妨を為さずして我一身の自由を達することなり。自由と我儘との界は、他人の妨を為すと為さゞるとの間にあり。（福沢諭吉・学問のすすめ、明治5年）

洋学者の集った明六社が刊行した『明六雑誌』（明治7〜8年）は、150本余りの論説文を掲載し、その大部分は漢文訓読文や普通文の文語体が占める。3本だけある口語体の記事は、「ござる」「でござります」「であります」の敬体を基調とし、そのまま**演説**にもなる文体であった。明治時代に盛んになる演説の文体は、前代の講義録から発展したもので、論説的文章における口語体は、演説の広がりとともに確立したと見ることができる。ほかに、明治初期の口語体としては、『読売新聞』『仮名読み新聞』などの小新聞、『百一新論』『開化問答』などの開化啓蒙書があるが、これらも、講義録の文体や演説の文体と通じるものだった。

文学的文章における文体改革は、明治20年ごろに活発化し、**言文一致**の成功例として、山田美妙と二葉亭四迷が対比的に取り上げられることが多く、文学表現としては後者が高く評価されている（山本（1965）。明治期の言文一致運動については、ほかに山本（1971）、飛田編（2004）が詳しい）。

(20)　a.　さてもさても無情な世の中。花が散ツた跡で風を怨ませるとは何事です。月が入ツた後に匿した雲を悪ませるとは、ても、無残な。風は空の根方と共に冴亙ツてやゝ紅葉に為ツた山の崖に錦繍の波を打たせて居る秋の頃、薄い衣を身に纏ツて其辺を托鉢して居る尼の様、面影はやつれても変りません、前の哀れな蝴蝶です。（山田美妙・蝴蝶、明治22年）

　　　　b.　とは云ふものゝ心持は未だ事実でない。事実から出た心持で無ければウカとは信を措き難い。依て今までのお勢の挙動を憶出して熟思審察して見るに、さらに斯様な気色は見えない。成程お勢はまだ若い、血気も未だ定らない、志操も或は根強く有るまい。が、栴檀は二葉から馨ばしく蛇は一寸にして人を呑む気が有る。文三の眼より見る時はお勢は所謂女豪の萌芽だ。（二葉亭四迷・浮雲、明治20〜22年）

下線部のように、aは「です」、bは「だ」を用いているところから、それぞ

れの文体は、「です」体、「だ」体と名付けられているが、言文一致の文学作品において、前者は敬体の代表的な文体、後者は常体の代表的な文体であった。また、点線部のように、aには、体言止めや連体形止めが目立ち、言い切りの述語をあまり用いないという特徴が指摘でき、bには、終止形で終わる文が多く、常体で言い切ることが多いという特徴が指摘できる。野村 (2013) は、山田美妙の敬体について、「敬体は小説に関して「簡略」でない余分な要素と言いうるかもしれない。では何に対して「余分」なのであろうか。後に述べるように、それは「ものを思う＝思考する」という事柄についてであろう」(p. 220) と説明し、二葉亭四迷の常体について、「『浮雲』の口語体は、その内語性に由来する」(p.238)、「内語 (思い言語) は話し言葉に基づいていても、ふつう敬体は使われない」(p.238) と述べている。つまり、ものを思う文学表現にとって敬体は余分なものであり、常体の口語体で書くようになったことが、日本語の言文一致の成立と見ることができるのである。

　以上見てきた、和と漢、言と文の2つの軸を中心に織りなす文体史は、文法現象、語彙現象における文体差の形成と変容に本質的なところで関わっている。そのことを、2節で扱った事例に再度光を当てて見ていこう。

■ 言文一致と標準語

　言文一致運動の中核を担ったのが、山田美妙、二葉亭四迷、尾崎紅葉など東京出身の作家達であったのは、東京の話し言葉に基づいた新しい書き言葉の文体が模索されたからである。その新しい書き言葉は、反転して、話し言葉にも影響を与える。明治期の東京における実際の話し言葉は、階層や職業などによって多様であったが、これが均質化される方向で、話し言葉における**標準語**が形成されていく。話し言葉の標準語化に尽力した上田万年は、次のように述べている。

　　さて東京語を標準とするにしても、何でも東京語でさへあれば標準語だといふ事は出来ない。同じ東京の言葉といつても階級により、職業により、その他の境遇によつて相違があり、又、山の手とか、下町とかいふやうな土地によつての差異もある。これ等のうちで、吾々が標準語の基礎として選ぶべきはその中庸を得たるものでなければならない。あまり上品なもの、あまり下等なもの、あまり特殊的のもの、此等はどうしても避けなければならぬ。それで此の選に当るものは、教養ある中流社会の言葉となるのである。(上田万年『国語学の十講』、大正5年、通俗大学会)

▶4.　文体差の史的事情

4.1　格助詞「を」

(21)　男の、着たりける狩衣の裾<u>を</u>きりて、歌<u>を</u>書きてやる。(伊勢物語・初段)

　まず、対格「を」に関わる現象を見よう。平安時代には、対格の「を」は(21)のようによく使われた。しかし、「を」の使い方には、漢文訓読文と和文とで違いがあり、漢文訓読文では通常「を」を用いるのに対して、和文ではこれを省略することも多かった。(22)は、築島 (1963) が挙げた例である。bの和文では、☆の位置に「を」が省略されている。

(22)　a.　髪<u>を</u>削リ、翰<u>を</u>矯ケテ、二空<u>を</u>翔集す(興福寺本大慈恩寺三蔵法師伝延久頃点)

　　　b.　きよげなる童などあまた出で来て、閼伽☆奉り、花☆折りなどするも、あらはに見ゆ。(源氏物語・若紫)

　平安時代末期から鎌倉時代の説話集や軍記物などの和漢混淆文では、和文に比べて「を」が表示されることがかなり多くなる。その中の1つ、『平家物語』と、これを室町時代の口語体に翻訳したキリシタン資料である『天草版平家物語』について、対格の位置に「を」を用いているか省略しているかを調査した金水 (2011) は、「もともと古典的『平家物語』は、漢文訓読文の影響も強く受けているので、「を」付き目的語が少なくなかったが、『天草版平家物語』では目的語はほとんど「を」付きになっている」(p.106) と述べ、その理由を、キリシタン資料が規範的な文章であったからだと説明している。さらに後代の諸種の口語体の文章での「を」の有無を調査し、規範性が高いと言われる江戸時代の講義録『鳩翁道話』に、「を」が表示されることが多い事実などを指摘している。

　このように、対格「を」を表示するか省略するかは、鎌倉時代までは和漢の文体差、室町時代以後の口語体では規範性の高低が左右する現象だったと見ることができる。2.2.1節で見た、現代語において硬く改まった書き言葉では「を」を用い、くだけた書き言葉や話し言葉ではこれが省略される現象は、このような歴史的事情が背景にあるのである。

4.2 言文一致における敬体

　明治時代に進む言文一致の流れを総合雑誌『太陽』(明治28〜昭和3年) のコーパスによって追跡した田中 (2013) によれば、2.2.2節で紹介した、現代語における敬体と常体の使い分けの原理に関わる文体変化が確認できる。

(23)　今日茲に皆様と此国語研究会を開きまするに当り、前以て御断りを致しておかねばなりませぬのは、我等が此会を建てた趣意に就て<u>ゞありまする</u>。我等研究会員は、此大日本帝国の国語を尊み愛しみ、殊に其学術上取調を励み、其実際上拡張を謀る上では、誰の後にも立つ事を屑とせざる者<u>でありまする</u>。(上田万年・国語研究に就て、『太陽』1巻1号、明治28年)

　(23) は、演説に基づく論説記事であり、3.2.3節で見た、江戸時代の講義録の文体から続く伝統的な口語体の系譜にある文体である。2箇所ある文末 (下線部) から、敬体の**「であります」体**と見ることができる。この記事は、全体で120文からなるうちの5文が常体の文末を持つが、それらはすべて、(24) のように、心情文である。

(24)　a.　これは寧しろ敬服すべき方の事と申して<u>よろしい</u>。

　　　b.　私は實に彼等にむかひて、其熱情をば感謝することに<u>躊躇しない</u>。

　この記事が掲載された明治28年の段階では、口語体の記事は全体の5%程度を占めるに過ぎなかったが、その中では「であります」体を基調とする記事が最も多かった。そうした記事で部分的に常体が混じる場合は、(23)(24) を含む文章と同じ原理で説明できる。つまり、現代語に見られる敬体と常体の使い分けの原理は、この時点ですでに成立していたと考えられる。しかし、この原理では説明できない口語体の文章もあり、それは、「です」による敬体であった。この年の「です」は、演説や論説にはほとんど見られず、日常卑近な話題を扱う短い記事に偏在している。「です」は、江戸語で、身分の低い人の用いる言葉であった (中村1948) 名残から、丁寧さの度合いが低く、常体に対立する性質が弱かったため、使い分けることができなかったのだと解釈される。言文一致が進み、「です」の使用場面は次第に増えていき、大正時代までには、論説的文章においても、「であります」よりも「です」の方が一般的になっていく。このように、敬体と常体の使い分けの基本的な構造は、言文一致期ま

でに成立していたが、その後、部分的に変容を続けて現代に至っていると見ることができる。

4.3　文体による語の対立

本章の冒頭に見た、「本日」と「きょう」、「それ」と「そいつ」のような、語の文体差、あるいは、文体による語の対立の現象は、日本語史上の各時代に様々な形で現れる (文体の視点から語彙史現象を扱った論に、半澤 (2009) がある)。

4.3.1　歌語と一般語

(25)　a.　この州崎廻に多津鳴くべしや (万葉集・巻1・71)

　　　b.　神風の伊勢娘子ども相見鶴かも (万葉集・巻1・81)

奈良時代から指摘されるものに、**歌語**がある。現代語の鶴に相当する鳥が『万葉集』に詠まれる際、「つる」の確かな例はなく、(25a) のような「たづ」が用いられる。一方、(25b) のように、完了の「つ」の連体形「つる」に「鶴」という漢字が訓仮名として用いられる例は多く、当時一般に、鶴を指す「つる」という語が使われていたことが推定される。ここから、歌語では「たづ」、一般語では「つる」であったことがわかる。このような、歌語と一般語の対立は、平安時代以降、より多くの語で認められ、「あさ」や「白雲」は、それぞれ「あした」や「雲」に対立する歌語である。この対立は、2.3 節で挙げた「価値の高低」の意味差 (「あけぼの／あけがた」など) を伴う文体差に相当し、その構造が現代語にまで伝わってきていると見ることができる。

4.3.2　漢文訓読語と和文語

平安時代には、漢文訓読文と和文とが並び立っていたが、それに応じて、**漢文訓読語**と**和文語**の対立があったことが知られている。築島 (1963) は、訓点資料である『興福寺本大慈恩寺三蔵法師伝古点』(慈恩伝、11–12世紀) と『源氏物語』(11世紀) の語彙を比較して、「ともがら／ひとびと」「います／おはす・おはします」「はなはだし／いみじ」「すこぶる・はなはだ／いみじく・いたく」など、80 対余りの対立を示している (各対の前が漢文訓読語、後が和文語)。築島は、2つの文献での頻度を明示していないが、ここで、その中の3対について、

表1　平安時代の漢文訓読語と和文語の対立

	たがひに	かたみに	おそる	おづ	かうべ	かしら	みぐし
慈恩伝	5	0	6	15	2	1	0
源氏	0	69	1	26	0	23	76

築島 (1965-1966) が掲載する『慈恩伝』で付訓がある箇所と、『日本語歴史コーパス』において『源氏』に存在が確認される箇所の件数を調査すると、表1のようになる。

「たがひに／かたみに」は、漢文訓読語と和文語が排他的であるが、「おそる／おづ」は、漢文訓読語が和文で排除される (『源氏』における唯一例は、特異人物の発話箇所) という特徴を見せる。また、「かうべ／かしら・みぐし」では、和文語の2語のうち、「かしら」は漢文訓読文にも見られるのに対し、「みぐし」は全く見られず、和文への傾斜具合に少し程度差が認められる。

平安・鎌倉時代における「おそる／おづ」の対の用例をもとに意味分析を行うと、恐怖心の働かせ方が、「おそる」は意識的であり心の中にとどまるのに対して、「おづ」は無意識的であり動作につながるという違いが見出せる (田中1990)。このことは、たとえば (26) のように、「おそる」は、「世」や「風」のように意志を持たない、どちらかというと抽象的な存在を対象にしているのに対して、「おづ」は、帝や具体的な人物を対象にしているところなどから裏付けることができる。

(26)　a.　汝また (中略) 世をおそり、おほやけにおぢ奉るも (宇治拾遺物語 15-12、13世紀)

　　　b.　のこりの船は風におそるるか、梶原におづるかして (平家物語・11、13世紀)

漢文訓読語である「おそる」は、和文語である「おづ」に比べて、意味がより抽象的であると見ることができ (漢文訓読語と和文語の間に意味の対立があることは、関 (1993) に研究がある)、2.3節で見た、現代語において文体的価値の高い語は低い語よりも、意味がより抽象的であるという現象と通い合う。3.1.2節で漢文訓読文の世界に抽象度の高い文章や、抽象的意味を持つ語が多くなる歴史的背景を述べたが、和文語に対する漢文訓読語のこうした性質が、現代語の文体

差と意味差の対応となっているのである。

4.3.3　文語語彙と口語語彙

　室町時代になると、文語体文献と口語体文献の別が顕著になるが、その2つの資料群の間で、出現頻度の差となって文体的対立が鮮明になっている語彙を指摘することができる。柳田 (1991) は、室町時代の口語体文献である『虎明本狂言』と、文語体文献である『車屋本謡曲』とで、語の出現頻度を比較して、表2のようなデータを示している。

　表2から、「おそる」と「かうべ」が**文語語彙**、「おづ」「こわがる」と「かしら」「あたま」が**口語語彙**と見ることができる。「おそる／おづ」については、平安時代の漢文訓読語と和文語の対立が、文語語彙と口語語彙の対立にスライドし、平安時代にはなかった「こわがる」が口語語彙に加わって、「おそる／おづ・こわがる」という対立を形成していると見ることができる。また、「かうべ／かしら」の対立には、やはり平安時代になかった「あたま」が登場して、「かうべ／かしら・あたま」という対立を形成していると見ることができる。このように、平安時代の漢文訓読語と和文語の対立は、室町時代の文語語彙と口語語彙の対立にスライドしていることが確かめられたことから、文体的価値の高低の基本的な構造は、時代が移っても不変なところがあると考えられる。そして、文体的価値の低い口語語彙の側に新しい語が生まれて、それが対立構造に組み込まれていく状況も確認できる。

表2　室町時代の文語語彙と口語語彙の対立

	おそる	おづ	こわがる	かうべ	かしら	あたま
車屋本謡曲	14	0	0	11	3	0
虎明本狂言	1	14	3	6	23	12

4.3.4　漢語と和語

　今野 (2011) は、平安時代末期のいろは引きの辞書『色葉字類抄』の記載から、(27) のような情報を約60対リスト化している。

(27)　a.　掲焉　　ケチエン　　いちしるし

b.　早晩　　サウハン　　はやく

　　c.　経営　　ケイエイ　　いとなむ

　　d.　不審　　フシン　　　いぶかし

　たとえばaの例では、「け」の部に「ケチエン」とい
う語として掲載される「掲焉」が、「い」の部に「いち
しるし」という語としても掲載されていることを示
している。左側は**漢語**、右側は**和語**で、漢語と和語
が、同じ漢字列で書かれることが多くあったことを
ものがたる事実である。

　(27) の 4 つの漢字列のうち、a「掲焉」、d「不審」の 2 つの漢字列は、『今
昔物語集』において、それぞれ、漢語「ケチエン」と和語「いちしるし」、漢語
「フシン」と和語「いぶかし」として、実際に用いられている。『今昔物語集』
では、同一の漢字列が漢語にも和語にも使われている現象は多く、中でも「奇
異」における「キイ」と「あさまし」、「微妙」における「ミメウ」と「めでたし」
は、漢語が漢文訓読文の文章に、和語が和文の文章に、それぞれ排他的に偏
在する傾向が顕著で、文体による対立が鮮明である。加えて、多くの用例を
分析していくと、両者の間には意味差が認められ、「微妙」の場合で言えば、
「ミメウ」は、人物の服装や建物の装飾など、事物の表面や構成を分析的にと
らえたときの素晴らしさを評価しているのに対して、「めでたし」は、人物の
内面や事物の存在そのものの素晴らしさを評価していることがわかる (田中
2000)。言わば分析的な意味か総合的な意味かの差異である。このような文体
差と意味差は、2.3節で見た、現代語における文体的価値の対立を持つ漢語と
和語の対のありように通じるものだろう。

　今野 (2011) は、鎌倉時代以降の辞書、振り仮名を豊富に持つ資料を数多く
調査し、同じ漢字列を持つものに限らず、漢語と和語とが文体的に対立し合
いながら相互関係を強く結んでいるものを「連合関係」という用語を使って、
豊富に指摘している。このような漢語と和語の対立は、日本語の歴史を通じ
て形成され続け、現代に至っていると考えられる。たとえば、西洋語からの
訳語創出によって漢語が急増し (6章2.2節)、言文一致によって口語性の強い語
彙が書き言葉に組み入れられた近代は、漢語と和語の連合関係の組み変えが、

多くの語において起こったものと考えられる。

　以上、歌語、漢文訓読語と和文語、文語語彙と口語語彙、漢語と和語といった、日本語史上の別々の現象も、文体差が関与する語彙現象として、歴史的に関連し合っていると見ることができ、それらの流れの延長に、現代語彙における文体差の現象があるのである。

読書案内

山口仲美（2006）『日本語の歴史』岩波新書
日本語の通史を、話し言葉と書き言葉のせめぎ合いという視点から、1つのストーリーに仕立てた本。日本語の歴史のエッセンスを、テンポよい読み物として通読できる、日本語史分野の最良の入門書。日本エッセイスト・クラブ賞受賞作。より本格的な読み物としては、同名の亀井他（2006-2008）がある。

野村剛史（2011）『話し言葉の日本史』吉川弘文館
奈良時代は音韻、平安時代は文法、鎌倉時代は語彙、そして室町時代以降は、現代標準語がどうできてきたかと、時代によって焦点を変えながら、日本語の話し言葉の通史を描く本。文献資料の上に、言葉を話している人間の活動を見出そうとしているところが魅力的である。

今野真二（2010–2015）『日本語学講座』（全10巻）清文堂
文献から言葉をどうとらえればよいか、多種多様な文献資料の具体的分析を通して、濃密な考察が展開されているシリーズ。文体差が明確に形成された平安時代から室町時代までと、それが大きく変容した明治時代との扱いが大きい。文体差・文体史の問題が、日本語学の中心的な問題の1つであることが実感できる。文献から日本語史をどうとらえるかについては、金水他（2008）の問題意識も重要である。

Chapter

9

言葉の変異と諸方言

▶1. 言葉の変異

日本語を注意深く観察していると、同じものを指していたり、同じ内容を言っていたりしても、違った語形が複数存在していることに気づく。たとえば、ある人は「スプーン」と呼ぶものを別の人は「さじ」と呼ぶ。ある人は「おいしい」と言うのに別の人は「うまい」と言う。このように同じ対象に違った語形を使うことを言葉の**変異** (variation) と言う。上記の例以外にも、たとえば1人称代名詞に「おれ」と「ぼく」などがある。このとき、それぞれの語形のことを**変異形** (variant) と言う。どちらも基本的には男性が使用するものであるが、ここに女性を加える、つまり性別を考慮すると、「わたし」や「あたし」など変異形はさらに増える。子どものときは「ぼく」と言っていたのが、大きくなっていつの間にか「おれ」を使用するようになっていた、ということもあろうから、1人称代名詞の選択には年齢も強く関わっている。さらに地域によって「わし」と言ったり「おい」と言うことがあるため、方言まで含めると変異形の数はますます多くなる。このように、日本語では年齢・性別・地域といった**社会的属性**が変異を生み出す主な要因となっている (3節で詳述する)。言葉が変異するその総体のことを**変種** (variety) と言うが、変種を作り出す特に大きな要因となるのは地域であり、地域的な変種を (地域)**方言**と言う。

2つの語形が変異であるためには、それらが全く同じ意味内容を持つ必要はない (むしろ全く同じ意味内容を持つ違った言い方というのはなかなかみつからない)。同じ対象についてAともBとも言え、それが意味以外の社会的属性で使い分けられているのであれば、これらは変異の関係にあると言える (たとえば「トイレ」と

「便所」は微妙にニュアンスが異なりながらも同じ対象を指しており、何らかの社会的属性による使い分けがある変異の関係にある）。

　この章では、日本語の変異がどのように存在しているのか、後半では特に方言に注目しながら、その研究方法と事例、研究動向などについて紹介する。

▶2.　内的制約条件と外的制約条件

　先に挙げた「おれ」と「ぼく」がどのように使い分けられているのかは、日本語母語話者であれば直感的に推測することができる。しかし、あらゆる変異に対して直感を働かせるだけで整理できるかというと、そうではない。言葉の変異を適切に整理するためには、**内的制約条件**と**外的制約条件**の2つに留意して言葉をみつめる必要がある。後者の外的制約条件は、社会的属性による条件と同義であると考えてよい。年齢・性別・地域などの社会的属性は言語そのものに備わっているものではなく、そういった意味では言語の「外」にあると言える。一方、内的制約条件とは、言葉の変異を制約する条件のうち、言語そのものに備わったものである。

　たとえば「ら抜き」言葉について分析するとき、動詞語根のモーラ数（長さ）、活用のタイプ（上一段動詞か下一段動詞かなど）といったものを内的制約条件として考慮する必要がある。それと同時に年齢・性別・地域といった外的制約条件にも注目する必要があり、どちらも無視することはできない（10章5.2–5.4節参照）。なお、特に外的制約条件に注目しながら変異の研究を行うのは**社会言語学**と呼ばれる学問分野に含まれる。変異研究においては基本的には数量的なアプローチを取り、どのような条件（内的・外的）が関わっているのか、どの条件が強く効いているのか、なぜそのような条件が存在するのかなどを考察する（松田2017）。

　なお、変異に関連して、**異形態**についても考える必要がある。たとえばサケ（酒）と「酒屋」という語に現れるサカのようなものを、同一形態素の異形態と言い、前者は独立して使用できる**自由形態素**（≒露出形）、後者は他の語基に付属して使われる**拘束形態素**（≒被覆形）という違いがある（6章5.1節参照）。本章の定義にしたがえば、同じ意味を表す違った言い方ということになり、一見

するとこれも変異とみなすことができそうである。しかしながらそこに外的制約条件が入り込む余地はなく、もっぱら自由形態素か拘束形態素かという内的制約条件のみで出現が左右される。そのため、こういった内的制約条件(特にその意味機能)のみで使用が決定されるものは変異とは考えない。

▶3. 現代日本語にみられる変異

1節で述べたように、言葉の変異を生み出す要因には年齢・性別・地域があるが、これ以外に階層(生まれつき決まっている)・階級(階層と違い移動可)・学歴・人種・宗教・信条など、多くのものが考えられる。しかしながら、日本語を対象とした研究では、これらすべての社会的属性が考慮されるとは限らない。たとえばアメリカでは同じ年齢・性別・地域の英語母語話者であっても、人種が違えば言葉は違うということがある。アフリカ系アメリカ人英語がその代表例であるが、日本ではそのような変種が観察されないため、人種の違いは研究の対象とはならない。また、欧米では古くから階層・階級の違いに注目した言語変異研究は多いが(トラッドギル1975など)、歴史的にはともかく(6章6節の「位相」を参照)現代日本では階層・階級の違いは社会的に観察されにくく、やはり研究の主役とはならない。あるいは、あったとしても学歴などと同列に、そこに注目してしまうと話者やコミュニティを傷つけかねないことから、分析の観点からは外されるというのが現状である。そのため、方言調査をしていて話者に学歴(最終学歴など)を問うことはあっても、それが調査結果の分析に用いられ、表に出ることはほとんどない。例外として、1953年、1972年、2008年に国立国語研究所が愛知県岡崎市で行った敬語調査(岡崎敬語調査)では、階層や学歴と敬語使用の関連性について分析を行っている。

ここでは、現代日本語にみられる変異について、年齢(3.1節)と性別(3.2節)を取り上げた研究をみていく。

3.1 年齢

年齢(あるいは世代)の違いによる言葉の変異については、言語研究に携わるものならずとも興味の対象となる。文化庁では1995(平成7)年度から毎年「国

語に関する世論調査」を行っており、年代別に示された結果はウェブサイトに公開され、誰もがアクセスできるようになっている（文化庁ウェブサイト「統計・白書・出版物」参照）。この世論調査のうち、2015（平成27）年度のものにあった**「ら抜き」言葉**に関する調査結果は新聞などでも大きく取り上げられた。「言葉の乱れ」の代表例として真っ先に槍玉に挙げられる「ら抜き」言葉は現在も進行中の変化であるが（4章2.3節および10章5.4節参照）、もはや「ら抜き」のほうが一般的となった。表1はその結果の一部を表にしたものである。

表1　「食べられない／食べれない」の年齢差（%）

	16–19歳	20代	30代	40代	50代	60代	70代	全体
食べられない	41.7	51.2	56.3	59.3	63.1	64.6	66.7	60.8
食べれない	48.8	42.1	35.9	32.8	28.8	28.2	27.9	32.0
両方を使用	9.5	6.7	6.9	7.9	8.1	6.7	4.6	6.8

この表をみると、年齢が下がるにつれて「食べれない」、つまり「ら抜き」の使用率が上がっていることがわかる。この表では性別など他の外的制約条件が示されていないが、少なくとも年齢が「ら抜き」「非ら抜き」という変異を生み出す外的制約条件の1つになっているということは言える。

ただし、「ら抜き」「非ら抜き」という2つの変異形の間に全く意味的な差異がないかはすぐにはわからない（確認されていないが、たとえば能力可能と状況可能を「ら抜き」か否かで使い分ける可能性も考えてみる必要がある）。こういった点は「ら抜き」に対してだけでなく、変異研究を行う際は常に頭に入れておかなければならない。

3.2　性別

性別による言葉の変異に関する研究は数多く、日本語教育の分野でも話題になることは少なくない（鈴木2007など）。言語項目としては、特に1人称代名詞や終助詞を分析対象としたものが多いが、ここでは相手に行為を求める際の男女差について研究を行った尾崎（2004）を紹介する。尾崎（2004）は首都圏の大学生を対象にし、「準備しろ」のような命令形による行為要求は男性に多く（男性49.4%、女性7.5%）、「準備して」のようなテ形による行為要求はどちらかと

いうと女性に多いことを示している（男性76.7%、女性83.5%）。この結果は、益岡・田窪 (1992) が断定を避け、命令的でなく、自分の考えを相手に押しつけない言い方をするのが女性的な表現、断定や命令を含み、主張・説得をするための表現を多く持つのが男性的な表現であると述べたのをデータで具体的に示していることになる。

尾崎 (2004) の研究は男性と女性の両方に目を配っているが、性別に注目した言語研究は、男性より女性に注目したものが多い。論文検索が行えるデータベース CiNii Research で「男性語」と「女性語」を別々に検索語として調べると、「女性語」を含む論文は「男性語」を含む論文のおよそ 6 倍の数がみつかる (2022年10月31日確認)。それだけ女性の言葉づかいに着目した研究のほうが盛んであるということになる。一部の語彙の使用に関する男女差は小さくなっているとする研究もあるが (永瀬2002など)、それ以外の統語論や語用論的なレベルにおいてはどうなっているのかにも注目する必要があろう。

なお、現代語以外にも目を向けると、室町時代初期に用いられた「おかべ（豆腐）」や「しゃもじ（杓子）」などの女房詞も、性別が関係する言語変異であると言える (6章6.1節参照)。同時に、この場合はある種の階層という社会的属性も関わっている。

▶4. 変異の現れ方

変異は、音声・音韻、語彙、統語、さらには語用論的なものまでさまざまなレベルで現れる。ここで、それぞれどのような現れ方をすることがあるのか簡単に確認しておく。

4.1 音声・音韻的変異

音声的変異の例として、ここでは外来語の発音に現れる変異を考える。尾崎 (2016) は全国で行われた多人数調査の結果をもとに、「ティー」～「テー」（例は「PTA」）、「ディ」～「デ」（例は「ディズニーランド」）、「フォー」～「ホー」（例は「フォーク」）のような変異の現れ方と社会的属性の関係について論じている。ただし、このとき「バイオリン」と書くか「ヴァイオリン」と書くかのような表記の問

題ではなく、実際にどのように発音しているのかが音声的変異を探ることになる点に留意する必要がある（「バ」と「ヴァ」は表記の変異、詳しくは13章5節）。そのほか、外的制約条件が関わらないものとしては、撥音のような条件異音や、語中のバ行子音 [b、β] のような自由異音などがある（1章5.3節参照）。

　音韻的変異の例として、井上 (1998) の名づけによる「専門家アクセント」を紹介する。井上が1991年に首都圏大学生を対象に行った調査によると、「バイク」や「ギター」のように個人の興味のある分野の用語に関して、関心度が高い人ほど平板化しやすいという。「バイク」と「バイク」、「ギター」と「ギター」のように（上線は高いピッチを表す、1章8.2節参照）、関心度の高い人ほど平板化しやすい。この専門家アクセントについては、本章3節で述べたような典型的な社会的属性とは異なり、個々人の嗜好が関わっているという点でも大変興味深い。

4.2　語彙的変異

　すでにこの章でいくつか例を紹介したように、語彙的な変異は少し内省しただけですぐにみつけることができる。年長者が「さじ」「帳面」「暦」と呼ぶものを、若い人は「スプーン」「ノート」「カレンダー」と呼ぶ、などが挙げられる。これは年齢が要因となって現れる語彙的変異である。「おやじ」「おふくろ」などといった変異形は、主に男性が使用するというのも実感しやすいであろう。5節で述べるような方言（＝地理的変異）の分布図などは、音声的変異を取り上げたものもあるが、語彙的変異に注目したものが多い。5.4.2節で述べる方言の辞典を編むという作業も、多くは語彙的変異を整理していることになる。

4.3　統語的変異

　ここでは遊離数量詞と連結数量詞について触れる。（1）と（2）の例をみてみよう。
（1）　学生が酒を3杯飲んだ。
（2）　学生が3杯の酒を飲んだ。
　どちらも言おうとしていることは同じであるが、数量詞「3杯」の現れる位

置が異なっている。(3)のような通常の関係節か(4)のような主要部内在型関係節 (4章3.2節参照) かという違いも統語的変異に含まれよう。

（３）　青いリンゴを買った。

（４）　リンゴが青いのを買った。

このほか、主語と目的語の語順なども変異が統語面に現れたものであると言える。

4.4　語用論的変異

他の変異と違い、目にはみえにくいが、語用論的なレベルでも変異がみられることがある。たとえば人にコピーを頼むとき、「コピーして」のように命令表現を使用するか、それとも「コピーしてくれる？」のように疑問文で相手に断る余地を与えつつ頼むかなど、頼み方は人それぞれであろう (社会的属性が関わっていることもあるが、個人差も大きい)。また、同様に「コピーしておいて、ありがとう」のように感謝表現で相手に配慮するか、「コピーしておいて、ごめん」のように謝罪表現で相手に配慮するかを選択するのも、依頼のしかたについての語用論的変異と言える。

▶5.　方言研究のトピック

本節では、変異のうち最も研究が盛んであると言ってよい地理的変異、つまり方言の研究トピックとして、方言の境界と区画、方言接触、方言の内的な言語変化研究、方言の記述的研究、震災と方言の5つを紹介する。

それぞれのトピックの紹介の前に、そもそも方言とは何かについてもう少し深く考えておく必要がある。本章では地理的変種を単に「方言」と表現するが、ある2つの変種を異なる「言語」とすべきか、それとも同じ言語の「方言」とすべきかについて議論されることは多い。おおよその共通理解としては、「言語的な線引き」と「文化的・政治的・地理的・歴史的な線引き」がなされる。簡単に言えば、前者は「相互理解があるか」どうかという基準である。変種Aと変種Bで話をして、相互理解があれば同じ言語の方言、なければ異なる言語ということになる。ただし相互理解と言っても、どの程度理解できて

いれば相互理解があると言えるのかなど議論の余地がある (Dawson et al. (eds.) 2022など)。後者の線引きは、文化的・政治的・地理的・歴史的な観点からどの程度共通性があるかをみる考え方である。

　琉球列島 (奄美以南) で話されている言葉は、「琉球語」とも「琉球方言」とも言われる。これらの言葉は日本語との親族関係が証明されており、同じ系統に属するため日本語の変種である。ただし、日本語との相互理解性はなく、また、琉球王国 (1429–1879年) は日本から独立した国であったという政治的な区分からも「琉球語」と呼ばれることがある。一方、特に沖縄の本土復帰 (1972年) の前後からは琉球列島も日本の一部として、長らく「琉球方言」という呼び方も使われた。このように、政治的な基準により、ある変種が「方言」であるとも異なる「言語」であるともみなされることがある。ここでは、「方言」とは同系統に属する変種を呼ぶことにする。

　同様の例は他の言語においてもみられる。Dawson et al. (eds.) (2022) によれば、ネイティブ・アメリカンのパパゴ語とピマ語は相互理解はあるものの、話者は政治的・文化的にお互いを違った存在として認識しているという。このようなときにも、言語であるのか方言であるのかの線引きは大変むずかしくなる (が、ここでは別々の言語名を与えていることから、それぞれは言語とみなしていることになる)。

5.1　方言の境界と区画

　日本の本格的な方言研究の始まりは、方言が実際にどのような分布をなしているのかを観察すること、また、その事実に基づき研究者が解釈を施し区画を試みることであったと言える。複数地点で方言調査を行い、その結果を地図として出力し、研究する分野を**方言地理学**と言う。以下、方言地理学的な研究から、代表的なものとして方言の境界と区画について説明する。

5.1.1　方言の東西対立

　「東京の言葉と大阪の言葉は違う」という直感は誰もが持っているはずである。このような感覚は、言い換えれば日本の東と西で言葉が違うということを表しており、方言の東西対立としてよく知られている。このような方言の

「東」と「西」を分断するのは、新潟県の糸魚川と静岡県の浜名湖あたりを結んだ境界線である (糸魚川・浜名湖線)。たとえばこの (複数の) 境界線の東では「起きろ」「買った」「白く」「行かない」「〜だ」と言うのを、西では「起きよ (い)」「買うた」「白う」「行かん (ぬ)」「〜じゃ」と言う。図1に牛山 (1997) による東西境界線の図を示す。

　この境界線は生物の分布の境目にもなることがあると言い、人を含めた生物の往来をさまたげるような大きな地理的要因 (山や谷、川など) がこれを形成していると考えられる。なお、次に述べる方言区画とは異なり、この境界線は個々の語形の違いに基づいて引かれているもので、研究者による解釈はほとんど加えられていないと言える。

5.1.2　方言区画論

　方言区画論とは、方言のアクセントや語形、文法的特徴などといった客観的な言語事実を用い、研究者が解釈を加え区画を行おうとすることである。区画がなされると、それぞれに対して名前が与えられるのがふつうである。代表的なものに、1953年の東条操による方言区画 (第三次案) がある (図2は加藤1977より)。

　方言の区画を含め、方言をどう分類するのかについては小林 (2003) に詳しいが、その概略を示すと次のようになる。まず、方言を体系として分類するのか、それとも要素だけ取り上げて分類するのかという問題がある。図2の東条の方言区画図は体系としてさまざまな言語項目を統合的に分類したものである。一方、金田一 (1964) はアクセント、つまり1つの要素だけ取り上げた区画図を示している。このような図の場合は、どの言語項目を分類基準として重視するかに選択の余地がなく、より客観的であると言える。また、小林 (2003) が指摘する重要なこととして、隣接地域との境目だけに注目するか、それとも遠隔地にも注目するかという問題もある。東条の方言区画図は隣接地域との境目に注目したものであり、それゆえ各方言に「近畿方言」のような地域名に準じた名前がつけられる。一方遠隔地の一致を射程に入れると、たとえばアクセントであれば東京式などの名前がつけられるが、それは中部・中国・九州地方の一部など、東京以外の地域にも分布している (2章7.3節参照)。

　このほか方言の区画に関連する発展的な研究として、方言のイメージをも

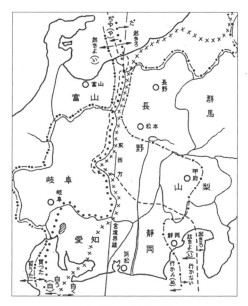

図1 方言の東西境界線

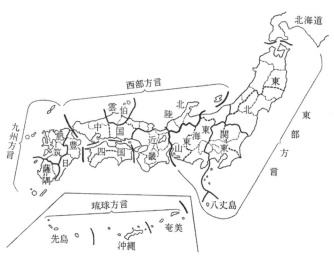

図2 東条による方言区画図

5.1節で検討した方言の分類は、方言間の表面的な類似（たとえばウ音便形を使う／使わないなど）に基づいて、方言を分類する試みである。これに対し、比較言語学で議論される**系統**は、言語間の類似性ではなく、どのような順番で言語が分岐していったかを推定する作業である。たとえば、「言語AとBが言語Cよりも系統的に近い」と言った場合、たとえ、表面的には言語BとCが似ているようにみえても、歴史的には、言語Cが分岐した後に、言語AとBが別れたということを主張している。たとえば、英語がフランス語からの影響を受けて似ているところがあっても、英語は系統的にはゲルマン語派でありドイツ語に近いように。このような系統関係の推定は、AとBに共通する特異な変化（**改新**）がみられないかを検討することによって行われる。たとえば、ローレンス（2006）によると、与論島の方言では「鳩」をpatuと言うのに対し、伊是名島の方言ではhuutu、首里の方言ではhootuと言う。これらを比較すると、後二者においては、*a>oo（>uu）という特異な変化が起こっていると想定されるため（*は再建形を示す。2章3.1、3.2節でみたように、*p>hの変化は特異な変化ではないことに注意）、この変化はこれらが同じ方言であった段階で起こり、その時点で、与論方言は別の方言であったため、この変化を蒙っていないと考えられる。よって、伊是名島方言と首里方言は与論方言よりも系統的に近い、と結論できる。

とに区画を試みた井上（1983）などもある。しかしながら、大西（2017）も「方言区画論は、最大の成果である日本方言研究会（1964）（筆者注：『日本の方言区画』（東京堂出版））を最後に、受け継がれることなく衰退した」（p.12）と述べるように、現在では新たに方言の区画について議論するということは少なくなってきている。

5.2 接触による方言の形成

方言の形成には、標準語や他方言との接触、つまり**方言接触**が強く関わっている。現代ではメディアの影響や交通機関の発達により、方言が標準語や他方言と瞬時に接触する状況が生まれているが、かつては隣人からまた隣人へとゆっくりと方言が伝わり、それが長い時間をかけて方言を変化させてきたものと考えられる。

方言地理学の分野で作られてきた地図自体は言語事実を共時的にとらえた

ものである。ただし、ときには通時的な解釈を施すことができ、その分布が伝播、つまり方言接触によって形成されたと考えられることもある。その1つの考え方が、**方言周圏論**である。民俗学者の柳田國男は、「かたつむり」の変異形が、かつての政治的・文化的中心地であった京都を中心とした同心円状に広がっていることを指摘した。このアイディアは「蝸牛考」という論文として1927年に発表された(入手しやすいものとしては、1980年に岩波文庫から同名の本が公刊されている)。

　図3は佐藤監修(2002)によるが、この地図を鳥の目でよく観察すると、京

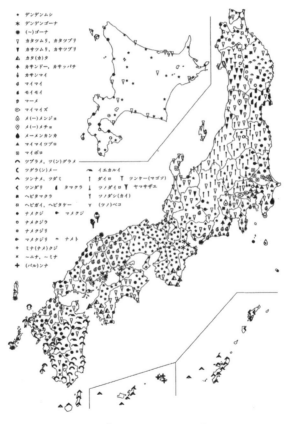

図3　「かたつむり」の周圏分布

都を中心に「デンデンムシ（近畿）」→「マイマイ（中国／中部）」→「カタツムリ（九
州東部・四国／関東・東北）」→「ナメクジ（南九州・北東北）」といったような語形が同
心円状に広がっているようにみえる（実際に図に同心円を描いてみるとよい）。よって、
「かたつむり」の変項は方言周圏論的解釈が可能であることになる。またこの
図においては、中央の語形ほど新しく、周辺部の語形ほど古いものであると
考えられている。

　このような方言周圏論は、柳田のアイディアの誕生から100年近くが経過
した今も研究者の心を引きつけている。2016年に刊行された『新日本言語地
図（NLJ）』（朝倉書店）は方言周圏論の検証を目的の1つとし、これより以前に調
査がなされた『日本言語地図（LAJ）』（国立国語研究所ウェブサイト「国語研刊行物」）および
び『方言文法全国地図（GAJ）』（同上）の項目を改めて調査し、地図化したもので
ある。

　ただし、方言周圏論だけでは方言の形成すべてを説明することはできない。
方言周圏論は、語が伝播していくという理論である。しかし、方言のすべて
の語が伝播で説明できるわけではない。どういった語であれば周圏分布をな
すのか、また逆になさないのかといったことも明らかではないし、仮にすべ

■ **ネオ方言**

　現代の方言にみられる標準語との接触をとらえるための概念として、真田信治によっ
て提唱されたネオ方言がある。ネオ方言は、標準語の干渉を受けつつ新たに生じた方言
体系と定義されている（初出は真田1987）。ネオ方言の代表的な研究に、関西若年層方
言をネオ方言ととらえた高木（2006）がある。高木（2006）で取り上げられている項目
のうち、たとえばデハナイ（カ）相当形式に着目すると、現在の関西方言は伝統的に存
在したヤナイ、チャウ、ヤンに加え、標準語形のジャナイを使用し、複数にまたがるデ
ハナイ（カ）の用法をうまく分担するようになっている（平塚2009にある福岡市方言に
も同様の現象がみられる）。このようなネオ方言の報告は関西や北部九州など西日本に
多く、それはそのまま西日本方言がネオ方言化しつつある（あるいはしている）ことを
意味しているものと考えられる。しかしながら、ネオ方言がキーワードとなるような研
究論文は1990年代から2000年代にかけてその数が目立っていたものの、2010年代に
入るとあまりみられなくなってしまった。このことは、2010年代に（特に危機方言の）
記述的研究の隆盛がみられることとも無関係ではないと考えられる。

てが伝播で説明できるなら、伝播する前は語がなかったことになってしまう。基礎語彙などはふつう伝播で置き換わることはないため、伝播以前の古態を残していると考えなければならない。さらに、それぞれの方言は独自の「内的変化」を遂げている。

5.3 方言の内的変化

方言は外との接触だけによって変化するわけではない。その変化の原因が地域の内部にある場合、それを**内的変化**と言う(木部2008)。内的変化はさまざまなレベルにおいて起こるが、木部(2008)はそれが最もシステマティックな形で生じるのは音韻・アクセントであるとしている。同様に内的変化が観察しやすいのは、活用体系の変化である。

九州方言の一部などに**ラ行五段化**と呼ばれる現象がある。これは、ミル(見る)、キル(着る)、デル(出る)などの一段活用動詞が、本来のミン(見ない)、キン(着ない)、デン(出ない)や、ミロ(見ろ)、キロ(着ろ)、デロ(出ろ)などとならず、ミラン、キラン、デランや、ミレ、キレ、デレなどとなることである。ラ行五段化は、所属語彙の多いラ行五段動詞(「のる(乗る)」など)の活用に引きつけられて起こった、内的な変化であると考えられる(「のる」はノラン、ノレなどと活用する)。福岡市方言などは、上記の否定形、命令形に加え、連用形命令もラ行五段化し、ミリー、キリー、デリーなどで勧めを表すようにもなっている(平塚2014)。

活用体系の内的変化は形容詞にもみられる。東北方言や九州方言の一部では、形容詞の無活用化と呼べる変化が起こっている(大西2016)。これは形容詞語根に接辞がつく活用とは異なり、形容詞の終止・連体形に種々の要素が接語のようにつくことで意味の違いを表すようになることである。たとえば松田・日高(1996)によると、大分県宇佐市若年層方言において、終止・連体形ツイー(<ツヨイ(強い))にカッタを付すことで、過去形ツイーカッタ(強かった)などとなる。また松田(1991)によると、大分・宮崎の若年層方言では終止・連体形タケー(<タカイ(高い))にクナルを付し、タケークナル(高くなる)などとなる。類似した現象に、甑島里方言の形容詞連用形にみられる変化がある(平塚2017)。里方言では形容詞連用形の変異として、「う」で終わるもの(アコー(<

新方言は井上史雄によって提唱されたもので、各地で新しく発生した語形のことを指す。新方言は語形をとらえたものであるから、1つ1つカウント、あるいはリストアップしていくことができる。それを辞典としてまとめたものとして、井上・鑓水編（2002）といった書籍も刊行されている。新方言の代表的な例を挙げると、動詞「違う」が形容詞的に活用したチガカッタ、チガクテ、チガクナイがある。かつては東北や北関東の新方言と言われていたが、後藤（1994）などによれば、鹿児島など九州方言の一部でも同じような現象が新方言としてみられる。各地で多発的に発生した可能性があり、今では全国的に聞かれるようになっている。

アカウ) など) と「こー」で終わるもの (アカコーなど) がある。後者の語形は、形容詞語根に「か」がついたもの (アカカなど) を語根ととらえる **異分析** (6章4.3節参照) が起こり、さらに「う」がついたことで成立したものである (アカカ-ウ＞アカコー)。この変化にも接触は関わっておらず、方言内部で独自に起こった変化であると言える。これらの例だけでもわかるように、方言の形成には内的変化が大きく関わっており、方言研究の重要なトピックの1つとなっている。

5.4　方言の記述的研究

　伝統方言とは、地域ごとに受け継がれてきた方言のことで、メディアや交通網の発達による共通語化を受けるようになる前の姿のことを指している。現在、その伝統方言が全国各地で衰退している。また、その記述の必要性が叫ばれるようになって久しい。もはや一部の方言では伝統方言はほとんど聞かれなくなっており、高年層でも古い言葉を思い出せなくなってしまっていることがある (方言調査を行っているとこのような事態は頻繁に生じる)。このような状況下ではもはや伝統方言の記述的な研究はむずかしくなってしまっているが、断片的にでも記述・記録を行う必要がある。『源氏物語』は言葉の記録を目的としたものではないが、1000年の時を経て日本語学者が貴重な言語資料として研究に用いている。しかも、それは一部の地域の一部の人たちの使用した言語変種の断片である。それと同じように、断片的にでも残された方言の記述や記録は、後世の研究者にとっては『源氏物語』と同じく高い研究価値を持つ

　方言はたいていの場合話し言葉であるから、実際に直接現地に赴く、つまりフィールドワークを行う必要がある。図書館などにある方言地図や、日本放送協会による『全国方言資料』、国立国語研究所による『日本のふるさとことば集成』といった、一次資料である談話資料を用いれば外に出かける必要もないが、用意された資料には非常に限りがある。そこで方言調査を行うわけであるが、大別すると**面接調査**（エリシテーションとも）と**談話調査**の2つのタイプの調査がある。面接調査は事前に調べたい項目について入念に調査票を作成し、ふつうは研究者自身がそれを使って直接話者に話を聞くという方法で行われる。ただし計量的な研究を行いたいときには、郵送やウェブを使ってアンケート調査を行い、大量のデータを得ることもある（通信調査）。談話調査もふつうは研究者自身が録音機材を持ち込み、話者の会話や独話を録音し、それを文字化し談話資料を作成する。この談話資料はテキストと呼ばれ、これを用いてさまざまな分析を行う（詳細は5.4.3節で述べる）。特に記述的な研究を行う際には談話調査は欠かせず、テキストをみて生じた疑問点を面接調査でたしかめて解消する、といったサイクルをとることが望ましい。

ようになることが予想される。

5.4.1　記述文法書

　このような状況のもと、世界の危機言語研究や琉球諸方言の記述的研究の隆盛に触発され、本土諸方言の体系的な記述も少しずつみられるようになってきている。特定の言語項目だけではなく、全体像を他方言と見比べられるように書かれたものを体系的な記述と考えておくと、代表的な**記述文法書**に、宮古島伊良部方言の下地 (2018)、鹿児島県甑島里方言の森・平塚・黒木編 (2015)、埼玉県東南部方言の原田 (2016)、富山県方言の小西 (2016) などが挙げられる。本土諸方言の体系的な記述の必要性は、日本語以外の危機言語の記述的研究に携わってきた研究者によっても指摘されている (角田2011)。方言が消えていき時間的な予断を許さないなかで、このような研究の数が増えてきたことは当然の流れとも言え、喫緊の課題として意識されているということがわかる。このほか、記述文法書までとはいかないものの、言語体系を簡潔に書き残した**文法概説**（文法スケッチとも）もその数が増えつつある。なお、文法

概説の指南書としては下地 (2013) や木部 (2016) などがあり、具体的な調査例文は大西編 (2002 ; 2006) などに詳しい。こうした記述文法書や文法概説に加え、記述・記録のいわゆる3点セットとして辞書、テキストの整備も各地で進められつつある。

5.4.2　辞書

　辞書は各地の方言話者自身がまとめたものが相当数存在しており、現地の図書館や学校などに所蔵されているのをよくみかける。出版されているものとしては、琉球方言であれば『石垣方言辞典』(沖縄タイムス社)、『竹富方言辞典』(南山舎)、『宮古伊良部方言辞典』(沖縄タイムス社) などが、本土方言であれば『ケセン語大辞典』(無明舎出版) などがある。こういった話者の手による辞書を研究に生かさない手はないが、すべてがそのまま後世まで記録として残せるように完成されているというわけではない。標準語の辞書は編集のプロによって作成されている。一方、方言話者は話し手としてはプロであっても、その辞書は編集のプロよっては作成されていない (ことが多い)。よくみられる問題点としては、同じ動詞の活用形を見出しに挙げすぎている (「見る」に対して「見させる」「見られる」「見ている」「見させられている」…など)、標準語と同形の単語は無視されて掲載されていない (方言でも「雨」は「あめ」と言うから載せられず、辞書をみても何と言うのかわからない)、などがあり、研究者はそれを後世まで使える記録として残せるようさまざまな工夫をこらす必要がある。研究者の手による辞書としては、国立国語研究所による『沖縄語辞典』、『沖縄今帰仁方言辞典』(角川学芸出版) などがある。また、近年では国立国語研究所の「危機言語データベース」のように、オンライン辞書の整備も進みつつある。辞書はその方言ではどういう語形になるかを示すこともちろん大事であるが、語形とともに例文も採集しておけば、それ自体が後々文法的な研究を行うのにも役立つ可能性が生まれる。

5.4.3　テキスト

　テキストは複数話者による会話、あるいは物語などの独話を録音し、文字化したものである。テキストにはさまざまなジャンルのものが求められる。日

本語諸方言の場合敬語が豊富な可能性もあるため、会話の相手の年齢にも気をつかったり、話者どうしの関係性（親疎など）にも配慮する必要がある。テキストの重要性および特徴などについては下地（2011）に詳しいが、ここではそれを参考にしながらその概略について簡単に説明する。

　図4に示すように、テキストは話者の発話を音素表記したもの、それに形態素分析を施したもの、その形態素情報などが含まれる。これに文として標準語訳を付すのも一般的である。形態素情報は、SFP は終助詞（sentence-final particle）、CNF は確認（confirmation）、ADN は連体（adnominal）を意味するなど、文法的あるいは意味的な役割をごく簡潔に表すラベル（**グロス**と言われる）を使う（その他のグロスは The Leipzig Glossing Rules（マックス・プランク進化人類学研究所言語学部ウェブサイト内）参照）。このようなテキストの整備、特に音素表記し形態素分析を施す、グロスをつけるという作業は、琉球諸方言の研究では一般的であるが、本土諸方言研究では根づいていない。田窪編（2013）には琉球諸方言のテキストが文法概説とともに数編収録されているが、こういったものが本土諸方言においても刊行されるようにならなければならない。

　テキストを使えばそれまで気づかなかった現象を発見したり、出現率・出現環境といったものを計量的に研究できるようになる。こういったメリットに加え、近年では**言語ドキュメンテーション**の観点からも、テキストそのもの、あるいは録音資料そのものの学術的な価値は高まってきている。前述の

NNdoga	*hanasutaitaa*	*koree*	*haiitaitaa*
NN=domo=ga	hanas-u=to=ja=ru=taa	kore=i	hai-ru=to=ja-ru=taa
自分 =PL=NOM	話す -NPST=NMLN=COP-NPST=SFP	これ =DAT	入る -NPST=NMLZ=COP-NPST=SFP
私たちが話すんだよね　これに入るんだよね			
sonositano	*rooziNkurabuno*	*naa*	*deNtootekina*	*isomocijakino*
sonosita=no	roozinkurabu=no	naa	dentooteki=na	isomocijaki=no
薗下 =GEN	老人クラブ =GEN	CNF	伝統的 =ADN	磯餅焼き =GEN
薗下の老人クラブの　ねえ　伝統的な磯餅焼きの				
hooga	*icibaN*		
hoo=ga	icibaN		
ほう =NOM	一番		
ほうが一番		平塚（2015）より	

図4　テキストの一例

とおり方言は消滅に向かって歩みを進めつつあるが、たとえば大学生が卒業論文（あるいは卒業制作）として、ある方言のテキストを音声付きで提出する、ということが一般的になれば、方言研究の裾野は一気に広がり、記録は急速的に進むことになる。もちろん文字化するという作業には大変な苦労をともない、研究者自身の方言でなければ、話者と一緒に音声を聞きながら何度もたしかめるといった作業も必要になる。しかしながらこの地道な作業が、貴重な文化的財産である方言を記録する取り組みそのものなのである。

5.5　震災と方言

　2011年3月11日に発生した東日本大震災により、方言研究も新たな課題に直面することとなった。1つは、一部の被災者が避難生活を余儀なくされたことなどで、かつてあったコミュニティが打撃を受け、方言の衰退に拍車がかかってしまったことである。これにより、5.4節で述べたような記述的研究の必要性はますます高まったと言える。もう1つの課題は、医療関係者やボランティアスタッフなどに対する方言支援である。特に外部から来た医療関係者やボランティアスタッフが、身体語彙や症状に関する方言が理解できず、医療行為などの妨げになるということが発生した。そこで方言研究者が中心となり語彙集を作成し、それを冊子やウェブサイトで広めるなどして社会貢献を行った。これら東日本大震災と方言に関する一連の取り組みについては、東北大学方言研究センター (2012) や大野・小林編 (2015) にまとめられている。また、白岩編 (2017) は福島県伊達市方言の東日本大震災の語りをテキストにしたものであるが、方言研究者が方言研究の目的に使用するのはもちろん、震災に携わるさまざまな研究者が全く別の用途で再利用できるという利点からも、テキストの重要性を再認識させるものである。

　なお、東日本大震災の5年後、2016年に熊本地震が発生した際にも同様の方言支援ツールが瞬く間にでき上がった（福岡女学院大学ウェブサイト内）。ただし、重要なのは災害が発生してから作成するのではなく、研究者でない人々が利用できるツールを前もって準備しておくことである。方言研究はこういった重大な社会的責任にも向き合う必要があり、消えゆく方言を早急に、できる限り記述しておかなければならない。

読書案内

岩田祐子・重光由加・村田泰美（2013）『概説　社会言語学』ひつじ書房
日本語のみならず英語も例に挙げながら、変異と社会的属性の関係性について広く学ぶことができる。特に、本章でも触れたような社会階層、性別、年齢に関する記述が、用例も豊富に解説されている。

真田信治編（2011）『方言学』朝倉書店
紙幅の都合上本章では各地の方言の動態については細かく触れることができなかったが、この本では各地の研究者が用例やデータを豊富に挙げて解説を行っている。また、本章で触れられなかった「方言学史」についても詳しい。

井上史雄・木部暢子編（2016）『はじめて学ぶ方言学―ことばの多様性をとらえる28章』ミネルヴァ書房
日本語方言に関する研究トピックについて網羅的に書かれた1冊。方言の分布、形成、区画といった基礎的な内容に加え、音声から文法、そして談話に至るまで読みごたえ十分である。さらには、方言と医療・災害などの応用方言学的なトピックまで幅広くあつかっている。

10

コーパスと統計

▶1.　はじめに

　近年、学術・産業の別を問わず、大量のデータの蓄積であるいわゆる「ビッグデータ」を利用した定量的分析・一般化が注目を集め、幅広く実践されている。これは、コンピュータ等の情報処理技術の発展に伴う環境の整備と統計学に基づく定量的解析手法の発展に寄るところが大きい。言語研究もこの例に洩れず、「コーパス」と呼ばれる言語研究資源が次々と公開され、それに基づく研究が増加の一途を辿っている。

　コーパスとは、古くは言語研究に用いられる書き言葉や話し言葉の資料のことを言う。そのため、言語研究の基礎資料となる人間の言語活動を記録した資料はすべてコーパスということになり、辞書、用例集、更には手書きのメモや看板の文字、ボイスレコーダーの録音音声を集めたものなどすべてが含まれ得る。しかしながら、コンピュータによるデータ処理が一般的となった今日では、「言語分析を行うための基礎資料として、書き言葉や話し言葉の資料を組織的に収集し、研究用の情報を付与したうえで電子的に保存したもの」がコーパスとされる (前川 2007)。本章では、今日的な意味での「言語研究用の電子的な言語資料」をコーパスと定義することとする。

　1960年代に世界で初めて電子的なコーパスが公開されて以降、コンピュータ等の研究資源の発達に伴い、数多くのコーパスが構築されてきている。それに伴い、コーパスを用いた言語の研究も、日本語学・言語学のみならず、たとえば自然言語処理や音声言語処理などの工学分野、言語教育、辞書編纂など言語を対象とした様々な研究領域において、1990年代以降加速度的に増

加している。コーパスが可能とする研究手法は多岐に渡るが、いずれの場合も統計に関する理解がある程度必要となる。

　本章では、コーパスがどのような特徴を持つ言語資料であるかを概説するとともに、その種類と基本的な利用方法、そしてコーパスと統計を用いることで何が明らかになるかということについて紹介・解説する。また、コーパスを利用する上で必要となる知識に加えて、コーパスの利点と使用の際に留意すべき事項についても触れる。

▶2.　コーパスの特徴

　まず、言語研究資料としてのコーパスがどのような前提の下に作成され、どのような性質を持つものであるかについて、用語を整理しながら述べる。

　言語研究用に作られたコーパスの利用目的は、第一に対象とする言語の特徴・性質を（効率良く）知ることにある。利用者の目的別に対象となる言語の側面も異なるため、様々な種類のコーパスが構築されるわけだが、それぞれのコーパスが対象としている言語の総体・全体像を**母集団**と呼ぶ。母集団は、コーパスが何を対象としているかによって異なる。たとえば、コーパスが日本語の書き言葉を対象としたものであれば、その母集団は日本語で書かれたあらゆるものとなる。一方、話し言葉であれば話し言葉として産出されたあらゆるものである。

　対象を母集団として定義した後、その対象となるデータ（テキストや音声）を収録するのだが、たとえば、「2000年に公刊された新聞記事の日本語」など母集団がある程度限られている場合はその母集団に含まれるすべてのテキストを収録することもできるだろう（全文コーパス）。しかしながら、先ほどの「日本語の書き言葉」となると、すべてのテキストを収録することは非現実的であるし、たとえ構築できたとしても、データが大き過ぎて利用しにくいなど実用上の問題が避けられないだろう。そのため、母集団を精密に表現する雛形・縮図のようなものを作り、それを分析することで母集団の特徴・性質を推し量るという研究方法が採られる。この雛形にあたるものが母集団に対する**標本**（サンプル）と呼ばれるもので、多くのコーパスが母集団を表現する標本であ

る。標本を抽出する作業を**標本抽出** (サンプリング) と言う。

　コーパスには、綿密な設計方針 (コーパスデザイン) に基づいて構築する狭義の
コーパスと、既存の電子テキストを大量に収集して構築する広義のコーパス
がある (Francis 1982、丸山 2009 ほか)。狭義のコーパスの場合、標本抽出の際に、
母集団を精密に表現する標本とするためにはどの種類 (下位区分) のテキストを
どれだけの量抽出すべきかについて慎重な検討がなされる。たとえば、「日本
語の書き言葉」であれば、新聞、雑誌、書籍など様々なジャンルのテキスト
が含まれる。また、これらすべてのジャンルが量の点で均等に流通している
ということはなく、構成比はそれぞれ異なる。従って、精密な標本とするた
めには、あらゆる種類のテキストを正確な量 (構成比) で抽出する必要がある。
また、標本に偏りがあってはならないのだが、偏りのない標本とするために
抽出方法は通常**無作為抽出** (ランダムサンプリング) が採られる。無作為抽出は、
対象となる母集団から文字通り無作為に該当したテキストを抜き出すという
ものであり、特定のテキストや表現のみを狙って作為的に抽出する**有意抽出**
とは異なる。こうして、母集団に含まれる様々なテキストがバランスよく標
本に含まれることとなる。

　更に、母集団に含まれる下位区分別に無作為抽出を行う場合は**層別無作為
抽出**と呼ばれる。母集団に様々なジャンルのテキストが含まれており、それ
ぞれの構成比が異なる場合に、母集団全体に対して無作為抽出を行った場合、
すべてのジャンルから均等にテキストが抽出されてしまい、構成比の違いを
標本に反映できない可能性がある。そこで、各ジャンルに対して、別々に無
作為抽出を行い、それぞれ適切な量のテキストを抜き出すのである。

　このような手続きを経て構築されたコーパスが、対象となる言語の全体像
(母集団) を歪みや偏りなく反映している場合、そのコーパスは**代表性**を備えて
いると言う (Biber 1993)。また母集団は、媒体、場面、性別、年齢、地域など
によって下位区分できる。これらの下位区分 (種類・ジャンル) が過不足なく含ま
れている場合、そのコーパスは**均衡コーパス**である。

▶3. コーパスの種類

　個人的な研究目的で作成したデータベースを除き、コーパスは多くの利用者を想定して作成される。しかしながら、各利用者が異なる興味・目的を持っているわけで、万人の要求を同時に満たすコーパスは存在しない。また、コーパスによって様々な特徴があるため、利用の際にはコーパスの特徴をよく理解した上で、自身の研究目的を最も良く満足するものを選択し、正しい方法でデータ検索・収集することが重要である。

　コーパスは一般的に、先述の狭義のコーパス・広義のコーパスという分類に加えて、表1のような類型にまとめられる（丸山2009、前川2013、他）。なお、具体的な日本語のコーパスについては章末の「補遺」を参照されたい。

　【言語の種類】まず、コーパスが対象とする言語の種類として、書き言葉を対象とした**書き言葉コーパス**と話し言葉を対象とした**話し言葉コーパス**の2種類に大別できる。書き言葉コーパスは、新聞、雑誌、書籍、ウェブ上のテキストなどを対象とし、これらのジャンルや時代区分など母集団の設定の仕方に応じて更に下位分類される。

　一方、話し言葉コーパスは、音声言語を対象とする。そのため、過去の録音資料を利用するなど一部を除き、コーパス構築のために実際の発話を新たに録音する。また、録音した音声をデータベースとして利用可能とするために、その音声はテキストに書き起こされ、**転記テキスト**として提供される。この録音と書き起こしに膨大な時間・手間がかかるため、既に流通している書き言葉を対象とする書き言葉コーパスと比べると話し言葉コーパスは概して小規模となる。公開されている話し言葉コーパスでは、転記テキストのみのコーパスも多いが、転記テキストと併せて録音音声が提供される場合もある。

表1　コーパスの類型

言語の種類	設計方針	利用目的	時代区分	言語の数	研究用情報
書き言葉	サンプル	汎用	共時	単言語	生
話し言葉	モニター	特殊目的	通時	多言語	注釈付き

転記テキストのみの場合、音声に含まれる重要な情報（例、韻律情報）の多くは失われてしまうため、これを対象とした音声・音韻研究が難しいという問題がある。話し言葉コーパスは、独話・対話、読み上げ・自然発話、インタビュー、電話口での会話などどれを対象とするかによって更に下位分類される。

【設計方針】次に、設計方針については**サンプルコーパス**と**モニターコーパス**に分けることができる。サンプルコーパスは、第1節で述べたような設計方針の下に構築されるコーパスである。とりわけ、設計の時点で対象とする母集団は明確に定義され、それに従って標本抽出が行われる。これとは対照的に、モニターコーパスは、公開後も新たなテキストを追加し続け、コーパスが対象となる言語の最も新しい状態を反映するようにデザインされたコーパスである。

【利用目的】コーパスの利用目的の点では、幅広い用途を想定して作成される**汎用コーパス**と、特定の目的に堪えるよう、対象とする言語を限定して作成される**特殊目的コーパス**に区別される。特殊目的コーパスには様々なものがあるが、ある言語の学習者の話し言葉・書き言葉を収録した学習者コーパスや、ある言語の特定の地域変種の話し言葉・書き言葉を収録した方言コーパスなどがある。前者は言語習得の研究を目的とし、後者は地域的な変異の

■ コーパスの種類と代表性

　2節で述べた代表性はコーパスが対象とする母集団の設定の仕方によるものであり、特殊目的コーパスが、対象とする言語が限定的であるという理由で直ちに代表性に欠けるということにはならないことに注意が必要である。ただし、話し言葉コーパスでは、母集団を定義すること自体が難しく、学習者コーパス、後述の通時コーパスでは限られた場面の言語データしか利用可能でないことが多い。そのため、これらのコーパスでは、どのような標本であれば母集団を正しく表現できるのか、どのような種類をどのような構成比でどれだけ収集すればよいかといったバランスを考えることが困難である。このような理由で、コーパスの設計において代表性が前提とされることはない（前川2013）。重要なのは、使用するコーパス自体が代表性を備えていなくとも、そのコーパスの対象がどのようなものかを考え、母集団を正しく把握することである。

研究を目的として構築される。

【時代区分】コーパスが対象とする言語の時代区分については、**共時コーパ**
スと**通時コーパス**の2種類に分けられる。共時コーパスは、ある一定期間、特
定の時代の話し言葉・書き言葉を収録したコーパスである。一方、通時コー
パスは、対象となる言語が属する時代をより幅広く取り、異なる期間・時代
に渡って収録したコーパスである。

【言語の数】コーパスが対象とする言語の数については、単一の言語の話し
言葉・書き言葉を収録した**単言語コーパス**と、複数の言語を収録した**多言語**
コーパスの区別がある。後者は異なる言語間の比較に用いられるが、ある言
語のテキストとほぼ同一の内容を持つ他の言語のテキスト (例、各種英語：アメリ
カ、イギリス、オーストラリアなど) を収録し、両者が対応付けられている相同コー
パス (コンパラブルコーパス) や、ある言語のテキストを他の言語に翻訳し、これ
らの言語間で文、句、語のレベルで対応付けがされている対訳コーパス (パラ
レルコーパス) などが含まれる。機械翻訳技術の研究は、対訳コーパスを機械学
習用データとして使う。

【研究用情報】コーパスに研究用の情報が付与されているかどうかに関して、
生コーパスと**注釈付きコーパス**に分けられる。高度な利用を可能にする形態
論情報、構文情報、意味情報、談話構造・述語項構造情報、韻律情報などの
検索用情報そのもの、またそれを付与することを**アノテーション**と呼ぶが、前
者は母集団から抽出された話し言葉・書き言葉 (のテキスト) にアノテーション
を付与することなく、そのまま収録されている。この状態では、文字列検索
しかできない。一方、後者ではそれが付与されているため、たとえば特定の
品詞のみを抜き出すような、アノテーションを利用したより効率的な検索が
可能となる。大規模コーパスでは一般的に、まず人手で一部に対してアノテー
ションを行い、そのデータを基にした機械学習によって、他の部分に対して
自動付与されることが多い。注釈付きコーパスの中でも、統語解析情報が各
文に付与されているものは、ツリーバンクと呼ばれる。ツリーバンクは、機
能語、句構造、構文などの統語的側面の研究や、構文解析器の精度向上を目
的とした言語処理研究などに用いられる。

▶4. コーパスの利用方法

これまでに見たように、コーパスはある言語の特定の側面を表す標本としてのデータベースであり、また研究の興味・目的も各研究者によって異なっている。従って、そのデータベース自体がそのまま利用者の研究目的、あるいは研究成果となることはなく、コーパスから目的・対象となる部分（たとえば、特定の言語表現や文体など）を抽出してそれを研究する。つまり、コーパスを利用する際には、まずデータベースの処理を行う必要がある。具体的な手順としては、1) コーパスから自分が求める言語表現を検索し、2) 該当する表現を個人のパソコンなどにファイル（自分用のデータベース）としてまとめ、3) そのファイルにあるデータを分析するという流れが基本的で一般的である。検索をする際には、1 例 1 例手作業で行うこともできないことはないが、コーパスは大規模であり、膨大な時間が掛かる上、コーパスが電子化されるようになった恩恵を十分に享受できない。そこで、多くの場合コンピュータ上で一括検索をする。

コーパスの検索方法は、更に公開されるデータの形式によって異なる。オ

ンライン形式ではインターネット上の各コーパス専用の検索システムを介して、直接コーパスに対して検索を行うことができる。コーパス（検索エンジン）によっては、検索結果に対して更に集計処理を行うことのできるものもある。この形式では、データベースであるコーパスも検索用プログラムも自前で用意する必要がなく、検索自体も高度な知識を前提としていない比較的簡単に行えるものが多い。その反面、インターネットを経由していることもあり、検索速度が遅い、得られるデータ量が限られるなどの問題もある。代表的なオンライン検索システムとして『中納言』が挙げられる。これを用いて、国立国語研究所から公開されている数種類のコーパス（「補遺」参照）を検索することができる。『中納言』は、文字列検索だけでなく、形態論情報など豊富なアノテーションに基づく幅広い検索方法を可能としている。

　ここで、『中納言』を用いて、『現代日本語書き言葉均衡コーパス』の「コア」（約110万語）から「ら抜き」言葉（以下、「ら抜き」とする、4章2.3節）の文字列検索を行った場合と形態論情報を用いて検索した場合を比較する。「見れる」「食べれた」「来れます」など、動詞の種類・活用形について論理的に可能なすべての「ら抜き」を網羅的に一括検索するには、目的とする言語表現の共通項が必要となる。文字列検索の場合は文法的な情報が使えないため、文字に頼ることとなるが、これらに共通する文字は「れ」のみである。実際に検索すると、18,480件が得られるが、この中には動詞や助動詞だけでなく、「これ」「けれど」「ふかひれ」などあらゆる品詞の単語が含まれてしまう。一方、アノテーションを用いれば、文字列に加えて、文法的な情報なども利用できる。本コーパスでは「ら抜き」は可能動詞と同様、動詞の1つの活用形態とされている。そのため「ら抜き」を過不足なく抽出するための最も単純な文法的共通項は「ラ行下一段活用」である（検索では「活用型」の「中分類」（または小分類）を「下一段－ラ行」と指定する）。ラ行下一段活用には、「忘れる」「慣れる」などに加えて、可能動詞も含まれるため、これらを手作業で除く必要はあるが、検索結果を3,761件まで絞ることができる。

18,480件の検索結果が見つかりました。そのうち500件を表示しています。
検索対象語数：1,290,060　記号・補助記号・空白を除いた検索対象語数：1,098,511

サンプルID	開始位置	連番	前文脈	キー	後文脈
PM25_00067	62800	36950	あてこんで｜資金を｜提供する｜投資｜家｜もいた｜た｜め｜、｜資金は｜十分に｜あった。 #	これ	｜を｜使って｜NW｜は｜、｜新｜政権｜に｜つながり｜の｜深い｜大物弁護｜士｜を｜雇い、｜ワシントンに｜有力
PN5c_00016	7930	5030	ところが、｜その｜前に｜彼ら｜が｜姿を｜消して｜しま｜う。 # ｜技術｜が｜きちんと｜継承さ｜れ	れる	｜か｜どうか｜心配だ｜」。 # ｜海運｜業界｜は｜もっと｜深刻だ。 # ｜大型｜貨物船｜や
OW6X_00055	7010	4480	に｜掲載｜した。 # ｜また、｜に｜の｜ような｜取組み｜の｜事例｜に｜おおむね｜共通｜して｜見	られる	｜、｜成果｜へ｜と｜つながる｜要素｜を｜抽出・｜整理する｜ことと｜した。 # ｜もとより、｜それぞれ
PM41_00182	57110	37360	の｜面影を｜うかがい｜知る｜ことが｜できない。 #	隠れ	｜キリシタン｜たち｜の｜足跡を｜たどって｜みた。 # ｜殿町｜の｜武家｜屋敷通り｜の｜ほど近く、｜響善
PN3f_00016	9140	6340	が｜批判｜ # ｜北朝鮮｜の｜核開発｜問題を｜めぐり、｜米・朝｜中｜の｜三カ国｜協議｜が｜行わ	れる	｜ことに｜ついて、｜十七日｜自民党｜各派｜の｜総会で｜「日本は｜ずしだ」
PB32_00008	49830	31960	たと｜いう｜ふうに｜考え｜られて｜きました。 # ｜本｜当に｜平凡な｜事実な｜のです！	けれど	｜も。 # ｜保子さん｜と｜いい、｜神近さん｜と｜いい、｜私と｜いい、｜ただ｜あなた｜を｜通じ
PN2a_00023	9300	5930	センチ｜角｜以上｜の｜具を｜入れ、｜オリジナル｜の｜粉｜を｜使って｜サクサクに｜仕上げた。 # ｜り	ふかれ	｜焼豚｜（チャーシュー）｜オリエンタル｜」、「｜かに｜と｜帆立｜（ほたて）｜のベシャメル」｜ほか｜（二百円

図1　「ら抜き」の文字列検索（『現代日本語書き言葉均衡コーパス』）

現代日本語書き言葉均衡コーパス（通常版）BCCWJ-NT

3,761件の検索結果が見つかりました。そのうち500件を表示しています。
検索対象語数：1,290,060　記号・補助記号・空白を除いた検索対象語数：1,098,511

サンプルID	前文脈	キー	後文脈
OC06_00686	たことも｜あっ｜て｜か、｜子供心｜に｜カウンタック｜に｜雰囲気｜が｜似｜てる｜な｜ア｜と｜思い｜ちょっぴり	あこがれ	｜て｜いました。 # ｜やはり｜IMさん｜に｜は｜申し訳｜ない｜が、｜フロンテ｜でしょう。 # ｜当寺｜とし
PN1d_00020	風潮｜に｜茶々｜を｜入れる｜わけ｜では｜ない｜が、｜近頃｜は｜「タダ」｜と｜いう｜ものも	あふれ	｜て｜きて、｜これは｜本当に｜よい｜ことな｜の｜か｜と｜疑問に｜思う｜ことが｜ある
PB13_00080	愛で｜つつ、｜郊外を｜周遊する｜と｜いう｜い、｜弥生｜の｜水辺｜の｜行楽｜気｜分が｜そこ｜には！	あふれ	｜て｜おり、｜それ｜は｜海辺｜での｜潮干｜狩り｜と｜まったく｜同じ｜で｜あった。 # ｜さらに｜梅若｜忌
PN5c_00003	どきどき｜わくわく # ｜「初日の出」｜「初夢」｜「初もう｜で」｜――｜お｜正月｜は｜「初」｜が	あふれ	｜て｜います｜ね。 # ｜「初」｜は｜「ね（子）、｜「猫（動物）」｜と｜「刀
PM41_00282	「波の音」、｜鳥の｜声」｜「水の葉」｜の｜ざわめき｜など、｜生活に｜自然｜の｜音が	あふれ	｜て｜います。 # ｜音楽｜とは｜違う｜自然｜が｜作り出す｜新鮮な｜ハーモニー｜が、｜私の｜インスピレーション｜に
PN1e_00004	して｜いる｜が｜いない｜と｜批判｜を｜浴びる｜ことも｜あった｜が、｜初日｜に｜続いて｜本来の｜馬力｜は	あふれ	｜取り口｜を｜見せて｜いる。 # ｜まさしく｜パワー｜の｜塊｜だ。 # ｜下｜から｜突き上げる｜ように｜に｜ガツ｜と
PB29_00013	わけ｜でしょう。 # ｜金庫｜の｜中に｜、｜な｜に｜が｜はいって｜いた｜に｜の｜でしょう。 # ｜十七｜才	あらわれ	｜た｜明智｜たんてい # ｜二十めんそう｜が｜おどろいた｜の｜も、｜むり｜は｜ありません。 # ｜金庫｜の
PB54_00027	に｜ある｜ろう｜はず｜が｜ない。 # ｜それは｜大学生｜に｜なって｜から｜も、｜さまざまな｜面｜に	あらわれ	｜て｜いた。 # ｜仁子｜と｜結婚｜した｜直後｜の｜ことだ。 # ｜医学部｜の｜二年生
OY14_10867	と｜アイコン｜が｜消えて｜しまって｜開けなく｜なる｜もの｜や、｜怖い｜女の人｜の｜顔｜が	あらわれる	｜ものなど・・・。｜感激する｜と｜ほとんど｜が、｜ハードディスク｜の｜中身が｜破壊｜されて｜しまう
OC09_04658	も｜彼女｜は｜結婚｜して｜て｜家庭｜第一｜の｜人｜でした！ # ｜この｜まま｜お｜互｜進で｜	いれる	｜と｜思います｜か？｜すごーい！！ # ｜講師｜の｜メアド｜を｜きき出せた｜なんて｜！｜☆　家庭｜第一｜進で

図2　「ら抜き」の形態論情報に基づく検索（『現代日本語書き言葉均衡コーパス』）

▶5.　コーパス利用の意義と留意点

　本節では、上述のコーパスの特徴を踏まえ、これが言語研究・日本語研究の方法論としてどのような意味を持つのか、他の方法論と比べてどう異なる

■ **オフライン形式でのコーパス利用**

　オフライン形式では、通常 DVD などでのデータのみの配布となっており、検索するためには、利用者がテキストエディタなどのプログラムを自身のパソコン等に準備しておく必要がある。また、記録されているデータは XML などの文書形式で記述されていることも多く、その情報を十分に活用するためには、情報処理に関する一定の知識・経験を要する。

　一般的なテキストエディタにも、正規表現と呼ばれるテキスト処理上のメタ言語が使えるものもあり、ある程度複雑な検索ができる。その他、コンコーダンサと呼ばれるコーパス分析用のソフトウェアがある（例、『KWIC Finder』、『KH Coder』、『AntConc』、『ひまわり』、『茶漉』、『茶器』）。共通する主な特徴としては、KWIC（KeyWord In Context）コンコーダンスという検索した言語表現を中心として 1 例ずつ行単位で検索結果が表示される機能を備えていることである（図 1、2 のような表示形式）。これにより、検索対象とする言語表現が、実際の用例においてどのような表現と共起しやすいかなど語句同士の結び付きの傾向を知ることができる。また、テキストファイルを解析するソフト（例、『茶筌』、『MeCab』：形態素解析器、『CaboCha』：係り受け解析器）を用いれば、手持ちのテキストファイルにアノテーションを施し、そのデータベースとしての検索利便性・操作性を向上させることもできる。

　媒体という観点では、上掲のテキストエディタ、コンコーダンサは文字（テキストファイル）を対象としているが、『Praat』を用いて音声ファイルの音響的特徴を視覚化したり、『ELAN』を用いれば映像にアノテーションを付すことも可能である。更に、『Python』や『Ruby』、『C 言語』や『Java』などのプログラミング言語を利用することができればかなり自由に検索・処理ができるだろうが、これらに関する十分な知識・経験を有する日本語研究者は限られるだろう。

のかということを述べる。また、利用の際に留意すべき点についても触れる。

5.1　言語資料としてのコーパス

　まず、コーパスはある言語の使用実態をありのままの姿で記録した言語資料であることが挙げられる。従来の言語資料、たとえば辞書や文法書（レファレンスグラマー）が言語使用に基づき、その言語の中心的な（規範的）特徴・事項（意味・規則・用法など）をまとめたものであり、用例集は実際の言語使用のうち代表的なものを抽出したものである。従って、これらを用いた研究では、言

語に関する中心的な特徴を知ることはできても、頻度 (と文脈) と周辺的な用法に関する具体的な情報は得られない。また、これらが言語使用実態に基づいて編纂者が解釈を加え、まとめたものであるのに対し、コーパスが提供する資料は言語使用に関する客観的事実であり、言語使用を最も正確に表しているものであると言える。代表性を備えた大規模コーパスであれば、その精度は更に高まる。このように、従来の言語研究は、主として言語の規範的側面に注目して行われてきたわけだが、規範的・非規範的言語使用すべてを言語実態として客観的に提供するのがコーパスなのである。

5.2　内省とコーパス

　これまで、内省に基づく日本語研究が幅広く行われ、成果を挙げてきたが、言語変異 (9章1-6節) やその言語使用実態など、正誤・有無で判断できず段階的・確率的に特徴が現れる場合、内省で正確な一般化を導くことは難しい。たと

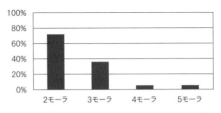

図3　「ら抜き」と動詞の長さ (レル形の比率)

えば、「ら抜き」と動詞の長さとの関係について、自身の言語経験から短い動詞 (例、「見る」) に比べて長い動詞 (例、「考える」) は「レル形」(「ら抜き」の形) になりにくいと直感的に述べることはできても、それを具体的・実証的に示すことはできないだろう。一方、コーパスを用いた場合これを客観的・効率的に示すことができる。図3は、『名大会話コーパス』を用いて用例を収集し、「レル形」「ラレル形」すべてのうち「レル形」が占める比率を動詞の長さごとに整理したものである。コーパスによる分析では、短い動詞に比べて長い動詞は「レル形」になりにくいという傾向に加えて、それぞれの長さでどの程度なりやすい・にくいといった詳細な情報を得ることができる。また、このような内省による観察の確認だけでなく、コーパスが提供する大量のデータを用いなければ浮かび上がってこないような未知の特徴を探索的・網羅的に調べることもできる。その他、内省が利かない母語以外の言語や方言、過去の言語使用などについても、コーパスはその実態を正確に伝えてくれる (前川2013)。

5.3 アンケート・実験とコーパス

次に、「ら抜き」の分析手段として、アンケートや実験を使った場合と、コーパスを使った場合を比較する。ここではら抜き使用の場面による違いの分析を例として考える。アンケートでは、予想される場面のリストを提示し、それぞれの場合に「レル形」「ラレル形」のどちらが正しいかを尋ねたり、どのような場面で「レル形」「ラレル形」を使うかについて自由回答形式で尋ねるといった方法がある (9章5.1節)。この場合、得られる回答は調査対象者が自身の言語使用について内省した結果であり、実際の言語使用そのものではない。そのため、アンケートの回答と実際の言語使用との間に齟齬が生じることも少なくない。実験では、様々な場面を設定し、参加者の自然発話を一定時間録画・録音し、その言語使用を分析する方法が考えられる。この場合、設定する場面の数と目的の「ら抜き」が現れるかどうかを考えると、分析に十分なデータ量を確保することは簡単ではない。一方、コーパスを使った場合、異なる場面での発話を含むコーパスであれば、それらを比較することで、実際の言語使用における「ら抜き」の場面差を効率的に数値化・視覚化できる。

『名大会話コーパス』を用いた図4の分析結果が示すように、「レル形」は私的でカジュアルな場面ほど多く使われる傾向がある。このように、コーパスを使うことで、言語使用実態を客観的・効率的に示すことができる。

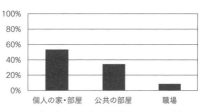

図4 「ら抜き」の場面差 (レル形の比率)

5.4 コーパスと通時的研究

伝統的に言葉の歴史的な研究は文学作品から用例を拾うことで行われてきた。元来のコーパスが言語研究の基礎資料を指すという意味からは、このような資料も一種のコーパスであるとは言えるが、ここでは、便宜的にコンピュータ処理できる大規模データと区別して、「文献探索」と呼んでおこう。文献探索によるデータ収集は膨大な労力を要し、研究テーマによっては、個人で行うには限界がある場合がある。たとえば、4章2.3節で「ら抜き」が見

られ始めた時期に関して、川端康成の『雪国』に例があることが指摘されたり、当時の新聞・雑誌等からの例が指摘されていることを見た。これらは、「ら抜き」が見られ始めた時期や広がりについて、一定の示唆を与える点で貴重ではあるが、取り上げられる資料が離散的であり、実証的に経年変化を示すことが難しい。

　このような文献探索に対して、大規模データを用いたコーパス研究では、年代ごとの「ら抜き」の広がりを客観的に示すことができる点に、大きな強みがある。図5は、『名大会話コーパス』に現れる「レル形」「ラレル形」すべてのうち「レル形」が占める比率を話者の年齢ごとに整理したものである。図5では、10代の話者で「レル形」の比率が最も高く、年齢が上がるに従ってその比率は徐々に下降している。一般的に言語変化は徐々に進行し、その過渡期において革新形は若い世代において普及率が高く、老年層において低くなる。図5に示される分布のパターンは正にこの言語変化の様相と一致する。このように、コーパスを使うことで個人の言語経験を超えた幅広い観察が可能となり、言語使用の動態を実証的・客観的に示すことができるのである。

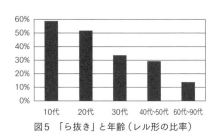

図5　「ら抜き」と年齢（レル形の比率）

5.5　コーパス利用の限界

　コーパスが提供する言語データは客観的な事実である点に特徴がある。たとえば、内省は（たとえ経験豊富な言語学者であっても）個人の言語経験に寄るところが大きく、個人差がある点で主観的であると言える。しかしながら、方法論として内省や主観、あるいは実験を破棄し、コーパスを使えばいいということにはならない。

　コーパスが提供する言語データは使用された言語そのものであって、実験などの条件が統制された言語環境と異なり、そこで見られる言語の特徴は多種多様な要因の複合的な作用を反映したものとなる。よって、ある特徴のみに注目して分析したいとしても、そこには不必要な要因の影響が絡んで来ざ

るを得ない。知りたい特徴がはっきりしている場合は、実験を行う方が効果的・正確に情報を得ることができるなどということもある。たとえば、語のアクセントを調べる場合、単語とそれに助詞を付けた形を話者に発音してもらって、対立があるかないかを調べることができる (1章8.2節)。それに対し、コーパスで提供されるのは、談話全体であり、文には談話における機能が上昇や下降などの韻律的特徴として反映される (1章9節) ため、コーパスから談話の韻律による影響を捨象し、純粋に語のアクセントやその体系だけを分析することは不可能とは言えないまでも、困難を伴う。

　また、文法研究においても、必ずしも定量的研究が意味を持つとは言えない場合もある。たとえば、3章4.4節では、以下のような文が曖昧性を持つことを見た。

（1）　おかずさえ3人の学生がこぼした。

「3人の学生」が広いスコープを取る解釈では、ある3人の学生について、「ごはん」に加え「おかず」もこぼした、となり、「おかずさえ」が広いスコープを取ると、「ごはん」に加え「おかず」についても、こぼした学生が3人いたとなる。このような例自体を見つけることが困難であるのに加え、コーパス自体は意味の解釈を示さないため、このような曖昧性があることは、内省によってしか分からない。

　前者のアクセント体系の調査は、日本語の音韻の歴史や方言の分岐を考える際に重要な知見をもたらし (2章7.3節)、後者のような数量詞のスコープの問題は、生成文法理論 (11章) の発展に大きな役割を果たしてきた。本理論のように無限の言語表現を生み出す人間の言語知識の解明を目標とするならば、どんなに膨大であっても有限であるコーパスを研究することのみで、無限性に特徴付けられる言語の本質を究明できることにはならない。

　コーパスが有用なツールであることには疑う余地がないものの、このように従来行われてきた研究手法に完全に取って代わるということは考えにくく、依然として内省や実験等は必要であり、目的・対象に合わせて研究者が正しい方法を選択あるいは併用をすることが重要である。また、コーパスはあくまでも言語分析用の補助として捉えるべきで、どんな研究を行うにしても、コーパスから得られたデータをまとめただけでは不十分である。データはあ

1960年代以降のコーパス言語学発展の停滞を生成文法の提案・隆盛に帰する向きがあるが、この解釈には注意が必要である。その当時、生成文法との間に直接的な論争があったのは構造主義や行動主義であり、生成文法とコーパス言語学との間にそのような関係は認められない。また、1964年に構築された世界初の電子化コーパスであるBrown Corpusなどを利用した生成文法的研究の試みも60年代からあったため（例、Kajita 1967）、コーパスを受け入れこそすれ、排除するような動きが生成文法側にあったとも考えにくい。このようなことから、停滞の直接的な原因は、当時生成文法理論が多くの注目を集めていた中で、コーパス言語学は情報技術とそれに関わるインフラの未整備により一般への普及までには至らなかったことにあると捉えるべきだろう。実際、90年代以降、情報処理技術の発展に伴い、大規模コーパスが続々と構築された（例、British National Corpus (BNC)、Bank of English）。またパソコン・インターネットが一般に普及したことで、対象となる電子テキストも増え、コーパスが一般レベルで利用可能となり、コーパス言語学は急速に発展した（丸山2013）。

くまでデータであり、データの抽出方法や得られたデータについてそれぞれの言語理論なり研究分野に位置付けて初めて意味のある議論ができる。

▶6. 統計

コーパスを利用する場合、研究の様々な場面で統計が関わってくるが、以下ではデータの分析・解釈・一般化をする上で重要となる事項を統計の基礎的な概念と共に紹介する。

上述のように、コーパスが提供するのは言語使用に関する標本データである。従って、目的とする母集団の特徴を知るためには、標本データの特徴を基にして、未知の母集団の特徴を推定する**推測統計**が必要となる。全文コーパスを利用した全数調査では、標本＝母集団であるため両者のずれ (誤差) はなく、コーパスについての特徴をそのまま母集団の特徴として解釈することができる。しかしながら、このような場合を除き、コーパスを利用した研究を行う場合、（代表性を備えたコーパスであっても）標本と母集団では誤差が生じるため、標本データで得られた一般化が母集団でも成り立つかどうかや、母集団

の特徴がどうであるかを確率的に推定するのである。全数調査の方が正確な情報が得られるが、母集団によってほとんどの場合それは不可能であるため、その一部を縮図・雛形として採取し、それを調査し、推定することになる (図6)。その際、偏った標本抽出により推定の基となる標本を歪ませてしまうと、目的の母集団とは合わず、正しい推定はできない。よって、無作為抽出により母集団を精密に表現することが重要である。

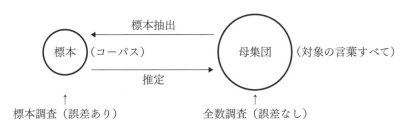

図6　推測統計における母集団と標本の関係

　標本に関する基本統計量 (例、標本平均、標本比率、標本分散) を**標本統計量** (実測値)、母集団に関するもの (例、母平均、母比率、母分散) を**母数**と言い、両者を区別するが、母数は多くの場合分からないので、標本から推定した**推定値 (期待値)** である。

6.1　統計の基礎

　統計を言語研究に応用する場合、言語データの特徴を数値の上で解釈するわけだが、値 (データ) の種類によって処理方法が異なる。まず値の種類は、以下の2種類に大別することができる。

　質的変数：種類・カテゴリを示す離散的データであり、それ自体数値ではないため、そのままの形では演算できない。分類の順序に意味のない名義尺度 (例、性別、出身地、品詞) と、意味のある順序尺度に分けられる (例、階級、評語)。

　量的変数：数値としての意味を持つ連続的データであり、演算できる。値の大小関係に加えて、値同士の差が意味を持つ。原点の設定が任意である**間隔尺度** (例、温度、評価点などの指標化された値) と、ゼロが原点となっている**比例尺**

度 (例、身長、体重、分節音の長さなどの物理的な特性) がある。

6.2 記述統計

　次に、データの処理方法について、記述統計と推測統計に分けられる。まず、**記述統計**は、データ (標本) の中で値がどのように分布しているかを、以下に挙げるような指標に従って数量的にまとめ (表やグラフにまとめることもこれに含まれる)、その特徴を理解することである。

　度数 (頻度)：データの中で、ある種類や数値に属する値の個数を表したもの (ある言語表現が何回観測されたかなど)。これを表にまとめたものを度数分布表、グラフにまとめたものをヒストグラムと言う。

　比率：2つ以上の種類や数値の間にある比、割合を表したもの。たとえば、データの中で、名詞の比率を求める場合は、名詞の度数÷すべての単語の度数を計算する。また、他の品詞について同様に求めれば、データ中の品詞の構成比が分かる。比率に100を掛けると百分率 (パーセンテージ) となる。

　その他、データの中心的な傾向は**代表値** (基本統計量) によって捉えられる。以下に、代表的なものを示す。

　平均：すべての値 (数値) の総和を値の個数で割ったもの (量的変数のみ)

　中央値：値を大きさの順に並べて、中央の順位に位置する値 (名義尺度以外)

　最頻値：最も高い度数を示す (多くのデータが集まっている) 値

　データの散布度 (ばらつき) については、次のような指標により捉えられる。ここで、表2のような基本周波数 (F0) (1章9.3節) と声帯の長さに関する5人分

■ 度数とデータのサイズ

　度数を解釈する上で注意しなければならないのは、データ全体のサイズである。たとえば、ある言語形式が明治時代の資料で10件観察され、昭和時代の資料でも同じく10件観察されたとする。では、両時代においてその言語形式は同じように使われていたと結論付けることできるかと言えば、できない。なぜなら、資料全体のサイズが考慮されていないからである。極端に言えば、そのデータ集合のサイズが100万語だった場合と、1万語だった場合、つまり100万分の10と1万分の10では全く意味が異なる。単独の言語形式の件数を数えただけで数量的な一般化をすることはできない。

の標本を仮定し、それぞれの値を求めてみる。

分散：それぞれの値について、平均との差（偏差）を求め、それを2乗したものの総和を値の個数で割ったもの（偏差の2乗の平均）

たとえば基本周波数の平均は120であり、平均からの偏差およびその2乗は表3のようになる。よって、分散は偏差の2乗の平均を取って、150と求めることができる。同じく、声帯の長さについて計算すると、表4のようになり分散は4となる。

標準偏差：分散の平方根を取ったもの（分散では2乗したことで元の値と掛け離れてしまっているため、元の値と同じ尺度・単位に戻し直感的に捉えやすくする）。基本周波数の標準偏差は、$\sqrt{150} = 12.25$（四捨五入）、声帯の長さの標準偏差は$\sqrt{4} = 2$となる。

また、2つの変数同士の関係を捉える指標として相関係数がある。

相関係数：2変数間の関係の強弱を表す指標であり、−1から1の範囲の値を取る。絶対値が大きいほど強い相関があり、値が正の場合は**正の相関**があり、負の場合は**負の相関**があると言う。共分散（2変数の偏差の積の平均）を2変数の標準偏差の積で割ったもの。

基本周波数の偏差と声帯の長さの偏差の積をAからEそれぞれについて求

表2　日本人男性の声の基本周波数と声帯の長さ

	A	B	C	D	E
基本周波数 (Hz)	105	110	120	125	140
声帯の長さ (mm)	23	19	20	21	17

表3　平均からの偏差とその2乗（基本周波数）

	A	B	C	D	E
平均からの偏差	-15	-10	0	5	20
偏差の2乗	225	100	0	25	400

表4　平均からの偏差とその2乗（声帯の長さ）

	A	B	C	D	E
平均からの偏差	3	-1	0	1	-3
偏差の2乗	9	1	0	1	9

表5 基本周波数と声帯の長さの偏差積

	A	B	C	D	E
偏差積	−45	10	0	5	−60

める (表5、たとえばAならば−15 × 3 = −45)。共分散はこの平均なので−18となり、そ
れを標準偏差の積 (12.25 × 2) で割ると、相関係数は−0.735となる。従って、標
本における基本周波数と声帯の長さには負の相関がある (声帯が長ければ基本周波
数 (=声の高さ) は低い) と言える。

6.3 推測統計

6.3.1 推定

推定とは、標本統計量から母数を予測することである。推定は、標本から
得られた1つの値に基づいて母数を推定する**点推定** (標本平均から母平均を推定する
など) と標本から得られた値に基づいて母数が含まれる値の範囲を確率の上で
推定する**区間推定**に分けられる。たとえば表2における基本周波数の平均は
120であったが、この標本の値から母集団である日本人男性全員の基本周波
数を推定する場合などである。点推定では、平均の場合、標本平均 (この場合
120) が母平均の推定値と一致するため、その推定値は120 Hzとなる。区間推
定の場合、推定値は範囲で表される。具体的な計算方法は割愛するが、本標
本の場合、母平均は95%の確率で103 Hzから137 Hzの間に含まれると推定
される。

6.3.2 仮説検定

仮説検定の目的は、標本で得られた特徴に基づき仮説を設定し、それが母
集団にも当てはまるのかどうかを調べることである。先述のように、標本と
母集団は異なる。従って、母集団について何かを主張する (標本の特徴を一般化す
る) 際には、標本から得られた特徴が、母集団に当てはまらないものなのか、
それとも母集団に当てはまる真の一般的特徴なのかを判断する必要がある。仮
説検定により、具体的には2つのことが分かる。

1.　標本で得られた差が母集団にも当てはまるか (一般化できるか) どうか

たとえば、コーパスのデータを基に、「ら抜き」言葉の使用に関する男女差を調べ、それを日本語の一般的な特徴として述べる場合、コーパスで男性の方が女性より「レル形」（例、見れる）を使うことが多いという傾向が観察されたとしても、それはコーパスの中での話であって、日本語一般に当てはまるかどうかはわからない。そこで、仮説検定を行い、その男女差がコーパスに限られるのか、コーパスの母集団としての日本語一般にも言えることなのかを判断する。

2．　有意な差なのか、誤差なのか

　数値データを観察していると、数値上は違いがあるものの、果たしてその違いが本当の違いなのか、誤差なのかの判断に迷う例がある。たとえば、先ほどの「レル形」が男性で10件、女性で9件観察されたとしよう。この10件と9件は数字の上では異なっているが、数値の上で近く、本当に異なっているかどうか判断することは難しい。このような場合、仮説検定により、両者が母集団にも当てはまる有意差なのか、見かけ上の誤差なのか客観的な判断ができる。

　このように、仮説検定によりデータの解析・一般化に関する客観的な判断をすることができるが、反対に言えば、仮説検定の手順を踏んでいない数量的一般化は妥当性に欠ける可能性がある。

6.3.3　仮説検定の手順

　母集団から標本を抽出するが、その抽出の仕方によって毎回標本の中身は異なる。よって標本の特徴や構造もその都度異なる（コーパスは可能な標本の1つ）。ただし、よくありそうな特徴（値）とあまりなさそうな特徴がある。たとえば、先ほどの「ら抜き」の例を基にすれば、同じ母集団から抽出した「レル形」が男性9件・女性10件というのは比較的よくありそうだが、男性19件・女性0件（またはその反対）という分布はほとんどないだろう。対象となる母集団から標本が取り得る特徴を確率の上で表したものが**確率分布**である。仮説検定では、標本の特徴を表す統計量を計算し、それが確率分布の上でどの程度の確率で現れるものなのか位置付け、それを基に仮説の判定を行う。以下、日本語学・言語学でも適用範囲の広いχ^2検定（カイ2乗検定）を使って仮説検定の手順

を説明する。

①帰無仮説・対立仮説の設定

統計的検定では、比較対象とする複数の変数間には差がなく、そもそも同じものであると考える。これが**帰無仮説**であり、その反対が**対立仮説**（差があり、同じものでない）である。

②検定統計量の計算

仮説検定のために用いられる標本から計算した統計量を**検定統計量**と言う。検定の種類によって計算する値・方法は異なる（χ²検定ではχ²値）。検定統計量は帰無仮説にそぐわず、対立仮説に合っているほど0から離れた値となる。

③有意水準・棄却域の設定

帰無仮説が棄却されるかどうかの境界となる値が**有意水準**（p値）である。推測統計では、通常5%か1%に設定する（以下5%に設定）。**棄却域**は、ある有意水準の下で帰無仮説が棄却される検定統計量の範囲である。

④検定統計量が従う確率分布における値の計算

有意水準、**自由度**（分布の構造を示すものとしておく）から該当する確率分布における統計量αを求め、それを②で求めた検定統計量βと比べる。

⑤仮説の棄却・採択

βがαを上回っていれば帰無仮説を棄却し、対立仮説を採択する（下回っていたらその反対）。「有意水準5%で差があった」「5%水準で有意差があった」となる。

ここで、χ²検定の基本的な手順を例を用いて紹介する。たとえば、表6のような「ら抜き」の使用と男女差に関する標本データがあったとしよう。この男女差の有意性をχ²検定を用いて①から⑤の手順で検定する。

①比較対象とする複数の変数間には差がなく（例、男女）、同じものと仮定する（帰無仮説）。

②この標本データを表す統計量β（χ²値）を以下の手順により求める。

まず、実測値（表6）から期待値（表7）を各セルごとに計算する。各セルの期待度数は、全体の合計とそのセルが含まれる行と列の乗算・除算により求められ（以下、便宜的に小数点以下第3位を四捨五入する）、たとえば、男性・レル形の期

待度数は、$570 \times (180 \div 570) \times (70 \div 570) = 22.11$。

　次に、χ^2値を求める。χ^2値は、各セルに対して、$((\text{実測値} - \text{期待値})^2 \div \text{期待値})$（男性・レル形ならば、$(30 - 22.11)^2 \div 22.11 = 2.82$）を計算し、それらの値を合計したものである。計算すると、4.69となり、これがこの標本データを表す統計量β（χ^2値）である。

③ここでは有意水準を5%とする。χ^2検定の場合、自由度は、表における（行数-1）×（列数-1）で求められる。本標本の場合、$(2-1) \times (2-1) = 1$となる。

④自由度と有意水準をもとにχ^2分布表から値を求める。表8のχ^2分布表において、自由度1、有意水準5%の値（α）は3.84である。

⑤αとβを比較し、仮説を棄却・採択する。両者を比較すると、β (4.69) が α (3.48) を上回っているため、帰無仮説を棄却し、対立仮説を採択する。つまり、有意水準5%で男女差が認められた。言い換えれば、同じものであるはずの両変数が表に見られるような特徴（差）を偶然に示す確率は5%未満である。従って、「同じもの」という前提（帰無仮説）を破棄して、両者には差がある（対立仮説）、つまり異なるものと捉える方が妥当であろうと推論するのである。

表6　ら抜き言葉と男女差に関する擬似分布

	レル形	ラレル形	合計
男性	30	40	70
女性	150	350	500
合計	180	390	570

表7　期待値

	レル形	ラレル形
男性	22.11	47.89
女性	157.89	342.11

表8　χ^2分布表（一部抜粋）

自由度 (df)	5%	1%
1	3.84	6.64
2	5.99	9.21
3	7.82	11.34
4	9.49	13.28
⋮	⋮	⋮

検定において参照する確率分布は、平均や分散など何を対象とするかによって異なり（例、正規分布、t分布、χ^2分布、F分布）、どの確率分布を参照するかによって検定の手法・名称も異なる（例、t検定、χ^2検定、分散分析）。その他、高度な統計解析では（例、重回帰分析、分散分析を含む一般化線形モデル、その他の多変量解析）、手持ちの標本データを解析することで、目で見ただけでは分からないようなデータの構造やそれを統御する指標・変数を見付けたり、（仮説検定・推定を伴う）定式化・予測モデルの構築ができる。

▶7. まとめ

コーパスは有用な道具立てであるが、その性格を理解し、データを適切な方法で利用することが肝要である。更に、データで得られた特徴を一般化する際には、手持ちのデータが日本語のどの側面を表したものなのかを慎重に検討しなければならない。たとえば、新聞コーパスのデータから得られた特徴は、新聞というジャンルに属する書き言葉に関するものであり、直ちに書き言葉全体の特徴とすることはできない。

加えて、大規模データの演算処理を手で行うのは現実的ではなく、統計処理機能を備えたソフトウェアやプログラムに関する知識も必要となる（山田・杉澤・村井2008、青木2009、金2017ほか）。コーパス検索の方法、統計処理の方法と知っておくべきことは少なくないが、これを押さえられれば、コーパスは日本語研究の可能性を大いに拡大してくれるだろう。

補遺─日本語のコーパス

最後に現在公開されている代表的な日本語のコーパスを紹介する。ここでは、日本語研究に使うことができ、高度な専門知識を必要としないものを選んだ。これらは⑦を除き、オンライン検索システム『中納言』を用いて利用することができる（各コーパスの手引きについては、小木曽・中村 (2013) の他、国立国語研究所コーパス開発センターのホームページなど参照。過去の代表的コーパス、およびコーパス日本語学発展の歴史については丸山 (2013) が詳しい）。

①【話し言葉コーパス】2004年に公開された『日本語話し言葉コーパス』(CSJ: Corpus of Spontaneous Japanese) は、テキストデータだけではなく、その基となる音声データ、更に形態論情報や話者情報など豊富なアノテーションが付与されている。2種類の独話 (学会講演・模擬講演)、対話、朗読を含み、テキストデータだけならば『中納言』で検索可能。その他、昭和期の話し言葉を収録した『昭和話し言葉コーパス』(SSC: Showa Speech Corpus) が2022年に本公開されている。

②【書き言葉コーパス】2011年公開の『現代日本語書き言葉均衡コーパス』(BCCWJ: Balanced Corpus of Contemporary Written Japanese) は、1億語を超える書き言葉を収録している。日本語では初の均衡コーパスであり、綿密な調査に基づき設計され、母集団に対する統計的な代表性を有する標本抽出が施されている。書籍を中心として、雑誌、新聞、国会会議録、またYahoo!知恵袋・ブログといったインターネット記事も含まれている。

③【通時コーパス】『日本語歴史コーパス』(CHJ: Corpus of Historical Japanese) は、「枕草子」や「源氏物語」などの文学作品や近代の雑誌を収録したコーパスである。2014年に平安時代編が本公開されて以降、作品と時代が継続的に拡張されており、現在では奈良、平安、鎌倉、室町、江戸、明治・大正と、日本語の歴史を縦断的に調査することが可能となっている。

④【学習者コーパス】2016年に公開された『多言語母語の日本語学習者横断コーパス』(I-JAS: International Corpus of Japanese as a Second Language) は、12言語の異なる母語を持つ海外の日本語学習者と国内の日本語学習者、そして日本語母語話者の発話と作文を収録したコーパスである。発話と作文はそれぞれ複数の異なる課題 (6種類12タスク) におけるもので、また学習者の日本語能力も客観的なテストに基づく指標が与えられている。テキストデータに加えて音声データ形式でも配布されている。

⑤【会話コーパス】2003年公開の『名大会話コーパス』(NUCC: Nagoya University Conversation Corpus) は、国立国語研究所に移管され、『中納言』で検索できるようになっている (音声ファイルの公開はない)。本コーパスは、129会話、合計約100時間の日本語母語話者同士の (主に2人による) 雑談を収録しているが、様々な場面 (自宅、研究室、車中、レストランなど) や参加者の関係 (恋人同士、親子、

同僚、初対面など) が設定され、社会言語学的分析に適している。

⑥【ウェブコーパス】2017年に公開された『国語研日本語ウェブコーパス』(NWJC: NINJAL Web Japanese Corpus) は、ウェブを母集団とした100億語を超えるウェブコーパス (超大規模コーパス) である。ウェブ上にある日本語のテキストをクローラーによって継続的に収集し (モニターコーパス)、それに対して形態素解析・係り受け解析を施したものをデータとして提供している。オンライン検索システム『梵天』を介して、品詞や係り受け関係に基づく高度な検索も可能。本コーパスの一部は『中納言』に格納されている。

⑦【ツリーバンク】『NPCMJ』(NINJAL Parsed Corpus of Modern Japanese) は、現代日本語の書き言葉と話し言葉のテクストに対し、文の統語解析情報と意味解析情報が付与されたツリーバンクである。様々なオンライン検索インターフェースが用意されており、利用者の目的に適した検索方式が選べるようになっている。

⑧【マルチモーダルコーパス】2022年に公開された『日本語日常会話コーパス』(CEJC: Corpus of Everyday Japanese Conversation) は、多人数による日常場面で自発的に生じる会話約200時間を記録した均衡コーパスで、データはテキストと音声に加えて、映像も提供されるため、非言語情報を含めた日常会話の特徴を多角的に調べることができる。

⑨【方言コーパス】『日本語諸方言コーパス』(COJADS: Corpus of Japanese Dialects) は、日本各地の方言の談話音声を収録したコーパスである。標準語対訳テキストが付与されているため、標準語を中心に検索が可能 (方言検索は2022年時点で文字列検索のみ) であり、ある方言でどう言うかを調べる、方言同士を比較するなどが容易にできる。

読書案内

前川喜久雄編 (2013)『講座 日本語コーパス1 コーパス入門』朝倉書店
言語研究資源としてのコーパスの特徴、コーパス言語学の発展、コーパスの利用目的・将来の展望などを紹介している。コーパスを利用した言葉の研究をする者にとって知っておくべき基本的な事項が学べる。

（2018–）『コーパスで学ぶ日本語学』（全5巻）朝倉書店

文学部系の大学生に向けた、コーパス日本語学の入門シリーズである。コーパス自体の解説ではなく、読者は例題からその解説、更に演習問題という流れに沿って実際に問題に当たることで、日本語学を学ぶ中でコーパスの利用方法を習得できる。日本語の文法・音声、文章・文体、歴史、日本語教育への応用に分けて豊富な研究事例を扱っている。

石川慎一郎・前田忠彦・山崎誠編（2010）『言語研究のための統計入門』くろしお出版

本書は、邦文で書かれた希少な言語統計入門書であり、基礎的なデータ集計から発展的な統計解析まで、日本語、および英語のコーパスデータを実例として用いて詳しく解説している。なお、言語研究ではないが、平易な例を用いた統計の解説としては、向後・富永（2007）、涌井・涌井（2010a, b）をお薦めする。

Chapter 11

理論的研究とは?

▶ 1. はじめに

　本章では、理論言語学の方法論と目的を解説し、その現状を概観する。言語を対象とする理論的研究、あるいは科学的な方法論に基づくアプローチは、広い意味では少なくとも19世紀の比較言語学にまでそのルーツをたどることができるが、現代的な意味での理論言語学はノーム・チョムスキーが1950年代に提唱した**生成文法**に始まると考えてよい。そこで、本章では、**仮説検証法**を方法論とする、生成文法の研究手法とその意義、そしてその限界をできる限り分かりやすく解説することを主な目的とする。本書は理論言語学の教科書ではないので、本章では、「まずは現象を見てものを考える」という読者を想定し、理論的研究というのが何を目的として、どういう形で議論を組み立てるものなのかについて、その背後にある方法論を明確にしながら要点をスケッチすることを目指す。

　最初にいくつか断り書きをしておきたい。まず、題材として日本語の統語現象をとりあげるが、これは単にたまたま筆者の専門が統語論であるからにすぎず、言語に対する理論的研究は1章、3章で概説されている音声研究から語用論研究まで、言語の共時的側面のすべてに関して行われている。また、何をもって理論的研究と言うかも難しい問題だが、とりあえず、自然科学における方法論として確立している仮説検証の手法に従った研究が理論的研究であると考えておく。最後に、誤解が生じないよう最初に筆者自身の立場を明らかにしておきたい。筆者は、現在実践されている理論言語学／生成文法研究の科学研究としての妥当性に少なからぬ疑義を抱いており、また、生成

文法のパラダイムは、今様々な限界を露呈し大きな転換点を迎えていると感じている。このため、以下の議論では、2節で生成文法の基本的な方法論をなるべく中立的な立場から紹介した後、3節であえて私見を大幅に交えてそれにまつわる諸問題を検討する。3節の議論はあくまで筆者の立場からのものであり、生成文法研究のコミュニティで一般に共有されている見解ではないことに注意されたい。

▶2.　仮説検証のプロセス—日本語の等位接続

　本節では、仮説を立ててそれを検証するというプロセスがどのようなものであるかを説明する。題材としては、日本語の等位接続を扱う。以下の議論の展開を見れば分かるように、理論研究では、記述的な研究と違って、通常、網羅性、包括性をそれほど重視しない (ただし、戸次 (2010) などに見られるようにこれを問題視する立場も当然ある)。これは、(生成文法的な) 理論研究においては、言語現象を網羅的、包括的に捉えることよりも、人間の生得的な言語能力の解明という大きな目的のもとで、対立する複数の仮説のうちどれが (より) 正しいかということを決定することに主眼を置くからである。以下でもこのような前提のもと、等位接続という題材を材料に用いて仮説検証のプロセスを読者に

■ 仮説検証法と言語研究

　仮説検証の手法に従った研究だけを理論言語学と呼ぶことに抵抗のある読者もいるかと思う。たとえばこの規定では認知言語学研究の大半が理論言語学から外れてしまうが、果たしてそれでよいのか？　本章では「理論的研究」というものをあえて狭く規定するが、これはあくまでも話を単純化するための便宜的なものと考えていただきたい。

　また、生成文法的な理論研究は、人間の生得的な言語能力の解明を目的とするため、主に言語の共時的側面を対象とする。言語の通時的側面に対する理論言語学的アプローチももちろん重要な研究領域として存在するが、これにはいろいろと独自の方法論的問題がつきまとうので、これも本章では議論の対象から外す。特に日本語に関しては、いわゆる「国語学」の学問分野としての固有性と、普遍性を目指す理論言語学研究との間にどう折り合いをつけるかという問題があり (金水2002)、事情が複雑である。

疑似体験してもらうことを目的として、日本語の等位接続現象のほんの一部だけを対象に議論を進めていく。この際、たとえば、記述的な研究において重視される、等位接続構造に現れる接続詞の網羅的なリストを洗い出すといった作業は、理論的に重要な論点に関わることがらではないために省略される。これは決してこのような作業が言語研究において重要ではないということを意味するわけではない点に注意されたい。理論研究と記述的研究においては、同じ言語というものを研究対象としていても、解明すべき対象とそれに応じた研究の背後にある方法論が大きく異なるために、注目する問題や、問題へのアプローチの仕方も自ずと異なってくるのである。

　本節の大きな目的は読者に以下の2点を理解してもらうことである。1つは、仮説検証の方法論は、極めて単純なロジックに支えられた議論の組み立てかたであり、その単純さが、「真理の探究」という目的のための非常に強力な道具となりうるという点。もう1つは、言語学のような分野においては、そのような強力な武器をもってしても事はなかなか一筋縄には運ばないという点である。この後者の点に関しては、その背後にある原因に関して3節でさらに補足して議論する。

　以下では、仮説検証法に基づく研究の進め方を、具体的な例に基づき、次の3つのステップに分けて説明する。

- ステップ1：一般化に基づく仮説の設定
- ステップ2：仮説の検証
- ステップ3：仮説の棄却と修正

2.1　ステップ1—仮説の設定

　日本語には、「そして」「と」「または」「か」などの単語によって句を組み合わせ、意味的に連言（'and'の意味）や選言（'or'の意味）を表す構造が存在する。このような構造のことをここでは「等位接続」と呼ぶ。

（1）　a.　太郎と花子が来た。（名詞）

　　　b.　大阪までか、仙台までなら日帰りで出張できる。（後置詞句）

　　　c.　太郎は素早く、そして抜け目なく厄介な仕事をやり遂げた。（副詞）

　　　d.　テーブルの上には花瓶があり、そしてメモが残されていた。（動詞句）

（1）に挙げたデータを見ると、どれも同じ範疇の句を組み合わせてさらに大きな句を作っていることが分かる。このため、等位接続に関しては、以下のような仮説を立てれば、（1）のデータをすべて統一的に扱うことができる。

（2）　仮説 A：日本語においては、等位接続できるのは同じ範疇の句どうしに限る。

さて、ここで重要なのは、仮説は、単にその仮説を立てるために使ったデータに関して何ごとかを述べているだけでなく、そのデータを含むより大きなデータの集まりに関しての言明であるという点である。別の言い方をすると、仮説を立てる作業は、データから**一般化**を導く作業である、とも言える。一般化というのは、直接観察されたデータを基に、その背後にあるより一般的な法則を探りあて、それを明確な形で記述することである。

2.2　ステップ 2—仮説の検証

（2）のような単純な例では、「一般化」などという大げさな言葉を使っても、所詮は（1）のデータに見られるパターンをただ言葉で言い換えただけのように見えるかもしれない。だが、あくまで個別例の集まりにすぎない（1）と、その背後にある規則性をより抽象的な形で捉えた（2）との間には1つの大きな違いがある。（2）のように一般化することによって、（2）の仮説が正しいという仮定のもとで、（1）に挙げた以外のデータに関して、それが日本語の文として適格なものであるかどうかを機械的に、（つまり、分析者の主観を交えずに）決定することができる。仮説検証法においては、ある仮説が正しいという前提のもとで、未知のデータに対して何らかの予見を得ることができる場合、当該の仮説が当該のデータに対して**予測**をなすと言う。具体的には、仮に（2）が正しいとすると、以下の（3）のような例は適格な日本語の文であるが、（4）のような例は適格な日本語の文でないということが導かれる。なお、（人間の頭の中にあると考えられる）文法規則に正しく従っていて、そのために構造が適格である文のことを、統語論では「文法的な」文と呼ぶのが慣習なので、以下その慣習に従う（文法的でない文に関しては、（4）のように文頭に*を付けてそのことを示す）。

（3）　a.　<u>赤い</u>、そして<u>大きい</u>リンゴがなっている。（形容詞）

　　　b.　<u>一度開封した</u>、または<u>賞味期限の過ぎた</u>品物は返品できない。（関

係節）

（4）　a.　＊太郎は<u>難しい</u>、しかし<u>手際よく</u>仕事をやり遂げた。（形容詞、副詞）

　　　　b.　＊花子は<u>その歌を</u>、または<u>小声で</u>歌っていた。（後置詞句、副詞）

（3a）では形容詞どうしが等位接続されており、（3b）では、関係節どうしが等位接続されている。これに対し、（4）の例では、等位接続されているものの範疇が異なっている。たとえば、（4a）では、形容詞と副詞が等位接続されている。

　仮説の予測が新しく観察されるデータと整合する場合、当然のことながら、その仮説の説得力は増す。また、仮説の予測が何らかの新しいデータと矛盾する場合、もともとの仮説が間違っていたということになるので、仮説がデータによって**反証**された、というふうに言う。仮説を反証するデータのことを**反例**と呼ぶ。

　ここで、仮説を裏付けるデータと仮説を反証するデータの間には非対称性があることに注意されたい。仮説を裏付けるデータはいくら数が増えても、単にその仮説の確からしさを高めるだけなのに対し、仮説を反証するデータは、1つでも見つかれば、当該の仮説が間違っていることを示すので、そのようなデータが見つかった場合、仮説の棄却または修正が必要となる（以下、2.3節でそのようなケースを見る）。

　仮説検証法に基づく科学研究の目的は、説明対象のデータに対してできる限り簡潔な仮説を立てることである。科学研究の実践は、何らかの仮説を立ててデータによる検証を行い、反例が見つかったら当初の仮説を修正したり棄却したりしてまた仮説検証をやり直し、徐々によりよい仮説に近づいていくように試行錯誤を繰り返す地道なプロセスによって成り立っている。ここで重要なのは、仮説は、我々がいまだ発見しえていない究極的な真理と同一のものでない限り、反証されるために存在するという点である。仮説は、その名の通りあくまで「仮」の説なのであって、ほぼ必然的に誤りを含む。誤りを誤りと同定して修正するための手続きを明確にしている点に、仮説検証法の方法論としての最大の意義があるといえる。この点に関しては、以下 2.3 節で具体的な事例を通してさらに詳しく検討する。

■ 良い仮説とは？―仮説とデータの関係

　仮説とデータの関係について、ここで2点基本的なことを確認しておく。まず、仮説の予測が正しいかを検証する際には、他の要因を排除しなければならない点に注意する必要がある。たとえば、以下のi)でも（4）の例と同じように違う範疇の句が等位接続されているが、この例に関しては、単に「と」で結べるのは名詞句に限るという理由（「*素早くと手際よく」）により容認不可能となっている可能性がある。

i)　*太郎がと急いで来た。（後置詞句、副詞）

別の要因の関与を否定できない以上、i)が非文法的であるという事実を仮説Aを支持する証拠として用いることはできない。このため、i)のような別の要因で説明できるデータは仮説の予測を検証する際には考慮の対象から外す必要がある。これに対して、（4a）や（4b）に関しては、別の要因で非文法性を説明することは難しいと考えられる。何か別の要因があるとしてもi)の場合ほど自明ではない。自明な別の説明がない以上、（4a）や（4b）はひとまず仮説Aを支持する証拠と考えてよいということになる。

　次に、仮説は出来る限り明確に規定する必要があることに注意が必要である。上で、観察されるデータが仮説の予測に合致するかどうかは「機械的に」判定できると言った。また、仮説検証法が方法論として有効に機能するためには仮説を反証するというプロセスが不可欠であることも確認した。この2点が成り立つためには、仮説が十分に明確かつ曖昧性のない形で定式化されていることが必要である。仮説が曖昧性のない形で定式化されており、どのようなデータが仮説の反例になるかが明確であるとき、仮説が**反証可能**であると言う。この点を確認するために、仮説Aを以下のように書き換えた仮説A'を考えてみよう。

ii)　仮説A'：日本語においては、等位接続できるのは似た範疇の句どうしに限る。

仮説A'は仮説Aの「同じ範疇」というところを「似た範疇」と書き換えただけだが、仮説Aと同程度に明確であるとは言い難い。問題は、言うまでもなく、「似た」という概念の曖昧さにある。「似た」範疇といっても、たとえば動詞と形容詞は「似た」範疇と言えるのか、形容詞と副詞ならばどうか、などの点が(ii)からだけでは明らかでない。すなわち、「似た」という概念の規定が何らかの形で厳密になされていない限り、反証可能性を担保できないため、仮説A'は仮説として用をなさない。同様に、仮説Aに関しても、実際には「範疇」「句」などの用語が厳密に規定されていなければ仮説として用をなさない。特に、専門用語であるというだけの理由でその概念が指すものが明確であるということが保証されるわけではないことには注意が必要である。

■■ 理論研究と記述研究

　上で仮説検証法の基本を確認したので、ここで理論研究と記述的研究の違いに関して2点ほど補足説明をしておきたい。まず第一に、理論言語学における仮説と、記述研究におけるある種の抽象的な術語などを用いたデータの整理とは似て非なるものであるという点が、上の説明からすでに明らかだろう。観察されるデータに共通して見られるパターンを取り出して、それを何らかの形で抽象的なレベルで捉え直すというところまでなら、記述的研究でも同じような作業を行うことがある。記述的研究におけるこの種のデータの整理と理論研究における仮説の定式化の最も大きな違いは、前者が、それがどれほど精緻な体系としてなされようとも、あくまで議論を整理するための分類という意味合いのものにとどまるのに対して、後者は、たとえどんなに初歩的あるいは些末なものであっても、人間の言語能力に関する一般原理の解明という目的に近づくためのステップの1つと考えられている、という点にある（繰り返しになるが、これは前者よりも後者のほうが高尚な学問であるということを意味するわけではない）。科学研究においては、一般原理というのは簡潔なものであるという前提のもとで研究を進めるので、理論言語学研究においても、観察される現象をできるだけ少数の原理によって説明することが目的となる。このため、説明できる現象が同じならば、仮定しなければならない事項が少ない仮説のほうが優れていると考える。

　第二に、1点目と関連するが、理論研究においては、あえて大胆なほどに簡潔な仮説を立てて、その仮説をどこまで擁護できるかを検討するという方法で研究を進めることが多い。あくまでデータからほぼ間違いなく帰納できるレベルの一般化に踏みとどまることをよしとする堅実な記述研究的方法論により親近感を感じる人にとっては、このような研究手法は特に違和感をぬぐいがたい点の1つかと思われる。とりわけ、理論研究では、往々にして経験的根拠が薄弱な仮定を幾重にも積み上げていく形で議論が展開されがちであるため（黒田2005）、記述研究の研究者から、データをきちんと見ていないという批判がなされることも多い。とはいえ、理論研究の目的が一般原理の解明であり、その方法論が仮説の反証というステップを必然的に含むという点を理解すれば、少なくとも研究目的と方法論との間の一貫性は理解できるだろう。

　ただし、自然科学の分野で有効に機能する仮説検証法という方法論を、そのまま言語のような社会的、文化的側面を抜きがたくその一部として持つ研究対象に対して適用することが果たして本当に妥当なのか、という疑問は当然ありうる。このような疑義を明確にした立場からの生成文法批判としては、山梨（2002）が示唆に富んでおり参考になる。

2.3 ステップ3─仮説の棄却と修正

　上で概観したように、仮説検証法というのは非常に単純な手法であり、単純明快であるがゆえに、いくつかの条件が整えば、科学研究を健全に進めるための方法論として非常に有効に機能しうる。詳しい議論は科学哲学の入門書にゆずるが (村上 (1979) など参照)、しばしば指摘されるように、このモデルが有効に機能した学問分野の代表としては、物理学を挙げることができる。だが一方で、反証可能性の概念というのは、特に言語学のような解明対象が必ずしも厳密に測定可能な現象ではない学問分野においては、実際には程度問題でしかない。このため、実際の研究実践においては様々なレベルでの紛れが生じる。以下では、上で例としてとりあげた等位接続の分析の話をさらに進めることでこの問題を具体的に掘り下げて考えてみることにする (より詳しい議論、また関連文献に関しては Kubota (2015) を参照)。

　なお、以下の議論の目的は、上で示した仮説検証法の基本に基づいて、理論研究が具体的にどのように展開されるかを概観することであり、等位接続の分析に関する専門的内容を解説することではない点に注意されたい。読者に理解してもらいたいのは、理論研究における仮説の修正と棄却のプロセスにおいては、どういう仮定からどういう帰結が導かれるかという論理関係を明確にすることが必須となるという点である。このため、統語論に関する専門的な知識が全くなくても、論理関係をきちんと追って読めば以下の議論は完全に理解できるはずである。

　等位接続には、(5) の例のように、一見したところ句としてのまとまりをなさないと思われる単語列が等位接続されているように見えるものがある ((5b、c) の例は、NPCMJコーパス (http://npcmj.ninjal.ac.jp/ 2018年5月5日確認) から採取した)。ここではとりあえず、この類のものを「非構成素等位接続」と呼ぶことにする (「句」と「構成素」の2つの用語は、本章での議論の範囲では同じものと考えて差し支えない)。

(5)　a.　おじいさんは山へ芝刈りに、(そして) おばあさんは川へ洗濯に行った。

　　　b.　一斉にカードを表にして、多数派は青座布団 (カード) を、1人だけ異なる意見の人は金座布団 (カード) を獲得する。

　　　　(ID: newswire_KAHOKU_00034_K201404110A0T30XX00001_0031)

c. 通常、薄茶席では干菓子を、濃茶席では生菓子(主菓子)を供される。（ID: wikipedia_KYOTO_16_CLT_00009_0007）

(6) からわかるように、長距離かき混ぜ([ ]で示した節境界をまたいだ句の移動) は「おじいさんが」「山へ」単独に対してはそれぞれ可能だが、「おじいさんが山へ」の単語列に関してはこの操作は適用できない。これらの単語列が元々あったと想定される位置を__で示す。

（6） a. （おばあさんではなく）おじいさんが、私は [__山へ行った] のだと思っていた。

b. （川ではなく）山へ、私は [おじいさんが__行った] のだと思っていた。

c. *（おばあさんが川へ行ったのではなく）おじいさんが山へ、私は [__行った] のだと思っていた。

また、「おじいさんが山へ」をひとまとまりに受ける照応表現は存在しない。このことから、(5) の下線部の表現は句としてのまとまりをなさないと考えられる (句の認定に関しては、3章3.1節を参照)。

下線部の表現が句でないとすると、(2) の仮説Aでは、そのままの形では (5) のデータを説明することができない。では仮説Aを棄却すればよいかというと、単にそうしただけでは、今度は前節で挙げた (4) のような例まで文法的な文であると誤って予測してしまう。

そこで、(5) のような文は、実は文レベルでの等位接続で、実際には発音されない単語列が隠されている、という仮定を立ててみよう。

（7） 仮説B：等位接続構造においては、前項の右端の単語列が後項の右端の単語列と一致しており、かつ、当該の単語列に付与される統語構造が前項と後項において一致していれば、前項の右端の単語列を発音しなくても適格になる (ここで、「前項」と「後項」は、それぞれ、等位接続構造において接続詞で結ばれている始めの要素と後の要素を指す)。

この仮定のもとでは、(5a) は、以下のように分析される。

（8） [おじいさんは山へ芝刈りに行った]、(そして) [おばあさんは川へ洗濯に行った。]

ここでのポイントは、仮説Bを立てることで、新しいデータである (5) を仮

説Aと整合する形で扱うことができるという点である。また、仮説Aを棄却したわけではないので、(4)の例を誤って予測することもない。

　ここで、単に文字列の一致が削除の条件というふうにすると、(4)が誤って認可されてしまうことに注意されたい。このため、(7)では発音される単語列とは別の、それよりも抽象的なレベルでの文の構造というものの存在を仮定した。便宜上、これを「基底構造」と呼んでおこう。また、基底構造のレベルでは存在する前項右端の動詞「行った」が文が実際に発音されるレベルでは消えるので、この分析を以下では「削除分析」と呼ぶことにする。理論研究においては、全体的な説明を簡素化することができるかぎりにおいて、ここで導入した基底構造のような、直接観察することのできない抽象的な理論的構築物を導入することがよくある。ただし、直接観察できないものを理論の内部に仮定することは、理論の抽象度が増し、反証が難しくなることも意味する。これが度を越すと、理論が事実上反証不可能になってしまう危険があるので注意が必要である。

　さて、仮説Bを立てることによって(5)のような非構成素等位接続のデータを説明できるようになるが、以下の(9)のような、この仮説にとっても問題となる、さらに複雑なタイプの文が存在する。

（9）　a.　太郎が花子に、(そして)次郎が美智子に、同じ本を見せた。

　　　　b.　太郎が花子に、(そして)次郎が美智子に、合計30,000円貸した。

　　　　c.　太郎が花子に、(そして)次郎が美智子に、それぞれ東京と大阪で会った。

これらの文は、仮説Bに従って分析すると、次のような基底構造を持つことになる。

（10）　a.　[太郎が花子に、同じ本を見せた、] そして [次郎が美智子に、同じ本を見せた。]

　　　　b.　[太郎が花子に、合計30,000円貸した、] そして [次郎が美智子に、合計 30,000円貸した。]

　　　　c.　[太郎が花子に、それぞれ東京と大阪で会った、] そして [次郎が美智子に、それぞれ東京と大阪で会った。]

この分析においては、(10)の下線を引いた部分が削除され、表層の単語列で

ある (9) が得られるということになる。

3章3.3節の統語的曖昧性の議論からも明らかなように、文の意味は、基本的にその構造に従って決定されると考えるのが最も自然な仮定である。従って、(9) において、発音されないとはいえ、下線を引いた単語列が基底構造では存在すると仮定すると、仮説Bに立つ以上、これらの文の意味は (10) と同一であるという予測が導かれる ((9) のような表層の文字列から直接意味解釈を導く方法が自明でない以上、とりあえずそう考えざるをえない)。ところが、(9) に挙げた例は、それぞれ、(10) の例が表す意味とは違う意味を表すものとして解釈することができる。(9a) は、「太郎が花子に見せた本と、次郎が美智子に見せた本は同じ本である」という意味を表すことができ、この解釈においては、特定の文脈なしに文単独で解釈が完結する。これに対して、(10a) はそれと同じ意味を表すことができない。具体的には、(10a) の「同じ」は、(9a) と違い、先行文脈で言及された何らかの物を参照し、それとの同一性を述べる意味にしか取ることができない。また、(9b)、(9c) はそれぞれ、「太郎が花子に貸した額と次郎が美智子に貸した額の合計が30,000円である」「太郎が花子に東京で会い、次郎が美智子に大阪で会った」という意味に解釈することができるが、(10b)、(10c) はそのような意味には取れない。

この予測は明らかに間違っているので、何らかの仮説を棄却／修正するよりない。可能性としては、以下の3つがありえる。

1. 仮説Aを棄却／修正する
2. 仮説Bを棄却／修正する
3. 仮説Aと仮説B以外の、上記の帰結を導いた際に暗黙に認めた仮定のうちどれかを棄却／修正する

この問題は、現在の理論言語学研究において未解決の論争の焦点であるので、ここで問題の全体を詳細に論じることはできないが、先行研究では、日本語の等位接続、また、他の言語の等位接続で観察される類似現象に関して、1から3のすべての可能性が実際に提案されている。この1点のみからも、問題の大きさと、理論研究の実践というのがいかにややこしい作業であるか、ということが垣間見えるだろう。繰り返しになるが、本節の目的は仮説検証法が実際に理論言語学研究においてどのように行われているかをできる限りあ

りのままに示すことであり、それを肯定的に評価することや、その手法自体を読者に習得してもらうことを目指すことが目的なのではない。従って、尻切れとんぼのように感じる読者もいるかもしれないが、ここでは例として取り上げた等位接続の分析の問題自体に対して無理やり結論を導くことは試みずに、議論をあえてここで止めておくことにする（この問題自体に興味のある読者は、以下の囲み記事を参照のこと）。

　以上の議論をまとめると、本節の内容で最も重要な点は、仮説検証法の有

■ 非構成素等位接続をめぐる論争の現状

　（9）のタイプのデータが提示する問題を詳細に議論し、その解決案を明示的に定式化している提案としては、現在のところ、Kubota（2015）とKubota and Levine（2015）の一連の研究と、それに対するYatabe and Tam（2017）の反論がある。Kubotaらは、上で概略した削除分析批判に基づき、仮説Bを導入する際に暗黙に仮定した、「文の句構造は常に動詞を核として構成される」という句構造に関する標準的な仮定（3章3.3節の木構造を参照）を棄却すれば、仮説Bを立てることなく（9）のような文を仮説Aと整合する形で分析できる、という提案をしている。これに対して、Yatabeらは、Kubotaらの削除分析批判は「文の意味は（基底の）統語構造に基づいて直接得られる」という暗黙の仮定を受け入れた場合にのみ成立するということを指摘し、この仮説を棄却して実質的に削除分析を擁護する提案を行っている。Yatabeらの提案においては、発音されるレベルにおいて削除される単語列がある場合は、単語列の削除そのものが文の意味解釈に影響を与えることがある、という意味解釈に関する標準的でない仮定が必要となる（つまり、基底構造のみによって意味解釈は決まらない、ということになる）。Kubotaらの提案においても、Yatabeらの提案においても、棄却すべきとしている仮定が、統語論の標準的な理論における根本的な原理であることに注意されたい。

　ここでは論争の争点の内容自体は重要ではないが、上に概略したように理論的論争の輪郭を分析的に把握することによって、理論研究の実践に関していくつか重要なことを観察できる。まず、理論言語学研究では、それ自体が仮説である、いくつもの理論的仮定を前提とした上で仮説を定式化し、その予測に関して議論することになるという点が分かる。また、実際の研究においては、問題の現象に直接関係すると考えられる仮説自体ではなく、むしろ、（時として理論の根底に関わる）暗黙の前提を突き崩すことで先行研究の不備を指摘して代案を示すという形で議論を展開することがある、という点も上の例から明らかだろう。

効性は仮説の反証可能性に支えられている、ということである。仮説を明示的に定式化するというアプローチをとることによって、(9)のタイプのデータが最初の単純な仮説では扱いきれないことが明らかになった。そして、さらに、その観察を基に、どの仮定をどう弱めれば、できる限り強い仮説を保ちつつも最初の仮説の問題点を克服できるかという点に関して、様々な提案を出すことが可能となる。これらの修正案自体、新たな仮説であるので、必要に応じてさらに大きなデータセットに照らし合わせてそれらの予測を比較することができる。理論研究というのはこのようにして進展するのである。単にデータを積み上げていくタイプのアプローチでは、このように勝ち負けをはっきりさせて複数の提案の優劣を明確に比較することは容易ではないだろう。そして、この点が言語学における理論研究の最大の強みでありまた同時に最大の弱みでもある。2.3節の議論から分かるように、理論が複雑になればなるほど、どの仮説を棄却すべきかということが自明でなくなり、その結果、対立する仮説の勝ち負けを決めるのも実際のところ容易ではなくなる。特に、論点が理論構築の根幹に関わる問題であればあるほど（この点に関しては、特に上の囲み記事を参照のこと）、異なる理論的前提に立つ研究者の間で合意が成立しにくくなる。このため、争点が、結局のところより大きな理論的前提の違いといったものに還元されてしまい、論争が明確な決着を見ずに終わることもある。

▶3.　現在の理論言語学が抱える課題

　さて、理論言語学研究において、学問的知見の増大という目的のために上で概観したような仮説検証法の方法論が実際のところどの程度有効なのか、というのがここまで読み進めてきた読者の持つ大きな疑問であろう。研究の現場に身を置く者としての筆者の正直な実感を述べると、この点に関しては、肯定的に答えられる側面と、そうでない側面の両方があるように思われる。肯定的側面としては、2節の最後で述べたように、仮説検証法をとることによってはじめて、複雑な言語現象を対象にして明確に理論的提案の優劣を比較できるようになる、という点が挙げられる。

とはいえ、2節の議論からすでに一部明らかかと思うが、実際のところ話はそれほど単純ではない。このため筆者としては、今のところ個人的には、「肯定的に答えることができる根拠は十分にあると思うが、あくまで、大きな留保付きでの肯定」という歯切れの悪い答えをしておきたいと考えている。そのような留保をせざるをえない理由は、現在の理論言語学を取り巻く状況において、筆者の見るところ以下の5つの大きな問題が存在していることである。これらを克服することが、理論言語学がこれからの時代に健全な科学研究として発展するための条件であると考えられる。なお、ここでも主に統語論研究における問題に関心を絞るが、これは単に、それ以上問題を広げると手に余るからという、筆者の論者としての力量不足によるものであることに留意されたい。

1. 相容れない前提に基づく多数の理論の乱立
2. 観察的妥当性と説明的妥当性のバランスの悪さ
3. 経験科学としての方法論的粗雑さ
4. 説明対象に関する研究コミュニティにおける合意のなさ
5. 関連分野との接点の乏しさ

以下、それぞれの点に関して簡単にコメントする。

3.1　理論の乱立

チョムスキーにより提案された生成文法の主流の理論自体、様々な変遷をたどって今に至っているが、この流れに対して、80年代初頭以来、チョムスキーと袂を分かった研究者たちによって、主流の理論と対立する理論がいくつも提唱された。これらの理論は、いずれも、直接計算機に実装できるくらいの明示性の高さを保っている点や、包括的かつ網羅的な文法の記述を重視する点などに特徴があり、その点に主流の理論との主な違いがある。80年代にこれらの理論が提案された際の主な動機は、（理論の簡潔さに関するある種の基準に従えば）主流の理論よりも少ない理論装置を用いて満足のいく言語理論を構築できる、ということを示すことだったのだが、それぞれの理論が発展し複雑になっていく過程で、これらの傍流の理論を主流の理論と直接比較したり、傍流の理論どうしを比較したりすることが次第に難しくなっていった。

このような状況では、(主流の理論を含めて) それぞれの理論の枠内で仕事をする個々の研究者は、せいぜい、「仮に理論Xが正しいとして」という大きな限定のもとで何らかの成果を出すことしかできない。理論間の交流や論争が事実上ほぼ断絶したのは90年代後半以降であると考えられるが、この空白期間の間、個々の理論はそれぞれ独自の、そして多くの場合興味深い発展を遂げている。筆者は、80年代から90年代の初頭のように、理論間の壁を越えて大胆に分析の比較をするような研究が再び活発になることで、この閉塞的状況が近い将来打開されることを期待したいと思っている。

3.2　観察的妥当性と説明的妥当性のバランスの悪さ

　初期の変形文法の研究においては、理論の明示性と包括性を重視する立場が明確だったが、80年代以降の主流の生成文法は、明示性と包括性を放棄し、代わりに、自然言語すべての文法に共通する一般的な原理の追求という目標を前面に打ち出していった。これに対して、上で言及した傍流の理論はいずれも、現在に至るまで理論の明示性と包括性を重視する立場を貫いている。やや単純化して述べると、現在の理論言語学研究においては、片方の極に、理論研究における妥当性の3分類 (抽象度が低い順から高い順に、観察的妥当性、記述的妥当性、説明的妥当性) のうち、**説明的妥当性**を偏重する (つまり、根本原理の探究を至上命題とする) 生成文法の主流のアプローチがあり、その対極に、**観察的妥当性**により重きを置く (つまり、まずは観察される事実をできる限り正確に整理して捉えることを当面の目標とする) 傍流の理論がある。

　筆者は今まで (広い意味で) 傍流の理論の流れに与する立場で研究を続けてきたが、現時点では、主流の理論も傍流の理論もどちらも立場が極端すぎるというふうに感じている。観察的妥当性なしの説明的妥当性というものはありえないため、主流の理論の現状に大きな問題があることは明らかである。ただ、傍流の理論の研究においては、(もちろん例外はあるものの) 概して一般的な原理の追求を行おうという意識が希薄であり、この点が、主流の理論の研究者がこれらの理論に関心を持たない大きな理由の1つになっているように思われる。2つの要請を同時に追求することは、現実的な研究方略としてはなかなか難しいとは思うが、観察的妥当性を満たした上で説明的妥当性を追い求

めるというのが理論研究の本来の姿のはずである。現在、理論言語学はある種の「成熟」に至り、主要な現象の多くに関してはどの理論による分析も本質的な部分では互いに非常に似通っている、というようなことも時として言われる（たとえば、Steedman and Baldridge (2011) など参照）。もしそれがある程度真実であるのならば、そろそろ、この両者の要請の間でもう少しうまくバランスをとった研究プログラムを追求することはできないものだろうか。

3.3　経験科学としての方法論的粗雑さ

　現在までの生成文法研究は、データの採取、理論構築の両方の面において、方法論的粗雑さが目立つ。まずデータ採取に関しては、**内省**に基づく手法への過剰な依存の問題がある。生成文法の言語研究においては、データ、つまり、ある文が文法的であるかどうかの判定は、作例、つまり言語学者が自分で作った例文を用いて、母語話者の内省によって収集する方法が今まで一般的にとられてきた。特に統語論や意味論の研究では、著者が自らの内省のみに基づいてデータを取ることも少なくない。このような手法で科学研究としての客観性が十分に保てるのか、というのは当然大きな問題である。

　また、理論構築に関しては、仮説の反証可能性が研究実践においてはしばしば担保されていない、という問題がある。2節では議論の都合上単純な例を取り上げたが、実際の理論研究においては、単に1つの仮説がなす予測を検証するということはまずなく、研究者はいくつもの仮説が何重にも複雑に積み重なったシステムが成す予測を、言語事実に照らし合わせて検討するという作業に従事することになる。また、理論が複雑になればなるほど、個々の研究において、いちいち理論的仮定をすべて明示的に列挙することが現実的でなくなる。このような、研究遂行の実際的な理由により、あるいは、そのような理由を建前として、研究コミュニティにおいて「自明」と考えられている仮定は、個別の研究においては必ずしも明確に規定されずに前提とされることが多い。当然のことながら、「自明」として省略されている点に関しては、完全に紛れがない形で当該の研究コミュニティにおいて合意が成立している必要があるが、実際の研究実践においてこのことが保証されているとは限らない。

■ コーパス、心理言語学、計算言語学

　研究者個人の内省への過剰な依存という批判に答える試みとして、最近では心理言語学的実験、コーパスからのデータの採取、さらに Amazon Mechanical Turk のような低単価のクラウドソーシングなどを用いた容認性判断の収集などにより、内省のみに頼る方法を補う研究者が増えてきている。コーパスの言語研究へ利用に関しては、10 章を参照のこと。日本語に関しては、最近まで、構造を指定して検索できるタイプのコーパスで言語研究に利用しやすいものが存在しなかったが、国立国語研究所で開発中の NINJAL Parsed Corpus of Modern Japanese（NPCMJ）の登場により、この状況は大きく改善されつつある。 NPCMJ の理論言語学研究への活用に関しては、Kubota and Kubota（2018）などを参照のこと。また、理論研究における実験的手法や統計分析の利用に関する概説的な入門書としては小泉（2016）がよい。なお、言語学者の内省と、統制をとった実験で得られた容認性判断の間に高い一致率（95%）があるという報告もあり（Sprouse et al. 2013）、これ自体は方法論に関するメタ的な研究として興味深いが、この結果だけをもって現在までの内省のみに頼る手法を正当化することには無理があるように思われる。

　理論構築のレベルにおける、仮説の反証可能性の担保の問題に関しては、最近**計算言語学**の分野から 2 つの注目すべき提案が成されている。1 つは、Morrill and Valentín（2016）の「モンタギュー・テスト」の提案である。 Morrill らは、現在の理論言語学の研究実践の風潮に警鐘を鳴らし、かつてモンタギュー意味論研究において実践されていたように、文法理論を明示的な文法断片（フラグメント）を書くことで行うことを提案している。文法断片を明示的に書けば、それを計算機に実装することができるようになる。計算機によるプログラミングを少しでもやったことのある人なら分かると思うが、計算機というのは非常に融通がきかないものなので、曖昧性や矛盾が少しでも含まれるプログラムはそもそも動かない。このため、非常に単純な構造の文しか解析できないような簡単な文法断片であっても、とりあえず全部計算機で自動解析（パージング）が可能となるようなプログラムを書いてみるという作業は、文法理論に曖昧性や矛盾がないかを確かめるための強力な道具となりうる。したがって、Morrill らがすでに実践しているように理論研究でも計算機に実装した文法で文法断片を書くことで明示性を担保するという方法が標準的になれば、理論言語学の明示性のレベルは大きく向上することが期待できる。これにより、少なくとも、分析を明示化しないことにより論争の決着が紛れるということは避けられるようになるだろう。また、日本の研究グループである川添他（2015）は、90 年代の FraCaS プロジェクトに倣い、形式意味論研究における研究者間の暗黙の共通知を、自然言語を用いた推論のテストセットという形で明示化する試みを提案している。このような試みが普及すれば、データの解釈をめぐる対立で議論が水掛け論に終わる不毛な論争は次第に減っていくかもしれない。

3.4 説明対象に関する合意のなさ

これも特に統語論分野において顕著に見られる傾向かと思われるが、何をもって狭義の文法によって説明すべき現象とするかという点に関して、分野の中でかつて存在していた合意がどんどん崩れはじめているように思われる。この代表的なものが、いわゆる島の制約に関する研究者間の立場の相違である。**島の制約**というのは、Ross (1967) が提唱した統語的制約で、(11) の [ ] で示されるような「島」と呼ばれるある種の統語環境から *wh* 句の抜き出しなどの統語移動が禁止されるとする制約のことである (意味関係としては、(11a) の文頭の *what* などの語は、文中の＿で示した位置にあるものとして解釈されるため、生成文法の標準的な理論では、*wh* 句は基底構造では元々＿の位置にあり、表層の文字列においては文頭位置に「移動」する、というふうに分析する。基底構造から *wh* 句が文頭にある表層の文字列を導く操作を**統語移動**と呼ぶ)。

(11) a. *What did John meet the man [who saw _] ?

　　　b. *What kind of fish did John get sick [because he ate _] ?

　　　c. *Which book did [[John buy _] and [Mary bought the magazine]] ?

(11a) では関係節の島、(11b) では付加節 (adjunct clause) の島、(11c) では等位接続構造の島から、それぞれ *wh* 句が統語移動により抜き出されている。これらの文の容認度の低さは、統語移動を阻む「島」の中から外に抜き出す形で *wh* 句の移動が起こっていることによる、というのが長らく定説だった。

島の制約は、一見したところ意味的要因や語用論的要因に還元することが難しいように見えるので、これが統語的な制約であるという説は、人間の言語能力が他の認知能力に還元できない生得的な能力であるという、生成文法のいわゆる生得性の仮説を支える有力な根拠と考えられてきた。そして、70年代、80年代の生成文法研究においては、英語以外の言語で島の制約がどのように観察され、それをどう説明するかということに関して膨大な研究がなされた。ところが、主に90年代以降、島の制約に対する心理言語学的要因や語用論的要因に基づく詳細な説明が Kluender (1998) や Hofmeister and Sag (2010) などにより提案されている (実験による検証を伴うかという点を別にすれば、同種のアイディアは Erteschik-Shir and Lappin (1979)、Fodor (1983) などのより古い研究にもすでに見ら

れる）。筆者自身は島の制約は統語的な制約ではないとする立場の方により説得力があると考えているが、現在、島の制約の扱いに関しては研究者間で見方が大きく分かれるというのが客観的な立場からの状況の把握だろう（この問題に関しては Newmeyer (2016) が要領のよい概説論文を書いており、参考になる）。もちろん、島の制約を統語的制約と短絡するのは性急ではないか、という問題意識があ

■■ 島の制約に対する心理言語学的説明

Kluender (1998) は、(11a) のタイプの関係節からの抜き出しに関する島の制約に関して、「名詞句の指示性」という要因を段階的に変化させることで容認度が段階的に変化すること（具体的には、抜き出しの「通り道」にある名詞句の指示性を下げ、抜き出される名詞句自体の指示性を上げることで、容認性が上がる）、そして、この現象が、一般に狭義の文法ではなく**文処理**の問題と考えられている、中央埋め込み構文における容認性の段階的な改善と並行的であることを指摘している。以下の i) に島の制約の例、ii) に中央埋め込みの例を示す（島の制約の例は、Kluender の主張の要点をより端的なデータを挙げてまとめている Levine and Hukari (2006) から採った）。それぞれ下に行くほど容認度が上がる。

i) a. What do you need to find the professor [who can understand _]?

b. What do you need to find a professor [who can understand _]?

c. What do you need to find someone [who can understand _]?

d. Which article do you need to find someone [who can understand _]?

(Levine and Hukari 2006: 260)

ii) a. The woman [the man [the host knew _] brought _] left.

b. The woman [that man [the host knew _] brought _] left.

c. The woman [a man [the host knew _] brought _] left.

d. The woman [someone [the host knew _] brought _] left.

e. The woman [someone [he knew _] brought _] left. (Kluender 1998: 254)

Kluender は、さらに、指示性の高い名詞句の処理と文境界をまたがる抜き出し構文の処理はそれぞれ実際の文処理において負荷の増大を引き起こすという**心理言語学**的実験データを示している。これらの結果を踏まえ、Kluender は、中央埋め込みに関して仮定することが必要となる人間の脳内での文処理に関する仮定を立てれば、関係節からの抜き出しのタイプの島の制約に関しても、同じ文処理に関する仮定で ((11a) のような典型的な例における) 容認度の低さを説明できるため、統語的な制約を立てることは不要となるという主張をしている。

る程度広く認識されるようになったこと自体は、大きな進歩と考えることができる。しかしながら、分野の現状を見てみると、90年代以降のこれらの新しい研究を参照せず、未だに根拠なく島の制約を統語的なものとみなすことを自明とした上で議論を進める研究が数多く生み出されている。

3.5 関連分野との接点の乏しさ

統語論の主流の理論は言語能力の生得性の仮説を現在まで明確な理由を示さず過度に強調してきたと筆者は考えている。そして、他の経験科学で用いられているような数理的モデル化の手法の援用に非常に消極的である。このせいで、理論言語学と関連分野との学際的な交流が妨げられているように見受けられる（なお、最近の‘Biolinguistics’と呼ばれる一連の研究における、名称と裏腹の学際性の乏しさに関する批判的考察としては、Levine (2018) を参照のこと）。たとえば、統語論研究がもっと形式意味論研究や計算言語学と有機的に結びつけば、大規模な文法を計算機に実装して明示性を担保するような試みを統語論の主流の理論に対して行うことができるかもしれない。現在、主流の理論は、ミニマリスト・プログラムという研究プログラムを推進し、言語理論の中核的な部分の設計を大幅に簡素化することを目指している。理論の大胆な簡素化が観察的妥当性を犠牲にすることなく可能なのかを検証するには、計算機への大規模な文法の実装というのはうってつけの手法ではなかろうか。もちろん、計算機に実装することだけが仮説検証の唯一の方法ではないし、計算機に実装したからといって、そのことだけで直ちに仮説が支持されるわけではない。だが、80年代などと比べ、計算機の速度が圧倒的に向上した現在においては、理論検証用の文法断片を実装するという試みは十分に実行可能な試みである。このような試みが理論研究において今後普及すれば、経験科学としての基盤を強化するための1つの強力な手段となるはずである。

また、コネクショニズム研究を含めた脳科学、認知科学研究との接点に関しても、科学研究を標榜する以上、もっとその可能性を柔軟かつ積極的に探ってもよさそうなものだが、これに関しても言語学者は及び腰に見える。深層学習の手法の急速な発展により、コネクショニズム的アプローチが自然言語処理の分野で再び活発になっている現在の関連分野の状況は、そのような

学際的な研究に着手する絶好のチャンスではなかろうか。もっとも、他分野との有意義な交流というのは、それぞれの学問分野固有の研究文化や方法論の違いを乗り越えて共通の目的を設定しそれに取り組むという、歩み寄りの地道な努力が双方の分野の研究者に要求されるので、非常に困難な営みである。理論言語学は高々60年ほどの歴史しかないので、そのような取り組みが本格化するのはまだまだこれからのことなのかもしれない。

▶4. おわりに

筆者は、これからの時代に理論言語学、あるいは理論言語学と何らかの関係のある言語研究を行う人たちには、自由な、そして批判的な態度を持ち、自分の頭でものを考える力を身につけてほしいと強く感じている。理論言語学に未来があるとすれば、それはそこにしかない。言語の生得性を経験的仮説と標榜しながらも、実際にはそれを所与の前提として議論を進めるチョムスキーの研究プログラムの正当性に対する疑義が各方面から出されるようになり、今、理論言語学研究は明快な道しるべを失い、混沌と混乱の様相を一層深めている。本章では現在の理論言語学が抱える問題をいくつも指摘してきたが、このような現状であるからこそ、画期的なブレークスルーが生まれる可能性に満ちているとも言える。柔軟で自由な発想で新しい方向性を模索することが、今、求められている。

読書案内

村上陽一郎（1979）『新しい科学論 ―「事実」は理論をたおせるか』講談社
言語に対する理論的な研究の位置づけをよく理解しようと思ったら、一見遠回りと思われるかもしれないが、科学史、科学哲学を多少なりとも学んでおいたほうがよい。本書は、特定の理論から中立のデータというのはありうるのか、科学理論は時代とともに進歩するのか、といった根本的な問題について、最初に「常識的科学観」を説明したあと、それを根本から覆す見方を示すという構成で議論を展開している。哲学や自然科学に関する特別な予備知識なしに読め、平易な文体で大変分かりやすく書かれているが、著者自身「話の内容の水準を不当に落としてはいないつもり」と序文で述べているように、重要な問題提起が議論の根底を貫いており、40年前に書かれた入門書でありながら全く古さを感じさせない。

郡司隆男（1999）「言語理論の特徴」郡司隆男・坂本勉編『現代言語学入門1 言語学の方法』15–64、岩波書店
見通しのよい理論言語学の概説。本章では紙幅の都合上、特に重要な点以外ほとんど省略せざるをえなかった科学哲学や科学史の基本的な背景知識を押さえた上で、生成文法的な理論言語学研究の、科学研究としての位置づけを丁寧に議論している。

Hajime Hoji (2003) Falsifiability and Repeatability in Generative Grammar: A Case Study of Anaphora and Scope Dependency in Japanese. *Lingua* 113 (4–6): 377–446.
日本語統語論研究における定説を裏付けるとされるデータに十分な客観性がないのではないかという問題提起を出発点にして、生成文法研究を科学研究として実践するためにはどうしたらよいかを方法論的原点に立ち戻って批判的に考察した研究。著者は最終的には、語用論的要因を排除できる新しいタイプのデータを用いれば、先行研究で提案されている仮説自体は保つことができるという結論に至っている。著者の結論に同意するかどうかは別として、一読に値する真摯で独創的な論考である。

福井直樹・辻子美保子（2011a）「「生成文法の企て」の現在」ノーム・チョムスキー著『生成文法の企て』389–406、岩波書店／福井直樹・辻子美保子（2011b）「訳者による序説」ノーム・チョムスキー著『生成文法の企て』1–41、岩波書店／成田広樹（2016）「日本語版への序」ノーム・チョムスキー著『言語の科学』1–17、岩波書店
この3つの訳者解題は、チョムスキーの研究プログラムを擁護する立場からその目的と意義をまとめており、大変分かりやすい。また、単なるまとめにおわっておらず、重要な論点に関して、著者たちが自身の考えを明確に示して議論をしている箇所が数多くあり、読みごたえがある。筆者としてはこれらの箇所に特に納得したり共感したりする点が多かった。一例だけ挙げると、たとえば福井・辻子（2011b）においては、いわゆる「統語論の自律性」の概念に関して、一般通念でチョムスキー派の立場と考えられている「強い意味での自律性」の概念に代わるより現実的な代案としての「弱い意味での自律性」という考え方を提案しており、非常に興味深い。ただし、著者たちが言語理論研究の理想のありかたと考えていると思われるものと、現実の生成文法の研究実践との間に大幅な乖離があるにも関わらず、その点に関する批判的考察が十分になされていない点に大きな不満が残る。また、言語の一般原理を追求するあまり包括性と明示性を大幅に犠牲にした80年代以降のチョムスキーの研究プログラムを肯定的に評価しすぎている点には同意しかねる。

ポール・イボットソン、マイケル・トマセロ（2017）「チョムスキーを超えて―普遍文法は存在しない」『日経サイエンス』5月号：53–58
チョムスキーの研究プログラムに批判的な立場から、その歴史を概観している。一般向けに書かれたものであるため、主要な論点がわかりやすく整理されており、認知言語学からの生成文法批判の骨子がどこにあるかを捉えやすい。ただし、言語の生得性の仮説に経験的裏付けが乏しいことを論拠として、記号処理モデルに基づく言語研究を全否定するなど、所々に重大な議論の飛躍や混乱がみられる点には注意が必要である。この手の生成文法批判は、生成文法的言語研究の限界に関する示唆に富む指摘を数多く含むため、その点に関しては真剣に耳を傾ける必要があるとは思う。ただ、少なくとも現時点では、イボットソン・トマセロの主張は生成文法に対する実質的な批判としてはあまり説得力がないと言わざるをえない。最大の弱点は、生成文法的な記号処理モデルに対する具

体的な代案をいまだ出すことができていない点にある（たとえば、筆者の知る限りにおいては、トマセロらの標榜する用法基盤モデルに基づく構文解析プログラムで文の解析をして、文の意味に基づく推論を行うようなシステムは現時点では存在しない。一方で、記号処理モデルに基づくアプローチでは、たとえば Mineshima et al. (2015) の試みがすでに有望な結果を出している）。

辻井潤一（2013）「コーパスと計算言語学」前川喜久雄編『コーパス入門』32–61、朝倉書店
これも上の2点と同じく生成文法の歴史の概観だが、この手の論考としては例外的に、隣接分野（計算言語学・自然言語処理）から理論言語学を眺めた、ある種、俯瞰的立場からの議論を展開している点が大変ユニークで貴重である。特に、生成文法の主流の理論が80年代以降厳密な形式化を放棄したのは、変形文法の時代に数学的基盤が整っていなかったせいで理論の不必要な複雑化や議論の混乱が生じたからであろう、という指摘は非常に興味深い。歴史に「もし」は許されないとはいえ、もし仮に、主流の生成文法が、あの時代に思弁的傾向を急速に加速させていくことを今一歩踏みとどまっていたら、と夢想することは、現在の理論言語学研究の混沌とした状況から新しい方向性を探る際の手がかりとして全くの無駄ではなかろう。

12

日本語学史

▶1. 日本語学史とは

　「日本語学史 (国語学史)」は日本語を研究する学問の歴史を指すが、字義通りに「国語 (日本語) 学」の歴史というように捉えれば、西洋言語学の移入によって、科学的な日本語研究である「国語 (日本語) 学」が成立した、明治以降の歴史ということになる。しかしながら、それ以前においても、たとえば近世国学の言語研究のように、今日から見ても大変優れた成果が存在している。それゆえに、本章では言語研究の範囲を広くとり、古代・中世から現代に至るまでの言語研究全般の歴史を扱う。

1.1　日本語学史の対象

　日本語研究の歴史に関して、国語学者の山田孝雄は、日本人による日本語研究を「国語学」とし、外国人の日本語研究を「日本語学」と区別することで、「国語」に関する学問の歴史として「国語学史」を唱えた (山田1943 : 1-2章)。また、同じく国語学者の時枝誠記は、「国語学史」を「国語意識の展開の歴史」と定義した (時枝1940 : 14)。このように、日本語研究の対象を民族によって限定することや、国語意識の展開に重点を置く場合、外国人の日本語研究などは含まれないことになってしまう。本章では、そういった限定を加えず、広く日本語研究の歴史として「日本語学史」と捉える。ただし、「日本語学史」の対象をさらに広くとっていけば、その範囲は「日本 (言語) 思想史」にも及ぶこととなり、日本語学史と日本思想史との境界は希薄なものとなる。この点については、日本語についての「言語学史」という意味から、限定を設けることも

できるだろう。本章では、言語学的観点から一定の評価や判断が可能なものを対象として扱うことにしたい。このような観点から、日本語学史を垣間見ることは、現在の日本語研究の在り方を相対化させ、ひいては日本語研究自体への自覚と反省を促すことになると考えられる。

1.2　日本語学史の時代区分

研究史は学問の史的変遷であり、時代区分を行う場合、言語そのものの時代区分とは必ずしも一致しない。日本語研究の歴史において、質と量ともに大きく変化するのは明治維新の前後であるが、これは日本語の変化というよりも日本史上の政治・社会的変化に似ていると言える。ただし、辞書の編纂のように、同時代の言語を対象とした研究の場合、日本語学史の資料がそのまま日本語史の資料となることもあり、両者が完全に乖離しているとまでは言えない。ここでは、一般的な日本史での区分に倣い、古代・中世 (平安時代～室町時代)、近世 (江戸時代)、近代 (明治以降) の3区分を行う。また、外国語として日本語を捉えた場合、日本史の流れとは合致しがたい研究も見受けられる。これらについては「外国語としての日本語研究」という観点から、最後に触れておく。

なお、戦後の日本語研究については、学問の通史を構成するものではあるが、それ以上に、現在の研究に直接関係する「先行研究」として位置付けられるものが多いため、一部を除いて本章では取り扱わないことにした。

▶2.　古代・中世

古代から中世に至るまでの間は、いわば日本語研究の萌芽期であったと言える。言語に対する自覚的な意識は、異言語との接触が契機となって発生したのであろうが、そこから研究の段階へと向かうためには、また別の要素が必要である。古代・中世の日本語研究においては、(1) 漢字・漢文との接触に関わる、漢文訓読と辞書の編纂、(2) 古典の重視とその解釈、(3) 歌学の成立とその秘伝化、が大きな意味をもっていた。

2.1 辞書の編纂

　中国から伝来した漢籍の読解にあたって、『一切経音義』といった音義 (漢字漢語のみを掲出した訓詁注釈書) や、『玉篇』、『切韻』などの辞書が用いられたが、これらに倣って日本においても、漢字・漢文読解のための音義や辞書が作られるようになった。また、漢文を日本語として読解する「訓読」が行われることにより、日本語への観察も進展し、テニヲハ (助辞) 意識を生じさせるに至った。さらには、外国語の音への関心と理解が、日本語に対する自覚的な意識や研究的な視点を育むことになる。たとえば、悉曇学 (梵字研究) や漢字音研究は、平安中期における五十音図の成立に深く関わっていると考えられる。

　現存最古の辞書として知られるのは、空海撰の『篆隷万象名義』である。高山寺蔵本は1114年の写本一部六帖で、830年以後の成立と見られる。約15,000の漢字を部首に分け、反切と漢文注を付したもので、おおよそは『玉篇 (原本)』に拠ったものと思われる。

　昌住撰と伝えられる『新撰字鏡』は、昌泰年間 (898–901) 末か、延喜年間 (901～923) の成立と考えられる。約10,000の漢字を部首に分け、3,700余りの和訓を万葉仮名で注記しており、当時に至るまでの日本語の姿をうかがい知ることができる。伝本には三巻本と十二巻本が存在するが、三巻本の古写本は現存せず、1803年刊の板本によって知られる。

　醍醐天皇の皇女勤子内親王のために源順が撰進した『和名類聚抄』は、承平年間 (931–938) の成立で、古来より「和名抄」「順が和名」とも呼ばれており、標準的な辞書として広く用いられてきた。二十巻本系統と十巻本系統の2種の伝本が存在し、那波道円が二十巻本系統写本を校訂し、1617年に出版 (古活字版、元和活字本・道円本) したことから江戸時代に広く流布した。また、狩谷棭斎が『箋注倭名類聚抄』(1827成、1883刊) を著し詳細な考証を行っている。棭斎によれば十巻本が原撰とされるが、いまだ定説をみていない。「天、地、水、歳時、… (道円本)」といった部立に語を分け、それぞれに音注、漢文による義注、万葉仮名の和訓を施している。

　撰者未詳の『類聚名義抄』は、漢字を部首により分類し、字音、意義、和訓を注記したもので、「仏、法、僧」の3部からなる。原撰本 (図書寮本) と増補本 (観智院本など) が伝わっており、おそらくは永保元年 (1081) 以後の成立と見ら

れる。片仮名による和訓が施されているほか、声点によるアクセント注記なども含まれており、日本語史的にも重要なものである (2章7.1節)。

　橘忠兼撰の『**色葉字類抄**』は、二巻本、三巻本、十巻本 (十巻本については書名が『伊呂波字類抄』と記される) の3種が伝わり、天養から長寛 (1144–1165) 年間の成立と考えられている。和語・漢語について、第1音節をもとにイロハ順47部に区分し、さらに各部を「天象、地儀、植物、動物、…」などの意味によって分類配列し、音訓、異体字、義注などを施している。これは、漢字や漢文を表記する上で、イロハ順の辞書が必要とされたことを意味しており、漢字を従とした「国語辞書」の先駆的存在でもある。

　室町時代中期には、日常の読み書きのための辞書が多く編纂されるようになり、東麓破衲と称する者による『**下学集**』(1444) や、編者未詳『**節用集**』(文明年間 (1469〜1487) 頃) などが用いられた。これらの辞書は江戸時代になっても多くの刊本が出されたり、数々の増補がなされるなど、極めて一般的なものとして広く普及してった。

2.2　古典解釈と言語研究

　平安時代中期以降、古今和歌集や万葉集に対する註釈研究が盛んとなり、藤原公任、藤原教長、藤原清輔、顕昭といった歌学者が活躍した。鎌倉時代に至り、そうした歌集が古典として重視され、解釈研究に大きな意義が見出される。当然ながら、そこには古語の理解を通じて形成された古代憧憬と、古典を正しく継承しようとする意識が深く関係していた。

　順徳院撰の『**八雲御抄**』(1234頃成) は、和歌作法全般について述べられたものであるが、テニヲハについてまとまった言及が見られる。また、渡会延明『古今訓点抄』(1305奥書) には、古今和歌集所収の和歌について、アクセントや清音・濁音を示す朱の声点が施されている。

　万葉集については、平安時代初期に入って、その解読が困難になったこともあり、中期以降、当代の学者たちによって、後に「古点、次点」と呼ばれる訓が提出されるようになった。さらに鎌倉時代になり、**仙覚**がそれまでに訓の付されていなかった152首に対して新たに訓を施し (「新点」)、後に『万葉集註釈 (仙覚抄)』(1269成) としてまとめられた。悉曇学の影響のもと、同じ母音を

もつ音節を「同韻」、同じ子音をもつ音節を「同内」として、同韻相通（ムとウなど）や同内相通（マとメなど）の現象を、語釈の中で言及している。

日本の正史とも言える日本書紀についても早くから重視され、朝廷では講義が行われた。その講義内容を記したものが「日本紀私記」であり、鎌倉中期になると、この私記や他の注釈書をもとに卜部兼方が『釈日本紀』を著した。この中で兼方は、サシスセソのような五十音図における同行の5つの音節を「五音」、同母音をもつ音節を「同響」として捉え、母音交替や子音交替の現象について触れている。また、接頭語や間投助詞相当の語を「助語」と呼ぶなど、語分類の意識や文法的考察の萌芽を見て取ることができる。また、康正年間（1455〜1457）に成立したとされる一条兼良の『日本書紀纂疏』にも、「五音相通」や「発語」といった用語が見られる。

また、音韻変化によって生じた仮名表記のずれに対し、「仮名遣い」と呼ばれる一定の規則を設けることによって、古典の書写や校勘を行うことがなされた。藤原定家撰とされる『下官集』は、「を・お」「え・へ・ゑ」「ひ・ゐ・い」という仮名の使い分けを扱った最古の仮名遣い書であり、さらに『下官集』を増補した行阿撰『仮名文字遣』（1480奥書）も歌学の世界で広く用いられ、以後、**定家仮名遣い**として重視されるようになった。

このように、古典研究の中から生じた古語に対する意識（言語意識）は、その後の日本における言語研究の流れを規定するものとして、極めて重要な意味をもっている。

■ **定家仮名遣いの意味**

　そもそも「仮名遣い」という言葉は、仮名の使用実態（2章2.2節の「上代特殊仮名遣い」など）を指す場合と、仮名の用い方についての規範を指す場合とがある。「定家仮名遣い」と呼ばれるものは、藤原定家が古典の校勘において創造した規範的な仮名遣いのことであるが、たとえば『下官集』における「お」と「を」については、当時のアクセントの相違に基づいているなど、その使い分けには一定の工夫が凝らされている（大野1950）。

2.3 歌学秘伝とテニヲハ論

　鎌倉時代以降、公家の世界において家職化が進み、古今和歌集の解釈を中心とする歌学は、藤原北家の流れを汲む二条家を中心に継承されていくことになる。ところが、二条家は南北朝に断絶したことから、その流れは門弟へと受け継がれ、「古今伝授」という秘伝として成立していった。そうした秘伝の中にはテニヲハに関するものも存在し、**テニハ秘伝**などと呼ばれている。

　「和歌手爾波は、唐土の置字なり」という文言から始まる『**手爾葉大概抄**』は、テニヲハの重要性と意味・用法を600字程度で簡潔に述べたものである。藤原定家作と伝えられるが、おそらく鎌倉末期から室町初期頃の成立と思われる。現存の伝本では、『手爾葉大概抄』に註釈を施した、宗祇の作とされる『手爾葉大概抄之抄』(1483識語)と合冊になっている。「詞は寺社の如く、手爾葉は荘厳の如し」という説明に見られるように、言葉を「詞」と「テニヲハ」に分けて、そのはたらきの違いについて言及している。

　その後、『手爾葉大概抄』の流れを受けて、「**姉小路式**」と呼ばれるテニヲハの秘伝書が作られ、次第に増補や改訂が加えられていく。奥書には飛騨国司姉小路基綱 (1441〜1504) からの伝とあるが、真偽の詳細は不明である。秘伝の中は「ぞる、こそれ、おもひきやとは、はり、やらん、これそいつつのとまりなりける」といった語句の呼応を示した歌があり、「係り結び」に対する着目の端緒とも言える。この「姉小路式」へ改訂がなされたものに『**春樹顕秘抄**』(室町末頃) があり、さらに有賀長伯が『春樹顕秘増抄』(江戸前期頃) として増補を加えた。こうした秘伝書は江戸前期に公刊されることによって広がりを見せ、国学の成立へとつながっていくことになる。

　一方、連歌の分野においてもテニヲハへの言及が見られ、二条良基の『連理秘抄』(1349頃成) には「てにをはは、大事の物也。」と指摘されている。また「発句はまづきるべき也。」とあるように、発句の際に用いられる「切字」(「かな、けり、らん」など) が重要視されていた。こうした連歌の作法も精緻化していくにつれて、意味・用法に対する研究が進んでいった。江戸前期成立の連歌・俳諧書『**一歩**』(1676) では、テニヲハを「過去(「たり、つる、し」など)、現在(「なり、めり、けり」など)、未来(「べし、たし、じ」など)」と区別し、「時」に従った語の分類を行っている。

▶3. 近世

　近世における言語研究の特質としては、それまでの歌学秘伝が徐々に公開され始め、研究の広がりを見せるようになったことや、本居宣長をはじめとする国学者たちによって学術的な体系が構築され、それまでのものとは異なった質の高さが見られるようになったことが挙げられる。また、幕末に至ると、国家意識の高まりとともに言語に対する過激な思想も主張されるようになり、多様な言語観が生み出された。

3.1　歌学秘伝の公開

　近世に至って、出版事業の高まりとともに、一部では秘伝書の公刊が行われるようになった。たとえば、『歌道秘蔵録』(1673) は姉小路式秘伝書の1つであるが、「可秘々々（秘すべし秘すべし）」とある奥書も、公刊によって一般の目に触れられることになった。こうした公開された秘伝書は他に、先述の『一歩』(1676) や、有賀長伯の『和歌八重垣』(1700)、『春樹顕秘増抄』などがある。ただし、こうした秘伝書の公開によっても、秘伝そのものは歌学の世界で継承され続けており、今日のような学問の在り方とは性格的にも大きく異なっている。それでも、テニヲハ研究の場合、公開された秘伝の内容について、より精緻に検討していくという流れを生むことにもなった。雀部信頼『氐爾乎波義慣鈔』(1760) は、係り結びについて多くの証歌を挙げて説明をしており、「は」「も」も係りのことばに含めている。さらに、栂井道敏『てには網引綱』(1770) では、「てには」と「詞」とを区別することによってテニヲハの範囲を定め、いわゆる助詞・助動詞に相当する語について説明している。また、この中では藤原定家作とされる『手爾葉大概抄』を偽書とし、『春樹顕秘抄』については、最も信じがたいと徹底的に批判している。なお、こうした歌学秘伝の公開にともなう言語研究と、後述する契沖、賀茂真淵、本居宣長らの国学における言語研究との影響関係については、今後大いに検討を要する点である。

3.2　国学者の言語研究

　近世国学の主要な流れについては、契沖をはじめ、後に「国学の四大人」と称される荷田春満、賀茂真淵、本居宣長、平田篤胤や、宣長の門人たち（本居春庭、富樫広蔭など）へとつながっていくが、以下では、言語研究の立場から見て重要なものについて言及する。

3.2.1　契沖

　契沖（1640–1701）は、優れた万葉集研究を行い、『万葉代匠記』（1690 成、精撰本）の著者として有名な真言宗僧侶であるが、彼の研究方法は、本居宣長が「契沖ノ説ハ証拠ナキ事イハズ」と述べたように、極めて実証性に富むものであった。記紀・万葉・和名抄などの古典文献からの引証によって、奈良・平安前期に用いられた仮名遣いと定家仮名遣いとの相違について指摘した『和字正濫鈔』（1693 自序、1695 刊）は、そうした実証性を顕著に示した著述である。「い・ゐ・ひ」、「を・お・ほ」、「え・ゑ・へ」、「わ・は」、「う・ふ」、「ぢ・じ・づ・ず」の仮名の書き分けについて、時に典拠を示しながら用例によって説明したもので、秘伝を重視したそれまでの研究から新たな展開をともなったものとして、大変画期的である。ただし、同時期には橘成員が『倭字古今通例全書』（1696 刊）において、定家仮名遣いへ支持の立場から批判がなされたように、すぐに受け入れられる訳ではなかった。ちなみに未刊行ながら、契沖自身も『和字正濫通妨抄』（1697 成）、『和字正濫要略』（1698 成）といった反駁書を著している。契沖の仮名遣い説は、近世中期頃から徐々に浸透していき、

■ 契沖の仮名遣い説と歴史的仮名遣い

　契沖の仮名遣い説（「契沖仮名遣い」）は、国学者の間で徐々に広まっていき、明治以降になると、古典語の規範的な仮名遣いである**歴史的仮名遣い**として教育や法律の場で採用され、国民に普及していった。現行の表音式仮名遣いである「現代仮名遣い（1986年以前は「現代かなづかい」）」を基に、それ以前の仮名遣いを総称して「歴史的仮名遣い」と呼ぶこともあり、その場合は定家仮名遣いも含まれることになるが、一般に、歴史的仮名遣いとは契沖仮名遣いを指す。なお、本居宣長の提唱した漢字音の仮名遣いである「字音仮名遣い」を歴史的仮名遣いに含むこともある。

『和字正濫鈔』の不備を補った楫取魚彦の『**古言梯**』(1765刊) などが現れ、本居宣長の研究へとつながっていく。

3.2.2 賀茂真淵

近世国学の祖とも呼ばれる**賀茂真淵** (1697–1769) は、『**語意考**』(1789刊) において日本語の優位性を説き、その理由として五十音図 (「五十聯音：いつらのこゑ」) の存在を挙げた。さらに、五十音の各段には「はじめのことば (ア段：初)、うごかぬことば (イ段：体)、うごくことば (ウ段：用)、エ段：おふすることば (エ段：令)、オ段：たすくることば (オ段：助)」という5つの区別があるとしている。これは五十音図に対する音義的な解釈であるが、「連用」「連体」「命令」といった、後に大きく展開していく活用研究の萌芽と見ることもできる。なお、雅俗辞書『和訓栞』を著した谷川士清も『日本書紀通証』(1748成) の中で「倭語通音」という五十音図表を掲げており、そこにも「書くといふは已定の辞也」といった記述が見える。

3.2.3 富士谷成章

本居宣長を中心とする、いわゆる主流的な流れとは別に、極めて優れた研究を残した国学者として、**富士谷成章** (1738–1779) が挙げられる。主著に『**かざし抄**』(1767刊)、『**あゆひ抄**』(1778刊) があり、『あゆひ抄』の「大旨 (おほむね)」では、「名 (な：体言) をもて物をことわり、装 (よそひ：用言) をもて事を定め、挿頭 (かざし：代名詞、副詞、接続詞、感動詞、接頭辞類) 脚結 (あゆひ：助詞、助動詞、接尾辞類) をもて言葉を助く。」という品詞分類的説明が行われ、文法研究史的に注目すべきものである。こうした説明の背景には、当時の学問の中心であった儒学 (漢学) の影響がうかがわれ、漢文訓読法をはじめとした言語研究の在り方について、今後十分に見ておく必要があると思われる。

また、「装」については、「装図」という図1のような一覧表を示しているが、これは今日の活用表に相当するものである (ただし、その後の活用表への直接的な影響関係については議論がある)。

ここに挙げられている名目については、「事 (こと：動詞、狭義にはラ行変格活用以外の動詞)、状 (さま：形容詞・形容動詞)、孔 (ありな：ラ行変格活用動詞)、在状 (ありさ

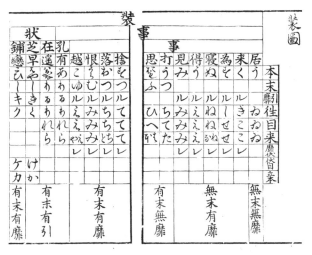

図1 「装図」

🔳 国学と漢学

　富士谷成章の言語研究には、漢学の影響と思われる箇所が多く見られる。『あゆひ抄』における4つの品詞分類的な説明は、伊藤東涯の『操觚字訣』(1763) における「実字、虚字、助字、語辞」と共通している。そもそも、近世において学問の中心は儒学であり、その大半が漢文の理解にあてられた。国学者の場合、その思想的な背景から神道の優位性に対する主張ばかりが目立つが、その前提として、漢字漢文の学習という基盤があったという点を見過ごすことはできない。「漢意」の排斥を強く主張した本居宣長も、若い頃は儒学者の堀景山に師事していた。ちなみに成章の兄は、『実字解』、『虚字解』、『助字詳解』といった漢語（古代中国語）研究書を著した皆川淇園である。なお、漢学（儒学）の流れに関しては、語源辞書『東雅』(1717–1719成) や文字研究書『同文通考』(1760刊) を著した新井白石や、『漢語音図』(1815) を著した太田全斎のように、日本語研究を行った漢学（儒学）者の存在についても注目する必要があろう。

ま：ナリ活用形容動詞）、芝状 (しざま：ク活用形容詞)、鋪状 (しきざま：シク活用形容詞)、本 (用言語幹)、末 (終止形)、引 (連体形)、靡 (なびき：連体形)、徃 (きしかた：連用形)、目 (めのまへ：已然形・命令形)、来 (あらまし：未然形)、靡伏 (なびきふし：已然形)、伏目 (ふしめのまへ：形容詞の已然形)、立本 (形容詞の未然形・連用形)」と考えられるが、詳

しい説明を欠いているため、細部の解釈については諸説存在する。こうした特殊な名目のため、近世では門弟への継承に留まったが、近代以降、山田孝雄らの文法研究に大きな影響を与えることになった。

3.2.4　本居宣長

「鈴屋大人」と称される**本居宣長** (1730-1801) は、国学の大成者の一人である。宣長の著述については、『古事記伝』に代表される古道論や、『源氏物語玉の御櫛』などの文学論とともに、言語研究の分野においても極めて注目すべきものが多い。文法 (テニヲハ・係り結び・活用) の研究では、係りを「は・も・徒」、「ぞ・の・や・何」、「こそ」の3行に分類した上で、43段の結びを表で示した『**てにをは紐鏡**（ひもかがみ）』(1771刊) と、証歌による解説を記した『**詞の玉緒**（たまのお）』(1779成、1785刊) がある。宣長は、「は―なり」「ぞ―なる」「こそ―なれ」のように、係りによって結びの形が3態に変化し、その結びも「なり、なる、なれ」のように「三転」することを指摘した。これは、係りと結びとの関係を語法上の規則として理解していたことを意味する。こうした組織的な把握は、後に活用形への認識を深めることになる。なお、係りの無い場合を「徒」として説明しているが、この点については、係り結び (4章3.3節) の本質を考える上で、今後も検討が必要である。ちなみに、術語としての「係り結び (係結)」は、後の萩原広道『てにをは係辞弁』(1846成、1849刊) 以降のことである (さらに広道は、係り結びから「の、何」を除外した)。さらに、活用の研究では、本居春庭筆写本として伝わる『活用言の冊子』(1782頃成) があり、後に『御国詞活用抄』(1886刊) として鈴屋門で広まった。この『活用言の冊子』は用言の活用を27の「会」によって分類したものであるが、春庭の関与するところも大きいため、宣長の著述とすることに疑問視する立場もある。

表記・音韻の研究については、『**字音仮字用格**（じおんかなづかい）』(1776刊) において、漢字音の仮名遣い (字音仮名遣い) を解説している。この中で宣長は、それまでの五十音図で「あいうえを」と逆になっていた「お・を」の所属を、正しいものに直している (この点は、富士谷成章も『あゆひ抄』でも言及している)。また、『**漢字三音考**』(1785刊) では、漢字音における漢音・呉音・唐音 (6章2.2節) の区別や音便について、さらに、『地名字音転用例』(1800刊) では、和銅6 (713) 年詔にある好字

二字地名について述べており、いずれも後世に大きな影響を与えた。影響という点では、『古事記伝』「仮字の事」における万葉仮名の書き分けについての指摘を受け、門下の**石塚龍麿**が『仮名遣奥山路』(1798成) において、「キ・ケ・コ」といった万葉仮名には2種類の書き分けが存在することを示した。これは昭和になって、橋本進吉による「上代特殊仮名遣い」(2章2節) の再発見へとつながっていく。なお、万葉仮名の書き分けについては、奥村栄実が『**古言衣延弁**』(1829成) において、ア行のエとヤ行のエの書き分けについて指摘している。

3.2.5 鈴屋門下の言語研究

本居宣長の門人 (鈴屋門) からは優れた言語研究者が輩出した。中でも儒学者として名声の高かった**鈴木朖** (1764–1837) と、宣長の実子である**本居春庭** (1763〜1828) は、宣長の研究を発展させた者として重要である。

鈴木朖の著述として重要なものは、『活語断続譜』(1804頃成、1867刊)、『言語四種論』(1824刊)、『雅語音声考』(1816刊) の3つである。『**活語断続譜**』は、宣長の『てにをは紐鏡』で示された、係り結びにおける結び (「断」) と用言の語形変化 (「続」) とをまとめて一覧にしたもので、活用表の起源となったものである。活用順については「ク、ク、ク、キ、ケ、ケ、カ、カ」(神宮文庫本「飽く」の場合) となっており、五十音順になっていない点が特徴である。

また、『**言語四種論**』は、品詞分類に相当する研究で、言語を「体ノ詞、作用ノ詞、形状ノ詞、テニヲハ」の4種に分け、図2のような二分法によって説明している。

ここでの「体ノ詞」は体言、「用ノ詞」は用言 (活用する語) を指し、「作用ノ詞」が動詞、「形状ノ詞」が形容詞・ラ変動詞にそれぞれ相当する。「テニヲハ」については、漢籍の表現をふまえ「テニヲハハ (中略) 心ノ声ナリ」として、「独立タルテニヲハ、詞ニ先ダツテニヲハ、詞ノ中間ノテニ

図2 『言語四種論』における品詞分類

ヲハ、詞ノ後ナルテニヲハ、活語ニツケルテニヲハ、活語ノ終リノテニヲハ」
の6種類を挙げている。これは、助詞・助動詞のみならず感動詞や副詞、接
続詞類をも含んだものである。後に時枝誠記は、「概念過程」を含む語として
の「詞」、概念過程を含まない直接的表現の「辞」を基本とする観点から、こ
の胝の分類法を高く評価した。

『雅語音声考』は「言語は音声なり。音声に形あり姿あり心あり。」と言語の
性質について述べたもので、「鳥獣虫ノ声ヲウツセル言、人ノ声ヲウツセル言、
万物ノ声ヲウツセル言、万ノ形・有様・意・シワザヲウツセル言」の4形式に
ついて説明している。言語起源論的考察の一種とも言えよう。

ついで、本居春庭の著述としては『詞八衢』(1808刊)、『詞通路』(1828刊) の2
つが挙げられる。『詞八衢』では、動詞の活用として「四段の活、一段の活、
中二段の活、下二段の活、変格の活 (来、す、往ぬ・死ぬ)」を挙げて一覧表に示
している。形容詞の活用には触れられていないものの、本書はその後の動詞
研究の方向性を規定していくことにもなった。ちなみに、「一段の活」とは上
一段活用を指すが、「下一段」という術語については林圀雄の『詞緒環』
(1839刊) から見られる。また「中二段の活」は上二段活用のことであるが、「上
二段」という術語は、黒澤翁満『言霊のしるべ』(1852刊) の中に挙がっている。

『詞通路』は動詞の自他、受身、使役について「おのづから然る・みずか
ら然する、物を然する、他に然する、他に然さする、おのづから然せらるる、
他に然せらるる」の6種を示したものである。近年では、ヴォイス (3章4.2節)
の観点から、その先駆性が注目されるようになった。また「詞天爾乎波のか
かる所の事」では、歌における言葉の呼応関係について説明している。

3.3　近世後期の言語研究

宣長や直弟子が活躍した時期を経て、近世後期になると言語研究も精緻な
ものとなっていき、内容上の深化が見られるようになる。また、この時期か
ら雅語と俗語との対応を意識した辞書の編纂も多く行われ、近代的国語辞書
成立の前段階を担うこととなった。一方で、平田篤胤の復古神道の影響のも
と、「言霊」や「音義」についての注目が高まり、言語の本質を考察した研究
が盛んとなるが、中には極めて恣意的な内容も含まれている。

3.3.1 活用研究の精緻化

　言語研究の深まりを示したものとしては、真宗僧侶の**義門**(1786–1843 東条義門とも) による『山口栞』(1818 成)、『活語指南』(1837 成) が挙げられる。『**活語指南**』には、活用形について「将然言 (マサニシカラントスルコトバ)、連用言 (ヨウカラ用ヘツヅクコトバ)、截断言 (キレル)、連躰言 (タイニツヅク)、已然言 (スデニシカル)、希求言 (コヒネガヒモトムル)」という名目が充てられており、文法術語の面で今日にも大きな影響を与えている。また、テニヲハと活用との関わりについて記した『友鏡』(1823 刊) や『和語説略図』(1833 刊)、音韻についての『男信』(1842 刊) など、言語研究に関して多くの著述を残している。

　義門と同様、鈴屋の活用、テニヲハ研究を整備したのが**富樫広蔭**(1793–1873)である。『詞玉橋』(1826 成) は、没後に刊行されるまで数回修正され (文政草稿本、天保改稿本、弘化改正本)、また、活用と係り結びについて一枚刷で示した『辞玉襷』(1829 刊) は、天保改稿本の内容と合致したものである。これらの著述で広蔭は、言語を「言・詞・辞」の3種に分類し、言を5種、詞を6種、辞を5種にそれぞれ細分類している。活用については、当初は「四段・一段・中二段・下二段・変格」(文政草稿本) としていたが、後の「四韻詞、一韻詞、伊紆韻詞、衣紆韻詞、変格詞」(天保改稿本) とそれぞれの名称を改めている。さらに「辞」を活用の有無によって、「動辞」(学校文法の助動詞に相当) と「静辞」(助詞に相当) に分類している。広蔭の研究は明治以降においても、多くの影響を与え、特に「辞」については、後の学校文法 (4.3.4節) における助動詞・助詞研究へと継承されている。

　ところで、長崎の蘭通詞や江戸を中心とする蘭学者によって着手されたオランダ語研究は、「普遍言語」に似た言語観のもと、格や時制などの文法概念の点で国学者にも影響をもたらした。鶴峯戊申は『語学新書』(1833 刊) において、西洋語文法の枠組みをもとに日本語を「実体言 (ヰコトバ)、虚体言 (ツキコトバ)、代名言 (カヘコトバ)、連体言 (ツヅキコトバ)、活用言 (ハタラキコトバ)、形容言 (サマコトバ)、接続言 (ツヅキコトバ)、指示言 (サシコトバ)、感動言 (ナゲキコトバ)」と、9品詞に分類している。また、大国 (野々口) 隆正の『ことばのまさみち』(1836 成) は、指示語に関する記述において、蘭文典を参照したと思われる箇所が見られる。

3.3.2　辞書の編纂

　国学の隆盛は、活用やテニヲハといった文法の側面のみならず、雅語 (古典語) そのものへの注目をもたらし、「雅語辞書」が作られるようになる。源氏物語の語彙を集めた、五井蘭洲『源語梯』(1784) などが早い例だが、後には俚言 (口語や方言) による注釈や俚言解をともなった「雅俗辞書」が多く作られるようになる。中でも、谷川士清**『倭訓栞』**(1777–1830刊、後編は1887刊、1898増補、首巻・前中後編)、石川雅望**『雅言集覧』**(1826–1849刊、1887増補、50巻)、太田全斎**『俚言集覧』**(1797–1829頃成、1900増補刊、26巻) は、それぞれが極めて大部なもので、近世三大辞書とも称される。また、諸国方言に関する語彙集も編纂され、越谷吾山**『物類称呼』**(1775刊) では、方言に対し「あながちに褒貶すべきにも非ず」という立場から説明を行っている。

3.2.3　音義言霊派

　近世後期になると、宣長の没後門人である**平田篤胤**を中心に、言葉には霊力が宿り、五十音にその意味があるとする音義・言霊論、漢字伝来以前の神代から文字が存在したとする神代文字論が唱えられるようになった。篤胤は『神字日文伝』、『疑字篇』(1819成) において、神代文字論の存在を強く主張した。また、『古史本辞経』(1839成) では五十音図の優位性を説き、カ行は「旋 (クル)」、ナ行は「滑 (ヌル)」というように、各行の音に意味があるとした。こうした説を主張する流れは音義言霊 (学) 派とも呼ばれ、平田派国学の隆盛とともに幕末に至り、国家意識の高まりを見せる中で過激さを増し、大きな力をもつようになっていった。ただし、極めて恣意的な解釈に満ちた内容で、妥当性の根拠として希薄なものが多い。

　一方で、言語実証派ともいうべき者もおり、中でも**伴信友**は『仮字本末』(1850成) において神代文字について批判し、その存在を否定している。こうした実証性を重視した穏当な研究の流れは、明治以降の西洋近代化の中、黒川真頼や物集高見といった国学者の研究へと受け継がれており、ある意味で、近代的な言語研究の受け皿的な存在であったと言える。

▶4. 近代

　幕末維新以後、西洋近代化の影響を受けて、言語研究の在り方も大きく変化した。明治前期、学制を始めとする教育制度下、教科として「文法」が取り上げられたこともあり、多くの文法書 (文典) が作られた。特徴としては西洋文典の影響を受けたもの、それまでの国学の流れに沿ったものに大別できるが、後にそれらを折衷した形の文法書 (折衷文典) が著されるようになる。その代表例が大槻文彦の文法書である。また、1886 (明治19) 年には帝国大学文科大学が設置され、「博言学 (言語学)」が講じられるようになり、本格的な西洋言語学の移入が始まる。その後は、日本語に関する比較言語学的研究や音韻史研究も盛んになり、「国語学」としての学問体系が確立し、日本語学史が西洋言語学史の流れとほぼ一致するようになる。

4.1　西洋言語学の流入と「国語学」の成立

　明治維新後、西洋近代化の推進のために外国人技術者・研究者が、「お雇い外国人」として招聘された。言語研究の分野では、**チェンバレン** (B. H. Chamberlain) が1873 (明治6) 年に来日し、1886 (明治19) 年から1891 (明治24) 年まで、帝国大学文科大学外国人教師として博言学を講じることとなった。チェンバレンは古典の翻訳や文法書をはじめ多くの著述を残しており、文法書では、文部省の求めに応じて書かれた『**日本小文典**』(1887) や、『**日本口語文典**』(*A Handbook of Colloquial Japanese*、1888初版、1889再版1898三版、1907四版) などがある。『日本小文典』は、品詞に関する単語法と、文章法について述べられており、品詞分類として大きく「働かざる辞」と「働き辞」に二分し、前者では実名詞、代名詞、接続詞、数詞、間投詞、関係詞 (助詞に相当) を、後者では形容詞、働詞を立てている。また、『日本口語文典』では「は」と「が」の違いについての説明なども見える。チェンバレン以後、西洋言語学の影響を受けた言語研究が定着していくことになる。

　1898 (明治31) 年には東京帝国大学文科大学に国語研究室が設置され、上田万年が教授として着任、日本国家の言語としての「国語」研究を行う「国語学」が成立した。以後、音声・音韻や語彙、文法といったさまざまな分野におい

て、国語学的研究が行われるようになったのである。

4.2 音声・音韻、文字研究

近代的言語研究の二大潮流は、音韻史と文法史である。音韻史については上田万年の「P音考」(1900) が先駆的なものであり、その後の研究に大きな影響を与えた (ただし内容については、細部において検討を要する箇所も多い)。また、先述の上代特殊仮名遣いの再発見をはじめとする、橋本進吉による音韻史研究も重要であり、その流れは有坂秀世へと受け継がれた。昭和以降は音声学的研究も盛んになり、神保格や佐久間鼎といった優れた音声学者を輩出した。

音韻に関連して、文字については、平仮名・片仮名の起源と変遷をめぐっての大矢透『仮名遣及仮名字体沿革史料』(1909) や、吉沢義則によるヲコト点の体系的研究 (主要なものは『国語国文の研究』(1927) 所収) などが画期的な研究として注目される。

4.3 文法研究

明治以降の日本語文法研究では、初期の頃のものを除いて、明治後期、大正、昭和前期の各時代を代表する国語学者の文法論が、個人名を付して「○○文法」などとして取り上げられることが多い。以下では、そうした主要な諸家の文法論について概観する。

4.3.1 大槻文彦

明治前期の文法書には、西洋文典の影響を受けた洋式日本文典と、国学の流れに沿った国学風日本文典の二大潮流が認められる。前者には田中義廉『小学日本文典』(1874) や中根淑『日本文典』(1876) などが、後者には物集高見『初学日本文典』(1878)、佐藤誠実『語学指南』(1879) などがある。特殊なものとしては、英文による馬場辰猪 *An Elementary Grammar of the Japanese Language* (1873、ロンドン刊) や、ローマ字表記による南部義籌の『Nippon Bunten Uhi-Manabi』(1874) が挙げられる。いずれも、本格的な言語研究に至るまでの過渡期のものと言えよう。

洋式日本文典と国学風日本文典との折衷を図り、一つの体系としてまとめ

上げたものが、**大槻文彦**の『語法指南』(1889、国語辞書『言海』付載)、『広日本文典』(1897) である。品詞分類では「名詞、動詞、形容詞、助動詞、副詞、接続詞、弖爾乎波、感動詞」の8品詞を挙げ、文の成分では「主語、又ハ、文主ハ、英文法ニイフ Subject ニテ、説明語ハ、Predicate ナリ、客語ハ Object ナリ、修飾語ハ Modifier ナリ」(『広日本文典別記』)というように英文法に倣い「主語、説明語、客語、修飾語」の4つを示している。大槻の文法書は、明治期における学校文法教育上の規範として、広く用いられた。

4.3.2　山田孝雄

　山田孝雄 (1873–1958) は、ほぼ独学で言語研究に着手し、国学の言語研究をはじめ、H. Sweet、J. C. A. Heyse の文法論や、W. Wundt の心理学をもとに独自の文法理論を確立した国語学者で、主著『日本文法論』(1908) や『日本文法学概論』(1936) で示された文法論は「山田文法」とも呼ばれている。文法以外にも、文字や語彙をはじめ、文学研究に至るまで数多くの著述を残しており、「最後の国学者」と称されることもある。

　山田の文法論は、言語の基本単位である「単語」を扱う「語論」と、文の構成について扱う「句論」とに分かれ、それぞれ性質論 (下位分類) と運用論 (用法) について説明がなされている。品詞分類については、厳密な二分法に従って、図3のように大きく「体言、用言、副詞、助詞」の4つに分かれる。

　また、語の働きとして「呼格、主格、述格、賓格、補格、連体格、修飾格」という7つの位格が立てられる。これは文の成分に相当するもので、「彼は先生だ。」の場合、「先生」が賓格、「だ」が述格にあたる。

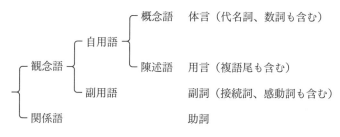

図3　山田文法における品詞分類

句とは「統覚作用によりて統合せられたる思想が、言語といふ形式によりて表現せられたるもの」(『日本文法学概論』) であり、人間の意識活動である「思想」の統合作用にあたる「統覚作用」が、言語的に発表される在り方を**陳述**と呼んでいる。また、句については、用言の述格を統覚の中心におく**述体**の句と、体言の呼格を統覚の中心におく**喚体**の句に分けられる。なお、「陳述」という用語の概念や定義をめぐっては、その後、陳述論争とまで呼ばれるような多くの議論を呼んだ。

4.3.3 松下大三郎

國學院大學の教授であった**松下大三郎** (1878–1935) は、清国留学生への日本語教育の経験や、科学的な普遍文法への志向から、当時として極めて独創的な文法論を展開した。その概要は『標準日本文法』(1924) を大幅に改訂した『改撰標準日本文法』(1928、1930再訂) において伺い知ることができる。また、早くから口語文法にも注目しており、『日本俗語文典』(1901) や『標準日本口語法』(1930) などの口語文法書を著わしている。

松下は、文法学の体系を図4のように捉え、それぞれの意義を明らかにすることが文法研究であるとした。

言語は、接頭辞・接尾辞や助詞・助動詞にあたる「原辞」、文の構成部分としての「詞」、文に相当する「断句」の3段階が存在し、「詞の本性論」においては「名詞、動詞、副体詞、副詞、感動詞」の5品詞を立てて説明をしている。また「詞の副性論」では、「相 (形態素の範列的な関係)」や「格 (形態素の連接的な関係)」といった、名詞や動詞の規定に関わる文法カテゴリについて述べている。さらに「詞の相関論」は、現在の統語論に相当し、成分における「統合、排列、

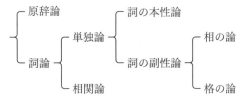

図4　松下文法の体系

照応」について言及している。

　松下の文法理論では、「断句」の論に相当する構文論について十分な説明がなされておらず、また、山田孝雄や時枝誠記に比して「陳述」に関する論及も少ない。しかしながら、充実した形態論的・意義論的記述については、今日において高く評価されており、松下を日本における構造主義言語学の先駆と見なすこともある。

4.3.4　橋本進吉

　キリシタン資料研究や上代特殊仮名遣い研究などの分野において、画期的な業績を残した**橋本進吉** (1882–1945) の文法論は、『国語法要説』(1934) や、昭和戦前期における東京帝国大学での講義録『国文法体系論』(1959) によって知ることができる。

　橋本文法の特徴は、音に基づく徹底した外形主義である。文の認定は、音の連続、その前後に必ず音の切れ目があること、文の終わりには特殊の音調が加わること、の3点を挙げ、文の中で、そこで区切って発音しても、実際の言語として不自然ではない切れ目を**文節**として捉えた。この文節は文で見出される最も短い一区切れで、文を構成する直接の単位である。また、それ自身で1文節を成し得るものを「詞（第一種）」とし、常に第一種の語に伴い文節を作るものを「辞（第二種）」として、それぞれ、「動詞・形容詞・（形容動詞）・体言・副詞・副体詞・接続詞・感動詞」、「助動詞・副助詞・準体助詞・接続助詞・並立助詞・準副体助詞・格助詞・係助詞・終助詞・間投助詞」に分類している。これらの分類基準としては、たとえば「詞」については、直接に連続する2文節間における承接関係を挙げ、種々の断続関係を自らの形によって示すもの、自らでは断続を示さないもの、続くもの、切れるもの、という「切れ続き（線条性）」を重視した。こうした外形主義的な性質は、解釈の揺れが起きにくいことから、教育の場において重視され、湯沢幸吉郎や岩淵悦太郎による整理を経て、今日の学校文法の基盤となった。**学校文法**とは小・中・高等学校の国語科教育において扱われる文法論を指し、一般には「学校文法＝橋本文法」と見られるが、あくまでも学校教育で扱われる文法であって、橋本の文法論とは細部においてさまざまな相違が見られる。なお、学校文法に

おける品詞分類は、単語をまず自立語と付属語に分け、さらにそれぞれを活用のある／なしによって下位分類する。付属語は、活用のある助動詞と活用のない助詞に、自立語は、活用のある動詞、形容詞、形容動詞（合わせて用言）と、活用のない名詞（主語になる、体言）、連体詞（連体修飾語となる）、副詞（連用修飾語になる）、接続詞（接続語になる）、感動詞（独立語になる）に分けられる。

4.3.5　時枝誠記

　時枝誠記（1900–1967）は『国語学原論』(1941) や『日本文法口語篇』(1950) において、言語は主体・場面・素材からなる継起的な過程現象であるとする**言語過程説**を唱え、その理論に基づいた文法体系を構築しようとした。言語の本質を、人間の言語活動や表現行為そのものであると捉え、ソシュール（正確には「ソシュール派言語学」）の言語観を鋭く批判している。

　文法論では、言語過程説に従って「語・文・文章」からなる言語活動の単位を取り出し、語を**概念過程**（主体において表現の素材を客体化・概念化する過程）を経た客体的な表現としての**詞**（名詞、動詞など）と、概念過程を含まない主体的表現の**辞**（助詞、助動詞など）に分類している。文の成分では、「詞＋辞」という形で、詞と辞が包み込まれる「入子型構造」を提案した。

　時枝の文法論は、言語観もさることながら、細部においても問題となる箇所が多く（「副詞」は詞か辞かなど）、大きな議論を巻き起こすことにもなったが、その思弁的な内容から、思想史や日本哲学の分野からは高く評価されることもある。

4.3.6　口語（現代語）文法研究への流れ

　先述の文法諸家の他に、昭和前期以降、口語文の普及や学校国文法におけ
る口語文法教育の広がりとも関係して、現代語（口語）の文法研究についても
注目されるようになった（なお、口語への関心は、外地（植民）での日本語教育も少なから
ず影響していた）。先駆的なものとしては、ゲシュタルト心理学者である佐久
間鼎の『現代日本語の表現と語法』(1936)や、三尾砂の『話言葉の文法（言葉
遣篇）』(1942)などがある。終戦後の早い時期では、宮田幸一『日本語文法の輪
郭―ローマ字による新体系打立ての試み―』(1948)や**三上章**『現代語法序説』
(1953)がある。

4.4　語彙・方言研究

　明治以降、国民共通の言語として「普通語」の語彙を集めた辞書が求められ
るようになった。初期のものでは、大槻文彦編**『言海』**(1891)や物集高見編
『日本大辞林』(1894)などが挙げられる。次いで、収録語数も20万語近くある、
上田万年・松井簡治編『大日本国語辞典』(1915–1918)といった、本格的な国語
辞書も編纂されるようになった。また、標準語の制定という国語施策に従っ
て、全国の方言調査と語彙収集も図られ、国語調査委員会編『口語法分布図』
(1906)、『口語法調査報告書』(1906–1907)が作成された。その後の方言研究につ
いては、**柳田国男**の『蝸牛考』(1930)で提唱した方言周圏論や、東条操の方言
区画論などがよく知られている（9章7.1、7.2節）。

▶5.　外国語としての日本語研究

　戦国・安土桃山時代のキリシタン宣教師や、19世紀ヨーロッパの東洋（日
本）学研究者、日本との通商や外交に関わった官僚（特に外交官）、幕末・明治以
降に布教活動のために来日した宗教関係者といった人たちの日本語研究につ
いても、今日から見て極めて興味深い点が多く存在している。最後に、伝統
的な日本語研究の流れとは異なり、ポルトガルやオランダ、中国や朝鮮といっ
た海外の人々の手による、外国語としての日本語研究について概観すること
としたい。

5.1 キリシタン宣教師

　16世紀の後半から17世紀の前半、キリスト教布教のために来日した宣教師たちは、日本語学習を目的として、日本人の協力を得つつ、いくつかの辞書（単語集）や文法書を編纂している。中でも『**日葡辞書**』*Vocabvlario da lingoa de Iapam* (1603、補遺1604) は、イエズス会宣教師の共同編集による、本編25,967語・補遺6,831語からなる大部の辞書で、極めて本格的なものである。語釈から当時の社会的背景を伺うことができるのみならず、見出し語がローマ字表記であることから、たとえばハ行子音にfを充てているように、室町時代の音韻体系を反映した日本語史の資料としての価値も有する。この『日葡辞書』は1630年にドミニコ会によってスペイン語に翻訳されたり（『日西辞書』*Vocabvlario de Iapon,* マニラ刊）、時代は下るが、パジェス (L. Pagés 1814–1886) によってフランス語に翻訳されるなど (*Dictionnaire japonais-français,* 1862–1868、パリ刊)、ヨーロッパにおいて日本語を知る上でも大いに注目された。

　文法書では、イエズス会宣教師**ロドリゲス** (J. Rodriguez 1561–1634) が『日本大文典』*Arte da lingoa de Iapam* (1604–1608刊、全3巻) と『日本小文典』*Arte breve da lingoa Iapoa* (1620、マカオ刊) を著している。後者は『日本大文典』の縮約改訂版であるが、両書とも、アルヴァレスのラテン語文法書の枠組みをもとに、日本語の文法体系について詳述したものである。日本語の形容詞を、活用する場合には形容詞的動詞 (verbo adjectivo) として扱ったり、動詞の基本形である不定法に対して連用形を充てるなど、日本語に対する鋭い観察眼も伺える点が興味深い。ロドリゲスの他には、ドミニコ会宣教師の**コリャード** (D. Collado 1589–1641) が『日本文典』*Ars Grammaticae Iaponicae Linguae* (1632、ローマ刊) をラテン語で著している。内容はロドリゲスのものよりやや見劣りがするものの、ラテン語ということもあり、広く用いられたようである。また、1738年にはメキシコで、フランシスコ派宣教師のオヤングレン (M. Oyanguren) が『日本文典』*Arte de la lengua Iapona* をスペイン語で著した。

　こうした宣教師の手による言語研究については、日本語についてのもののみならず、近年、「宣教に伴う言語学 (Missionary Linguistics)」として言語学史や文化交流史的観点からも大いに注目されている。

5.2 ヨーロッパ東洋学・日本学

17世紀中頃以降のいわゆる鎖国体制の中、日本と西洋とのつながりは長崎の出島を介するのみであったが、その限られた窓口を通じて日本の情報は西洋へと伝わり、研究も進められていくことになった。1825年にロドリゲスの『日本小文典』がランドレス (C. Landresse) によってフランス語に翻訳され、1826年にはシーボルト (P. F. von Siebold) が論文「日本語要略」('Epitome linguae japonicae'『バタビア学芸協会会報』11、バタビア刊) を著したように、19世紀のヨーロッパにおいて、東洋学研究の一領域として「日本」が注目されるようになるのである。

最後の長崎オランダ商館長であるドンケル・クルチウス (J.H. Donker Curtius) は、長崎通詞とのやり取りから日本語についての記述を残したが、これを**ホフマン** (J.J. Hoffmann) が補訂し、『日本文法稿本』(*Proeve eener Japansche spraakkunst*, 1857、ライデン刊) として刊行された。ホフマンは1855年にオランダのライデン大学日本学講座の初代教授に就任し、日本学者として活躍した人物である。ホフマンの著述としては、『日本文典』*Japansche Spraakleer* が広く知られており、オランダ語版 (1867–1868)、英語版 (*A Japanese Grammar*, 1867–1868、1876再版)、ドイツ語版 (*Japanische Sprachlehre*, 1877) と数ヵ国語に翻訳されている。内容は文語文法を中心としたもので、日本の古典史書や古辞書、蘭学書などを参照した旨が記されている。

ヨーロッパ日本学における日本語研究については、フランスでは先述のパジェス『日仏辞書』の他、ロニー (L. de Rosny) の『日本語考』(1865)、オーストリアではプフィッツマイヤー (A. Pfizmaier) の『日本語辞書』(1851、未完)、ドイツではランゲ (R. Lange) の『日本口語教本』*Lehrbuch der japanishen Umgangssprache* (1890) や、プラウト (H. Plaut) の『日本語会話文典』*Japanische Konversations-Grammatik mit Lesetücken und Gesprächen* (1904) などがある。

5.3 幕末・明治期の宣教師・外交官

幕末・明治期には、アメリカやイギリスから多くの宣教師が来日し、布教のために必要な会話書や辞書の編纂に着手した。アメリカの宣教師**ブラウン** (S. R. Brown) による『英和俗語会話集 (日本語会話)』*Colloquial Japanese* (1863、上海刊) は、実用的な会話集であるとともに、巻頭に日本語文法序説を付しており、

参考書としても有用である。また、近代的日本語辞書の先駆として名高い、**ヘボン** (J. C. Hepburn) の『**和英語林集成**』*A Japanese and English Dictionary* (1867初版、1872再版、1886三版) は、20,772語 (和英の部、初版) の日本語に対して、ローマ字による見出しと片仮名・漢字の表記を付し、英語の語釈を加えたものである。ちなみに、三版におけるローマ字綴り方が、後の「ヘボン式」ローマ字表記法 (13章5.3節) となっている。ブラウンやヘボンは教育者としても活躍するとともに、聖書翻訳事業も手掛けており、その流れは「明治元訳」聖書の完成へとつながっていく。

一方、外交官による日本語研究について見ていくと、オールコック (R. Alcock、初代駐日英国総領事) の『初学用日本文法要説』*Elements of Japanese Grammar : for the Use of Beginners* (1861) をはじめ、同じくイギリスのアストン (W. G. Aston) による『日本口語小文典』*A Short Grammar of the Japanese Spoken Language* (1869)、『日本口語文典』*A Grammar of the Japanese Spoken Language* (1888)、『日本文語文典』*A Grammar of the Japanese Written Language* (1872) などが挙げられる。アストンの著述は多くの版を重ね、明治期に広く用いられた。また、アーネスト・サトウ (E. M. Satow、後に駐日英国公使) が著した日本語会話書『**会話篇**』*KUAIWA HEN: Twenty-Five Exercises in the Yedo Colloquial* (1873) は、幕末・明治期の口語資料としても貴重である。ちなみに、アメリカの外交官については、南北戦争の影響や、学究肌の者が赴任しなかったこともあり、特に日本語研究について注目すべき著述を残していない。

5.4　中国・朝鮮における日本語研究

中国では明代の頃に、近隣諸国の言語について記述した対訳の単語集 (「華夷訳語」) が編纂された。編者未詳『日本館訳語』(1549識語) は華夷訳語の1つであるが、その中には550語ほどの日本語が挙げられている。同時期には、薛俊の『日本 (国) 考略』を抄出した『日本寄語』(1523) や、鄭舜功編による『日本一鑑』(1565頃) なども著わされており、日本語語彙に関する記述がみられる。

朝鮮では1415年に、通訳をつかさどる「司訳院」において、漢学・蒙学・女真学 (清学) の他に倭学 (日本語) が追加され、康遇聖の編による『**捷解新語**』(1676頃) といった倭学書も刊行されている。後に、崔鶴齢による改訂の他 (『改

修捷解新語』(1748)、『重刊捷解新語』(1781))、金健瑞編による『捷解新語文釈』(1796)
なども刊行された。また、中央や地方でも日本語の学習がなされていたよう
で、1492 (弘治5) 年刊行の『伊路波』(朝鮮板・銅活字版、香川大学図書館神原文庫蔵) は、
日本語学習書としての性質をよく表している。日本語の辞書については、18
世紀初頭に成立したと思われる『**倭語類解**』(洪舜明編) がある。これは漢字の見
出し語にハングルによる日本語音を付したもので、後にホフマンなども参照
している。こうした「国語 (日本語) 意識の史的展開」とは異なる研究も、日本
語研究に対して多くの示唆を与えるものであり、また、そういう研究を視野
に入れることによって、日本語の姿をより広範に捉えていくこともできるだ
ろう。

読書案内

時枝誠記 (1940)『国語学史』岩波書店 (岩波文庫、2017 年)
時枝誠記による国語学史の概説書。日本語とはどのような言語かという問いに対して、日本語研究
の歴史を通じて答えを出そうとしたものである。その後の研究によって、細部において誤りも指摘
されているため、個別事項については、他の学史書 (古田東朔・築島裕1972、尾崎1983、馬渕・出
雲1999など) を参照する必要もあるが、時枝の言語過程説の源流を見るとともに、「学史」とは何か
を考える上で避けることのできない書であると言える。

国語学会編 (1979)『国語学史資料集—図録と解説』武蔵野書院
主要な資料についての写真と、書名・著者名・成立 (出版) 年代・資料掲載箇所について説明した解
説からなる、国語学史の資料集。本章で取り上げられた資料が、実際にはどのようなものであるの
かを、一目で確認することができる。なお、主要な国語学史資料を翻刻した福井編 (1938–1940)
は、本書を補完するものとして有用である。

山東功 (2013)『日本語の観察者たち—宣教師からお雇い外国人まで』岩波書店
キリシタン宣教師から、明治時代のお雇い外国人に至るまでの、西洋外国人の手になる日本語研究
について、その流れをまとめたもので、海外から日本語がどのように見られていたのかについて解
説を行っている。

13

現代日本語の文字・表記

▶1. はじめに

　8章では、大陸から漢字が伝わり、そこに訓が定着することで、日本語で訓まれる漢文 (変体漢文) が書かれたこと、また、万葉仮名として使われた漢字から平仮名や片仮名が生まれ、やがては漢字と混ぜて使われるようになったことを見た。ここでは、現代日本語を中心に、その文字の性質や、その使われ方としての表記法について、補足しておきたい。

▶2. 文字の種類

　文字は大きく分けて、表意文字と、表音文字に分けられる。**表意文字**は「意味」だけを表す文字であり、1、2、3のようなアラビア数字や、😄のような絵文字がその例である。一方、**表音文字**は意味に関係なく音を表す文字だが、その文字が代表的に表す単位に従って、音節文字、音素文字、素性文字に分類される。日本語で用いられるローマ字書きのアルファベット (元はギリシャ文字のα、βに由来) は、1つの文字が子音や母音に対応する典型的な**音素文字** (単音文字) である。一方、仮名 (万葉仮名、片仮名、平仮名) は基本的に子音と母音のまとまりによる音節 (1章7.1節) を表すため**音節文字**と呼ばれる。ただし、撥音の「ん」や促音の「っ」は常に子音のみを表し、例外的に「つぁ」の「つ」が子音 [ts] を表す場合もある。また、濁点のように、有声性という音韻素性を表すものもある。

　中国から伝わった漢字は、意味を表すことができるという意味では表意文

字だが、表音文字が「音だけ」を表すのと同様に、「意味だけ」を表しているわけではない。漢字は中国語では音と意味が結びついた1つの語を表すため、**表語文字**と言われる。ただし、漢字が意味の面を失い表音的に用いられることもあれば (8章3.1.3節の万葉仮名)、意味の面のみが重視されることもある。たとえば、平安から鎌倉時代の漢字辞書『**類聚名義抄**』(観智院本、12章2.1節) を見ると (図1) 多くの和語が1つの漢字に掲出されており、1つの漢字が日本語の1つの語 (和語) を表していたわけではなく、意味を表すものとして移入された側面があったことがわかる。

なお、仮名の使われ方の中にも意味を表す場合があり、対格助詞のみに使われる現代日本語の「を」は表語的である (助詞「は」「へ」も)。また、「ぢ」「づ」が2つの語が複合された場合に用いられる (ハナ＋チ→ハナヂ (鼻血)、ヒト＋ツマ→ヒトヅマ (人妻)) のも、意味的な切れ目を示すのに使われている。

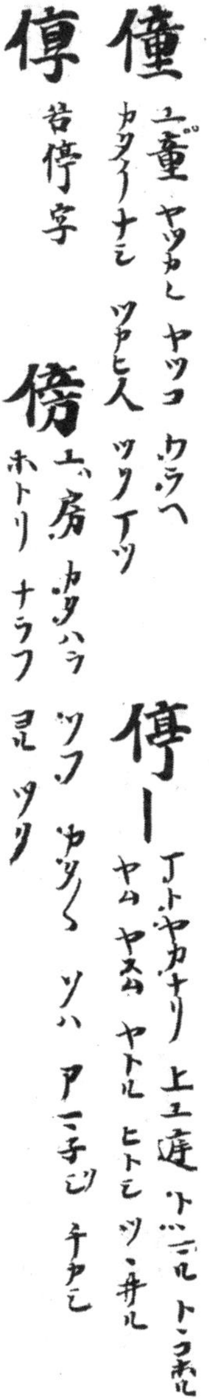

▶3. 仮名遣い

音節文字とはいえ、仮名が音だけでなく意味も表すことがある原因は、音韻の歴史変化による。奈良時代にはア行の「お」とワ行の「を」には音声的区別があり、語ごとに使い分けられたが、その区別は11世紀末には失われた (2章4節)。ダ行の「ぢ」「づ」も、ザ行の「じ」「ず」とそれぞれ音声的に区別されたが、17世紀には混同されていた (2章5.3節)。このような音声的実態に則さない仮名使用の混乱を、一定の基準により正そうとするのが**仮**

図1　観智院本『類聚名義抄』

名遣いである（ただし、「仮名遣い」の二義性については12章2.2節囲み記事）。

　仮名遣いの主なものには、定家が規範として定めた定家仮名遣い（12章2.2節）、契沖が上代文献の実証から示したものが元になった歴史的仮名遣い（12章3.2.1節）があるが、現代日本語における、上で見たような規範は**現代仮名遣い**（1986年、内閣告示）に定められている。現代仮名遣いは、原則的に標準語の音韻に従って仮名を用いることとするが、「を」「は」「へ」「ぢ」「づ」についての、上のような「慣習による特例」も定めている。

　また、オ段の長音は基本的に「う」で表記するが（「おと<u>う</u>さん」）、歴史的仮名遣いで「ほ」「を」で記されるものは「お」を使って表記する（「氷」を「こ<u>お</u>り（＜こほり）」、「十」を「と<u>お</u>（＜とを）」など）と決められ、現代日本語の音声や意味からは表記が特定できないものがある。原則的に長音は前接する母音を重ねる（「お<u>か</u><u>あ</u>さん」「おね<u>え</u>さん」）が、オ段の場合のみ「う」を原則とするのは、歴史的な表記の影響であり（「はや<u>く</u>＞はや<u>う</u>＞はよう」）、現代仮名遣いが「慣習」によって歴史的な側面を受け継いでいることがわかる。

▶4.　現代日本語の表記法

　現代日本語の表記法にはもっぱら漢字平仮名交じり文が使われる。8章3.1.2節でみた漢字片仮名交じり文は、鎌倉時代から江戸時代にかけて僧侶や儒学者らによって使われ、明治時代に入っても法令、新聞、教科書などで使用されたが、現代ではほとんど見ることがない。ただし、漢字平仮名交じりと言っても、実際には平仮名だけでなく片仮名も混ぜて書かれるため、**漢字仮名交じり文**と言われる。しかし、その実質は、「漢字 vs. 仮名」ではなく、「漢字＋片仮名 vs. 平仮名」という対立である。たとえば次の例を見てみよう。

（１）　マスク手洗い噤だけでは防げない。自分の指はウイルスだらけと心得よ。

　ここからわかるように、名詞や動詞、形容詞などの内容語は漢字もしくは片仮名で書かれ、活用語尾や助詞、接辞、接続詞などの機能語は平仮名で表記される。このことによって、読み手は漢字や片仮名で書かれる内容語を追えば、おおよその文内容を掴めるようになっている。たとえば、これらが全

310

て平仮名で書かれると、次のように非常に読みにくい。

（2）　ますくてあらいうがいだけではふせげない。じぶんのゆびはういるす
　　　　だらけとこころえよ。

　これを文節間に空白を入れて（3）のようにわかち書きをすると、読み時間
が早くなり、漢字仮名交じりが、英語のわかち書きと同様の機能を果たして
いることがわかる（実験については松田2001）。

（3）　ますく てあらい うがいだけでは ふせげない。じぶんの ゆびは ういる
　　　　すだらけと こころえよ。

　しかし、漢字仮名交じり文で書くには、漢字を学習するコストが伴う。ま
た、次に見るような漢字表記のゆれを生むことになる。

▶5.　表記のゆれ

5.1　漢字・平仮名・片仮名のゆれ

　漢字仮名交じり文には、内容語が漢字・片仮名で書かれ、機能語が平仮名
で書かれるとはいえ、漢字、片仮名、平仮名の選択には当然ゆれもある。そ
もそも内容語なのか機能語なのか迷う場合には「話して見る／話してみる」「対
して／たいして」のように、表記もゆれる。また、（1）の例で内容語の「嗽」
を漢字で書くことは少ないだろう。「嗽」は常用漢字表（後述）にはないため平
仮名で「うがい」と書くのが一般的である。また、常用漢字表に載っていても、
より柔らかい表現をめざして（4）のように平仮名が好まれることがある。

（4）　a.　誰でも出来る、易しい編み物

　　　　b.　だれでもできる、やさしいあみもの

　　　片仮名はマスクやウィルスといった外来語に用いられるのが一般的だが、
漢字や平仮名に代わって使われることもある。たとえば『現代日本語書き言
葉均衡コーパス』のブログを調べると（10章補遺）、「鞄」よりも「カバン」、「眼
鏡」よりも「メガネ」、「涎」よりも「ヨダレ」の方が多く見られる。また、俗
語的な表現は、「目処」ではなく「メド」、「質」ではなく「タチ」、「馬鹿」では
なく「バカ」、「今夜が山」ではなく「今夜がヤマ」、「女に持てる」ではなく「女
にモテる」など、平仮名の他に片仮名も使われる。オノマトペ（5章4.1節囲み記

■ 送り仮名のゆれ

　漢字と平仮名のゆれは、内容語をどう表記するかだけではなく、内容語にどのような送り仮名を送るかによっても、ゆれが生じる。「送り仮名の付け方」（1973年、内閣告示）では、原則として語幹を漢字、活用語尾を仮名で記すことになっている。そのため、たとえば「（お湯が）沸く」は、「沸かない、沸きます、沸く」のようになる。しかし、これを他動詞にした場合「沸かさない、沸かします、沸かす」のように、自動詞「沸く」に合わせる（「沸」の訓を「わ」のみにする）ため、語幹である「か」も送り仮名にする「例外」を生むことになる。さらにこのような自動詞との対応がない語であっても、「表わす」のように語幹末の音節を送り仮名とする慣習を認めることがあり、仮名遣い同様、「慣習」を表記から除外することは難しい。

事）は内容語の中でも動作のありありとした様態を描いて漢字が当てられることはないが、「{ばたん／バタン}と閉める」「{ぐったり／グッタリ}している」のように平仮名で書くか片仮名で書くかにゆれがある（その他詳細については石黒（2007）などを参照）。

5.2　漢字表記のゆれ

　同じ漢字が用いられても表記がゆれる場合がある。

　図1では1つの漢字に多くの和語が掲出された事例を見たが、現代日本語の常用漢字表においても、「外」に「そと」「ほか」「はずす」のように複数の訓が1つの漢字に当てられることもある。このような訓の多さは結果的に同じ訓が複数の漢字に当てられることにもなり（「ほか」に「他」）、**同訓異字**を生み出している。常用漢字表で同じ訓を持つ漢字については、「「異字同訓」の漢字の使い分け例」（2014年、文化審議会報告）が出され、たとえば、「堅い」を材木や守りに（「堅い材木」「堅い守り」）、「硬い」を石や殻に（「硬い石」「硬い殻」）、「固い」を団結や友情に（「団結が固い」「固い友情」）に用いるといった例が挙げられているが、実際には「年齢差」「個人差」「習慣」などでゆれが見られ、「一つの参考として提示する」にとどまっている。

　訓だけでなく、字音にも同様のゆれの問題がある（なお、1つの漢字が複数の字音を持つことについては6章2.2節囲み記事参照）。特に、熟語が同音になる場合には、常

用漢字表に載せられない**表外漢字**の問題も関わって複雑になる。常用漢字表の前身である当用漢字表 (1946年、内閣告示) が出された際に、その1850字に入らなかった字を、音が同じで意味が近い漢字で代用することが提案された (「同音の漢字による書きかえ」国語審議会答申、1956年)。これにより「暗誦」は「暗唱」に、「臆測」は「憶測」に、「日蝕」は「日食」に置き換えて書くことになったが、実際にはゆれが見られ、また、「臆」は2010年の常用漢字表の改定により追加されている。

　以上は、異なる種類の漢字、つまり**字種**の異なる漢字がたまたま同音、同訓を持つためにゆれが見られる事例である。それに対して、字種は同じでもゆれが生まれる場合がある。文字体系において同じ字種でも、文字の骨組み (偏・旁そのものの入れ替えや、配置の仕方、画の省略など) により異なる場合、**字体**が異なると言われる。字体が異なる代表的な例は、その時代、地域において規範とされる**正字**と、その規範から逸脱した**異体字**の関係である。異体字は長い漢字の歴史の中で膨大な数に及ぶが (佐藤1987)、現代日本においてよく見られるのは当用漢字字体表に示された簡易字体である**新字体**と、それ以前から使われ、『康熙字典』(1716年、清の康熙帝による勅撰) で正字とされる**旧字体**の差異である。当用漢字表の普及により、印刷物の字体は多く新字体が使われるが、固有名詞には「駒澤大學」「國學院大學」「齋藤」「渡邊」のように旧字体が使われることがある。同じ字種で同じ字体でも、文字はさまざまな形状で手書きされる。この違いを**字形**が異なるという。手書きの場合、1文字1文字の具体的な字形が異なるが、書道や印刷用フォントでは、一定のデザインによって統一が図られる。このデザインによる型のことを**書体**という。漢字の書体は中国における書の書き方に由来して、篆書、隷書、楷書、行書、草書などがあり、また、印刷用書体としての明朝体、ゴシック体、教科書体、楷書体などがある。それぞれの書体における各字形は図2のように異なっている (文化審議会国語分科会 (2016) など参照)。

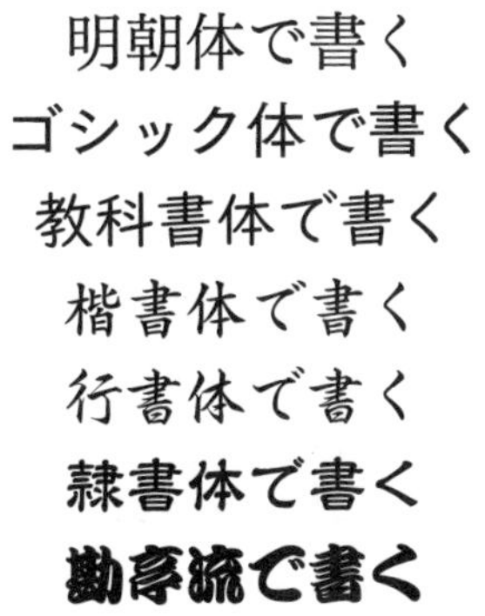

明朝体で書く
ゴシック体で書く
教科書体で書く
楷書体で書く
行書体で書く
隷書体で書く
勘亭流で書く

図2　パソコンのフォント

　仮名にも異体字（**変体仮名**と呼ばれる）はある。たとえば、8章3.1.3節の図3『三条西家旧蔵本 伊勢物語』では、「か」「さ」「は」「る」に下に挙げるような複数の字体が使われている。このように1つの仮名の字種に、異なる漢字を字母（（ ）内に示した）とする複数の字体があることは、仮名の成り立ちからして自然であったが、明治時代に入り、「小学校令施行規則」（1900年、文部省）で現行の仮名に統一されることになった。現代ではフォントによって「そ」と「そ」のような字形の差があるが、手書きで続けて書くか離して書くかに由来するものであり、字体の差にまでは及んでいないと考えるのが一般的である。

「か」		「さ」		「は」		「る」	
（加）	（可）	（左）	（佐）	（波）	（者）	（留）	（累）

5.3　ローマ字表記のゆれ

　現在広く普及しているローマ字の綴り方はヘボンの『和英語林集成』（12章5.3節）が元になっている（**ヘボン式**）。一方、1937年に告示された「国語ノローマ字綴方」で採用されたのは田中館愛橘（あいきつ）が発表した日本式に基づくもので、これを**訓令式**という。しかし、戦後に告示された「ローマ字のつづり方」では訓令式とヘボン式を併記する形となっており、実質的に両方を認めたものとなっている。訓令式とヘボン式の違いは、前者が日本語の仮名に現れる音韻体系（cf. 1章6.5節表1）をそのままローマ字化したのに対し、後者ではサ行・ザ行・タ行のイ段の硬口蓋化や、タ行のウ段の破擦音化（1章6.5節）、後続子音による撥音の違い（/b,p,m/の前は[m]、1章7.3.4節）を反映した、英語話者の聴覚に即して表記したものとなっている（表1）。現在、訓令式は学校教育以外ではほとんど見られず、駅名やパスポートはヘボン式に基づく表記となっている。しかし、目に見えないパソコン入力ではローマ字入力が主流で、訓令式とヘボン式（たとえば「し」をsiと入力するか、shiと入力するか）で揺れていると考えられる。

表1　訓令式・ヘボン式の主な違い

サ行	訓令	sa	si	su	se	so	sya	syu	syo
	ヘボン	sa	shi	su	se	so	sha	shu	sho
ザ行	訓令	za	zi	zu	ze	zo	zya	zyu	zyo
	ヘボン	za	ji	zu	ze	zo	ja	ju	jo
タ行	訓令	ta	ti	tu	te	to	tya	tyu	tyo
	ヘボン	ta	chi	tsu	te	to	cha	chu	cho
ハ行	訓令	ha	hi	hu	he	ho	撥音	訓令	n
	ヘボン	ha	hi	fu	he	ho		ヘボン	n, m

▶6.　国字問題とJIS漢字

　日本語をどのような文字でどのように書き表すかについての議論を、**国字問題**という。特に、近代化以降、日本語を書き記すのに漢字が適当かということが、漢字学習のコストとともにしばしば問題となってきた。戦後に出された国字問題に関わる主な施作をまとめると表2のようになる。1946年に告示された**当用漢字表**とそれに付随する音訓表、字体表は、戦前からの漢字使

表2　戦後の主な国語政策など

年	事項
1946	当用漢字表（内閣告示）、現代かなづかい（同）
1948	当用漢字音訓表（同）1973年改定、当用漢字字体表（同）、当用漢字別表（同）
1951	人名用漢字別表（同）1997、2004年など改定
1954	ローマ字のつづり方（同）
1956	同音の漢字による書きかえ（国語審議会答申）
1959	送りがなのつけ方（内閣告示）1973年改定
1981	常用漢字表（同）2010年改訂
1986	現代仮名遣い（同）
1991	外来語の表記（同）
2000	表外漢字字体表（国語審議会答申）
2014	「異字同訓」の漢字の使い分け例（文化審議会報告）

用を制限する動きから影響を受けたものであり、「法令・公用文書・新聞・雑誌および一般社会で、使用する漢字の範囲を示したもの」とされた。しかし、人名用漢字については、1951年以降、別表として、当用漢字以外のものも認められるようになった。また、漢字の制限は漢字と仮名の「まぜ書き」を生み（「改ざん」「隠ぺい」「けん制」など）、上述の「同音の漢字による書きかえ」で本来の字義でない漢字の使用も生み出した（「沈澱」を「沈殿」としたが「殿」に「水の底に溜まったもの」の意味はない）。これを受け、1981年に告示された**常用漢字表**は、「範囲を示したもの」ではなく「目安を示すもの」へと変更された。つまり一般社会生活における漢字使用の制限が緩和されたわけだが、これと前後し（1978、1983年）、JIS規格が選定した文字集合、いわゆる**JIS漢字**が定められ（1978年6802字）、パソコンなどの普及によって画数が多く複雑な漢字も容易に変換できるようになってきている（以上の歴史的な経緯について詳しくは野村（2008：1, 3章）など）。当初、公用文書や新聞等に見られる（常用漢字表の）表外漢字とJIS漢字の間には、字体の大きな違いがあったが、「字体選択のよりどころ」として2000年に「表外漢字字体表」が答申され、それに合わせる形でJIS漢字も改正され（JIS X 0213：2004、11233字）、両者の乖離は小さくなり、JIS漢字は世界中の文字を扱う大規模文字セット Unicode（ユニコード）に受け継がれている。

■ 情報機器と日本語の表記

2010年に常用漢字表が改定された際には、手書きでは画数が多く煩雑な字も、情報機器での使用には問題にならないため追加された。このように、文字や表記は社会のあり方から影響を受けている。ほかに、情報機器によって変わりつつある日本語の表記法には書字方向や段落がある。かつて縦書きしか見られなかった小説は、ネット小説の登場によって横書きのものを見ることも珍しくなくなった（近代の書字方向については屋名池（2003）が詳しい）。また、紙の本には節約のため大きな空白は置かないが、インターネットではその概念はなくなり、頻繁に改行され、行と行の間に大きな空白が入ることも稀ではない。

読書案内

沖森卓也・笹原宏之・常盤智子・山本慎吾（2011）『図解日本の文字』三省堂
漢字、仮名、ローマ字にわけて、それぞれの成り立ちや歴史、現代の使用法について解説している。
このほか、本章では取り上げていない、補助記号や印刷・書道についても豊富な図表とともに解説
されている。なお、図は少ないがコンパクトな現代日本語の表記全般の解説としては佐竹（2005）を
お勧めする。

野村雅昭（2008）『新版　漢字の未来』三元社
漢字の歴史や使用実態に基づき、特に漢字によって表記のゆれが生じることから、漢字を制限する
方向で提言を行う漢字論。現在の視点からはやや古いところもあるが、日本における漢字の歴史や、
漢字政策について、読みやすくまとめられている。

_____

用例出典

以下に示す資料の時代は、それぞれの資料の成立年もしくは刊行年等によるものです。各資料がどの時代の言葉を反映していると考えるかは、各章の論述によって下さい。また挙例に際し、表記を変更した箇所があります。

奈良時代以前：稲荷山古墳出土鉄剣銘、法隆寺薬師如来像後背銘（以上『資料日本語史』おうふう）、正倉院文書（大日本古文書）、日本書紀（『上代仮名遣の研究―日本書紀の仮名を中心として』岩波書店）、古事記、万葉集（以上新編日本古典文学全集）、新訳華厳経音義私記（古辞書音義集成、汲古書院）

平安時代：西大寺本金光明最勝王経（『国宝 西大寺本金光明最勝王経　天平宝字六年百済豊虫願経』勉誠出版）、在唐記（『影印注解悉曇学書選集１』勉誠社）、古今和歌集、竹取物語、伊勢物語、和泉式部日記、うつほ物語、落窪物語、枕草子、源氏物語、更級日記、今昔物語集（以上新編日本古典文学全集）、三条西家旧蔵本伊勢物語（影印校注古典叢書６、新典社）、拾遺和歌集（新日本古典文学大系）、金光明最勝王経音義（古辞書音義集成、汲古書院）、色葉字類抄、（前田育徳會尊経閣文庫編刊）、黒川本色葉字類抄（『色葉字類抄研究並びに総合索引 影印編』風間書房）、観智院本類聚名義抄（『類聚名義抄』風間書房）

鎌倉時代：宇治拾遺物語（新編日本古典文学全集）、名語記（勉誠社）、延慶本平家物語（勉誠出版）

室町時代：平家物語（新編日本古典文学全集）、百二十句本平家物語（汲古書院）、史記抄（『史記桃源抄の研究』日本学術振興会）、伊路波（『伊路波：弘治五年朝鮮板』京都大学国文学会）、日本国考略（京都大学国文学会）、中華若木詩抄（新日本古典文学大系）、日本風土記（『日本風土記：本文と索引』京都大学国文学会）、天草版平家物語（『天草版平家物語対照本文及び総索引』明治書院）、日葡辞書（『邦訳 日葡辞書』岩波書店）

江戸時代：片言（近世方言辞書集成、大空社）、大蔵虎明能狂言集（清文堂出版）、近松門左衛門集（新編日本古典文学全集）、聖遊郭、北華通情（以上洒落大成）、石上私淑言（『本居宣長全集第２巻』筑摩書房）、大蔵虎寛本狂言（『能狂言：大蔵虎寛本』岩波文庫）、浮世風呂（日本古典文学大系）、勝相撲浮名花触（鶴屋南北全集、三一書房）、花暦八笑人（岩波文庫）、鳩翁道話（『石門心学』明治文学全集）

明治時代以降：学問のすゝめ（『福沢諭吉著作集第３巻』慶應義塾大学出版会）、胡蝶、浮雲（以上明治文学全集）、吾輩は猫である、読書、桃太郎（以上青空文庫）、大道無門（改造社初版）

———————
参考文献

第1章　現代日本語の音声と音韻

郡史郎 (1997)「日本語のイントネーション―型と機能」『日本語音声２アクセント・イントネーション・リズムとポーズ』169–202，三省堂

窪薗晴夫 (1999)『現代言語学入門２：日本語の音声』岩波書店

田窪行則・前川喜久雄・窪薗晴夫・本田清志・白井克彦・中川聖一 (2004)『岩波講座言語の科学２：音声』岩波書店

早田輝洋 (1999)『音調のタイポロジー』大修館書店

プラム，ジェフリー K.・ウィリアム A. ラデュサー (2003)『世界音声記号辞典』(土田滋・福井玲・中川裕訳) 三省堂

Denes, Peter B. & Elliot N. Pinson (1993) *The Speech Chain: The Physics and Biology of Spoken Language*. Second edition, New York: Freedman.

Pellard, Thomas (2010) Ōgami (Miyako Ryukyuan). In: M. Shimoji & T. Pellard eds. *An Introduction to Ryukyuan Languages*. 113–166, Tokyo: Research Institute for Languages and Cultures of Asia and Africa.

第2章　音韻の歴史変化

有坂秀世 (1932)「古代日本語に於けるモの仮名の用法について」『国語と国文学』9 (11)（『国語音韻史の研究』(増補新版) 83–101，三省堂，1957年）

有坂秀世 (1955)『上代音韻攷―故有坂秀世博士遺稿』三省堂

池上禎造 (1932)「古事記に於ける仮名「毛・母」に就いて」『国語国文』2 (10)：138–159

石塚晴通 (1995)「声点の起源」築島裕編『日本漢字音史論輯』39–65，汲古書院

大友信一 (1963)『中国資料による室町時代の国語音声の研究』至文堂

大野晋 (1950)「仮名遣の起源について」『国語と国文学』27 (12)（服部四郎他編『日本の言語学第７巻　言語史』356–388，大修館書店，1981年）

大野晋 (1976)「上代日本語の母音体系について」『月刊言語』5 (8)：59–67，大修館書店

奥村三雄 (1972)「古代の音韻」中田祝夫編『講座国語史 第２巻 音韻史・文字史』65–171，大修館書店

奥村三雄 (1981)『平曲譜本の研究』桜楓社

春日政治 (1956)『古訓点の研究』風間書房（『春日政治著作集 第６巻』勉誠社，1984年）

木田章義 (1978)「濁音史摘要」『論集日本文学・日本語1 上代』285–306，角川書店

木田章義 (2012)「上代特殊仮名遣と母音調和」『国語国文』81 (11)：36–56

京都大學文學部國語學國文學研究室編 (1964)『全一道人の研究』京都大學國文學

金田一春彦 (1937)「現代諸方言の比較から観た平安朝アクセント―特に二音節名詞に就て」『方言』7 (6)：1–43

金田一春彦 (1944)「類聚名義抄和訓に施されたる声符に就て」橋本博士還暦記念会編『国語学論集』岩波書店（『金田一春彦著作集　第９巻』267–298，玉川大学出版会，2005年）

金田一春彦 (1951)「日本四声古義」寺川嘉四男編『国語アクセント論叢』629–703，法政大学出版局

金田一春彦 (1964)『四座講式の研究』三省堂

金田一春彦 (1974)『国語アクセントの史的研究―原理と方法』塙書房

釘貫亨 (1982)「上代日本語ラ行音考」『富山大学人文学部紀要』6：192–206

桜井茂治 (1977)『新義真言宗伝『補忘記』の国語学的研究』桜楓社

坂梨隆三 (1987)『江戸時代の国語―上方語』(国語学叢書) 東京堂出版

新村出 (1906)「音韻史上より見たるクヮ・カの混同について」『國學院雑誌』11・12 (『東方言語史叢考』414–458，岩波書店，1927年)

高山倫明 (1981)「原音声調から観た日本書紀音仮名表記」『語文研究』51：13–20，九州大学国語国文学会

高山倫明 (2012)『日本語音韻史の研究』ひつじ書房

高山倫明 (2016)「第2章　文献学」高山倫明他『シリーズ日本語史1 音韻史』21–36，岩波書店

土井忠生訳 (1955)『日本大文典』(ジョアン・ロドリゲス原著) 三省堂

豊島正之 (1984)「「開合」に就て」『国語学』136：1–13

橋本進吉 (1950)「古代国語の音韻に就いて」『国語音韻の研究』105–199，岩波書店

服部四郎 (1942)「補忘記の研究―江戸時代初期の近畿アクセント資料として」日本方言学会編『日本語のアクセント』123–159，中央公論社

服部四郎 (1955)「音韻論から見た国語のアクセント　補説」『国語研究』3 (『言語学の方法』272–275, 岩波書店，1960年)

服部四郎 (1959)「奄美群島の諸方言について―沖縄・先島諸島との比較」『人類科学』IX (『日本語の系統』275–294, 岩波書店，1959年)

服部四郎 (1976)「上代日本語の母音素は六つであって八つではない」『月刊言語』5 (12) (服部2018：529–544)

服部四郎 (1978–79)「日本祖語について (1)–(22)」『月刊言語』7 (1–3, 6–12)，8 (1–12) (服部2018：83–401)

服部四郎 (2018)『日本祖語の再建』(上野善道補注) 岩波書店

早田輝洋 (2017)『上代日本語の音韻』岩波書店

肥爪周二 (2003)「清濁分化と促音・撥音」『国語学』213：95–108

福島邦道 (1953)「江戸語の音韻と東国方言」『国語』2 (2・3・4)：216–222

ペラール，トマ (2016)「日琉祖語の分岐年代」田窪行則他編『琉球諸語と古代日本語―日琉祖語の再建にむけて』99–124，くろしお出版

ホイットマン，ジョン (2016)「日琉祖語の音韻体系と連体形・已然形の起源」田窪行則他編『琉球諸語と古代日本語―日琉祖語の再建にむけて』21–38，くろしお出版

松本克己 (1975)「古代日本語母音組織考―内的再建の試み」『金沢大学文学部論集 文学編』22：83–152

丸山徹 (1981)「中世日本語のサ行子音―ロドリゲスの記述をめぐって」『国学学』124：95–103

三木幸信・福永静哉 (1966)『国語学史』風間書房

森博達 (1981)「漢字音より観た上代日本語の母音組織」『国語学』126：30–42

森博達 (1991)『古代の音韻と日本書紀の成立』大修館書店

Frellesvig, Bjarke (2011) *A History of Japanese Language*. Cambridge: Cambridge University Press.

第3章　現代日本語の文法

大鹿薫久 (1995)「本体把握―「らしい」の説」『宮地裕・敦子先生古希記念論集日本語の研究』525–548，明治書院

影山太郎 (1993)『文法と語形成』ひつじ書房

影山太郎 (1999)『形態論と意味』くろしお出版

菊地康人 (1997)『敬語』講談社

金水敏 (1991)「受動文の歴史についての一考察」『国語学』164：1–14

金水敏・田窪行則 (1998)「談話管理理論に基づく「よ」「ね」「よね」の研究」堂下修司他編『音声
による人間と機械の対話』257–271，オーム社

工藤真由美 (2014)『現代日本語ムード・テンス・アスペクト論』ひつじ書房

黒田成幸 (2005)「ガ、ヲ及びニについて」『日本語から見た生成文法』1–18，岩波書店 (『国語学』
63，1965年)

郡司隆男 (2002)『単語と文の構造』岩波書店

定延利之 (2005)『ささやく恋人、りきむレポーター—口の中の文化』岩波書店

定延利之・田窪行則 (1995)「談話における心的操作モニター機構—心的操作標識「ええと」と「あ
の (—)」」『言語研究』108：74–93

滝浦真人 (2008)『ポライトネス入門』研究社

田窪行則 (2001)「現代日本語における2種のモーダル助動詞類について」梅田博之教授 古稀記念
論叢刊行委員會編『梅田博之教授古稀記念韓日語文学論叢』1003–1025，太学社

角田太作 (2009)『世界の言語と日本語改訂版—言語類型論から見た日本語』くろしお出版

時枝誠記 (1950)『日本文法口語篇』岩波書店

沼田善子 (2000)「とりたて」仁田義雄・益岡隆志編『時・否定と取り立て』151–216，岩波書店

橋本進吉 (1948a)「国語法要説」『国語法研究』1–81，岩波書店

橋本進吉 (1948b)「国語の形容動詞について」『国語法研究』83–112，岩波書店

服部四郎 (1950)「附属語と附属形式」『言語研究』15：1–26

益岡隆志 (1987)『命題の文法—日本語文法序説』くろしお出版

益岡隆志 (1991)『モダリティの文法』くろしお出版

三上章 (1972)『現代語法序説』くろしお出版 (刀江書院，1953年)

南不二男 (1993)『現代日本語文法の輪郭』大修館書店

宮島達夫 (1964)「助詞・助動詞の用法」国立国語研究所編『現代雑誌九十種の用語用字 (3) 分析』
69–239，秀英出版

Brown, Penelope and Stephen C. Levinson (1987) *Politeness: Some Universals in Language Usage.* Cam-
bridge: Cambridge University Press. (田中典子他訳『ポライトネス—言語使用における、ある
普遍現象』研究社，2011年)

Greenberg, Joseph (1966) Some Universals of Language with Particular Reference to the Order of
Meaningful Elements. *Universals of Language.* 73–113, MIT Press.

Grice, Paul (1975) Logic and Conversation. In P. Cole and J. L. Morgan eds. *Syntax and Semantics
Vol.3: Speech Acts.* 43–58. New York: Academic Press. (清塚邦彦訳『論理と会話』31–59，勁草
書房，1998年)

Kuroda, S.-Y. (1992) On Japanese Passives. *Japanese Syntax and Semantics: Collected papers.* 183–221,
Dordrecht: Kluwer Academic Publishers.

Palmer, Frank, R. (2001) *Mood and Modality*, 2nd edition. Cambridge: Cambridge University Press.

Tomlin, Russell S. (1986) *Basic Word Order: Functional Principles.* London: Croom Helm.

第4章　文法の歴史変化

青木博史 (2010)『語形成から見た日本語文法史』ひつじ書房

石垣謙二 (1955)『助詞の歴史的研究』岩波書店

内間直仁 (1994)『琉球方言助詞と表現の研究』武蔵野書院

大鹿薫久 (2004)「モダリティを文法史的にみる」北原保雄・尾上圭介編『朝倉日本語講座6 文法 II』192–214, 朝倉書店

大西拓一郎 (2003)「方言における「コソ〜已然形」係り結び」『国語学』54 (4)：31–43

大野晋 (1993)『係り結びの研究』岩波書店

大堀壽夫 (2005)「日本語の文法化研究にあたって─概観と理論的課題」『日本語の研究』1 (3)：1–17

奥村三雄 (1990)『方言国史史研究』東京堂出版

辛島美絵 (2003)『仮名文書の国語学的研究』清文堂出版

衣畑智秀 (2007)「付加節から取り立てへの歴史変化の2つのパターン」青木博史編『日本語の構造変化と文法化』65–91, ひつじ書房

衣畑智秀 (2014)「日本語疑問文の歴史変化─上代から中世」青木博史他編『日本語文法史研究2』61–80, ひつじ書房

清瀬義三郎則府 (1971)「連結子音と連結母音と─日本語動詞無活用論」『国語学』86：42–56

金水敏 (2006)『日本語存在表現の歴史』ひつじ書房

蔵野嗣久 (1997)「『延慶本平家物語』の係助詞「ぞ」「なむ」「こそ」─係結びの崩壊過程を中心に」『安田女子大学大学院博士課程開設記念論文集』109–124, 安田女子大学

小林隆 (2004)『方言学的日本語史の方法』ひつじ書房

近藤泰弘 (2000)『日本語記述文法の理論』ひつじ書房

此島正年 (1966)『国語助詞の研究─助詞史の素描』桜楓社

佐伯哲夫 (1993)「ウとダロウの職能分化史」『国語学』174：16–27

阪倉篤義 (1993)『日本語表現の流れ』岩波書店

佐々木冠 (2019)「第9章 ラ行五段化の多様性」岸本秀樹・影山太郎編『レキシコン研究の新たなアプローチ』201–228, くろしお出版

真田信治 (1973)「越中五箇山郷における待遇表現の実態─場面設定による全員調査から」『国語学』93：48–64

真田信治 (1983)「最近十年間の敬語行動の変容─五箇山・真木集落での全数調査から」『国語学』133：69–82

柴谷方良 (2000)「ヴォイス」仁田義雄・益岡隆志編『日本語の文法1 文の骨格』117–186, 岩波書店

渋谷勝己 (1993)「日本語可能表現の諸相と発展」『大阪大学文学部紀要』33 (1)

鈴木泰 (1999)『改訂版古代日本語動詞のテンス・アスペクト─源氏物語の分析』ひつじ書房

鈴木英夫 (1994)「「ら」ぬけことば─みれる、おきれる」『国文学　解釈と鑑賞』59 (7)：67–76, 至文堂

田中章夫 (1965)「近代語成立過程にみられるいわゆる分析的傾向について」『近代語研究 第1集』13–25, 武蔵野書院

永田高志 (2001)『第三者待遇表現史の研究』和泉書院

中村通夫 (1953)「「来れる」「見れる」「食べれる」などという言い方についての覚え書」『金田一博士古稀記念言語民俗論叢』597–594, 三省堂

野村剛史 (1993)「上代語のノとガについて（上）」『国語国文』62 (2)：1–17

野村剛史（1994）「上代語のリ・タリについて」『国語国文』63（1）：28–51

野村剛史（1996）「ガ・終止形へ」『国語国文』65（5）：524–541

福島健伸（2002）「中世末期日本語の〜タについて―終止法で状態を表している場合を中心に」『国語国文』71（8）：33–49

細江逸記（1932）『動詞時制の研究』泰文堂

本居宣長（1785）「漢字三音考」『本居宣長全集第5巻』375–433，筑摩書房

森野宗明（1971）「古代の敬語 II」『講座国語史5 敬語史』97–182，大修館書店

森山由紀子（2003）「謙譲語から見た敬語史，丁寧語から見た敬語史―「尊者定位」から「自己定位」へ」『朝倉日本語講座8 敬語』200–224，朝倉書店

山内洋一郎（2003）『活用と活用形の通時的研究』清文堂

山田昌裕（2010）『格助詞「ガ」の通時的研究』ひつじ書房

山田孝雄（1908）『日本文法論』宝文館

山田孝雄（1954）『平家物語の語法下』宝文館

湯沢幸吉郎（1958）『室町時代言語の研究』風間書房

吉田永弘（2019）『転換する日本語文法』和泉書院

ロドリゲス，ジョアン（1604–8）『日本大文典』（土井忠生訳，三省堂，1955年）

Hopper, J. Paul and Elizabeth Closs Traugott (2003) *Grammaticalization*. Second edition, Cambridge: Cambridge University Press.（日野資成訳『文法化』（初版）九州大学出版会，2003年）

Palmer, Frank, R. (2001) *Mood and Modality*. Second edition, Cambridge: Campbridge University Press.

第5章　現代日本語の語彙

影山太郎（1993）『文法と語形成』ひつじ書房

樺島忠夫（2004）『日本語探検　過去から未来へ』角川書店

金愛蘭（2011）『20世紀後半の新聞語彙における外来語の基本語化』阪大日本語研究別冊3

国立国語研究所（1964）『現代雑誌九十種の用語用字　第3分冊：分析』秀英出版

国立国語研究所（1972）『動詞の意味・用法の記述的研究』秀英出版

国立国語研究所（1984）『高校教科書の語彙調査II』秀英出版

国立国語研究所（2004）『分類語彙表―増補改訂版』大日本図書

国立国語研究所（2009）『病院の言葉を分かりやすく―工夫の提案』勁草書房

田中章夫（1978）『国語語彙論』明治書院

玉村文郎（1984）『日本語教育指導参考書12 語彙の研究と教育（上）』国立国語研究所

林大（1957）「語彙」『講座現代国語学II ことばの体系』95–125，筑摩書房

林四郎（1971）「語彙調査と基本語彙」『電子計算機による国語研究III』1–35，秀英出版

宮島達夫（1977）「語彙の体系」『岩波講座日本語9 語彙と意味』1–41，岩波書店

宮島達夫（1980）「意味分野と語種」『国立国語研究所　研究報告集2』1–16，秀英出版

森岡健二（1977）「命名論」『岩波講座日本語2 言語生活』203–248，岩波書店

湯本昭南（1977）「あわせ名詞の意味記述をめぐって」『東京外国語大学論集』27：31–46（松本泰丈編『日本語研究の方法』むぎ書房，1978年）

第6章　語と語彙の歴史変化

青木博史（2010）『語形成から見た日本語文法史』ひつじ書房

有坂秀世（1931）「国語にあらはれる一種の母音交替について」『音声の研究』4（『国語音韻史の研究』（増補新版）3–68，三省堂，1959年）

小野正弘 (1983)「しあわせ (仕合せ・幸せ)」佐藤喜代治編『講座日本語の語彙10 語誌II』155–
　　160, 明治書院

川端善明 (1979)『活用の研究II』大修館書店

菊澤季生 (1933)『国語位相論』明治書院

北原保雄 (1967)「形容詞のウ音便—その分布から成立の過程をさぐる」『国語国文』36 (8)：19–36

金水敏 (2003)『ヴァーチャル日本語—役割語の謎』岩波書店

阪倉篤義 (1966)『語構成の研究』角川書店

阪倉篤義 (1978)『日本語の語源』講談社

阪倉篤義 (1993)『日本語表現の流れ』岩波書店

鈴木孝夫 (1976)「語彙の構造」鈴木孝夫編『日本語講座4 日本語の語彙と表現』3–26, 大修館書店

鈴木則郎 (1983)「いっしょうけんめい (一生懸命)」佐藤喜代治編『講座日本語の語彙9 語誌I』
　　61–65, 明治書院

関一雄 (1993)『平安時代和文語の研究』笠間書院

定延利之 (2011)『日本語社会 のぞきキャラくり』三省堂

佐藤喜代治 (1982)「和製漢語の歴史」森岡健二他編『講座日本語学4　語彙史』70–89, 明治書院

沈国威 (1993)『近代日中語彙交流史』笠間書院

田中章夫 (1999)『日本語の位相と位相差』明治書院

陳力衛 (2001)『和製漢語の形成とその展開』汲古書院

藤堂明保 (1965)『漢字の知恵』徳間書店

中澤信幸 (2011)「呉音について」『日本語学』30 (3)：18–27

橋本行洋 (2001)「カス型動詞の一展開—ワラカスの成立からワラケルの派生へ」『語文』75・76：
　　97–106, 大阪大学国語国文学会

橋本行洋 (2007)「語彙史・語構成史上の「よるごはん」」『日本語の研究』3 (4)：33–47

橋本行洋 (2016)「新語・流行語」斎藤倫明編『日本語語彙論II』161–196, ひつじ書房

蜂矢真郷 (2010)『国語派生語の語構成的研究』塙書房

前田富祺 (1985)『国語語彙史研究』明治書院

森重敏 (1959)『日本文法通論』風間書房

山田忠雄 (1954)「形容詞スルドシの成立」『日本大学文学部研究年報』昭和28年度第4冊：3–65

第7章　文章論と談話分析

庵功雄 (2007)『日本語におけるテキストの結束性の研究』くろしお出版

市川孝 (1978)『国語教育のための文章論概説』教育出版

猪崎保子 (2000)「接触場面における「依頼」のストラテジー—日本人とフランス人日本語学者の
　　場合」『世界の日本語教育』10：129–145

宇佐美まゆみ (2011)「改訂版：基本的な文字化の原則 (Basic Transcription System for Japanese:
　　BTSJ) 2011年版」http://www.tufs.ac.jp/ts/personal/usamiken/btsj070331.pdf

岡本真一郎 (1988)「依頼表現の使い分けの規定因」『愛知学院大学文学部紀要』18：7–14

カノックワン、ラオハブラナキット (1995)「日本語における「断り」—日本語教科書と実際の会
　　話との比較」『日本語教育』87：25–39

小林正佳 (1995)「発話行為としての依頼の理解と丁寧さにかかわるもの」『横浜経営研究』16：
　　261–273, 横浜国立大学

佐久間まゆみ (1983)「段落とパラグラフ—理論化の系譜を辿って」『日本語学』2 (2)：21–31

佐久間まゆみ (1987)「文段認定の一基準 (I) ―提題表現の統括」『文藝言語研究　言語篇』11：
　　89–135，筑波大学文芸・言語系

佐久間まゆみ (1989)「文の統括と要約文の構造特性」佐久間まゆみ編『文章構造と要約文の諸相』
　　184–228，くろしお出版

ザトラウスキー・ポリー (1993)『日本語の談話の構造分析』くろしお出版

ザトラウスキー・ポリー (2003)「同発話における参加者の立場と言語・非言語行動の関連につい
　　て」『日本語科学』7：44–69

時枝誠記 (1960)『文章研究序説』山田書院

永野賢 (1986)『文章論総説』朝倉書店

中村明・佐久間まゆみ・高崎みどり・十重田裕一・半沢幹一・宗像和重編 (2011)『日本語文章・
　　文体・表現事典』朝倉書店

堀口純子 (1991)「あいづち研究の現段階と課題」『日本語学』10 (10)：34–41

三上章 (1960)『象は鼻が長い』くろしお出版

三牧陽子 (2013)『ポライトネスの談話分析―初対面コミュニケーションの姿としくみ』くろしお
　　出版

柳慧政 (2012)『依頼談話の日韓対照研究―談話の構造・ストラテジーの観点から』笠間書院

De Beaugrande, R.A. and Dressler, W. U. (1981) *Introduction to Text Linguistics*. Longman.（池上嘉彦
　　他訳『テクスト言語学入門』紀伊國屋書店，1984年）

Goffman, Erving (1976) Replies and Responses. *Language in Society* 5: 257–313.

Halliday, M. A. K. and Hasan, R. (1976) *Cohesion in English*. Longman.（安藤貞雄他訳『テクストは
　　どのように構成されるか』ひつじ書房，1997年）

第8章　文体差と文体史

沖森卓也 (2003)『日本語の誕生―古代の文字と表記』吉川弘文館

亀井孝他 (2006–2008)『日本語の歴史 全8巻』平凡社

川戸道昭 (2014)『欧米文学の翻訳と近代文章語の形成―漢文対応の日本語から欧文対応の日本語
　　へ』大空社

金水敏 (2011)「第3章 統語論」金水敏他『シリーズ日本語史3 文法史』77–166，岩波書店

金水敏・乾善彦・渋谷勝己 (2008)『日本語史のインタフェース』岩波書店

小松英雄 (2002)『日本語記史原論』(増訂版) 笠間書院

今野真二 (2011)『日本語学講座 第4巻 連合関係』清文堂

佐藤武義 (1984)『今昔物語集の語彙と語法』明治書院

関一雄 (1993)『平安時代和文語の研究』笠間書院

田中牧郎 (1990)「『おそる』と『おづ』―平安・鎌倉時代を中心に」『国語学研究』30：44–55，東
　　北大学国語学研究室

田中牧郎 (2000)「今昔物語集における和漢の対語の意味対立―〈奇異〉〈微妙〉を例として」遠藤
　　好英編『語から文章へ』17–30，「語から文章へ」編集委員会

田中牧郎 (2013)『近代書き言葉はこうしてできた』岩波書店

築島裕 (1963)『平安時代の漢文訓読語につきての研究』東京大学出版会

築島裕 (1965–1966)『興福寺本大慈恩寺三蔵法師伝古点の国語学的研究 訳文篇』『同 索引篇』東
　　京大学出版会

中村明 (2010)『語感の辞典』岩波書店

中村明 (2015)「ことばの硬軟―多面性とその周辺」『日本語学』34–1：4–13

中村通夫 (1948)『東京語の性格』川田書房

野田尚史 (1998)「「ていねいさ」からみた文章・談話の構造」『国語学』194：89–102

野村剛史 (2013)『日本語スタンダードの歴史』岩波書店

半沢幹一 (2009)「第5章 文体・位相から見た語彙史」安部清哉他『シリーズ日本語史2 語彙史』
　　127–166, 岩波書店

飛田良文編 (2004)『国語論究11 言文一致運動』明治書院

藤井俊博 (2003)『今昔物語集の表現形成』和泉書院

峰岸明 (1986)『平安時代古記録の国語学的研究』東京大学出版会

宮島達夫 (1994)『語彙論研究』むぎ書房

森岡健二 (1999)『欧文訓読の研究―欧文脈の形成』明治書院

柳田征司 (1991)『室町時代語資料による基本語詞の研究』武蔵野書院

山口仲美 (1985)『平安文学の文体の研究』明治書院

山口佳紀 (1993)『古代日本文体史論考』有精堂

山本正秀 (1965)『近代文体発生の史的研究』岩波書店

山本正秀 (1971)『言文一致の歴史論考』桜楓社

渡辺実 (2000)『平安朝文章史』筑摩書房

第9章　言葉の変異と諸方言

井上史雄 (1983)「方言イメージ多変量解析による方言区画」平山輝男博士古稀記念会編『現代方
　　言学の課題1 社会的研究編』71–98, 明治書院

井上史雄・鑓水兼貴編 (2002)『辞典 新しい日本語』東洋書林

牛山初男 (1997)「語法上より見たる東西方言の境界線について」井上史雄他編『日本列島方言叢
　　書8 中部方言考1』59–63, ゆまに書房

大西拓一郎編 (2002)『方言文法調査ガイドブック』科研費報告書

大西拓一郎編 (2006)『方言文法調査ガイドブック2』科研費報告書

大西拓一郎 (2016)『ことばの地理学―方言はなぜそこにあるのか』大修館書店

大西拓一郎 (2017)「方言形成論序説」『方言の研究』3：5–28

大野眞男・小林隆編 (2015)『方言を伝える―3.11東日本大震災被災地における取り組み』ひつじ
　　書房

尾崎喜光 (2004)「日本語の男女差の現状と評価意識」『日本語学』23 (7)：48–55

尾崎喜光 (2016)「全国多人数調査から見る外来語音の現状と動態」『ノートルダム清心女子大学紀
　　要 外国語・外国文学編, 文化学編, 日本語・日本文学編』40 (1)：113–138

加藤正信 (1977)「方言区画論」『岩波講座日本語11 方言』41–82, 岩波書店

木部暢子 (2008)「内的変化による方言の誕生」小林隆他『シリーズ方言学1 方言の形成』43–81,
　　岩波書店

木部暢子 (2016)「記述方言学の研究動向」『方言の研究』2：63–82

金田一春彦 (1964)「私の方言区画」日本方言研究会編『日本の方言区画』東京堂出版 (『日本語方
　　言の研究』71–94, 東京堂出版, 1977年)

小西いずみ (2016)『富山県方言の文法』ひつじ書房

小林隆 (2003)「方言の分類」小林隆・篠崎晃一編『ガイドブック方言研究』159–173, ひつじ書房

後藤和彦 (1994)『鹿児島方言の語法研究』私家版

佐藤亮一監修 (2002)『お国ことばを知る方言の地図帳—新版　方言の読本』小学館

真田信治 (1987)「ことばの変化のダイナミズム—関西圏におけるneo-dialectについて」『言語生活』429：26–32

下地理則 (2011)「文法記述におけるテキストの重要性」『日本語学』30 (6)：46–59

下地理則 (2013)「危機方言研究における文法スケッチ」田窪編 (2013：45–80)

下地理則 (2018)『南琉球宮古語伊良部島方言』くろしお出版

白岩広行編 (2017)『福島県伊達市方言談話資料—震災後の生活と語り』科研費報告書

鈴木睦 (2007)「言葉の男女差と日本語教育」『日本語教育』134：48–57

髙木千恵 (2006)「関西若年層の話しことばにみる言語変化の諸相」『阪大日本語研究』別冊2

田窪行則編 (2013)『琉球列島の言語と文化—その記録と継承』くろしお出版

角田太作 (2011)「世界から見た日本語の多様性」呉人惠編『日本の危機言語—言語・方言の多様性と独自性』265–279, 北海道大学出版会

東北大学方言研究センター (2012)『方言を救う、方言で救う—3.11被災地からの提言』ひつじ書房

トラッドギル, P. (1975)『言語と社会』(土田滋訳) 岩波書店

永瀬治郎 (2002)「「若者言葉」の方言学」日本方言研究会編『21世紀の方言学』213–225, 国書刊行会

原田伊佐男 (2016)『埼玉県東南部方言の記述的研究』くろしお出版

平塚雄亮 (2009)「福岡市若年層方言のデハナイ (カ) 相当形式に見られる方言接触」『待兼山論叢日本学篇』43：53–70, 大阪大学大学院文学研究科

平塚雄亮 (2014)「福岡県福岡市方言」方言文法研究会編『全国方言文法辞典資料集 (2)　活用体系』125–134, 科研費報告書

平塚雄亮 (2015)「甑島方言のテキストとその活用」『人間文化研究機構連携研究「アジアにおける自然と文化の重層的関係の歴史的解明」最終年度成果報告書』143–150, 大学共同利用機関法人人間文化研究機構

平塚雄亮 (2017)「甑島里方言の形容詞連用形」『西日本国語国文学』4：74–83

益岡隆志・田窪行則 (1992)『基礎日本語文法 改訂版』くろしお出版

松田謙次郎 (2017)「変異理論で見る日英語のバリエーション」井上逸兵編『社会言語学』6–23, 朝倉書店

松田正義 (1991)『大分県史方言篇』大分県

松田正義・日髙貢一郎 (1996)『大分方言30年の変容』明治書院

森勇太・平塚雄亮・黒木邦彦編 (2015)『甑島里方言記述文法書』国立国語研究所

ローレンス, ウェイン (2006)「沖縄方言群の下位区分について」『沖縄文化』40 (2)：101–118

Dawson, Hope C., Hernandez, Antonio and Shain, Cory (eds.) (2022) *Language Files* 13th edition. The Ohio State University Press.

第10章　コーパスと統計

青木繁伸 (2009)『Rによる統計解析』オーム社

小木曽智信・中村壮輔 (2013)「『中納言』の使い方」前川編 (2013：159–169)

金明哲 (2017)『Rによるデータサイエンス—データ解析の基礎から最新手法まで』(第2版) 森北出版

向後千春・冨永敦子 (2007)『統計学がわかる』技術評論社

佐野真一郎・日比谷潤子 (2012)「『日本語話し言葉コーパス』を使う」日比谷順子編『はじめて学

ぶ社会言語学』80–99，ミネルヴァ書房

前川喜久雄（2007）「コーパス日本語学の可能性—大規模均衡コーパスがもたらすもの」『日本語科学』22：13–28

前川喜久雄（2013）「第1章コーパスの存在意義」前川編（2013：1–31）

前川喜久雄編（2013）『講座 日本語コーパス1 コーパス入門』朝倉書店

丸山岳彦（2009）「1.2 コーパス」言語処理学会編『言語処理学事典』58–71，共立出版

丸山岳彦（2013）「第5章 日本語コーパスの発展」前川編（2013：105–133）

山田剛史・杉澤武俊・村井潤一郎（2008）『Rによるやさしい統計学』オーム社

涌井良幸・涌井貞美（2010a）『統計解析がわかる』技術評論社

涌井良幸・涌井貞美（2010b）『史上最強図解これならわかる！統計学』ナツメ社

Biber, Douglas (1993) Representativeness in Corpus Design. *Literary and Linguistic Computing* 8(4): 243–257.

Francis, W. Nelson (1982) Problems of Assembling and Computerizing Large Corpora. In S. Johansson ed. *Computer Corpora in English Language Research*. 7–24, Bergen: Norwegian Computing Centre for the Humanities.

Kajita, Masaru (1967) *A Generative-Transformational Study of Semi-Auxiliaries in Present-Day American English*. Ph. D. Dissertation, Princeton University.

第11章　理論的研究とは

川添愛・田中リベカ・峯島宏次・戸次大介（2015）「日本語意味論テストセットの構築」『言語処理学会 第21回年次大会 発表論文集』704–707

金水敏（2002）「日本語文法の歴史的研究における理論と記述」『日本語文法』2 (2)：81–94

黒田航（2005）「Syntax for Dummies—市販の教科書を使って統語論に入門する前に知っておくと（自己防衛のために）有利な幾つかのこと」http://www.hi.h.kyoto-u.ac.jp/~kkuroda/papers/syntax-for-dummies.pdf

小泉政利（2016）『ここから始める言語学プラス統計分析』共立出版

戸次大介（2010）『日本語文法の形式理論—活用体系・統語構造・意味合成』くろしお出版

村上陽一郎（1979）『新しい科学論—「事実」は理論をたおせるか』講談社

山梨正明（2002）「言語科学における記述・説明の妥当性」『日本語文法』2 (2)：3–28

Erteschik-Shir, Nomi and Shalom Lappin (1979) Dominance and the Functional Explanation of Island Phenomena. *Theoretical Linguistics* 6: 41–86.

Fodor, Janet Dean (1983) Phrase Structure Parsing and the Island Constraints. *Linguistics and Philosophy*. 6: 163–223.

Hofmeister, Philip and Ivan A. Sag (2010) Cognitive Constraints and Island Effects. *Language* 86(2): 366–415.

Kluender, Robert (1998) On the Distinction Between Strong and Weak Islands: A Processing Perspective. In P. Culicover and L. McNally eds. *The Limits of Syntax*. 241-279, San Diego: Academic Press.

Kubota, Yusuke (2015) Nonconstituent Coordination in Japanese as Constituent Coordination: An analysis in Hybrid Type-Logical Categorial Grammar. *Linguistic Inquiry* 46(1): 1–42.

Kubota, Yusuke and Ai Kubota (2018) Using a Parsed Corpus for Linguistic Research: A Case Study on the Coordinate Structure Constraint in Japanese. MS. available at https://ling.auf.net/ lingbuzz/003961.

Kubota, Yusuke and Robert Levine (2015) Against Ellipsis: Arguments for the Direct Licensing of 'Non-Canonical' Coordinations. *Linguistics and Philosophy* 38(6): 521–576.

Levine, Robert (2018) 'Biolinguistics': Some Foundational Problems. In C. Behme and M. Neef eds. *Essays on Linguistic Realism.* 21–60, Amsterdam: John Benjamins.

Levine, Robert D. and Thomas E. Hukari (2006) *The Unity of Unbounded Dependency Constructions.* Stanford. California: CSLI Publications.

Mineshima, Koji, Pascual Martínez-Gómez, Yusuke Miyao, and Daisuke Bekki (2015) Higher-Order Logical Inference with Compositional Semantics. *In Proceedings of EMNLP 2015.* 2055–2061, Lisbon: ACL.

Morrill, Glyn and Oriol Valentín (2016) Computational Coverage of Type Logical Grammar: The Montague Test. In C. Piñon ed. *Empirical Issues in Syntax and Semantics.* 11: 141–170.

Newmeyer, Frederick J. (2016) Nonsyntactic Explanations of Island Constraints. *Annual Review of Linguistics* 2: 187–210.

Ross, John Robert (1967) *Constraints on Variables in Syntax.* Ph.D. dissertation, MIT, Reproduced by the Indiana University Linguistics Club.

Sprouse, John, Carson T. Schutz, and Diogo Almeida (2013) A Comparison of Informal and Formal Acceptability Judgments Using a Random Sample from *Linguistic Inquiry* 2001–2010. *Lingua.* 134: 219–248.

Steedman, Mark and Jason Baldridge (2011) Combinatory Categorial Grammar. In Borsley, Robert D. and Kersti Börjars eds. *Non-Transformational Syntax.* 181–224, New Jersey: Wiley-Blackwell.

Yatabe, Shûichi and Wai Lok Tam (2017) In Defense of an HPSG-based Theory of Non-Constituent Coordination: A Reply to Kubota and Levine. MS. available at http://ling.auf.net/lingbuzz/003152.

第12章　日本語学史

大野晋 (1950)「仮名遣の起原について」『国語と国文学』27 (12)：1–20

尾崎知光 (1983)『国語学史の基礎的研究—近世の活語研究を中心として』笠間書院

時枝誠記 (1940)『国語学史』岩波書店 (岩波文庫，2017年)

福井久蔵編 (1938–1940)『国語学大系』厚生閣 (国書刊行会，1975年)

古田東朔・築島裕 (1972)『国語学史』東京大学出版会

馬渕和夫・出雲朝子 (1999)『国語学史—日本人の言語研究の歴史』笠間書院

山田孝雄 (1943)『国語学史』宝文館

第13章　現代日本語の文字・表記

石黒圭 (2007)「第7講 カタカナの新用法—カタカナの文体—」『よくわかる文章表現の技術Ⅴ文体編』明治書院

佐竹秀雄 (2005)「第2章 現代日本語の文字と書記法」『朝倉日本語講座2 文字・書記』22–50，朝倉書店

佐藤稔 (1987)「異体字」『漢字講座第3巻　漢字と日本語』183–210，明治書院

野村雅昭 (2008)『新版 漢字の未来』三元社

文化審議会国語分科会 (2016)『常用漢字表の字体・字形に関する指針 (報告)』三省堂

松田真幸 (2001)「日本語文の読みに及ぼす文節間空白の影響」『基礎心理学研究』19 (2)：83–92

屋名池誠 (2003)『横書き登場—日本語表記の近代』岩波新書

執筆者紹介

五十嵐陽介　第1章
国立国語研究所　研究系・教授

平子達也　第2章
南山大学人文学部・准教授

衣畑智秀　第3章／第4章／第7章(共著)／第13章
福岡大学人文学部・教授

金愛蘭　第5章
日本大学文理学部・准教授

橋本行洋　第6章
花園大学文学部・教授

澤田浩子　第7章(共著)
筑波大学人文社会系・准教授

田中牧郎　第8章
明治大学国際日本学部・教授

平塚雄亮　第9章
中京大学文学部・准教授

佐野真一郎　第10章
慶應義塾大学商学部・教授

窪田悠介　第11章
国立国語研究所　研究系・准教授

山東功　第12章
大阪公立大学現代システム科学研究科・教授

基礎日本語学　第2版

Basics of Japanese Linguistics, Second Edition

Edited by Kinuhata Tomohide

発行　　　　2023 年 3 月 24 日　　初版 1 刷
　　　　　　2024 年 3 月 15 日　　　　2 刷
　　　　　　（2019 年 2 月 1 日　初版 1 刷）

定価　　　　1800 円＋税
編者　　　　ⓒ 衣畑智秀
発行者　　　松本功
ブックデザイン　大崎善治
印刷・製本所　株式会社 シナノ
発行所　　　株式会社 ひつじ書房
　　　　　　〒 112-0011 東京都文京区千石 2-1-2 大和ビル 2 階
　　　　　　Tel.03-5319-4916　Fax.03-5319-4917
　　　　　　郵便振替 00120-8-142852
　　　　　　toiawase@hituzi.co.jp　　https://www.hituzi.co.jp/

ISBN978-4-8234-1195-3

─────── 刊 行 案 内 ───────

新ここからはじまる日本語学

伊坂淳一 著　定価 1800 円＋税

「あ」は「い」より大きい!?―音象徴で学ぶ音声学入門

川原繁人 著　定価 1800 円＋税

音声学を学ぶ人のための Praat 入門

北原真冬・田嶋圭一・田中邦佳 著　定価 2400 円＋税

日本語文法史キーワード事典

青木博史・高山善行 編　定価 2000 円＋税